Contemporary Education

by

J. F. Cramer and G. S. Browne

雷國鼎譯

比較教育

中華書局印行

原著者序

一般教師及學校行政人員，久已熟知一項事實，即是從其他國家的學校設施及其問題中，可以得到若干寶貴的知識。每個國家所建立的教育制度的形式，皆爲充分適應其自身之需要者。任何國家皆不能將某一國家的學制毫無更改的採用，蓋因其背景，條件及觀點各不相同。然而其他國家關於學制的努力及其成就，一般教育工作人員，於分析自身的問題時，可用爲參考。

著者非但希望一般教師及學校行政人員，閱讀本書，凡任何地區富有教育興趣的人士，亦望其瀏覽一遍。研究其他國家之教育制度及其成敗，能使吾人對於本國制度的强弱及其優劣，獲致一種深切的了解。尤要者，教育之比較研究，能使讀者覺知彼等於任何地方所遭遇之教育困境，絕非一國所獨有者。依據此類著述之研究，乃顯示一項事實，即教育絕非靜態者。各地之教育正處於騷亂狀態中，所謂改革，並非無關重要之進步所必需，如不加改革，即無進步之可言。

本書分爲四篇。第一篇對於決定國家教育制度特性的一般基本因素及背景，予以概略之說明。第二篇，詳述六個主要國家學制中的行政、管理、及經費問題，一般學校行政人員，對之或有特別興趣。蓋如澳大利亞及加拿大等國之行政制度，其差異情況，極饒興味，同類之書籍，鮮有論述者，第三篇，敍述各國的學校設施，由學前教育直到大學及成人教育，均分別說明。第四篇，研討經過第二次世界大戰的結果，予以澈底考驗的兩種教育制度，以及世界各地若干邊遠地區的教育發展。在附錄中，則表列各國的生活費用，藉以了解各地教員待遇，或更具意義。

著者對於提供資料、統計及批評意見的若干官方機構及私人，應深致謝忱。史培汀（Willard B. Spalding）之詳爲策劃編輯工作，尤具極大價值。梅耶（Adolphe Meyer）將原稿閱讀一過，康滋

(George B. Counts)閱讀第八及十五兩章，並提出若干寶貴的意見。如無白德(Thelma Baird)一再爲屢加修訂的原稿打字，本書亦難完成。

承蒙若干官方部門及機構，供應在其主管下的教育設施的統計及資料。如倫敦教育部；蘇格蘭教育廳；東京文部省；澳大利亞聯邦教育署；澳大利亞教育研究會議；法國駐美大學常任代表董滋諾(M. Pierre Donzelot)；西德教育制度調節員羅富勒(Herr E. Loeffler)。此外，給予同樣協助的，尚有魏德梅耶(Ruth Widmayer)；倍爾法斯特大學副校長艾斯倍(Eric Ashby)，供給蘇俄教育資料；介波(Allen Gibb)及麥克凱德(Kenneth Mackirdy)，供給加拿大的教育資料；東巴基斯坦中等教育委員會主任哈奎(A. F. M. Abdul Haq)，供給巴基斯坦的教育資料；墨爾本大學沙墨爾(Richard Samuel)教授，供給東德及西德的教育資料。

設無納格(Ivan G. Nagy)及皮特遜(Thurman Peterson)的鼎力協助，亦難獲得各國消費項目費用表。對於前述各方面的人士，著者深爲感謝，至於本書所述各項意見及結論，則由著者負完全責任。

克芮莫 (J. F. Cramer)

白　朗 (G. S. Browne)

原主編序

任何一個國家的教育，皆係國家社會中各種勢力所形成。一般經濟情況，基本信仰與歷史傳統，以及教育思想發達的程度——類此各種因素，均可決定一個國家教育制度的發展方向。由於各民族團體在學校中引導青年進入一種特殊的成人文化所用的方法不同，故其教育目標與教材，以及指導學習歷程的方法，亦彼此互異。同理，各國並採用自身之特殊方法，以管理其學制之實施。

教育之比較研究，有二大目的。其一，可增進專業之教育工作人員及一般人士對本國制度之認識；其二，可使研究其他各國國家特性的意義，更爲清楚。美國無論大小學區的公民，通常皆以訪問學者或技術專家的身份，前往國外旅行觀光。同時，亦有若干學區，也經常款待其他國家有關教育或政府機關前來考察的人士。各國間由於公民接觸機會的頻仍，教育之比較研究，將日趨重要。

在此日益增長的專業教育領域中，久已需要一種綜合而新穎的讀本。著者之編著本書，無疑即爲此類著述中之一簡要研究。著者於簡略說明決定國家教育制度特性的各種背景、因素及勢力後，繼而首先詳述六個主要國家的行政、管理及經費制度，其次即討論此類國家之學校設施。末篇尤具特殊之趣味；蓋是篇對於兩個變遷神速的國家制度以及若干新近獨立的亞洲國家的教育問題及實際情況，具有一種概略的說明，最後，則以敘述當今若干邊遠地區的教育概況以作結。此種精選而綜合的分析，無疑爲此一重要而富有爭辯性的學科，作一種良好的介紹。

史培汀（Willard B. Spalding）

Preface

People who are interested in education have always been interested in the educational systems and philosophies of other countries. Most educators are aware of the fact that no nation can successfully imitate the educational plans of another country. Each country must develop, through traditional means, the type of educational system that will best meet the needs and the conditions of its own homeland. But each country can learn much from the educational systems of other lands.

This book tries to be truly comparative in its approach. It describes the various types of organizations to control, administer and finance schools that have been developed is different parts of the world, and shows wherein they differ from one another. But it also attempts to find the underlying problems of education which require solutions in every area. The problems are very much the same, although the solutions attempted may be very different.

The authors are happy to have this book available in the Chinese language, so that the heirs of this ancient culture may have for their use the information about the problems and achievements in education attempted by some of the newer countries in our world. If a later edition of this text in ever published, it may be possible to include a chapter on China.

The thanks of the authors are gratefully extended to Professor K. T. Ley, of Taiwan Normal University, who did the translation.

J. F. Cramer

克芮莫博士序

舉凡富有教育興趣之人士，類皆注意其他國家之教育制度及其哲學。一般教育工作者，均深知任何國家皆不能完全摹仿其他國家之教育計劃而獲致成功；必須依循其傳統之方式，以建立合乎本身需要之教育制度，惟其他國家之教育制度，可資借鑑者甚多。

本書旨趣，在以比較方法敍述世界各國教育行政組織、管理制度及其經費，並進而楬櫫其差異之點。對於各國教育亟待解決之基本問題，亦予研究。其改進之道，雖彼此不同，而所遭遇之問題，則極爲相近。

本書之發行中文版，著者甚感欣慰。由之，此一文明古邦對於世界若干新興國家提出之教育問題及其所得之成就，得引爲借鏡。本書如再版增訂時，將增列中國一章。

著者對於臺灣省立師範大學雷國鼎教授之迻譯本書，殊深感謝。

克　芮　莫

楊序

早在十八世紀，盧騷在其所著的愛彌兒(Emile)一書中曾說過：

「譬如一種教育適合於瑞士的，未必適合於法蘭西；適合於中流社會的，未必適合於紳貴之家。因而，教育方法的合用與不合用，須參照四圍的環境；且他的效用亦只適合於某一國或某一階級。」

當然，世界各國各有適合於其本國生活及環境的教育，並且一個國家的教育制度，莫不依據其民族歷史、政治、經濟、宗教及文化思想以爲構成之因素；絕非移植或抄襲所能奏效。但是，任何一個國家，其教育制度之構成及其變遷改革，亦決不能不受到國外之影響。

「歷史上有許多成例，證明了教育的理想、原則的實施，在國際間有相互交換的事實。」在歷史上從無一個像羅馬這種民族，竟全然取用他族教育制度，以適應自己的需要。但是，要知道他們既借用了希臘的宗教、哲學、文學與學術，其結果自然亦就借用了希臘的教育制度。又歷史上指出有些著名學校，如十五世紀維多利諾(Vittorino de Feltre)的宮廷學校，十六世紀斯圖謨(Johana Sturm)的中學校(Gymnasium)，以及十九世紀裴斯塔洛齊(Johana Heinrich Pestalozzi)的學校；由於其制度及方法的良好，而被其他國家採作爲改革教育制度之楷模。他如法國一八三三年的學制立法，即係根據庫仁(Victor Cousin)之建議而採用德國的教育制度。美國十八世紀教育行政制度之建立，係採自法國。十九世紀初等教育之革新則採用裴斯塔洛齊的觀念，而約翰金思大學(Johns Hopkins University)之創設，係仿德國大學制度。

近幾十年來由於世界各國接觸頻繁，文化、政治、經濟彼此交流；教育理論與實施在國際間之相互影響，尤爲顯著。因此，比較教育之研究，更爲一班教育學者所重視。譬如有關比較教育論文書刊之發行，個人及公私團體國外教育制度之調查，大學中國際教育研究機關及比較教育學科之設置，以及國際教育團體之組織等等，皆日趨發達。

但是，比較教育之研究，其目的不只是在國外優良教育制度之摹仿，而是在從瞭解其他國家教育問題之解決方法與經驗，使對本國教育所面臨之問題，有更廣泛與更深刻之認識。

康德爾(I. L. Kandel)博士在一九三六年比較教育會議(Comparative Education Conference)中，曾綜合各專家意見，指出比較教育之價值，有下列三點：

一、比較教育之貢獻，「在擴大專業之見解，打破偏狹的與地方主義之觀念。並從比較研究教育理論與實施，以增進對於本國教育意義之認識與理解。」

二、比較教育是「一種方法訓練，藉以分析決定教育制度之各種因素與勢力。並使學生從廣義上將教育看作是一種社會文化的過程(Social cultural process)。」但欲明瞭構成教育制度之各種因素的究竟，並須注意其歷史之演變。

三、比較教育在「保障不太輕率接受教育上各種革新。因爲經過熟習各國教育經驗，將增進學生對於教育上之新發現，能保持一種批評的態度。」

吾友雷國鼎教授近年頗致力於比較教育之研究。曾於民國四十七年著有「各國教育制度」一書。余適負審閱之責，深佩其取材新穎，持論謹嚴。今先生又譯成美國前波特蘭州立學院院長克芮莫（John Francis Cramer)與澳洲墨爾本大學教育學院院長白朗（George Stephenson Browne）合著之「比較教育」(Contemporary Education）一書，而屬序於余。余讀先生自序中所述比較教育的價值，有云：「其首要價值，厥爲藉研究世界各地之相關經驗，而使吾人對於本國制度獲致明確之認識，而利用成功之經驗，以爲改善本國制度之借鑑。」又云：「比較教育之另一價值，則可使吾人瞭解教育問題乃爲社會、經濟、宗教及政治等因素之具體反映。吾人如欲瞭解教育問題，必先具備此等因素之廣泛知識。」又云：「吾人如欲瞭解此等因素之究竟，又必須研究其歷史發展，故比較教育之研究與教育史一科實不能須臾相離。」其立論正確，與上述康德爾教授所指出之意見，實相符合，此爲研究比較教育者所應有之旨趣。學者苟能本此態度從事教育比較的研究，自不致有一知半解，盲從抄襲之虞。

本書共分四篇二十章。第一篇分析影響國家教育制度特質之各種基本因素及其勢力。二至四篇除詳述各國教育行政管理，各級學校制度並揭櫫各國教育所面臨之問題外，尤注意於歷史背景之闡明。是則此書之作，實能發揮比較教育之旨趣與功能。

雷先生對於各國教育制度既素有深刻之研究，今經康德爾博士之推介翻譯此書，尤能謹愼從事，其譯文之信達，與夫專門術語用字之恰當，實爲本書之特色。余預料此書問世後，必能深受教育界人士之重視也。

中華民國五十一年六月楊亮功序於臺北

譯者序

比較教育一詞，其銓釋因人而異。舉其要者，不外：①以批判方法研究某一特殊社會或文化，與夫不同之社會及文化在教育上之相似性和差異性。②考察某一特定社會內之各項教育問題，各種決定因素，與夫不同之意見及推斷，並參酌其他社區之相似因素，以求適當之解釋。③探求教育與羣衆或社會間之相互關係，惟以國際關係爲範疇，而不以本國爲基礎，藉以了解一般教育設施之優劣，並進而剖析地方性與普遍性之教育問題。歸納言之，所謂比較教育，乃基於一般適當之教育理論與實施的歷史發展，與夫各國之社會、文化、及經濟情況之演變，試行研究各國之教育，其目的在增進個人對於此等情況及其演變之了解，從而激勵各國教育之普遍改進。

比較教育之目的，大略言之，有下列數端：①提供有關教育制度、教育思想、教育實際問題，及教育活動之可靠資料；②介紹某一地區、國家及國際間所採用之教育行政制度，實施方法，處理方式，與夫各種教育上之假使和結論；③由研究世界各地之教育制度，而獲得各種實際資料，用以改進教育目的、內容、方法、及行政組織；④使個人對於本國教育制度的理論與實際，得有明確之認識。此外，尚可加强人本主義的理想與實施；打擊地方主義的偏狹觀念；擴充文化的領域；減少國際的緊張，充實教育的內容，使其具有哲學、科學、及文化歷程的意義。

比較教育，與其他比較研究——如比較法學，比較文學，及比較解剖學等，稍有不同。蓋比較教育之目的，不獨以敍述或分析爲基礎，且須研究現行制度之起源及其演變，從而提供改進制度之方法與建立完善制度之途徑。因此，比較教育乃一富有機動性與實用性之科目，而其研究範圍，兼及地方與國際。比較教育之早期研究者，類如阿魯德(Matthew Arnold)，沙德勒（Michael Sadler），及柏納德(Henry Barnard)等人，咸以爲比較教育，實係教育改革之必需方法。

比較教育之價值，與其目的問題，具有密切關係。吾人研究比較教育，不獨可增進吾人對於本國教育制度及其實際問題之了解，尤能由其他國家之制度中分析類似問題癥結之所在。故其首要價值，厥爲藉研究世界各地之相關經驗，而使吾人對於本國制度獲致明確之認識；進而利用成功之經驗，以爲改善本國制度之借鑑。目前一般教育工作者，其興趣類多傾向落後國家教育制度之改進，而比較教育卽爲從事此項改進之基礎；蓋吾人對於所擬援助之地區，如不事先研究其教育制度之優劣，而一味介紹自信有效之各種教育方法，則其所得結果，必事與願違。吾人深信世間決無一種行之世界各地而皆準的優良教育制度，必須各就其文化背景及社會實況，予以適當之修正。

比較教育之另一價值，則可使吾人了解教育問題，乃爲社會、經濟、宗教、及政治等因素之具體反映。吾人如擬了解教育問題，必先具備此等因素之廣泛知識。蓋比較教育之價值，正因其具有實用性，如不與其他因素相適應，而欲教育問題之單獨解決，實不啻緣木求魚。更有進者，吾人如欲了解此等因素之究竟，又必須研究其歷史發展，故比較教育之研究，與教育史一科目，實不能須臾相離也。吾人稱比較教育爲現代教育史，亦不爲過。蓋吾人深知，如擬分析當前各種問題之衝突爭辯，必先探求此等問題之歷史意義。由是以觀，比較教育之最大價值，在於養成一般教育工作者之謙遜態度，使其對易於流爲新奇、獨特、以及並非優良之特殊教育制度，能有愼重之考慮。吾人每每發現，對於本國教育制度已有若干年之實際經驗者，然據以改革其他國家之制度時，常不免全然失敗。蓋一種制度之產生，必爲其悠久歷史演變的結果，如不研究其歷史發展，驟然從事改革，自當失敗無疑。

總之，比較教育須儘量避免武斷之「估評」(evaluation)，蓋目前吾人尚缺乏一種共同之尺度也。然而吾人又並非意味「估評」爲不可能之事耳。例如，吾人對於理論與實際之關係，可作相當正確之推斷，並進而依據事實修正理論。不特此也，吾人亦可建立並證實因果關係。比較教育中之分析因素，每以控制調查法研究之，此種方法，類多以因果關係爲其基礎。預測與估量之所以有效者，即因其以測量及邏輯資料爲依據也。如就予某種教育制度以目的而言，比較教育學家誠可對預期之結果爲正確之判斷，惟其所作之判斷，常不免拘限於目的之範疇。因此，比較教育學家如擬正確度量二種或多種制度之推行結果的相關效果，勢必依據當前實況，先行擬訂一種完善之研究計劃。

比較教育既未可歸諸歷史、哲學、或自然科學，更非其他學科之一支，而是此等學科的綜合體。吾人以爲比較教育乃是歷史之延伸，側重教育史之事實的闡述，對於當今教育制度，非但應有詳盡之研究，尤須以分析及比較之觀點，探討影響教育制度的歷史因素。其次，比較教育與理論學科及哲學，具有不可分割之交互關係，蓋吾人如欲了解某種教育制度，必先了解直接有關之理論或思想基礎及其哲學源流，緣此等因素爲建立教育制度之基石也。黑格爾思想(Hegelian)之影響德國教育的發展，馬克斯主義(Marxiam)之決定蘇俄的教育，經院學派（Scholasticism）的理論之深受天主教教育人士的重視，皆爲其明證。當今杜威(John Dewey)所提倡的實用主義，對於美國教育制度之影響，亦早爲世人所共見。

比較教育學家固須關心正式教育，亦應參與社會上各種教育組織的活動；對於一般社會、經濟、及文化因素，尤須予以深切之研究；蓋此等因素，對於人類社會每一階段的教育發展，均有莫大的影響。不特此也，研究比較教育者，對於促進大衆文化的各種方式，類如報紙、廣播、及其他通訊與宣傳方法，亦應密切注意。

比較教育學家，關於自然科學的知識，雖不必達於精湛的地步，惟必須充分了解如何運用科學方法，以分析與解決問題。特別在二十世紀中葉，各門科學研究，日新月異，自然科學更深受一般學者的重視，因此，比較教育學家，如不視科學方法爲研究教育思想與實際問題的主要門徑，勢難獲有成功之機會。比較教育的內容，非但廣泛，而且富有綜合性，故研究比較教育者，對於教育領域內所有一切門類的學科，均須具有精深的知識。

比較教育既須爲教育理論之探討，尤應注重教育實際問題之研究。就國際教育觀點言，比較教育可以提供本國以外各國教育設施的實際資料，使有教師或學生交換關係的國家，對於彼此教育制度之了解，尤具莫大裨益。同時，一般教育行政人員，亦可根據比較教育資料，研究各國學制之實施。

關於比較教育內容的意見，因人而異，迄無共同的見解。一般比較教育書籍的作者，與夫擔任此等科目的教授，對於比較教育的涵義及其範疇，每多各抒所見，自定綱要。惟比較教育的價值及其重要性，則無可置疑。吾人於論述比較教育的方法及其發展史略時，再行介紹各國學人關於比較教育的研究成果。在建立比較教育體系的初期過程中，一般學人咸以國際教育（International education）視爲此一學程之內容，惟吾人可以斷言，各比較教育學家於共同課程標準尚未確定前，必難提供一種堪爲大衆所讚許的科目綱要。不過，比較教育決非探討國際教育事務的學程，而係提供此等問題之研究基礎的學科。事實上，比較教育與國際教育的關係較之其他教育科目更爲密切；非但成爲研究國際教育事務的工具與支柱，且使關心國際教育設施的學者能獲得具體的資料，進而發現問題的核心。

一般言之，比較方法或爲了解及分析教育問題的一種可靠門徑。就歷史觀點言，比較教育所用之方法，一如比較解剖學、比較宗教、及比較政府然，當今若干比較教育學家，仍有堅持此一觀點之趨勢。比較教育的性質，自以比較爲重心，關於此點，如就教育思想立論，至少可分爲兩派。一派主張比較教育的方法，須自選擇本國以外某一國家之教育制度，與本國教育制度作比較研究得來。準此而言，比較教育則爲各國教育制度之個別的研究（Auslandspädagogik）。一派認爲足以顯示比較教育內涵的最佳名稱，莫過於「比較教育制度學」(Vergleichende Erziehungswissenschaft or the Science of Comparing Education Systems)。吾人以爲上述二派的研究方法，並無互相抵觸之處，實則前者乃爲後者之思想基礎(Ideal preparation)。質言之，吾人如能搜集、解釋、並熟悉某一國家之敎育制度的基本事實，則對於吾人搜集其他國家敎育制度的廣泛資料，與夫據以改進比較及敘述分析的方法，大有裨益。換言之，吾人對於每一國家的敎育制度，如未能作個別的、深刻的，以及周詳的研究，自不能比較各國的制度。

比較敎育制度的方法，大率分爲直線法與橫線法(Vertical and horizontal approaches)兩種。此二種方法之使用，則依吾人之研究目的而定。所謂橫線法，乃就各種因素及各個部份對敎育制度作個別及集體之分析。此種方法，非但複雜，而且極端困難。例如，吾人比較各國敎育行政制度時，不獨須研究敎育領域內之各個部份，尤須分析影響敎育行政制度的各種因素，此等因素，至極複雜。然吾人如擬獲得一種可靠之比較分析，又勢非從事此等範圍廣泛、因素複雜之研究不可。比較敎育學家羅伯特(Ulich Robert)，卽認爲凡運用此種方法從事大規模之研究者，無不失敗，蓋運用此等方法，不特應作廣泛之研究，且須各門各類之研究人員協力合作，絕非少數人所能勝任者。故吾人對於各國敎育制度中之有關問題，未作個別與專門之研究前，決不能爲廣泛與槪括之比較，蓋前者爲後者之基礎也。因此，橫線法祇適於極少數之國家或地區的敎育制度之研究。例如吾人於研究美、俄、及加拿大諸國之聯邦學制時，卽可採用此法，蓋以其可變性較小也。

直線法又可分爲幾種方式。第一、對各國敎育制度作個別之實際考察，其與其他制度之比較，則屬次要或偶然之事。其次，爲敎育目的之比較研究，或比較歷史上某一階段與另一階段之敎育設施，或就歷史上某一特定問題對不同之敎育制度作比較分析。此雖係敎育史之所事，但其研究方法，則屬於比較教育的範疇。第三、卽是設計法（Projection）。比較教育學家，每可依據當前的趨勢，而預測某一教育制度的未來結果。質言之，卽就當前的事實與以往的情況加以比較，而推測未來之可能發展趨勢。

最後，尚有一種值得提及的方法，卽是問題分析法（Problem-solving）。吾人分析任何問題，均不能離開其縱橫關係，因此，當吾人從事某一特殊問題之分析時，其可變性固須儘量減少，所用資料亦應單純而可靠，如此始能得到迅速的解決。例如，值此師資奇缺的時代，吾人研究師範教育的地位之類的問題，採用問題分析法，自可迎刃而解。然則研究教師待遇的問題，則較爲複雜，因有若干潛在因素的影響，致難獲得確切的解答。所謂潛在因素，係指生活費用及生活水準，學年之長短，特殊之福利，以及有關其他專門職業的待遇問題等。

教育學家霍爾(Robert King Hall)倡導之個案研究法(Case Method)，與問題分析法具有密切關係。吾人於研究某一國家之某項特殊經驗時，類如若干極權國家之注重自我指導（Self-direction）的教育，依據一般可靠的條件，其他極權國家，卽可根據此等經驗，採取相同之教育方式。又如某一國家所作之掃除文盲的個案研究，其他國家如遇情況相似時，自可仿行。惟個案研究法，一如問題分析法，易流爲技術的而非科學的，主觀的而非客觀的，局部的而非普遍的，故其所得之研究結果，常爲相對的，而非最後的。

關於比較教育的書籍，向不多見。第二次世界大戰後出版的比較教育專門著作，爲數寥寥。至於材料新穎，具有卓然獨特之見者，尤屬罕見。就英語國家言，新近刊行的比較教育書籍，值得一讀的，僅有下列數部。第一、爲馳譽國際的比較教育權威康德爾（I. L. Kandel）博士所著「教育的新世紀」（The New Era in Education），於一九五五年出版。全書計十章，一至五章分析影響教育制度的各種因素；六至九章爲英、美、法、俄四國教育制度，中小學教育，及師範教育之介紹；末章以教育問題及其展望作結，並附帶註明省略其他國家的原因。所述英、美、法三國的教育制度，爲康氏直接考察及研究的結果，至於俄國部份，則取材於英文參考資料。此書立論精闢，考證翔實，而於闡發民主思想之價值，及其對於教育的影響，尤多貢獻。第二、即爲本書。第三、當推英人韓思（Nicholas Hans）於一九四九年所著的「比較教育」（Comparative Education），其內容充實，取材精湛，亦屬佳作。全書計分四篇十六章，除以一篇介紹英、美、法、俄四國之教育制度外，餘則着重教育因素之分析。一九五八年，發行第三版時，增列拉丁美洲國家二章，對於拉丁美洲國家的種族、語言、地理、經濟、宗教和世俗傳統，以及學校組織等，均有詳盡之敘述。第四、則爲英國黎汀大學（University of Reading）講師麥林遜（Vernon Mallinson）所著「比較教育概論」（An Introduction to the Study of Comparative Education），於一九五七年出版。此書徵引宏博，論斷謹嚴，允稱佳構。全書計分十章，一至五章闡述教育目的，教育與民族性，以及生活教育等問題；六至十章分別討論教育行政，師範教育，以及中小學教育。麥氏認爲一個國家的歷史傳統及其聲譽，對於未來之教育政策，咸具莫大影響。故於敘述歐美若干主要國家之教育制度時，對於其歷史、政治及社會背景，曾有詳備之分析，並進而解釋各國建立教育制度之目的及其實施方法所以差異的原因。其次，麥氏以爲近年來一般教師所用之教學方法，及其施教態度所以具有改變者，以其深受若干著名教育思想家之影響所致。於是，爲使讀者了解教育思潮與教育制度之關係起見，乃將盧梭，福祿貝爾，斐斯塔洛齊，蒙台尼爾，凱興斯泰納，以及杜威，德可樂利等人之教育思想，作簡明扼要之敘述。第五、一九五八年英人金愛德滿（Edmund J. King）所著之「各國學校」（Other Schools and Ours）一書，對於丹麥、法、英、美、俄、及印度諸國之教育制度，均有系統之分析，並附列上述各國之學制圖，以供讀者參考。此書敘述簡要，取材精審，洵爲比較教育之優良讀物。第六、瑞典學者夏士德（C. E. Sjöstedt）與夏士特藍（W. Sjöstrand）二人主編之「瑞典與外國學校及教育」（School and Education in Sweden and Other Countries——英譯本）一書，於一九五九年刊行第二版。該書除緒論外，以十三章之篇幅，分別敘述美、俄、西德、法、英、瑞典、挪威、丹麥、芬蘭、比利時、荷蘭、瑞士、以及意大利等國教育制度發展史暨學校系統等項。綜觀全書各章，得知其立論重點有三：①側重各國學制差異性之敘述；②研究各國師資訓練制度及其課程；③闡明各國最近教育改革計劃及其教育政策，以爲研究教育制度之參考。因係多人合編，致詳略不一。其中關於美俄兩國教育，敘述過於簡略；斯堪的那維亞諸國（Scandinavian Countries）——瑞典、挪威、及丹麥等三國的教育設施，則有詳盡之分析。該書編者認爲比較教育具有三大任務：①擴充並加深學生對於教育學問題的一般了解，進而說明不同的社會如何從事基本教育工作之競賽。②使學生了解各國教育政策，莫不與其政治背景、社會結構及其趨向，具有密切關係。③使學生牢記，學校不獨爲社會之具體反映，更是一種特殊的文化形態。故比較教育對於國際了解，具有莫大的貢獻。惟該書所述各節，未能達成第二、第三兩種任務，祇以第一種任務爲其立論之主旨。該書作者，多係瑞典學界名流，敘述既稱客觀，態度尤屬謹嚴，誠爲不可多得之佳構。第七、一九五九年，印度人麥克潔博士（Dr. L. Mukherjee）著有「比較教育」（Comparative Education）一書。麥氏深感一般比較教育書籍，多係英美學人所編著，致未能切合印度學生之需要；乃依據若干年之教學經驗及前往美、英、法暨斯堪的那維亞諸國考察之心得，編著此書。全書計分十章，分別敘述英、美、俄、以及英國國協各會員國，中南美洲國家，歐洲西、北、和中部地區各國，與夫地中海和東南亞一帶國家的教育制度，對於各國制度的歷史背景及其現況，均有忠實之報導。書中以五分之三的篇幅，對英、美、俄三國之教育設施，爲詳盡之剖析，關於其他地區的國家，則多語焉不詳。故該書病在範圍廣泛，列論不周；惟於敘述每一國家之制度後，即與印度教育設施作一比較研究，是其特色。第八、英人克亞（Anthony J. C. Kerr）新著的「歐洲學校」（Schools of Europe），於一九六〇年出版。全書計二百九十二頁，詳述包括蘇俄在內的歐洲三十餘國之中小學教育設施，舉凡學制、課程、師資、教學指導、少數民族團體的教育，寄宿學校和實驗學校等項，以及最近各國學制改革計劃，均爲系統之說明，誠如該書著者所言：「敘述重於討論」，「研究各國制度之所長，以爲英國教育設施之借鑑。」故其立論縝密，取材精擇，爲使報導翔實，並將原稿各章，分送各國權威學者校閱。著者治學態度之謹嚴，足資吾人效法。該書對於各國之民族性（National Character），尤具深刻之剖析。認爲研究各國之民族性，應構成比較分析之基礎。於敘述南歐各國之中等教育時，渠稱：「南歐國家的中學，在若干方面似較北歐各國爲優，其目不識丁之文盲，亦多敏慧過人。一個受過教育的瑞典人，雖能了解一切，然一個具有知識的意大利人，則具有豐富的思想。」足證民族之優劣，關係教育效能之大小。復次，該書著者對於教育改革，極爲重視，實不啻一位教育改革家。彼非但主張改革英國現行教育制度，更爲全歐洲的國家，提供兩點改進意見。①歐洲各國中小學教員任用制度，彼此互異，亟待縝密研究，使其手續簡化。②由歐洲各國教育部行政首長合組歐洲教育常務理事會（European Standing Conference），辦理各國間教師交換，相互承認同等之資格，以及提高落後國家的教育水準等事宜。必要時得設法促進歐洲國家之經濟與政治的統一。總之，該書意見新穎，文筆生動，無愧創作。第九、美國哈佛大學（Harvard University）教授游里奇（Robert Ulich）博士，近著「民族教育：比較教育之歷史觀」（The Education of Nations: Comparative Education in Historical Perspective）一書，於一九六一年出版。全書計三百二十五頁，篇幅雖短，然其敘述明暢精潔，斷制審愼，實足發人深省。該書就歷史觀點，爲現代比較教育之趨勢，探求演變源流。前四章敘述西方國家的文化發展與教育的關係，由中世紀開始，歷陳各國教育思想之演進及其重要改革事項，對於第二次世界大戰後，英、法、俄諸國之教育改革計劃，尤有詳盡之剖析。以爲一國之教育，莫不深受其政治、宗教、智識份子，及工業技術之影響。繼以專章，分別論述英、法、德、美、及蘇俄等國之教育設施，對於各國教育制度之特色及其貢獻，多所闡述。該書體例謹嚴，考訂賅洽，研究比較教育者，値得一讀。

此外，美國哥倫比亞大學教授伯尼兌(George Z. F. Bereday)與英國倫敦大學教授勞偉士(J. A. Lauwerys)等主編之「教育年鑑」(The Year Book of Education)，曁聯合國教科文組織主編之「各國教育概覽」(World Survey of Education)等書，均爲究研比較教育之重要參考文獻。教育年鑑係由編輯人擬定專題，分請各國教育專家執筆，如師範教育、高等教育等專號是。此一年鑑，雖係多人合編，體系尙稱完整，實不啻一本現代教育制度論叢。各國教育概覽，自一九五五年起，每隔三年，發行一卷。第一卷名爲「教育組織與統計手冊」(Handbook of Educational Organization and Statistics, 1955)，對世界各國之教育制度爲綜合之報導；第二卷爲「小學教育」(Primary Education, 1958)，敘述各國小學教育設施及小學師資養成制度；第三卷爲「中等教育」(Secondary Education, 1961)，以各國中學及職業教育概況爲研究中心，對於各國中等學校師資養成制度，亦約略提及；第四卷爲「高等教育」(Higher Education)，預定一九六四年出版。

本書係美國前波特蘭州立學院院長克芮莫(John Francis Cramer)，與澳洲墨爾本大學教育學院院長白朗(George Stephenson Browne)合著，於一九五六年出版。原名「現代教育」(Contemporary Education)，譯者以其內容均係關於教育制度之比較研究，爰改稱今名。全書分四篇二十章，對於美、英、法、俄、德、日、澳州、加拿大，以及若干新興國家如菲律賓、土耳其等國之教育制度，均有專章列論。選材精擇，論據執中，允稱佳構。其足稱道者，有下列數端：一、全書大都為客觀之敘述，極少主觀批評。二、標題醒豁，各章標題卽可窺各國教育之基本精神，如地方分權的美國教育，分層負責的英國教育，黨權控制的俄國教育等是。三、對於澳洲與加拿大二英屬國協國家的教育制度，有詳盡介紹，為一般綜合性的比較教育書籍所僅見。四、向為各比較教育著述所忽略的成人教育，本書各章，均有概括性之論述。

譯者於數年前函請美國比較教育權威康德爾博士（Dr. I. L. Kandel），介紹新近出版之比較教育名著，以為研究之參考。承康博士專函推介六種，本書卽係其中之一，並特別讚揚本書為一優良大學教本。譯者不揣固陋，乃着手譯述。以課務繁忙，時作時輟，歷時十有一月。迻譯時，遇有疑難，卽專函原著者克芮莫博士（Dr. John F. Cramer）請益，屢蒙函示，指正錯誤多處。譯述既力求信達，而於專門術語，尤儘可能用本國通用之教育名詞。惟以學識有限，謬誤難免。尚希教育界先進，有以教之。

原書第十八、十九、及二十等三章，分別論述東南亞若干新興國家之教育制度，各國成人教育設施，與夫國際教育合作問題，以其無關重要，故從略。

本書承原著者克芮莫博士暨我國名教育家楊亮功博士，惠賜序文，使本書增色不少，深致謝忱。內子蕭露凝女士抽暇校對原稿，辛勤備至，特誌數語，以示感激。

中華民國五十一年六月八日雷國鼎於臺灣師範大學

比較教育目次

第二篇　學校的行政、管理及經費

第三篇　學校設施・學制的實施

比較教育

雷國鼎譯

第一篇 基本因素

第一章 影響國家教育制度特性及其發展的勢力

比較教育不祇是現行教育制度之目錄式的敍述，而須發現各種制度所以差異的原因。何以有的制度進步，有的制度落後；又何以有的制度受政治意識的影響，有的着重自由及地方性的發展。我們必須進一步的研究現行社會及政治情勢，因爲一個國家的教育制度，常爲其本國之社會及政治哲學的具體反映。

世界各國的教育制度，尚不致產生齊一之形態（Uniform Pattern）。有的制度是經過漫長的時日，逐漸演化而成的，我們必須從該國之歷史傳統的研究中求得解答；有的制度，又是突然革命的結果，革命政府依照新體制的理想重新建立一種教育制度。也有戰勝國強迫或建議戰敗國，依照戰勝國的意見重新建立一種新的教育制度；更不幸的，在一個國家之內，有時也演出一種重大的教育復興（Vital educational revival），如耶拿（Jena）以後的普魯士，和喪失什萊茲維格——荷爾斯坦（Schleswig-Holstein）之後的丹麥等是。

有時，一個國家由於急劇的社會變遷，而影響教育制度的改革，例如英國一九四四新教育法案（New Education Act 1944）的產生，便是第二次世界大戰期間一連串的社會改革的結果。最近，我們也看到若干新興國家（young nations），由於民族自決思想之興起，乃循掃除文盲及達成國家意願的途徑，而建立教育制度。

教育制度雖爲社會及政治勢力所影響，然而讀者却應注意教育行政的形式與政治制度的形態二者之間的關係。表一，卽是教育管理的幾種可能方式的敍述，尤可用於說明此點。例如，表內第一、三兩欄似爲多數民主國家的共同趨向，第二欄則爲多數教育制度上的極端中央集權制。另一方面，我們可以發現日本在第二次世界大戰前，爲第二欄諸國的忠實同伴，戰後，由於盟國佔領當局施行政治改革的結果，卽由第二欄轉變爲第一欄。又如阿根廷的教育制度，從拜朗斯塔（Peronista）時期起，卽有傾向第一欄的情勢。總之，我們應該注重一種教育制度的精神，而不必重視制度的形式。

表一　教育管理的幾種形式

1 極端的地方負責及地方分權制	2 極端的中央或聯邦管理——中央集權制	3 中央與地方分層負責	4 政策由中央管理，行政措施採取地方分權
美國	法國	英格蘭及威爾斯	俄國
加拿大	愛爾蘭共和國	瑞典	東德
瑞士	菲律賓	紐西蘭	阿根廷
日本	澳大利亞聯邦	丹麥	保加利亞

康德爾於完成其著名的比較教育研究一書時，對於他的工作，曾經這樣講：「基於各種勢力——政治的、社會的、及文化的——的見地，研討普通教育，初等及中等教育，蓋一個國家教育制度的特性，常爲此類勢力所決定。一般言之，教育的問題及目的，大多數的國家均已趨於某種程度的相似；

然而此一問題的解答，常受各國之不同的歷史傳統與文化背景的影響。」

康德爾稱下列諸國爲「世界教育實驗的領導者」（The leading educational laboratories of the world）：英、法、德、意、俄、美。他並詳細研究上述六國教育制度的歷史背景及其重要特徵，特別注重足以影響教育發展的民族主義力量及民族性等二大有力因素。

另外，英國倫敦大學的韓思（Nicholas Hans）先生，對於影響國家教育制度的教育因素及歷史傳統，作過一種深刻的研究，對於英、美、法、俄四國予以概括性的敍述。韓思列述其因素如次，並以每一因素列爲一章：

1 自然因素：種族的，語言的，地理的，及經濟的。

2 宗教因素：天主教，英格蘭教，清教。

3 世俗因素：人文主義，社會主義，國家主義，民本主義。

本書著者，在本章採取另一途徑。以爲影響當今國家教育制度特性的主要勢力，可總括爲下列七項：

1 民族統一的意識（Sense of National Unity）。

2 一般經濟情況。

3 基本信仰與歷史傳統，包括宗教及文化遺產。

4 進步教育思想的狀況。

5 語言問題。

6 政治背景：共產主義，民本主義（democracy）。

7 對於國際合作及國際瞭解的態度。

茲將上述七大因素，臚陳於次：

民族統一的意識

目前多數國家，都是由若干團體組合而成的，故常常發生一個保證民族統一的問題。通常民族統一的國家，對於教育制度的關切，常常不及分裂爲兩個相反制度的國家關切之甚。有時，一個國家的統治集團常以教育爲手段，壓服其他少數團體，使其悅服統治階級的一切措施。也有些國家，想盡辦法促進全國教育問題的統一，其結果反足造成國家的分裂。

例如，大不列顚的教育制度，曾獲得一種全國一致的滿意結果，居住在威爾斯及蘇格蘭的克勒特人(Celtic groups)，與英國本土的人民，彼此的語言雖然不同，但其情感至爲融洽，任何問題，均能獲致全國一致的意見。所以英格蘭與威爾斯兩地的教育制度，也完全相同，蘇格蘭的制度，亦極爲相似。一九四四法案卽適用於英格蘭與威爾斯兩地；蘇格蘭的一九四五教育法案（Scottish Education Act of 1945），亦爲上述法案之翻版。

美國在同化外來移民，使其成爲一種忠實的美國公民方面的工作，亦有令人滿意的結果；這些外來移民的第二代，均已成爲相當進步的美國人。有時，在一本軍隊或足球隊的名冊上，見到許多不同的歐洲人的名字，好像圖書館的一本目錄一樣，可是他們都是美國人。美國的教育制度，對於這種美國化（Americanization）的工作，確有很大的貢獻。全國縱然有九萬個學區（School district），可是祇有一個全國統一的教育目標。

德國，在一八七〇至一九四五年之間，也有一種民族統一的熱烈要求，教育制度與這種態度也很有關係。納粹（Nazis）時代，民族主義的呼聲，響徹雲霄，一部份的德國人幾乎還患有民族狂熱的歇斯底里亞(Hysteria)的心理病態。目前的德國，分裂爲兩個國家，彼此互相猜忌，一反過去全國統一的局面。這兩個國家分爲兩種制度，都希望具有眞正的民主精神的表現。

第二次世界大戰，日本雖然戰敗，但能迅速復原，大部分也是由於具有民族統一的意識所致。第二次大戰以前，甚至二次大戰期間，日本人也具有一種狂熱的民族主義的思想，他們自詡爲東亞，甚至全世界的領導者。迨至戰敗後，日人聽從日皇的諭令，接受佔領當局的領導，步向民主的道路，在美國的指導下，有效的改革教育制度，未來的日本教育，必能遵循民主的方針。日本人堅決的相信，未來的日本，仍將繼續成爲一個具有新希望的統一的國家（Unified nation）。

法國也是一個自視甚高，極端驕傲的國家，自以爲本國的文化，是西方的領導者。然而法國對於殖民地的教育工作，却完全失敗；因爲他們將法國的民族統一思想，推廣至各殖民地，而未顧及當地人民的民族主義思想。他們祇想將各殖民地變成法國的一部份或一個省份，進而强制當地的人民，接受法國的文化，此種政策乃遭到普遍的反抗，甚至還帶來了戰爭。

在南非，我們也可看到一種情況，便是爲數甚少的白種人，對於土著的多數人，常懷着一種恐懼與壓服的心理，所以反對土著人接受教育及公民訓練。因此，便造成一種很深的仇恨，而且，在事實上，這些所佔人口比例甚少的白種人，也包括兩種民族，並具有兩種不同的教育制度，甚至電臺的廣播，也採用兩種不同的語言。所以，在這一塊土壤上，自然不能建立一種進步的教育制度。

紐西蘭與夏威夷，恰與南非的情形相反。紐西蘭人常以優待當地土著民族馬歐里人（Maoris）向世人誇耀。他們視馬歐里人爲眞正的紐西蘭人，與白種人接受同樣的教育，享有同等的社會權益。國會內有馬歐里人的議員，教會內有馬歐里人的主教，最近幾年，曾有一位具有馬歐里血統的人，當過內閣的代理總理。在夏威夷羣島，無論夏威夷人、日本人、中國人、菲律賓人，以及其他民族的人民，都與白人一樣享受同等的教育機會，進相同的學校，在同一政府機關任職，從事相同的專門職業。

非支羣島（Fiji）的情形，又稍有不同。它是英國人的殖民地，島上的土著民族非支人，爲數雖有一二四、○○○人，惟仍以少數的白種人爲核心。這些非支人，原具有優美而聰明的美拉尼西亞人（Melanesian）的血統，目前散居在其他各島嶼上的印第安人，總數有一三○、○○○人，在人口比例上，已超過非支人。這些印地安人多半從事蔗田之種植，及磨坊工作，最近也要求參與非支人所經營的事務。在這個羣島上，有非支人的學校，有印第安人的學校，也有白人的學校；就目前的情形看，尚無建立全島統一的單一學制（Unified School System）的跡象。

在新幾內亞的東北地區，却遭遇着另一種困難。當地的土著人民，祇有百餘萬人，然而，却分爲若干毫無任何民族意識的小團體，自成百餘個村莊，操約近百種的語言，澳洲政府雖已建立一種廣泛的學制，但此種學制却難於作合理的行政措施。

蘇俄的領土遼闊，民族複雜，但是對於少數民族的教育，却有很顯著的成效。俄屬土爾其斯坦（Russian Turkistan），便是一個實際的例子。在沙皇時代，對於這些外來的屬地，常常使用壓服的手段，所以各屬地的人民，顯得非常幼稚，且迷信鬼神。俄國革命後，俄共當局對於少數民族，極盡安撫之能事，使其忠於共黨政權。他們在這一方面的工作，做的很有成效，一方面由於工業的進步，一方面又由於鼓勵各地的人民，以自身的語言和文化背景爲基礎，確立一種地方的教育計劃。有些地區，祇有語言，根本沒有文字。俄文便是一種普通的第二語言。雖然他們的目的，在於建立一種共產主義的共和國，然而，無疑的在工業及教育兩方面，都有很大的進步。在一九一五年，俄國的一般屬地，顯得非常落後，文盲在人口總數中所佔比例之高，亦令人側目。曾幾何時，現今俄國竟自誇這些落後的屬地，爲近代化的都市，不但經濟繁榮，而且文盲的比例不及人口總數的百分之十。由於鐵幕低垂，確否待證。不過，無可否認的，蘇俄教育政策的實施，確有相當的成效。起初，俄國的若干屬地及共和國，嘗自詡政策的成功，現在，整個的蘇俄，亦以其獨有之蘇維埃制度，向世界炫耀。無疑的，這是由於他們全力培養家族情感（Sense of belonging）及民族統一的意識，所得到的成果。

一般經濟情況（General Economic Situation）

一個國家的經濟資源，對於教育機會的等差(Level of Educational Opportunities)，具有極大的影響。很明顯的，一個人煙稠密，自然資源富庶，並具有完善的交通及運輸設備的國家，必有優良的教育制度。反之，一個人口稀疏，僅有自然之農業生產的國家，必難以大量的經費，維持一種完善而具有高度發展的教育計劃。蓋因任何國家通常都祗以全年總收入的有限部份，用於社會及教育事業，所以一個貧窮的國家，必難維持一種進步學制之所需。

一個富裕的國家，無疑的必定實施一種進步的教育計劃。在二十世紀初期，英國是一個極富强的國家，當時他們實施一種「雙軌制」（Two-class）的教育制度；迨至第二次世界大戰行將結束之時，由於戰爭關係，英國的經濟情況，日趨惡劣，著名的一九四四新教育法案，應運而生。目前，英國人對於這種前程似錦的教育成就，抱着無限的希望，然而，由於經濟支絀，此種美夢似難順利實現。

日本也是一個經濟情況影響教育目的的國家。第二次世界大戰以前，日本曾以大量金錢用於建立教育制度，當時的教育制度，雖具有軍國主義及極權主義的色彩，然而確有許多優點。現在日本頒佈教育基本法，實施新的教育制度，此種制度，成爲當今最完善的一種民主教育；但是，由於經濟基礎薄弱，國力日衰，在各方面都顯得實力不足，此種教育計劃，能否如期完成，尚難逆料。

可是，我們又並非認爲一個國家必先富强，而後始有完善的教育制度。通常都以一個國家的人力資源的性質（quality of the human material）爲基礎。今之荷蘭，具有一種使全面進步的教育制度，凡是前往觀光的教育家，莫不同聲讚譽。然而，在第二次世界大戰以後，荷蘭之生產量減低百分之四十，若干城市毀於砲火，十分之一的可耕地，也被海水的氾濫所淹沒，百分之六十的鐵道尚未修復，整個的商業，幾乎停閉了一半。加之面臨殖民地的叛離，其中便喪失了素有「寶庫」（Treasure house）之稱的印尼。但是，他們並不因此而沮喪，仍舊建立他們的學校，一步一步的恢復他們原有的經濟情況。由於他們的努力，加上外國資金的流入，幫助他們建設，今日的荷蘭，已成爲歐洲的富强國家之一。甚至在他們所稱的「黑暗時期」（darkest hours），教育經費仍佔國家總預算的百分之二十，並未絲毫削減。

另外，還有一個典型的實例，丹麥於一八六四年喪失了什萊茲維格——荷爾斯坦以後，經濟情況幾瀕於絕境，民衆高等學校（Folk High School），却鼓舞了全國人民的心意。丹麥由於土地貧瘠，氣候惡劣，乃變成「西歐的模範牛奶場」（Model dairy farm of western europe）。今天的丹麥，却是一個康樂進步的國家，並享有「理性王國」（The Kingdom of Reason）的雅號。丹麥的民衆高等學校，亦爲優異的教育成果之一。

澳洲的情況，又構成這個問題的另一面。他們的領土面積，與美國相若，可是全國的人口，却祇有九百萬。當前的主要工作，即是實施一種有效的教育，以適應散居各地的人民的要求。因此，他們的教育計劃，就必須以各地不同的情況爲基礎。雖然人口少國家的收益不多，但是教育經費，仍須平均分配在全國各地。

無疑的，一般經濟情況不佳的國家，如欲提高教育設施的水準，勢必依賴外在的力量。今日聯合國教育、科學、文化組織（UNESCO）所實施的基本教育計劃（Program of Fundamental Education)，便是這一方面的一種有力措施。據聯合國調查，全世界有一半以上的人民，是目不識丁的文盲，對於報紙與書籍，均無閱讀的能力。基本教育的目的，不祇是文盲的掃除，尤在傳授關於衛生、娛樂、農事增產，以及一般公民生活的知識。此種基本教育的設計，已開始在印度、墨西哥、額瓜多爾、海地、奈機立亞 (Nigeria)、泰國、埃及，及黃金海岸等地逐步實施。

現代的教育，逐漸變成一種消費事業，所以財力富裕的國家，勢必予貧弱國家以經濟上的援助。美國的第四點計劃(Point Four Program)，大英帝國國協內的可倫坡計劃(Colombo of the British Commonwealth)，以及聯合國教育、科學、文化組織所舉辦的各種活動，都是這方面的顯著象徵。

基本信仰與歷史傳統

大多數的國家，教育的發展，深受人民的基本信仰與文化傳統的影響。林洞 (Linton) 將人民的文化分爲下列幾個因素：

1普遍性(Universals)：一個國家的全體人民，常具有同一之生活方式，如吃同樣的食物，穿同樣的服裝，講同樣的語言，抱同樣的政治及宗教觀念，以及具有同樣的道德行爲標準。

2特殊性(Specialties)：特殊的職業技能與訓練，將使同一社會分爲若干工作部門，在同一文化中關於階級及社會地位的觀念，也彼此互異。

3選擇性 (Alternatives)：個人對於任何事物，常運用自身之抉擇，如利用發明及其他新的工作方法是。

上述諸因素，不僅影響一個國家的文化發展，且足以決定一個國家的學校課程

例如，日本的武士道精神 (Bushido) 及神道 (Shinto)觀念，幾個世紀以來，已深深滲透於整個

教育制度之中。第二次世界大戰前，在日本民族傳統中所表現的軍國主義及極端的國家主義，以及一般人民所具有的忠君、服從、禮貌、敬老等特性，都深受武士道及神道觀念的影響。全國人民，特別是兒童及婦女所具有的一種優美態度，尤爲上述精神之具體表現。戰後，雖然實施新教育，但是他們對於這種傳統精神，仍有無限的留戀。

俄國革命以後，對於亞洲西南部回教徒（Muslim）的少數民族，進行反文盲運動（Campaigns against illiteracy），向回教徒宣傳婦女的解放，及教育機會的均等。這種政策恰與當地人民的信仰相反，他們認爲婦女是沒有靈魂的自卑者，因而引起土著人民的强烈反對，若干教師，便遭受他們的殺害。在東亞的極北部，初設新式學校時，兒童上學，常在臉上刻一種奇怪的血色標記，表示得到「神醫」（Shahmen）的保佑，可以免除西方兇神（evil spirits）的傷害。

反觀西歐，在法國我們看到他們具有一種强烈的國家文化領導者（Country's cultural leadership的傳統觀念，教育的目的，祗在培養一種教育的英才（educational elite）。他們雖然具有若干進步的思想，如「單一學制」（E'cole Unique），郎之萬改革計劃（Langevin Reforms），這些計劃，即在予全體兒童以更適當的教育，然而，却一再遭受反對與延擱，主要的原因，是深恐法國傳統的高度學術水準，受到摧殘。

同樣的，德國人的信仰，以爲大學應從事高深的學術研究，所以儘量提高一般中學的知識水準，使能適應範圍狹小的專門工作的要求。雖然在四十年以前，即有「統一學校」（Einheitschule）的計劃，以及使全體兒童得有同等之受教機會的單一階梯制（uniform ladder），却一直停留在研究階段，而未付諸實施，主要的原因，也是深恐影響大學的教育水準。第二次世界大戰以後，東德、西德兩方面的教育均有改革，對於統一學校的觀念，也都相當重視，可是就西德講，他們的大學，依舊反對足以調和大學教育過於專門化的普通文化（Studium generale）課程。

美國在革命以後，仍聚集在太平洋東方沿岸，美國的教育，也很保守，拉丁文法學校（Latin grammar school），便是一種顯著的特徵。當時的美國人及美國教育，似乎都有一種特性，便是不理解西遷運動（Westward movement）的重要性，而樂於困守東方。美國人有堅强的獨立及冒險精神，對於任何事物或工作，都希望既快且好，而富有一種完人（Perfectibility of man）的樂觀信仰。今日的美國教育，已充分的反映了這些特性。美國的學校，祗注意未來，而不依戀過去。美國人民迄今仍爲西方的文明燦爛而努力，他們的志趣，似乎永遠在「尋求夢想的計劃」（Seeking the end of the rainbow）。

在影響教育的一般基本信仰中，勢力最大的，莫過於宗教。本書卽以若干篇幅，列舉宗教影響國家制度發展的實例。甚至共產主義也是一種宗教的形式，列寧（Lenin）和史達林（Stalin）卽其創始人。我們知道宗教是人類生活中的一個重要決定力量，若干教育運動，卽以宗教爲基礎，整個的中世紀，教會便是管理學校，保持文化火焰，發揚文明光輝的唯一機構。

當國家教育制度興起之時，教會控制學校的權力，卽逐漸衰減。美、法、日本、及澳洲等國之學校，卽由非宗教勢力的國家或各州政府所設置，在學校的正式教學時間內，不得實施宗教教學。英國與荷蘭的學校，雖由宗教團體所設立，然因接受政府的經濟補助，故實際上成爲國家教育制度的一部份。紐芬蘭的教育，由四種不同的宗教團體所設置；加拿大魁北克省(Province of Quebec)，則由天主教及基督新教，分別建立兩種不同的教育制度，各設公立學校，實行自身之教育主張。

天主教堅決相信其自身之宗教信仰，及教學活動，應普遍深入整個之學校活動中，故雖屬基督新教盛行之國家，亦有天主教的學校之設置。其設立範圍，由保育學校至大學均有。在天主教內部改革

（Counter reformation）運動中，所擬定的各種事項，宗教教育之普遍推行，卽為其重要事項之一。質言之，普及宗教教育，亦為內部改革之一部分。所以耶穌基督教，其教友的勢力，目前已產生一種世界性的影響。另一方面，有若干天主教的國家，如西班牙，葡萄牙等，在國內雖無基督新教的改革（Protestant Reformation）與之抗衡，但其教育設施仍舊落後，文盲的比例亦高。

英國國教（Anglican）的傳統作風，却與天主教不同。他們對於社會上的一切團體，不分社會階級，皆予以適當之教育。此種作風，或受英國宗教改革（English Reformation）的影響，當時祇注重統治階層的文法學校，而將一般人民的教育，留待慈善機關辦理。英國的國家教育之所以發達甚遲，大部份也是受這種情況的影響。英國的公學，原係平民學校，嗣後因受英國國教的影響，始變為貴族學校，實施所謂英國教育的傳統——文化、訓練、宗教、服務——此種傳統已普遍深入各類府立學校及英屬自治領的各國學校之中。公學的目的，在於訓練英國的政治家及領導人物，英國歷史上的大政治家及政府方面的領袖人才，多半出身於公學，此種向為公學所獨佔的權益，目前已為府立或公立中等學校所分享。

其他基督新教的各教派，很早便具有一種民衆教育（Education for the masses）的思想。路德派（Lutherans）在德國北部及斯堪的那維亞（Scandinavia）諸國，卽實施此種教育思想，普魯士便是建立國家教育制度的一個最早的國家。遠在十六世紀時，蘇格蘭卽由洛克斯（John Knox）提出一種普及教育（universal education）計劃。此種計劃，當時雖未能付諸實施，但迄今並未為人所遺忘，蘇格蘭的國家教育制度，實際上卽以上述計劃為藍圖。在美國，喀爾文派（Calvinists）於新英格蘭的早期時代，頗佔勢力，其教義亦流行甚廣，公理教會（Congregational Church），迄今仍有此種偏執的見解。哈佛及耶魯兩大學，卽是公理教會所創立的。麻薩諸塞州（Massachusetts），在十七世紀時，祇有篤信公理教會派的教友，才有公民的資格。天主教及教友會的教友（Quakers），不得進入殖民地，若干被驅逐出境的教友，曾遭受處決。康勒狄克州（Connecticut）則較爲開明，基督新教的教友，亦可獲得同等的自由；賓夕凡尼亞（Pennsylvania）及羅得島（Rhode Island）兩州，更允許全體人民之信教自由（freedom of conscience）。後來，由於時代的演變，宗教的見解，已變成一種普遍的原則，此種原則並由州及地方社區，據以建立一種普及教育的制度。此種制度，遠在十七世紀中葉，即已付諸實施。一個世紀以後，教會管理學校的權力，日漸減弱，實際上管理學校的權力，已由非宗教性的國家取而代之。

國家取教會管理學校的權力而代之，國復一國的採行，但是，這並不意味着宗教思想的完全取消。惟蘇俄的情形例外。俄國的學校，是根本禁止宗教的，因爲宗教被認爲是「一種與資本主義勾結的勢力。」有些國家，教會學校與非宗教的公立學校並存，有時，還接受國家的補助。英國的一九四四新教育法案，實際上卽是强迫實施宗教教育的一種方案，凡屬政府設置的公立學校，每日晨間均須舉行宗教儀式；宗教科目，則成爲各級學校正式科目之一。然而，此種措施，純以一種協議綱領（Agreed Syllabus）爲基礎，決無强迫性質，兒童之是否接受宗教教育，悉以其父母的意見爲依歸。

進步教育思想的狀況

舊式的教育理論，雖仍佔勢力，但是一般國家對於新興思想的興趣，確已日益濃厚。大多數的教育改革，均爲若干個人或團體領袖所引起，可惜，他們的思想，往往未能適合一般人民的要求。文藝復興，也是一種教育性的改革，但其結果，却令學校教育大感失望。雖然主張實施內容豐富的新教育（New Learning），可是一般教育家祇傾心於拉丁文及希臘文，學校方面禁止研究正規的古典科目，幾達四個世紀之久。而對於此種措施的眞正結果或影響，並未詳加研究。培根，洛克，蒙旦（Montaigne），墨爾克斯特（Mulcaster），以及康米紐斯等，對於此種措施，表示極力的反對。不過，他們的意見，在當時並未爲人所重視。後來盧梭提倡的改革運動，才慢慢演進而爲今日的進步教育思想。他的激烈的言論，嗣後復經裴斯塔洛齊，赫爾巴特，及福祿貝爾諸氏譯爲學校方法的實用格言；杜威的現代思想，即直接受到他們的影響。杜威的教育哲學，對於美、德、荷蘭、瑞士，及大多數的英語國家，具有極深厚的影響。

對於新教育思想，宣傳最力的，還有丹麥的格蘭德維格主教（Bishop Grundtvig）及寇德（Christen kold）二人，他們所提倡的民衆高等學校運動，便是一種新教育思想的實踐；意大利的哲學家向第爾（Gentile），在法西斯蒂政權的初期，出任教育部長，他所制定的改革令，亦爲一種新教育思想的具體措施，其後見拒於軍國主義思想的法西斯蒂黨，始被迫離職。此類國家，當時之所以受到這種改革的影響，可能具有適合此種思想的條件。

很明顯的，在教育行政制度上採取中央集權的國家，較比地方分權的國家，難於受新教育運動的影響。法國、日本、及澳洲，均有完善的教育制度，可是在一九四〇年以前，在教育實驗及進步方面，却很少貢獻。舊式的正教（orthodoxies），對於新思想的防備，尤爲嚴密。他們祇有少數的學校圖書館，多半採用口語教學，及一些足以支配學校程序的考試方法。前述的思想，雖經深入正教而導致若干改變，然而，他們却擬定一種綱領，用以防止由建設思考及教師自身的經驗所突然造成的新思想的入侵。目前，日本已傾向於地方分權制，在可見及的將來，將逐漸變成適於教育實驗及差異性的一塊肥沃土壤。

十九世紀末葉，教育心理學日益受人重視，學校活動亦已由偏重教材而變爲注重學習者的需要。

新教育的勢力，進展雖慢，但在一九一〇年以後，却有一種很顯著的進步。美、英、德諸國，關於心理學原則之應用於教學方法，尤有優良的成就。時至今日，幾乎沒有一個國家的教育制度，是不受一種急速之心理學研究的累積結果的影響的。

語言問題

如果一個國家具有一種統一的語言，而無方言雜陳的現象，則一個國家的學制必定單純無疑。英、美、法諸國，便是一個顯著的例子。假使一個國家具有一種堅强的民族統一的基礎，即使有二種，甚至三種語言，亦不致影響教育制度的效果。威爾斯、比利時即有二種語言，瑞士更有三種語言。可是，有些國家在兩種民族或兩種半敵對性的團體（Semihostile groups）間，具有各種不同的語言，或具有若干不同的方言，或者語言複雜且難於學習，這樣，學制的締造者，即將遭遇到一個嚴重的問題。

在印度，便有十一種主要的語言及百餘種方言。所以印度的文盲極多，婦女文盲高達百分之九十五。大英帝國，對於這個問題，感到非常棘手。印度獨立後，特別重視亨地（Hindi），使成爲印度的基本語言，巴基斯坦，則以奧篤（Urdu）爲其主要語言。同時，其他如特米（Tamil），本哥尼（Bengali）等方言，在若干地區，仍極流行；就目前的情勢看，印度在求得一種統一的語言前，必定經過一段漫長的「複雜語言」（Multiple language）的階段。英語在印度雖有一段悠久的歷史，各級學校亦以英語爲第二語言，然而以英語爲「統一因素」（unifying factor）的嘗試，並未成功。

非洲也具有一種錯綜複雜的方言土語，所以文盲的比例甚高。歷年以來，法國爲了解決這個問題，便强迫使用法語。另一方面，英國對於非洲的土語，也應用科學的研究方法，減少文學的字母，用土語編製各級學校的教科書。此外，尚有若干有遠見的非洲人，希望學會一種歐洲語言，成爲他們自身進步的工具，這也是造成非洲語言複雜的一個重要因素。

中國的問題，又具有一種不同的情勢。他們用於文字書寫方面的古文，與口頭所講的白話，迥然不同，而且文字既難於學習，也很難理解，其結果遂造成許多文盲。自一九一九年開始，國民黨人非常重視語言，採用一種所謂「白話」(pai-hua or plain talk)統一口語與書寫的語言。此項改革，其結果甚爲良好，不久以後，不僅報紙、小說、雜誌、及電影等，一律沿用白話文，而且也增加了許多人的學習便利。其次，國民政府又以行政法令推行國語（Kuo-yu or Mandarin）運動，全國各級學校，及廣播電臺，一律使用國語。這種國語，在本質上與白話文相同。這兩種措施，均具有顯著的成效，雖然文盲尙多，可是中國各地的人民，都開始使用國語。大陸淪陷後，中共人民政府（People's Republic），仍繼續推行國民政府時代的語言改革運動，並採用俄國的招貼、壁報、及教師分組教學等方法，以國語爲中心，繼續實施掃除文盲運動。

直到一九二八年爲止，土耳其的文字，都是阿拉伯字，凱末爾（Kemal Atatürk）執政時，爲掃除文盲，復興民族起見，乃採取拉丁字母，實施文字拉丁化。此項改革，雖然遭遇到若干困難，但終於成功了。十年以後，土耳其全國各地的報紙、書籍、官方佈告、以及學校教科書等，一律沿用拉丁化的文字。

日本也面臨一種語文問題，日本的文字，係於若干世紀以前，由中國方面傳來，富有中文的特性，無論中小學或大學的學生，學習這種文字，都非常困難。這種文字，原卽所謂「漢字」(Kanji)，祇不過將語文稍加改良罷了，日本有一部份報紙，卽採用這種文字，世人熟知的「卡納」(Kana)，便是指此種文字而言。這種文字，很難學習，故日本的文盲很多。據一九四〇年的統計，第二次世界大戰前日本的文盲，高達人口總數的百分之九十五。日本人對於這種複雜的語文，感覺非常苦惱，故若干語文改革家，目前已採用羅馬字（Romaji），創造一種拉丁化的文字。這個問題，在日本已引起普遍的爭論。許多日本學校，已從事羅馬字的實驗，語言研究團體，也進行廣泛的研究。在可見及的將來，日本尚不能產生一種簡單化的語文。

蘇俄的語文，尤其複雜。據估計在蘇俄這塊遼濶的領土上，約有一百五十餘種不同的語言。自俄國革命後，俄人卽鼓勵其他少數民族的人民，儘量發展他們原有的文化和語言，而以俄文爲第二語言。俄共政府爲促進民族的統一，乃設立語言研究機構，製定若干字母，用以幫助一般落後地區的人民；同時並使用俄文舊式拼音法（Russian Cyrillic Characters），在全國各地，普遍推行。國立莫斯科出版局（The State Publishing House of Moscow），採用若干種不同的語言，印製千餘種挿圖精美，解釋詳盡的教科書及一般讀物，以便在少數民族的地區應用。

我們要制定或採用一種適合世界各國的國際語文，使成爲各國人民彼此交談的工具，確非易事。直到現在爲止，尙無若何具體的成就。所謂「世界語」（Esperanto），也祇有一部份可以應用。將來聯合國教科文組織，或許可用一種有效的設計，來克服這種語文上的困難。

政治背景

很明顯的，環繞在一種教育制度周遭的政治氣氛，常爲影響此種教育制度發展的有力因素。教育的本身不能引發一種社會變遷，而必定是受本國的政治與社會趨勢的影響的。世界上絕無一個政府容許一種宣傳革命的教育制度，也絕不容許對於本國的基本政治理論發表破壞性的批評。然而，教育却能導致一種文化革命。關於這一點，有一個實際的例子。在俄國革命前，有許多俄國青年，前往法國及瑞士兩國留學，回國後，熱中當時的革命運動，直到一九一七年以後，才發覺他們自己兩面失策，結果遭受兩方面的遺棄，演成一種俄國知識階級的悲劇(The tragedy of the Russian intelligentsia)。

在十九世紀及二十世紀的初期，國家教育制度，即已建立，此足以反映各國對於這個問題的重視。我們從各級學校所用的歷史教科書觀察，即可明瞭這一點。有些教學活動，顯得過份民族化，致易於引起國際間的戰爭宣傳；這種趨勢，以德、日兩國最爲顯著，若干英語國家，也有這種現象。「我國的好或壞」，雖無明顯的表示，但是在教學方面確有這種感覺；他如民族間的惡感，激烈的商業競爭或其他危機，都將導致國際間的熱戰。教育通常被視爲維繫民族情感的一種有效措施，有時固然有良好的成績表現，有時却因偏於極端而造成不少的危險。

獨裁者在教育方面所用的方法，又不相同。他們視教育爲擴張政權的一種工具。希特勒(Hitler)，即利用教育鞏固納粹(Nazis)的勢力，他在德國設置一位控制全國的整個教育制度的部長，德國之有中央教育部，實以希氏爲創始。墨索里尼(Mussolini)也想在意大利創設一種完善的教育制度，所以聘請哲學家向第爾(Gentile)擬定一種計劃，並將此項計劃付諸實施，而成爲一種理想的制度。起初的二年，向第爾還有完全的自由，所以在工作方面確有驚人的成就；待其辭職後，意大利的新教育，才逐漸顯露一種極端的民族狂熱及軍國主義的徵兆。凱末爾則頒佈一種令人驚異的法令，而建設一個新興的土耳其，此項法令，旨在掃除土耳其的舊有信仰，在實施時雖然遭受若干困擾，但終於成功了。土耳其的現代教育制度之能發展，凱末爾確有很大的貢獻。今日的西班牙，由於佛朗哥(Franco)及其政權，對於國家教育的興趣，非常淡漠，所以文盲的比率甚高，義務教育的年限，亦祇到十二歲爲止。據一九四八年的統計，西班牙全國人口總數超過二千八百萬，在中等學校肄業的學生，祇有二十一萬二千名；同年，加拿大的人口總數祇有一千三百萬，在中等學校肄業的則有四十一萬名。

共產國家，對於教育非常重視。蘇俄的教育目的，即是「基於教化的立場，建立一種新的社會秩序。」因此在俄共政府執政之初，即推行一種大規模的掃除文盲運動，據一九一七年的估計，俄國的文盲，佔人口總數的百分之八十至九十。二十年以後，文盲的數目，急劇下降，據俄國的報告，文盲的比例，已減低爲百分之十二，有若干地區，目前已完全沒有文盲。無疑的，這是俄國教育的力量。其他共產國家，也都强調教育的重要性，不過就西方民主國家的立場看，共產國家關於教育的措施，祇是片面的宣傳。俄國學校的教科書，特別是歷史及社會學科，對於西方國家，類多具有惡意的宣傳，認爲美、英、法諸國，是一種戰爭販子，對於國內人民，經常採用一種殘酷的壓迫手段。祇有共產國家，才是人類生活中的唯一樂土，資本主義宛如一個具有衰敗象徵的暴君。蘇俄的附庸國，也抱着同樣的態度。就東德講，名義上雖爲獨立國家，實際上則受蘇俄的嚴格管制。

民主國家的教育制度，雖也用來推行民主的理想與方法，但不像共產國家之作激烈的宣傳。這或許因爲民主國家認爲惟有如此，才能取信於人民的緣故。一般民主國家的主要教育信念，在於激發人民的寬容、自由及差異性。關於民主一詞的解釋，有許多教師，感到十分困難：所謂民主，與其說是一種政治理論，無寧謂是一種生活的方式。當盟國在日本推行民主教育的時候，也遭遇到同樣的困難，他們不知道運用什麼方法才能使日本人了解民主的眞諦。關於這一點，他們可說是開創教育史上的一種很有價值的實驗先例，一般教育家，直到現在才開始發現，他們對於民主的涵義及其教學方法，作了一次精密的分析。民主初階 (Primer of Democracy) 一書，實際上是爲日本人寫的，其銷售多達百萬餘冊，此種書籍在民主國家的學校，亦可採用。民主的信念及方法，對於民主國家教育制度的影響，並不因缺乏適當的宣傳而稍減其功效，不特此也，即使共產國家的學校，亦受到民主思想的滲透；民主思想確爲防止侵略促進民主的有效因素。

對於國際合作的態度

若干國家的教育事業，已開始受到一種比較新的勢力的影響，便是努力促進國際間的瞭解及友誼。「這些人與我們不同，他們的行動古怪而謬誤。」這種陳腐的觀念，已逐漸為「這些人與我們完全一樣，他們的成就及問題安在？」的態度所替代。在課程中社會研究已擁有廣大的地盤，而不單是一列課程中的一個學程，此種觀點，對於前述之態度，具有極大的貢獻。不過，這種態度的力量，並未可一概而論。一般狹義的民族主義的國家，對於任何型式的「國際思想」(International-mindedness)的發展，都表示懷疑。然而，在若干地區，聯合國及其教科文組織 (UNESCO)，對於民族霸權觀念 (Ideas of National Sovereignty) 的防止，已獲得相當的成效。

各國的大中學生及各級學校教師的交換，每年均有辦理，因此，有些人便獲得直接學習如何與別國人民共同生活、共同工作的機會。學校的課程，也正在精密設計，使不同環境中的人民生活，得有互相交流的機會。虛誇的愛國主義教科書 (Chauvinistic textbooks)，已重加修訂，藉以避免侵略的行為，及狂妄的民族優越感。歐洲北部的三個國家，在純粹志願及民間計劃的協議下，已完成所謂「納汀」(Norden) 的大斯堪的那維亞組織 (Great Scandinovian Organization)，關於歷史教科書，三國已會同加以修訂。

由於聯合國教科文組織的初步計劃，遭遇到若干難以克服的困難，所以他們對於此項計劃的推行，已面臨決策的階段。雖然有若干困難尚待克服，可是他們出版的書刊，世界各國的學校，已普遍應用。在聯合國教科文組織規程的序言中，有一句很著名的談話——「自從人心的戰爭開始以後，人類心理上的和平防禦，是必須建立的。」(Since wars begin in the mind of men, it is in the minds of men that the defences of peace must be constructed)——已向世界各國的學校，發出一種挑戰。

聯合國教科文組織的基本教育計劃（Program of Fundamental Education），已經得到若干國家的支持，他們願意供給金錢與人力，以提高世界上落後地區人民的生活及教育水準。然而，教科文組織的此項計劃，幾年來一直爲蘇俄所反對，而不同該組織合作，致使該組織的活動普遍受到阻礙。一九五四年蘇俄決定參與聯合國教科文組織，而與其他五十國同爲會員國，這或許是一個效率較大的新世紀的開始。另一方面蘇俄又提出關於聯合國合作的許多困難問題，以及俄國參與聯合國以後補助該組織的其他有關問題。

聯合國的工作，特別是不完全依賴公款補助的組織，在國際間的共同工作中已收到顯著的效果。人權宣言（The Declaration of Human Rights），雖未能充分的應用，但使若干小國，獲得不少精神上的援助。世界各國的學校，對於國際組織工作的研究，已經激起國際合作，在廣大的地區行將獲得成功的希望。另外，還有幾種國家性的計劃，如美國的第四點計劃，大英帝國國協的可倫坡計劃，均已獲致廣泛的效益。

上述種種，都是影響國家教育制度的組織及其發展的勢力，此類勢力的存在及其重要，將使比較教育成爲一種富有誘惑性的以及具有價值的研究。本書的希望，即是幫助讀者瞭解教育，不僅是教室內的事務，教科書，及教育行政組織，而是從速擴充社會服務制度，使其效果世界化，以及對於世界各國人民的改造工作及教化，具有密切合作的一種有力因素。

第二篇　學校的行政、管理及經費

第二章　公共教育的管理

各個國家，每從其他國家之歷史、社會及文化背景中，尋求有關自身之各項問題的解答。一個國家的教育制度，如同其他社會制度一樣，也常受本國生活中類如上述各種因素的影響。教育的改革及實施，雖可倣效其他國家，但須予以適當的改變，庶可適應本國的歷史傳統及實際情況；否則，此種措施不是完全失敗，便是與本國的實際生活脫節。如能處置恰當，仿自外國的實施辦法，亦能產生很大的效果。如果本國的學校制度，業已建立，這時，我們接受外來的各種思想，才能適應本國的需要，這種外來的思想，也才能發揮最大的效能。

人類的信仰與偏見，雖彼此互異，但是建立學制時所須解決的一般問題，各國之間，則極其相似。一個國家的學制組織問題，究由誰來管理學校，誰來擔負教育經費，乃至管理權限及經費如何劃分，世界各國的政府，對於此類問題，均感到無限的煩惱。任何國家對於此類問題的解答，都將引起其他國家的興趣，此種興趣，即成爲學校制度之比較研究的基礎。

教育目的的確立，常成爲各國最感困難的一個問題。關於這個問題，韋伯（Leicest Webb）曾有一段很好的談話：「所謂教育活動，常由重要性，及其不易固定的目的而區分。醫生、工程師、律師及海員，對於他們行將從事的活動所確定的結果，決不致產生繼續性的懷疑。我們不能要求一位船長在兩種極端相反的航海哲學中作一種選擇；他的活動的目的，亦很少爲時間或地點所改變。但是對於一位整日過着教學生活的優良教師，却可提出「我預備做些什麽」的問題；這種要求，便是這位教師的教育哲學；這種要求，是最難回答的，這位教師也決不承認他的意見是最後的解答。我們說教師的任務是將過去的經驗，以有系統的方法傳給兒童，而非使偏激的意見固定化。因此，就教育的目的講，所謂過去便是現在的創造。一位忠實的教師，無異等於一個忠實的教育制度的行政管理者；無疑的，對於教師的管理，當較管理教育制度爲難。一種制度的改革，總不免遭遇若干困難和浪費，甚至引起人民的反對。關於教育目的，我們也很難獲得一種令人滿意的最後協議，我們所提出的各種意見，常不能使人滿意。因爲一種教育制度，不僅爲目的所決定，而且受一個特定時間內各種教育哲學的相互容忍力的影響。這種制度的建立，是政府的問題，這種問題易於作實際的分析，但有許多問題，却使一般教育家感到無限的煩惱。」

很早，就有一個尚未解決的問題（一個與教育目的有關的問題），便是個人與政府單位，與國家的宗教勢力，以及與整個社會的關係。由於人們的歷史及哲學觀點不同，所以對於誰來管理教育，誰爲教育行政人員，以及誰來負擔教育經費的問題，便有不同的解答。父母與兒童，父母與教育，家庭與地方社區，政黨與國家，以及地方政府與中央當局等等的關係，均將成爲決定教育組織的形式的有力因素。

所謂教育制度化，便是一個社會團體，建立一種爲本團體所同意的制度，代復一代的相傳，而成爲一種固定的模式。教育的管理，亦以團體對於管理方式的決定，以及如何劃分管理的職責爲基礎。關於這個問題的不同解答，本章亦將予以討論。

各個國家，對於教育日漸重視，因此教育已成爲若干管理與執行的行政機構中的一個重要部門。鮑爾夫爵士（Sir Graham Balfour），認爲一個民主國家的教育行政的目的，「在使正當的兒童接受正當的教師所實施的正當教育，在國家財力許可範圍內，使兒童受到良好的訓練。」此種意見，雖極簡單，但在實際上鮑氏所說的每一個字，在不同的國家，不同的人民便有不同的意見。在這裏我們又將遭遇到前面所說的價值衝突的問題，這個問題將決定每個國家關於「正當教育」(right education)的解釋。

無疑的，我們很難發現一種單一的，簡明的，而爲任何國家皆視爲正當的教育制度的計劃。教育計劃的形式，如能適合一個國家內年青一代的需要，必將發展而成爲一個國家可能獲得的最大利益，亦必符合該國人民的希望，似乎卽是該國最好的計劃。由於各個國家公民的歷史及文化觀念不同，對於教育組織及管理形式的意見，也彼此互異。

各國對於教育經費及學校所佔經費數額的比較研究，已日漸重視，然而，一個國家用於教育的經費，或教育經費在國家收入中所佔的比例，迄無滿意的研究。從歷史上觀察，似乎可以看到一件眞正的事實，便是沒有一個國家的教育經費，達到國家所能負擔的程度。

民主的概念，已演變成爲一種生活方式，而不僅是一種政治制度，世界上大多數國家的教育哲學及實施，均已受到民主生活的影響。一般政府及人民，已日益關注本國全體公民所負的公民責任，因此全體人民之應受優異公民的教育，亦爲大勢所必需。此種概念，業已導致普及教育制度的發展，而不以階級及經濟地位爲基礎，更阻止了一種特殊性的英才教育 (education for an intellectual elite)形式的成長。一般富有極權哲學 (totalitarian philosophy) 思想的國家，雖亦推行普通教育制度，然其目的却與民主國家大有逕庭。本書以後各章對於當前各國所採用的教育組織的幾種形式，將分別予以研究。

一、直接管理的機關

就歷史的觀點講，對於正式敎育組織具有重大影響的勢力，有下列四種：敎會、同業公會或職業團體、地方自治組織、及中央政府。近年來由於極權政府的興起，乃有第五種勢力產生，便是所謂單線統治的政黨（The single dominant political party），這種勢力也構成敎育組織中的一個突發性的因素。各個國家關於敎育管理的研究，首須決定何種因素或某些因素之組合是敎育行政機構中的重要因素。

宗敎團體管理敎育

早期的若干學校，常爲敎會所設置、維持及管理。在若干事例中，均顯示父母與敎會間的關係，常成爲決定敎育設施的力量。關於這個問題，各國的態度不儘相同：有些國家父母管理子女，並決定其子女在敎會學校受敎的年限；有些國家，又由敎會管理兒童，並決定其受敎的方式。

政府機關對於公立學校的管理，日益加强，但是各國政府對於此種問題所採取的步驟，則彼此互異。加拿大有若干省區，所有的公立學校，都是由天主敎或基督新敎辦理的。愛爾蘭的學校，雖係公款維持，但都是敎會學校，政府很少干涉。有些政府對於敎會學校所不能收容的兒童，雖以公款爲其設置學校，但却極其勉强。有些國家則運用公款補助敎會學校，及私立學校，如同維持公立學校一樣，希望採用此項措施，以實現普及敎育的理想。有的國家又採用另一種辦法應付這個問題，便是實行一種公共敎育制度，無論敎育的本質及管理，一律世俗化。

在敎會學校方面發生一個問題，便是使全國的敎會學校，演變爲一種普及的公共敎育制度，頗有困難。澳大利亞敎育的早期發展中，大多數的學校，都是些在國內佔有勢力的宗敎團體所辦理的——英格蘭敎，天主敎，長老會（Presbyterian）或監理會（Methodist）。每一個都市或大城市的中小學，都是由上述四種宗教團體設置的；但在鄉村，却完全相反。此種情況如若發生在幅員遼闊人煙稀少的國家，則其問題尤爲嚴重。至於澳大利亞的情形，澳洲人認爲祇有樹立一種國家管理的教育制度，才能推行全民教育 (education for all)。

大不列顚的教育史上，也有類似的情事。查理第二 (Charles II) 時代，當英國的各級學校，要求擴充舊式課程範圍時，便感覺到宗教當局的勢力强大，依照宗教敎律的規定，各級學校不得採用新的課程，亦不得聘用擔任新課程的教師。一六六二年的法律，有一種重要的規定，便是公私學校或家庭的教師，均須取得宗教教學的資格，同時並得宣誓「我同意法律規定的祈禱儀式」，始能取得教區主教所發給的證書。依據一六六五年「五密勒法案」(Five-Mile Act) 的規定，凡屬違背誓詞的教師，一律取銷其從事教育的權利，並罰款四十英鎊，或監禁六個月，在監禁期間的教師，祇能在某一城鎮的五英里以內活動。

法國自大革命以後，卽努力於牧師與凡人間的一種管理教育制度的勢力的試驗。革命領袖的目的，乃是在各級教育中一律取銷教會的管理權，因爲他們認爲牧師具有反革命及反共和政體的態度。實際上，法國的公立學校制度，業已建立，普及、凡人及世俗教育的計劃，亦已開始實施，然而，關於這個問題的爭論，迄今尚未解決。

目前，有一個澈底解決這個問題的最好例子，便是加拿大若干省區，已實行由國家利用公共稅收維持教育，而教會依舊保持管理教育的權力的辦法，魁北克省 (Province of Quebec) 的各級學校，便是由公家及教會共同辦理的。

職業團體管理教育

文藝復興以後的學校，特別是由教會設立的，其主要目的在於培養年青的牧師，或訓練一批忠於教會的領袖人才。此種類型的教育，妨礙了多數人受教育的機會。當時的教育，有一個顯著的特點，此種特點，迄今仍未消失，便是教會學校的教育，分爲牧師，學者，及知識階級等三類，其餘的人，則着重實用知能及日常生活的訓練，對於書本知識，比較忽略。嗣後由於手工藝的同業公會的興起，在此種情況下，藝徒訓練制度(System of apprenticeship training)，便應運而生。此種職業教育的系統，自建立迄今，其間雖經過若干重大的變遷，但直到現在，仍在繼續發展。這種教育的理想，一方面在於實施普通及知識教育，一方面也注重實用及職業訓練，此種情況，常不能爲當前一般人士所瞭解。

近幾年來，美國利用聯邦政府的補助，乃建立一種容許職業團體及地方學區共同參與管理的一種藝徒訓練制度。但由於同業公會運動 (trade-union movement) 的迅速發展，且收到很大的效果，乃使藝徒訓練計劃，受到限制。法國的藝徒教育，在幾年以前，亦已建立，並容許地方政府參與管理，其管理的權限，較之地方政府管理地方學制者尤大。並且在這種制度中，尚容許僱主及同業公會雙方參與管理。但是，就一般情形而論，職業團體的影響，日漸微渺。

地方社區的管理

地方社區(Local Communities) 對於供給轄區內的兒童受教機會的重要性，早經社會人士所認識。就美國講，地方學校法，早在十七世紀時即已通過。同時，一個社區內的全體公民對於全體兒童的教育所負擔的稅款原則，亦已確立，關於此類事項，更早爲法律所允許；法律上載明，地方納稅人得以其應繳之稅款，用於辦理學校。規定設立學校，籌募公款的法律，亦均迅速通過。

父母及地方社區對於兒童教育的興趣，素極濃厚；有的地方並容許他們參與中央、州及地方政府機關所擬訂之足以影響其兒童教育的各項活動的決定。有些國家，如大不列顛及美國，地方自治的傳統觀念很强，地方的政府單位，也有優良的成就。又有些國家如澳大利亞，對於地方自治，素極漠視，地方社區參與教育的機構，也根本沒有。在法國，各級政府的機能，完全操於中央，教育如同大多數的公共事務一樣，悉由巴黎的中央政府管理和指導。

國家管理教育

州及國家（States and nations）之參與辦理教育，較之前述各團體爲遲。有許多國家，政府勢力之滲透教育事業，爲時甚晚，包括改革現行學校制度的缺陷，及推廣教育的機會。類此之政府干涉教育事業的情況，各地不一，一方面有運用公款補助現行之教會及私立學校，而准許其充分獨立者；另一方面，也有建立與一般私立學校平行的普及的國家學制，而逐漸代替現行制度者。最近，更有些國家建立一種强大的國家學制，一切教育悉由國家管理，以達成其全國一律的目的。

有的國家，採取聯邦政府的行政組織，如澳大利亞、加拿大、及美國等是，在地方學校單位及中央政府間，設立一種中間性的政府機構——州政府。中央政府與州政府的相對職權，各國不一，因此，便產生一種新型的管理、行政及經費制度。

政黨管理教育

自第一次世界大戰以後，便產生一種新的國家管理的形式。一般人認爲這種形式，乃是一種絕大的錯誤。由政黨代表國家建立一種教育制度，教育各階層的人民，此種管理形式，旨在利用教育制度，造成政黨權力高於一切的崇高地位。這種形式，在正式教育及非正式教育中，並無區別；舉凡大衆傳播(Mass Communication)、文化、及教育等一切勢力，悉由政黨管理，期使每個人民均能服從政黨所建立的制度，並進而追隨之。這種管理形式，已爲意大利的法西斯蒂黨(Fascists)及德國的納粹黨所建立。這兩個黨派的目的，並未全部達成，且其制度終於因戰爭失敗政府跨臺後遭受廢除。在蘇俄，共產黨即應用極權主義的思想，統治教育及文化，而且將統治的方式改良，以便於推廣。今日的蘇俄，全國的一切文化及教育活動，一律由黨部直接控制。雖然蘇俄的學校行政組織，具有顯著之地方分權的色彩，但仍舊造成黨部控制一切的結果。

二、教育的間接管理

各個國家，除政府機關外，尚有許多勢力在實際上是管理教育形式的。關於這些勢力影響學校實施的情況，將於第二篇各章討論。在此僅將這些管理勢力，約略提及一下。

有價值的制度

一般人民認爲有價值的制度，將有助於教育形式的決定，而且也是一種强有力的管理。一般人民的意見或人民的哲學，即可決定教育活動範圍的大小，兒童在校受教期限的長短，本國青年接受最低教育年限的比例，以及教育目的確定。有些國家教育目的，在於提高學術水準，故實行一種嚴格的考試制度，中等教育階段內大部份的學生，都在淘汰之列。又有些國家，則認爲學校的目的，在於培養優良的公民；所以這些國家的學生家長，對於少數學科採用考試方法而作大批淘汰的觀念，表示堅決的反對。

文化的落後，已成爲一個世界性的問題。所有的國家，均一致認爲學校的功能，是將過去的遺產傳遞給下一代。依照這種解釋，我們應該注意的，便是回顧過去，因此，學校不僅未能成爲解救文化落後的助力，尚且變成文化進步的障礙。學校課程中之保留對於現代生活毫無價值的古典文學的研究，祇是由於它是傳統的規定。贊成研究古典語文的家長，其影響所及，將愈益造成文化的落後。一位現代的父親，希望他的商店或工廠具有現代化的設備，而且還想學習一種新式汽車的駕駛方法，乃送其子進入學校，這種學校在各方面都與三十年前他所進的學校完全不同。這種做法，又似乎成爲文化進步的動因。

各國之內，因襲主義的呼聲，仍淸晰可聞。法、德兩國，若干現代化的中學尙設置古典課程，魁北克的古典學校，與一四二三年魏特諾 (Vittorino de Feltre)氏所設立的中學，幾毫無差別。他們認爲一種優良的課程，必須包括一些由古典科目中所選擇出來的「羣經」(Great Books) 學程，而堅持數百年來的老傳統，反對新時代採用新教育方法的要求。

有時，宗教的勢力也特別注重回顧過去，致使文化更加落後。一般教會學校，對於永生 (eternal survival) 的興趣，常較現代生活爲濃。有些國家的學校，屬於古典型，而且爲教會勢力所控制，因此對於大批的文盲、貧窮、營養不良，以及疾病等情況，毫無助益。

有些國家的教育改革家，，已有良好的成績表現，其中有的是在教育領域方面，有的是在兒童研究或學習歷程方面。如福祿貝爾，斐斯塔洛齊，盧梭，蒙臺梭利，杜威，桑代克，以及其他等是。他們的新教育思想，對於學校教育的方法及設施，已有很大的影響。此等教育改革家，咸以爲兒童不是一個小成人，而是一個自然成長的個體。所以他們認爲教育就是生活，而非生活的預備。他們更指出，一種繼續不斷的回顧過去的學制，決難使靑年適應一種經常變遷的社會。

大多數的國家，關於教育目的問題，如學校應該教些什麽，或如何教法等等，並無一致的意見。學校制度是在社會上兩個互相競爭的團體間努力掙扎着的，這兩個團體，對於各種不同的價值，有的表示贊同，有的表示反對。學校的本身，也是介於古典主義與現代主義之間；資本主義與社會主義之間；主張擴大國際合作，與崇尚狹義的民族主義者之間；主張學校不由宗教管理與贊同教會管理者之間；主張教育機會均等與贊同英才教育者之間。就一般的情形講，各國學校組織的形式及課程，都是社會上類此之各種勢力所造成的結果。

納稅人

在教育制度中，有一個重要管理因素，便是納稅人。如果學校需要納費，那必定是應一般兒童的家長的要求所產生的結果，否則即會令其子女退學。如果學校靠稅款維持，則納稅人必然產生直接或間接的影響。設由彼等直接選舉地方學務董事會 (Local School Board) 董事而決定預算，則其影響便是直接而重要的。設由州或中央編製預算，則將透過州議員或國會議員而發生影響。一個州或一個國家，愈屬民主，則其教育行政人員所受納稅人的影響亦愈大。就學校屬於人民的觀點講，無疑的，這是一件很好的事情，即使具有高度專業訓練的行政人員，在其工作過程中，亦應與人民取得密切的聯繫。

有勢力的團體

一種民主制度，有時，也受由少數人操縱且勢力龐大的團體的影響，而成爲犧牲者。此類團體，對於學校行政及教師的工作，常能作有力之控制。較小的地區，對於此種控制力，固有迅速而强烈的感覺；即使在中央集權制度下，此種勢力龐大的團體的影響，在國內各級學校中，亦能有同樣的感覺。

考試

在若干國家內，有一種力量強大的控制力，便是考試制度。由大學當局或教育行政機關（不由教師主持）所舉辦的校外考試(External examination)，已成爲學校教育中的一個重要部份。此種考試決定一個學生能否升入中等或高等教育階段，以及能否進入某種專業訓練機構；很早的時候，這種考試制度，常能確定整個的社會及學生未來的職業。就某種情況講，這種考試制度，可以決定學校各科教學的內容；可以影響教學的程序及方法；在此種制度下，一個教師的專業自由，也受到相當的限制。

許多國家，對於考試制度，已有種種批評；並經常提出若干改革的意見。在某些學制中，正如英國教育家吳芬登(J. F. Wolfenden)所言：「很明顯的，考試制度掌理教學大權。」(It is evident that the examination tail is wagging the teaching dog.)有些學校的校長，已無選擇課程的機會——他祗能依照一般男女學生所須通過的一種特殊考試所規定的課程，而作特定項目的選擇。在此種制度下，教學乃變成應付考試(cramming)，學生的神經，也顯得非常緊張。因此，校外考試確能決定教學方法，課程，及學生的將來，儼然成爲控制教育一個重要因素。

三、組織與管理的形式

首先討論的國家，便是美國。它是一個聯邦制的國家，行政權力分配於中央政府及各州政府之間，中央政府除供給經費及其他補助外，對於教育，很少施展其管理力量。各州政府依法具有管理學校的職權，惟類多將此項權限付託於地方學區的行政當局。地方學區代表社區的人民，積極參與學校行政、管理及經費的處理。關於管理方法及經費負担，四十八州雖彼此互異，但就一般情況言，美國的制度，側重地方管理。

第二個國家，便是英國。它是代表主張中央政府與地方單位間實行分層負責的國家。所有參與管理的行政機關間的權力，已有極端平衡的分配。地方教育區，平均較美國的學區爲大，雖然人口有的多於美國的若干州，但其面積却小於州。在教育行政方面，地方行政機關享有充分的自由，中央政府在經費上則負擔大部份的責任。這個國家，爲實行分層管理的顯例。

第三個例子，便是法國。在法國，幾乎整個政府的機能，都集中於中央政府。對於地方自治，相當漠視，大部份依靠中央行政當局。間或有些地方的稅款，用於維持地方學校，但很少容許地方參與學校行政或管理的事務。法國是中央管理的一個實例。

行政組織的第四種形式，便是澳大利亞。如同美國一樣，澳大利亞也有中央政府，州政府，及地方社區的組織。又如美國一樣的，中央政府能給予經費上的補助，但却無管理教育的權力。澳大利亞的各州，與美國的州相同，依法負有教育的責任。但是澳大利亞的州，與美國的州所不同的，是美國的各州設有地方學區，或管理學校的行政機關，澳大利亞的各州，則無此種制度。澳大利亞州的教育制度，是一種州制，在一州之內實行極端的中央集權，宛如法國在一國之內所實行的制度一樣，絕不容許地方參與或補助。澳大利亞表明是一種州的中央集權制。

第五個例子，便是加拿大，它是一個形式各別的聯邦國家。如同上述其他兩國一樣，中央政府無管理教育的權限，在經費上，亦祇有少許的補助。加拿大的各省（Provinces，相當於美、澳兩國的州），依法具有管理及補助學校的責任。各省所建立的學區制，與美國的制度相似。除兩省的行政制度與美國不同外，大多數省的行政組織與美國相似。紐芬蘭與魁北克兩省，所有的公立學校，悉由教會管理，因此遂有多種學制並立。在這幾省內可以找出一種教會管理的例子。

另外，還有一個聯邦制度的政府，便是蘇俄。蘇俄係由各共和國所組成，聯邦政府在公共教育方面，具有極廣泛的權能。地方分權制的組織及管理，亦已建立，各共和國及較小的地方政府，也握有相當的權力。各級學校的經費，由聯邦、各共和國、及地方分別列入預算。由於蘇俄實行此種地方分權制的組織，故整個的制度，全部爲所佔人數比例極少的共產黨員所控制。因爲共產黨是中央集權，所以黨部控制各共和國及地方政府的組織，也因此控制着全國的各種教育活動。此種措施，旨在確保黨部控制政府的權力，並加强全體公民的服從性。這是一種黨權管理的具體表現。

第二次世界大戰以前，德、日兩國的政府，都具有極權的性質和哲學。在不違背政黨的權益上，由政府管理公共教育。雖然德國的教育行政，具有某種程度的地方分權的精神，但是在事實上，教育管理大權，全部操在國社黨的手中。戰前日本的教育行政制度，與法國所實行的中央集權制完全相同。自第二次大戰結束後，德日兩國在盟國的保護下，試行民主的教育制度，並容許地方參與及管理。德日兩國的戰後教育改革方針，雖不儘相同，但是教育的民主及重建計劃，則並無二致。因爲這兩個國家與本節所述其他各國的管理方式不同，故留待第四篇討論。

本書第三篇將研究若干相同國家的各級學校設施。讀者如對某一國家的教育制度，具有濃厚的興趣，卽可於讀畢第二篇所述之某國後，立卽閱讀第三篇有關該國的章節。如果讀者的態度，是集中於蘇俄的學校，於讀畢第八章後，卽可逕讀第十五章。第二篇各章，擬將各種不同形式的教育管理，予以說明。

第三章　地方負責：美國

美國人所具有的全體人民的兒童應有均等之教育機會的思想，實較世界任何地區的人民爲堅强。他們的教育信念是——對各地移民，施以感化，使一般移民的子女，具有爲其父母所未曾享有之優良機會，使具有民主制度中參與艱鉅事業的公民資格的準備，——自殖民時代起，卽已滲透於美國人的時想中。整個學制的建立，卽在實現此種理想，並已具有一種長期而切實的努力。他們的歷史上，有思雖可發現爲實現此種理想而失敗的事蹟，但與舊大陸（Old World）的國家相較，則爲期甚短，他們已建立了世界上最古老的公共學校制度。

一、歷史背景

康麥格(Commager)說過：「美國人所要求的敎育之高，實爲世人所不及。美國的學校及敎育工作人員之努力，亦爲世間所罕見。很早的時候，美國的敎育，卽已承擔一種十分專門與非常沉重的任務。美國的各州及地區，並未造成一種缺乏民族主義情感的單位。在國家方面已將世界各地移居美國數以千萬計的人民，使其迅速而有效的歸化美國。但由於社會的差異及特權的衝突，致使民主制度，受到嚴重的損失。我們的學校，已經負起喚醒人民保證及服從類此之歷史性的民主原則，民族主義，美國主義，及平等主義的重大責任。」

新大陸（New World）的敎育發展，實植根於歐洲的基督新敎改革運動，及其相伴而起之政治活動的同時或隨後。早期的殖民者，特別是新英格蘭區的，大部份都是尋求宗敎自由及逃避極權的敎會和極權政府的一批基督新敎徒。

從歐洲各地移居美國的僑民，將他們的地方自治的傳統，也帶至美國，同時，散居於大西洋沿岸的許多小殖民團體的孤立生活，更加强了此種地方自治的傳統精神。因此，他們不得不依賴自己，於是便養成一種獨立自主的態度。各殖民者依照殖民地的特殊環境，紛紛建立自己的小社區政府，實行直接民主。現在美國人的性格，受此種情況的影響很大。美國人相信，透過民主的歷程，進行各項事務，是最好的辦法，而且他們認爲與其離開家鄉爲國家服務，不如留在家鄉而爲地方服務。

早在一六四二年至一六四七年，麻薩諸塞州海灣殖民地（Massachusetts Bay Colony），通過一種法律，規定各鎮須以公款設置學校，爲兒童學習讀、算及宗教科目。其後，麻州各地的鎮，均由稅收維持，此種措施，在各州間乃開創地方社區以公款辦理教育的先例。此種行動所樹立的模範，嗣後乃普及全國各地，在州法律中亦正式規定用地方稅收設置地方學校。在美國革命的時期，此種制度，已普及新英格蘭諸州及紐約州，同時，由這些區域移居西邊新地的殖民者，也將這種地方組織帶到新的地區來，其後，太平洋沿岸各地，也都一律採用此種制度。

此種最早的麻州法律，是建立在青年教育爲州之基本福利的原則上。基於此種解釋，乃相信州具有一種以公款辦理教育的義務。

其他的殖民地，則以私立學校或教會學校爲基礎，蓋彼等相信父母有爲其子女辦理教育的義務。有些殖民地，又爲無力履行此種義務的父母，設置平民學校(Pauper Schools)，教養其子女。有的殖民地，甚至由地方社區或地方教會聚會所設置學校。

一八二〇年以後，由於成年男子選舉權運動（The movement toward universal manhood suffrage）所造成的勢力，對於教育的態度，也有很大的影響。此種運動成爲擊破教會管理普通學校的一種强大的力量。而且人民的投票權，亦不復爲宗教或財產資格所限制，並進而認爲全體人民的普通教育，不僅係全體公民所必需，抑且州也有設立學校，負擔教育經費的責任。這種新興而有組織的勞工運動，遂變成爲全體兒童要求受免費教育乃其天職的一種行動。

早先，大多數的州，咸認爲州祇不過是一個仁慈的旁觀者(Benevolent bystander)。最初的立法，通常都很放任；州的法律祇在鼓勵地方社區徵收稅款爲其轄區內的兒童設立學校。迨至十九世紀中葉，州政府的行政機關，才正式建立，立法的態度，也就有了改變。於是乃改變主張，認爲地方社區應該設置學校，負擔教育經費，各州也才先後通過義務教育法，規定各地區應一律設置學校，强迫某一特定年齡階級內的全體兒童就學。各州也逐漸設置及管理師資訓練機關，規定教師證書，並視導各級學校。關於課程及教科書，亦開始予以修訂。

在類此之各項發展中，最重要的，厥爲地方組織參與地方學校的管理與維持，已獲得大家的承認。各州對於全體兒童的教育，教育機會均等，以及教育經費的負擔，其興趣日益增長，主要的乃爲一種不變的信念所造成的，這種信念便是强調地方管理的重要性，與夫希望學校與人民保持密切的聯繫。此種地方管理社區學校的信念，美國人認爲非常重要，如果爲人所破除，必將遭受決定性的反對。就一切情形論，由州法律加諸地方學區的額外規定，而不增加經費的補助，將使地方當局面臨若干嚴重的問題，這些問題一時難望解決。

一八五〇年，有若干州已用稅收設置初等學校或平民學校(Common Schools)，而且設立免費公立中等學校的運動，亦已展開。一八七二年，著名的克勒麥久事件(Kalamazoo Case)，米契根州最高法院(Supreme Court of the State of Michigan)，曾經判決，如果人民因決定設置中學而提高稅收，很明顯的，這是學區投票人權力範圍以內的事。此項決定，其他各州亦相繼仿行，並確定各州有實施免費公立中等教育的權力。一八二五年，首先設立維吉尼亞大學(University of Virginia)，其他各州也創設州立大學，公立學校制度，因而完成，全體公民均可進入由公款設置的各級學校。

二、聯邦的教育活動

一七八九年公佈的美國憲法，爲贊同一個强有力的中央政府，與愛好一個散漫的聯邦（loose federal union）兩者之間的一種折衷。在憲法上規定：凡非憲法賦予中央政府之權力，均應保留於各州因此，當時美國的各類學校，均由教會或地方團體所設置，在憲法上亦未規定新中央政府的教育職權。惟中央政府，對於各州的教育，素極關切。

新的土地合併聯邦以後，遂構成若干新州，那些未被州佔據的土地，乃成爲聯邦的領土及資產。在一七九五年及一七九七年所頒佈的西北土地條例（Northwest Territory Ordinances）中，規定有一部份的聯邦領土，可以撥給學校。最早的聯邦法律，規定對於新成立各州的鎮集（townships）土地，聯邦政府有管理之權，一八〇三年中央的政策變更，學校土地劃歸各州管理，因此聯邦撥給學校的土地，亦由州政府管理。一八〇〇年，在十六州中，卽有八州於州憲法上規定，教育由州政府辦理。一八〇二年，俄亥俄州（Ohio）首先領受聯邦政府的土地以創立學校，其後各州均接受聯邦撥給的土地以補助學校。各州憲法亦明令規定，各州得自行辦理（各種語言）免費及普通教育。

首先，國會准於爲少數幾州的每個鎮集，撥給一方哩的土地（每三十六方哩，撥地一方哩），用於補助學校。一八三〇年，撥給每個鎮集的土地，增加爲二方哩；其後新成立的各州，則撥給四方哩。自一八〇二年俄亥俄州首先領受聯邦撥給之土地，至一九一二年亞利桑那（Arizona），及新墨西哥（New Mexico）兩州領受聯邦撥給土地的一段時期內，聯邦政府對於新成立之各州所撥給的土地，總數超過二千九百萬英畝——其面積較英格蘭及威爾斯爲大。其後，各州將此類學校土地變賣及出租，所得項存入款「固定學校基金」(Irreducible School Funds) 項下，以其收益補助各校設施。

其後，聯邦政府對於各州之公共教育，仍有補助。依照內戰 (civil war) 期間通過之莫利爾法案 (Morrill Act)的規定，聯邦政府應補助各州設立農業及工藝(Mechanic arts)學院。因於此項法案中規定，聯邦政府得撥予土地，補助各州設立農業及工藝學院，故有「公地學院」(Land-grant Colleges)之稱。目前已改土地補助，爲年給現金補助。第一次世界大戰期間，復通過史密期——休士法案 (Smith-Hughes Bill)，規定聯邦政府得補助各州中等教育階段內的農業、家事、工藝及工業教育。一九三九年通過的喬治——狄恩法案(George-Deen Bill)，除增加此項補助款項外，並擴大職業教育的補助範圍。聯邦政府於類此各項補助中，得有與各州政府接觸之機會，因而承認各州具有直接辦理教育之責任。其後，於第二次世界大戰期間，聯邦政府直接補助地方學區，用以援助因戰爭活動而增加的緊急開支，以及受戰事影響所造成之不定期的人口遷移。

一八六七年，國會通過設置聯邦教育部 (Federal Department of Education)。其後，名稱迭有更改，至一九二九年，始正式定名爲美國教育署 (United States Office of Education)。該署之主要職能如次：徵集，刊行及報導全國各地有關教育設施的統計資料和實際消息；並爲一般教育之促進。故該署對於各類學校或學校制度，不負任何行政管理責任。惟聯邦對於各州特殊教育事業之經費的補助、分配及管理，因受教育署的影響，其活動已大爲增加。復藉保持教育水準之名，教育署對於公地學院及職業教育之管理，日益加强。一九三九年，該署由內政部轉隸聯邦安全總署(Federal Security Agency)，目前則隸屬於衛生、教育、福利部(Department of Health, Education, and Welfare)。

聯邦政府，透過國會直接管理哥倫比亞區 (District of Columbia)之公立學校制度。同時，一種頗有獨立自主精神的地方管理的有效學制，已在夏威夷、阿拉斯加、波多黎各 (Puerto Rico)、關島

(Guam)、薩摩亞(Samoa)及維爾京羣島(Virgin Islands)，普遍施行。聯邦政府對於巴拿馬運河地帶(Canal Zone)，美國境內的聯邦保留地(Federal reservations)，以及居住在保留地區的印地安人等之兒童教育，負有全部責任。其後，在緊急時期，工作進步管理局（Works Progress Administration），公共事業管理局（Public Works Administration），全國青年管理局（National Youth Administration）以及公民儲備團（Civilian Conservation Corps）等機關所實施的各種計劃，與一般教育設施，頗多衝突之處。凡此各項計劃，類多爲聯邦所支持，而且在各州之若干教育活動中，尚普遍實施。

三、州的教育任務

大多數的州，均以州教育董事會(State Board of Education)爲其教育制度之首要機關。州教育董事會的董事，其產生方法各州不一。根據密勒及史培汀(Miller and Spalding)的報告：「有三州的州教育董事會，全體董事，均由州吏兼任(ex officio)，二十一州董事會的董事，部份由州吏兼任。三州由人民選舉，二州由州董事會會議推選，一州由州議會推選。三十州的董事，全體或部份由州長任命。董事會董事人數，由三至十九人不等。其中二十州爲七至十人。」大多數的州，均規定州教育董事會，得包括教育工作以外的普通人士；就一般的情形論，曾受專門學校教育的人員，均有董事資格。

各州設學務長(Chief School Officer)一人，爲州教育董事會或州教育廳(Department of Education)之行政長官，其名稱各州不一，有稱「州學務長」(State Superintendent of Schools)者，有稱「公共教育長官」(Superintendent of Public Instruction)者，亦有稱「州教育廳長」(State Commissioner of Education)者。有三十二州的學務長由人民選舉，八州由州教育董事會推選，另有八州則由州長任命。半數以上的州，學務長爲州教育董事會秘書；其餘的州，則爲董事會執行長官(executive officer)。據一九四八年統計，州教育廳的專門職員，由南達科他(South Dakota)州的十二位專任職員，至紐約州的五百零六人不等。

州教育廳的主要職能，爲書記式的承辦業務（Clerical），惟各州對於州教育廳日漸重視，故其負擔之教育職責，亦日益加重。自一九一七年史密斯——休士法案通過後，尙增加經管州及聯邦補助之教育經費，以及視導職業教育計劃等責任，各州教育廳的職員，亦隨之增加。

州教育廳之職能，各州不一，悉依州議會賦予職責之大小而定。茲將其重要職能（各州職能多少不一，各州對於各項職能之看法，亦不相同。）臚列於次：分配州教育經費或聯邦補助之教育經費；厲行州教育法令；決定課程及教學綱要；採用或推薦經認可之教科書；頒發教員證書；認可或諮商學校建築標準；供應圖書設備；管理師範學院。

各州教育廳之主要職能，可就行政及教學兩方面言之：行政方面，管轄補助經費之區域；管理行政單位及勸學區域之組織；劃一說明及報告之方法；擬定預算編製之標準；辦理稽核工作；承辦債務行政；規劃學校建築標準；製定交通服務之標準及細則；列舉學校用品之最低標準；經管州政府供應之教科書，參考用書，及視聽器材；改進非教學人員的素質；調整輔助活動；規定俸給表或最低薪俸標準；視導勸學工作。教學方面，主管師範教育及教員證書；審定教學綱目及課程；釐定考試目標或標準；供應學校圖書及教學材料；經辦郊區服務；管理聯邦補助之全部或部份教育經費；改進在職教員之進修。

郊區服務，日趨重要。此項服務，在州計劃中，主要爲管理經費由聯邦補助之職業教育設施。因此，各州必須延攬農業職業、家事、工藝及工業、配銷教育、指導服務，及就業輔導（Rehabilitation

Programs）等各方面之輔導人員及專門人員。此外，各州教育廳尙將其服務範圍擴展至地方學區。因此，乃任用一批初等及中等教育，體育及衛生，音樂，藝術，課程發展，身體缺陷及異常兒童教育的輔導人員及專門人員。有若干州的教育廳，尙成爲學校建築，經費，交通服務，學校午膳，及學校圖書等各項問題的顧問機關。

由於若干地區狹小財力困窘的學區，未能運用經濟而有效的方法以實施教育計劃，乃擴大推行合併小學區運動。其結果在若干州內乃使州教育廳的中央管理的趨勢，日益加强；州政府復藉補助地方學區經費的機會，加强其對地方事務的干預。爲使教育計劃之實施方法經濟而有效的問題，獲得圓滿解決，乃一面擴大稅務基礎使學校經費負擔平衡，一面保持地方學區對於學校行政之較多的管理權力。

一九四四年，美國教育協會（National Education Association）出版一種研究專號，曾作如下之建議：「州教育廳，應遵照法律及州教育董事會政策之規定，訂定州內各級學校及教員之最低標準及主要規程，監督各校關於州及聯邦補助經費之分配，保留全州性學制的記錄、報告及估評。除履行此項重要而有限之職責外，州教育廳應成爲一種服務機關，供給必要之消息，刺激及指導，而不單爲州內各級學校製定若干綜合而詳細之教育規章。」

四、社區的教育責任

我們可以說，美國自從由四十八州組合以來，就缺乏一種全國性的「美國學制」，而爲四十八種不同的學制。雖然各州均設置若干類型的地方學區，可是各州的地方條件及文化歷史背景不同，以致學區的組織各異。關於地方學區的州學校法（State School Laws），多達六十種，分爲十七個大類。

美國的學區數目，由於合併的結果，雖然常在減少中，但依一九四七—一九四八學年度的統計，全國尚有九四、〇八七個學區。此一數目已為一九三九—四〇學年度一一六、九九九個學區減少的結果。

依據一連串的法庭裁定，公共教育的責任，為州的職能，此種責任，決不能為機關代表所規避。然而，美國的各州，幾乎均將大部份的權限付託於地方學區的組織。各州所設之州議會，仿市自治機關（Quasi-municipal Corporations），其權力在各項法規中，均有特殊之規定。州議會對於地方學區各種權力之處理，或予增加，或為減少，或作變更，或者根本取銷。此類權力，通例包括任用及解聘學校人員，購置場地、建築及設備完善之校舍，承購學用品，並負擔普通勤務，決定課程，管理各級學校的學生，徵收執行各項職務所需之稅款。凡此各項權限，統受州的各種法律及規程之限制。但對於必要規程及條例之制定，履行各項職責所須採取的步驟，則由州政府授與特殊之權力。然而與個人不同，一個學區對於未為法律所特別禁止之工作，亦很少作為。

通例地方學區組織之建立，其主要目的，即在管理轄區內的各種學校。此項學區組織，通常在地方政府中，與主管衛生、道路、警務、防火以及其他業務的機關一樣，完全是一種獨立機構。美國人素來反對將學校置於市政機關的管理之下，其目的，乃在防止黨派政治的干預，而希望保持教育的自由。美國百分之七十的學區，其學務董事會（School Board），均有權徵收所轄境內的稅收。依據一九五〇年美國教育協會的研究，在所有的市學區（人口超過二千五百人）中，百分之三十四，在財政上是完全獨立的；百分之二十二以上，除其他部份尚須依賴市政機關外，稅收與預算是獨立的；百分之四十四，在預算編製，稅收權力之任何一方面或兩方面，尚須依賴市政機關。

教育行政機關，通例均反對地方學區的財政獨立，認為已有若干事實證明，此種政策，未能獲致良好的效果。反對此種意見的人士，則認為學區經費如不獨立，將使教育居於附屬地位，目前地方政府機關所遭遇的唯一問題，便是如何維持一種有效的學制，現有的經費，固不足維持一種經濟而有效的措施，必需的經費，亦難籌措。另外的理由，則認爲教育常受地方政策的干涉，市議會所受到的政治壓力，每較獨立之學務董事會爲大。關於地方學校如何不受市政府之管理，而獲致某種程度之自由的問題，各州人民，常通過各州之立法機構而作種種決定。最通常的計劃，是由人民選舉不隸屬任何黨派的人士爲董事會的董事，而管理地方學校，此類董事，均爲無給職。依據美國教育協會的研究，在一九五〇年有百分之八十七的學區，學務董事會的董事是民選產生的，祇有百分之十三，學務董事會董事是由政府任命的。依據各地投票單的記載，學務董事會候選人與政治有關的，祇佔百分之十八。就一般的情況講，如將各類學校劃歸市政府，必定受到決定性的反對。

一般教育權威人士，業已指陳，教育在政府中具有一種獨特的功能（unique function），實爲其他一切事務之基礎。此種論調，並經見諸法庭的決定，在實際上似已獲得良好的效果。然而，這並不是說學區將完全脫離其他政府機構的管理，而絕對獨立。一個學區的權力，常爲州議會的行動所影響，而受到某種程度的限制。學校及學區，均須遵守法庭的決定，服從審核公共經費報銷的正常手續。在地方行政領域內，人民似乎希望學校能擺脫政治的控制，而保持自由，進而與社區保持親密的關係。

五、教育董事會的職能

學務董事會的長官，通例稱爲主席（president or chairman），或秘書（secretary or clerk）。有若干州，秘書人選，常由董事會董事以外的人士選充，有些學區，其學務長常就董事會董事推選。就一般情況講，學區之任用普通職員，應受學務長的指導，並須遵守董事會之服務細則及記錄。董事會各種常設委員會，有被取銷的趨勢，其後對於各項事務的處理，在未達決定階段前，容許董事會全體董事參與研究，而充分表示其意見。

學務董事會重大職責之一，便是選拔專門的職員。如果學區甚大，其執行長官，稱爲學務長。各校校長及教員之任用，通例係由學務長推薦而得董事會之任命。大多數州的學校法，均規定董事會所任用之專門職員，必須持有本州之有效教學證書。較小的學區，學校校長負有較大學制中學務長的若干責任。在單班鄉學區（one-room rural school districts），若干事例，董事會均不常與教員磋商，更未賦予其教學以外之任何責任。依據美國教育協會的研究，百分之九十四的學區，董事會操有任用一切非教學人員的全權，而勿須參照其他任何政府機關公務人員服務規程的規定。就一般情況講，所有的學務董事會，均享有任用教員之自由。

學務董事會，每每決定學區的教育政策。於執行此項職權時，董事會須受州的法律及政策與夫地方社區的意見的限制。在政策的發展中，董事會常受學務長之建議及指導的影響，蓋學務長已被認爲是董事會的一個富有教育專長的顧問。因爲董事會係由一批外行所組成，所以學務長尚負有溝通學區專門職員及董事會之間的衝突意見的責任。

一般人都主張董事會應制定一種學區的政策，使學務長有所遵循。惟制定政策及執行職務之間的界限，難於作明確的劃分，故就現制講，確有若干令人不滿的地方。有些意志堅强的董事會的董事，有時企圖干涉行政上的例行事務，同時，也有些學務長意圖董事會執行個人的政策。

學務董事會，除決定一般政策外，尚負有考核各校依據本會政策所實施的成果的職責。倘若學務董事會不信任學務長的建議，或懷疑其執行董事會決策的成就時，即可採取最後的手段，更變執行長官。此種措施，或將表示政策具有若何改變。按理，一個地方學區的政策，及執行此種政策的計劃，應為專門職員，學務董事會，以及整個社區三者之間的具有充分交互影響的產物。

學務董事會的另一主要職責，厥爲學區預算的編造及認可。實際上，初步預算之編造，係由學務長及其職員所經辦；董事會則依法予以接受、拒絕或變更學務長的建議，以及徵收配合預算所需之稅收。依據美國教育協會的研究，百分之七十的董事會，徵收轄區內的稅收，悉以所編造之預算爲根據。其預算不受其他任何機關的批評者，佔百分之五十四；接受一個機關的批評者，佔百分之四十，此一機關幾乎在半數以上必得認可所提出之預算。祗有百分之六的學區預算，服從一個以上的機關的批評。

通例，依照法律的規定，預算於實施前必須印行或當衆宣佈。百分之十三的學區預算，須經市鎮會議(town meeting)投票通過，百分之十五的學區預算，則須經由當選的學校(school election)所認可。

學務董事會，於州法律許可範圍內，對於學校預算內各項經費的支配，幾乎具有完全的自主權。百分之九十一的學區，學務董事會對於校舍的計劃及建築，可以全權處理，百分之九十九的學區，學務董事會對於校舍建築及設備的修繕及維持，負有支付經費的責任。供應及購置學用品和設備，通例爲地方董事會的職能。

六、私人機構及私立學校的任務

由於教育是一般美國公民最爲關心的事，所以有許多組織之密切注意學校各項設施，是勿須驚異的。舉凡就學人數的增加，教師的缺乏，新校舍的修建，以及課程的改革等，均引起一般人民的廣泛興趣。在若干地區，常組織公民協調會議（citizens' co-ordinating councils），研究地方教育問題。

在一百個都市中，便有四十七個都市組織研究學制的公民會議，此項會議在於引起社區對於本地學校的經費及組織問題的興趣。美國公立學校公民委員會(National Citizens' Commission for the Public Schools)，業已組成，卽足以表示一般非專業團體之注意全國教育問題。有些地區，並組織學校研究會議（School Study Councils），此項會議，對於學制與人民間的合作，確有不少的助益。

美國各地常由若干有關的家長，組成各種地方團體，用以促進地方學校的福利。此類組織，在一八九七年合併爲一種美國親師協會（National Congress of Parents and Teachers）。各州設州協會，全國各地則設地方親師協會。此類團體，對於增進學校教職員與社區人民間的合作，頗具效益。蓋因此可以增進彼此間對於各項問題的了解，而爲兒童設置最完善的教育。就一般的情況講，此項協會，具有維持地方學校教育，增進地方利益的功效，尤可避免一般家長對於學校各項問題，過份堅持自身意見的弊病。因此，親師協會通常被認爲是一種未來學務董事會董事的優良養成機關。

此類組織，並非完全友善而有助益者。中央、州、及地方所組織的各種團體均具有自身之教育哲學，以致引起學校行政人員的厭惡與煩惱。有的團體愛好傳統的教育概念，希望回復到二十世紀初，尚未因科學研究與兒童心理學所造成之重大的課程改變以前的教學方法與課程，以便對於兒童有較嚴格之選擇及限制。有的團體，又希望自身特有之經濟觀念，得以普及。此外，尚有若干納稅人的組織，常以減少地方賦稅爲主要目的，而視教育事業爲次要。由此看來，目前的問題，在於組織一種學識豐富的公民團體，使其對於本地的學校，運用自己的智慧，而作一種最後的決定。

美國的教會或私立學校，實較公共教育爲早，雖然公立學校已有急劇的發展，公立學校的就學人數也日益增加，但是這些私立學校，在美國却有很顯著的影響。目前，美國絕大多數的私立學校，都是教會學校。在美國，無論在事實上及在法律上，都容許一般父母有自由選擇教育方式及支配自身費用的權利。私立學校與公立學制並存，在兩方面都能獲得切實的效益。通例私立學校，必須取得州或地方學區的認可，除須符合州頒最低標準及規程外，餘則聽由私立學校完全獨立。有的州規定私立學校課程，須符合公立學校課程標準；有的州規定私立學校任用之教員，須持有正式之州證書。

在一八四〇年及一九三〇年間，公立學校學童就學率，日益增加，私立學校學生註冊數，則相對的減少。迨至一九三〇年，私立學校學童就學率，祇達全國兒童就學總數的百分之十。主要的原因，一般教會學校，除增授宗教科目外，仍須遵照所在地區地方公立學校的教學程序。大多數的州，除豁免私立學校的稅收外，則別無公款以補助私立學校。有些州對於公私立學校，又有若干善舉，如免費供應教科書，學用品或交通工具等是。

在初等及中等教育階段內，私立學校中，約有三分之二的學校，是由天主教辦理的。基督新教則竭盡最大之努力，設置及維持教會的高等教育機關。私立初等及中等學校學生註冊人數，雖年有減少，但私立高等教育機關，約佔全國獨立學院及大學總數的一半。依據一九五〇年的統計，全國計有一、八五一個高等教育機關，其間約有三分之一是公款設置的。其餘有七七九所獨立學院、大學及初級學院，是教會辦理的；其中屬基督新教者有五五〇所，天主教一八四所，耶蘇教或其他教派六十五所。

七、行政及管理問題

美國教育方面最重大的實驗，便是試圖一種全民的免費公共教育，自初等教育一年級，直到中學階段，完全納入民主的管理制度中。公共教育行政及管理方面的各項問題，尙未解決，但已從事若干具體而有效的分析。美國人對於此類問題的處理，將於下述。關於此種研究的程序，對於世界各地一般學制上各種問題的處理，或不無效益。

（一）較小及較大學區之需要

關於合併小型學區，減少若干一師學校（one-teacher school），及縮編貧弱行政單位的運動，在美國確有長足的進步。由於減削若干民選學校董事會的結果，遂有傾向中央集權的趨勢。因此如何由較多的選民及更有效的單位保持管理的權力，已引起密切的注意。

較大行政單位的利益，至極明顯。若干極小的學校，已經裁併，兒童所進的學校，每班均由一位教師擔任教學。一州之內的教育機會，已接近均等，維持地方學校，在能力上的差異，亦由擴大稅收基礎而予消除。較大的學校，已有專業的領導及輔導人員；各項專門的衛生設備；午膳熱食；及完善的圖書館；與夫訓練有素的音樂、藝術及體育教員，均已設置齊全。學校的優良建築，亦將成為較大社區的中心。

但是，此種合併運動，尚未獲得普遍的支持。若干鄉村的人民，對於學校的合併，表示强烈的反對，他們認為將因此而消失原有的小型學校，而為較大社區所淹沒。有些父母，則反對子女乘校車至數里之外上學。一個理想的學校單位，究應多大或多小的問題，迄未獲得令人滿意的安排。

（二）州負擔學校經費的數額

地方學區幾乎全部依賴地方土地稅收所得之收益。如果地區富庶，祇須少量的稅收，即可維持一所優良的學校。倘若地區貧困，即使提高稅收，亦祇能維持一種最低限度的計劃及簡陋的設備。即令將若干貧窮的地區合併為一個較大的單位，亦難改善財政情況。由於州具有廣大的稅收基礎，及衆多的經費來源，所以就一切情況論，祇有州才能有所補助。憑藉州的財政而謀學校經費負擔均等的問題，在各方面已有相當的進展。州的學校經費，已經用於各地區的補助，以實際就學日數爲基礎，謀貧富地區之平衡。有些州則以地方努力解決自身問題爲基礎，而用州的學校經費作地方收益之對等的補助。有時，州的經費也用於平衡貧富地區之間的負擔。任何一州，州所負擔的教育經費，年有增加。在一九四九—五〇年度內，四十八州州方的平均負擔，爲百分之四十二點二，由內布拉斯加（Nebraska州的百分之五點三，至德拉瓦（Delaware）州的百分之八十九點五不等。自一九三九—四〇年至一九四九—五〇年的十年間，州的經費負擔率，已增加百分之十一。

迄今尚無任何一州完成一種理想的州負擔制度，但已有少數幾州，已經建立一種良好的制度。州與地方間的學校經費負擔之適當分配，以及維持此二機構在行政責任上的適當關係的問題，亦無圓滿的解決。

(三) 聯邦對於教育的補助

不僅一州之內各學區的財力及維持學校工作的能力，與夫學齡人數的比例不等，即使全國各州，亦有類似的差異。美國的人民，因爲流動性太大，所以貧窮之州的未受教育的兒童，可能成爲富庶而設有完善學校之州的失學成人。根據二次戰爭所得的經驗，均表示美國人民逃避兵役者，以財力貧困且祇有最低學校標準的各州，佔有極大的比例。因此遂有利用聯邦財政以發展全國之均等教育機會的必要。

一般人均認爲聯邦政府對於全國人民的教育，應該表示興趣。然而關於此種措施，如何在確定之立法議案中作一明確之規定，尚未獲得一致之意見。通常都認爲聯邦給予各級學校以經費補助，聯邦對於經費之支配，即須有適當之管理。如果聯邦予各地以相等之金錢，則國會即須制定保證此項經費用於某種目的，而適合法律規定的正常手續。畏懼聯邦管理教育之人士，咸認爲聯邦利用補助經費的機會，將規定州內各校的課程，教學標準，以及學校行政。最近，國會提出一種聯邦補助各州的法案，在文字上特別載明學校與教育計劃的管理、行政及輔導，均留給各州，嚴禁聯邦機關干涉。即使採用此等確定的文字，亦難完全獲得一般持有金錢先到，管理接踵而至的批評人士的滿意。

在美國，教會與國家的傳統分離狀況，亦因關於聯邦對於教育補助費用的運用，而引起問題。有的人堅持，聯邦的補助應直接給與兒童，而不必分配給學校，因此，無論公私立學校，均可獲得補助費。有的人又極力主張，公款祇能用於公共目的上，聯邦對於教育的任何補助，祇應給予各州的公立學校。由於不易發現爲全體人士所贊同的任何滿意的公式，所以國會對於任何補助教育的法案，均遲遲未能通過。至於如何使全國一般的稅收力量得到補助，又如何確保州及地方的管理權力，以及如何應付私立學校之類的問題，迄未獲得解答。

（四）地方學區與州、市行政機關的關係

在一個學區具有徵收賦稅，管理本身預算的權力，而勿須經過其他州或市政機關認可者，稱爲經費的獨立。倘若董事會徵收賦稅及使用稅款，其全部或部分，須經市長、市議會或縣委員會認可者，稱爲經費的依附。大多數的州，學務董事會在經費上是獨立的，此種經費獨立的趨勢，勢將日益加强。

一般教育工作者及人民，通常都認爲教育是州的工作，而不能劃歸市，所謂學區，便是州爲執行特殊任務而建立的機構。政治工作人員則主張公共事務應彼此合作，因而反對上述的觀點。他們認爲

市與學區，同爲州所設立，如有必要，州可使其合併。他們並斷言，學校爲地方政府各項設施中之一種，故其經費或行政，實無獨立之必要。學校行政人員，則極力辯稱：學校爲最富有撫愛作用的公共機關，如使其在經費上或其他方面，依賴別有興趣和責任的機關，將使其變爲附屬機構，而削減其重大的職能，爲害實非淺鮮。依據各項研究結果，證明獨立的學區，實較依附的學區爲優，在學校經費的分配上，尤爲此種效率的具體反映。但是，關於此種問題，尙未獲致一種完全的或歸結性的客觀證明。

如果教育爲州的職能，地方學制必將脫離市政機關而獨立，關於這個問題，迄無定論。而且還有若干問題，勢須學校或市政機關的合作處理。狄揚（Deyoung）的觀點：認爲「問題不在經費的獨立與否，而是志願的互相依存的程度。」另一方面，美國教育協會秘書格汾（Willard Givens）則堅持「管理預算，爲地方學務董事會的主要職能。就財政觀點講，一種預算，便是教育政策的說明。管理預算者，卽操有教育政策的最後決定權，……每個人都承認，我們的學校如能脫離黨派政治的控制，自能克盡服務社會之能事。教育與市政府分開，對於教育之擺脫政黨控制，確有益處。黨派干涉教育，較之控制其他公共事務，其爲害尤大。」

其他方面，類如娛樂、公園及運動場、衞生服務、社會計劃、及其他事項，所在地區的地方學區及地方市政機關，必須謀取密切的合作。至於管理問題及預算的關係，每個社區或州，均未獲致解答。就一般趨勢看，類多贊同加强學校行政與市府管理間之志願及法律合作的程度，而不主張由市政府合併學區。

美國教育方面，中央、州及地方政府間的相互關係，確是一個饒有趣味的例子。雖然管理大權操在地方社區的人民手中，但是傾向於較大的地方行政單位，以及由州給予更多之經費補助，似乎成爲一種繼續性的趨勢。綜觀上述，可知地方管理的原則，關係地方學校的利益甚鉅，勢將予以保留。

第四章　分層負責：英格蘭與威爾斯

近年來英國的教育，已有顯著的改變。英格蘭步向國家教育的領域，每每遲疑不決，而且，若干年來，在學校組織中，即已充分反映出一種階層制度(System of Class Stratification)。貧窮父母的兒童，很難得到一種完善中等教育的益處，各專門職業及公務人員中的高級職位，也幾乎完全掌握在一些富有及特權階級的大學畢業生手中。

目前，英國教育制度的改革，其目的在於建立一種社會的民主，使能居於世界最進步的教育制度之列。各項改革雖慢，但自喬治五世(George V)起，即有急劇的進展，一九四四年的教育法案(Education Act of 1944)，適於英格蘭遭受飛彈(V-1 and V-2)武器攻擊之時所通過，此項法案，實爲任何國家所通過之最有遠見的教育立法之一。蘇格蘭及威爾斯，亦曾參與此項運動，惟蘇格蘭具有不同之教育背景及歷史，容後分節述之。

歷史背景

本書的論點，以爲任何國家所發生的劇烈的教育改革，都是由重大的社會及經濟變遷演化而來的。因此，本章首要工作，即將英國的教育變遷，予以簡要的說明。

一、十九世紀的英格蘭

自從美國殖民地建立以後的數十年，大不列顛由於地居中心位置，且具有優良港口，乃成爲國際貿易中心。工業革命後，又變成世界的工廠。各個海上，均能見到英國的船隻，大量的原料，運往各地傾銷，且由於她具有品質優異的煤炭燃料及大量的勞工，所以世界各地都需要她的工業技術。於是倫敦遂成爲一個極端重要的銀行中心。英屬殖民地及統治地，從世界各地供給物質，於是財力雄厚，乃能吸引鉅大的外國投資，同時在許多國家中，還建立了一種信用。復以世界最强大的海軍，維護其貿易通道，並確保國內島嶼的安全。

十九世紀的英格蘭，還有一種顯著的特色，便是維繫九百年的侵略、個人自由、保守的國教、放任主義的經濟理論，以及相當嚴格的社會階級的自由。上層階級具有龐大的權力及影響力。一種强有力的中間階級，如商人、富裕的農民、店主、以及專門職業者，通常被稱爲「國家的骨幹」。

十九世紀的教育制度，乃是承襲此種普通社會組織而來的。「貴族的公學」(Great Public Schools)，便是一種富豪而獨特的教會及私立學校，專供中上層階級的子女之用。此類學校的畢業生，在牛津及劍橋大學，具有專利的地位，卒業後，即可取得公務人員及專門職業的職位。英國的公務人員，具有一種有效及盡職的優良傳統，在一九二八年刊行的一種公務報告書中，載明一句話，即可作爲證明：「人民希望的一種行爲完整的標準，不僅是守正不阿，而且是吹毛求疵的。」在第二次世界大戰的前幾年，鮑德文(Baldwin)氏於組成內閣時也說：「我希望組成一個富有哈路(Harrow)精神的政府。」甚至邱吉爾(Churchill)於一九五一年所組成的政府，其中大多數的閣員，也是伊頓(Eton)及哈路畢業的。

在中央教育委員會(Board of Education)的支持下，建立一種廣大的府立學校(County Schools)網，爲貧苦男女兒童，實施一種基本教育。此種府立學校的教育，其進步至極緩慢，在第一次世界大戰以前，即已顯示改變的徵兆，惟其整個教育制度，乃代表一個富有强烈階級利益的富强康樂的英國。

二、戰爭及社會變遷

二十世紀，遭遇兩次世界大戰，在這兩次戰爭期中，英國拼頭顱耗財產，奮力抵抗德國侵略的浪潮，以維護民主的理想。雖然得到英屬各自治領及若干强大盟國的極力支持，但於每次戰爭的初期，英國均獨自面臨危急存亡的關頭。特別是第二次世界大戰期間，英國的進口停頓，食物奇缺，其作戰的消耗，幾達於瘋狂的狀態。直到外國的投資耗費殆盡時，英國的海外信用，乃一落千丈。及至一九四五年勝利之時，英國已達到民窮財盡經濟枯竭的境地。

同時，在兩次世界大戰期間的若干年間，世界各地均已發生顯著的變化。類如美、德及日本諸國，皆已成爲重要的工業中心。英屬各統治地及殖民地，與夫其他國家，亦已設置本國的工廠。大英帝國的專利，竟變成明日黃花，從此，英國必得爲自身的經濟情況付出極大的努力。除燃煤外，英國的自然資源貧乏，而且尙須償付進口原料及食物的資金。

在一九四五年至一九五二年間，英國曾費盡心力，彌補進出口的縫隙。自戰爭時起，英國對於人民卽已採取嚴格的管制；並竭盡全力增加其生產，提高生產水準直至超過戰前的百分之七十。然而却遭受另外一個打擊：由於抵抗俄國可能的侵略，而須再武裝，英國的開支，乃大爲增加。一方面既須維持經濟於不墜，一方面又將繼續加重人民的負擔，凡此種種，皆爲極端嚴重的問題，而後者尤爲重要。蓋社會已發生極大的變遷，英國人認爲有實施一種龐大的社會福利計劃的必要。

英國的鄉村風景，雖極美麗，却久已成爲一個都市工業的國家。人口的密度，每方哩約爲五百四十人，而美國僅有五十三人。工人與農民，大率九與一之比，同業公會的會員，約近八百萬，其中大多數均擁護工黨。英國工黨的重要特色（深受著名之費邊協會 Fabian Society 思想的影響），便是以革命或暴力的手段，打擊任何改變的思想；其目的在於爭取國會的席次，並對人民運用一種富有誘惑性的民主呼籲，以獲得地方市議會的席次。

工黨的立場，乃堅持充分就業主義，公營事業國有化，以及有效之社會安全制度。第二次大戰後，工黨在選舉方面獲得大勝，嗣卽組織一個强有力的政府，制定法案，實施其理想。其後，保守黨繼而組成政府，主張維護資本階級的個人企業，並實施一種兼顧全體人民資產的制度。

英國的階層制度，依然存在，但其重要性，日漸減低。文書人員，店舖助理，以及白領工作者(White-collar workers)，以已變成中產階級，而且上層階級的賦稅，日益加重，在一九五〇年，於繳納賦稅後，年入尚有六千英鎊者，全國祇有八十四人，反之，有六千五百名納稅人，已達到七十年前的狀況。同時，各府立中等學校，男女畢業生，亦可進入牛津及劍橋兩所大學，並可於公務人員的競試中，獲得成功。此種「無聲的社會革命」(silent social revolution)，已有切實的進步。

一九四二年的比氏報告(Beveridge Report)，獲得普遍的讚揚，該項報告，主張有向「令人驚訝的貧、愚、懶、髒、弱」(the giants of want, ignorance, idleness, squalor and disease)宣戰的必要。於是，乃實施一種廣泛的社會保險制度，以及足以免除人民因失業、疾病或孤獨而造成的畏懼心理的各種方法。在此項報告公佈後的數年間，乃次第制定下列各項法案：

1一九四四年教育法案

2家庭津貼制度（一九四六）（每家由第二個小孩起，每週領取五先令的津貼，直至年滿十六歲爲止。）

3國家保險（並非一種救濟制度，而爲防止疾病、失業及工業上的不測事件的保險。）。

4國家衞生服務（包括免費醫治及住院，其目的在於預防並治療疾病。）。

5 房屋設計制度補助金。

6 鄉鎮設計方案，於是計劃各項開發事項，並嚴加監督以防剝削。

由是以觀，可知大英帝國，或將廢除原有之放任政策，而變成一個福利國家(welfare state)。顯然的，還有一個與此項計劃具有連帶關係的重要問題，便是英國能否繼續執行此種政策，蓋此種政策之執行，將使國家的管理職能大爲增加，且同時尙須保持個人之自由。此項問題或可於一九四四年教育法案中獲得部份的解答，此種法案，將於本章內研究之。如擬得到眞正之教育機會均等，於達到一種眞正的社會民主的理想，英國尙有一條漫長的道路。

關於社會安全及教育之一般改進事項所需之經費如何籌措？雖然在社會安全制度項下所支付的一半經費，將有直接財源可資應付，但是整個的經費，至爲龐大。自新教育法案實施後，每年卽需支付約近三億英鎊的經費，此項經費，佔國家總預算的百分之七。能否繼續負擔，頗成疑問。然任何政府如擬廢除此種社會立法，卽難保持其權力。就英國的經濟困難觀點講，能否充分維持此項計劃，須待時間的答覆；今後若干年，將爲一段艱苦的時期。如欲突破此一難關，英國的教育，勢必研究新的發展。

英國教育史上的重大事件

讀者如不具有一七〇〇年以來若干重大事件的知識，勢難了解英國教育的現況。茲將若干顯著的教育改革事項，撮述如次：

一、十八世紀的背景

十八世紀初葉，卽有若干男子文法學校(Grammar Schools for Boys)，此類學校，均屬十五、六世紀相傳下來的古老產業機關（foundations），是卽重要而確有成就者的「公學」。如溫徹斯特(Winchester 一三八七），伊頓（一四四一），諾貝(Rugby 一五六七），及哈路（一五七一）等是。此外尚有創設於十三世紀的牛津及劍橋（Oxford and Cambridge)兩所大學。爲貧苦階級設立的教育機關，稱爲婦孺學校（dame schools）及慈善學校（charity school），後者多係基督知識促進會(Society for Promating Christian Knowledge)所設置。

十八世紀末葉，芮克斯（Robert Raikes），創設一種主日學校(Sunday Schools)制度，因受監理會教派復興（Methodist Revival）的影響，其發展至爲迅速。此類學校的目的，在於「改變鄰近少數的異教徒，爲品行端正的男女。」至一八〇〇年，共約五千所主日學校。十九世紀初葉，有一名皮匠龐德(John Pounds)，設置一種「貧民學校」(Ragged Schools)，收容貧苦、流浪及迷失的兒童，授以讀、寫、算（three R's）及簡易工藝知識，每日並供膳一次。因得各項捐助的支持，至一八七〇年，在倫敦計有二百所貧民學校。

一八〇七年，經下議院通過，却遭上議院否決的派洛齊學校法案(Parochial Schools Bill)，其目的，在使七至十四歲的兒童，接受二年的教育。十九世紀初葉，有兩個宗教團體，國教會（National Society)及英外學會(British and Foreign School Society)，設置若干男女兼收的初等學校(elementary schools)。此類學校，實施伯爾及藍楷斯特的導生制(Monitorial System of Bell and Lancaster)，由一名導生協助一名教員，管理幾百名兒童。其經濟來源，則靠私人捐助及微薄的學費收入。

二、國家干預的開端

一八三三年，國家分派兩萬英鎊給兩個建築校舍的團體，是爲國家補助教育的開始。在一八三九年，雖有人反對，但是此項補助金却增至三萬英鎊。同年，成立教育局(Education Department)，監督補助金之分配事宜，以確保學校效率之增高。此卽爲目前英國教育部之根源。

以此項補助金爲基礎，再益以各項捐款及少量的學費，乃使學校之校舍大爲增加，復經這兩個建築校舍的團體，及其他類似機構之極力進行，於是初等教育制度，乃漸次擴展。無疑的，私人團體之控制教育的情況，遂日益複雜，一八七〇年，一種初等教育法案(Elementary Education Act)，雖然遭受强烈的反對，但終於通過。依規定地方選舉的學務委員會(School Boards)，應在人民團體所不能顧及之地區，設置初等學校。因此，兩種新式的初等學校，「公立學校」(Board Schools)及「私立學校」(Voluntary Schools)，乃逐漸發達；此類學校，無論公私立，均徵收學費，並接納國家的補助。惟公立學校，由地方賦稅維持，私立學校，則仍以慈善性的捐款爲基礎。所謂教育，既非强迫性的，亦非免費教育。至一八八〇年，初等教育階段才開始實施强迫教育，一八九一年，除少數地區外，餘均實行免費教育，一八九九年，離校年齡，亦提高至十二歲。

新大學的建立，始於一八三六年的倫敦，及一八三七年的杜爾罕(Durham)。嗣後各府乃次第成立幾所大學學院(university colleges)，訓練學生使能獲得倫敦的學位。此類大學學院，繼而紛紛獨立，而具有大學地位：例如，伯明罕(Birmingham)的大學學院，於一九〇〇年獨立，曼徹斯特(Manchester)於一九〇三年獨立，利物浦(Liverpool)及雪非爾得(Sheffield)亦分別於一九〇三年，及一九〇五年變成獨立的大學。

十九世紀時，「公學」日益發達。於是以升公學爲主旨的私立男子預備學校(preparatory schools)，乃應運而生。此類預備學校，嗣經擴展爲寄宿學校(Boarding Schools)。至十九世紀後半葉，女子寄宿學校，亦次第產生，其組織與男子公學相似。

十九世紀末，設置教育委員會(Board of Education)，取代原有之教育局，以監督英國教育之發展，直到一九四四法案頒佈後，始改爲教育部(Ministry of Education)。

三、二十世紀的發展

一九〇二年，鮑爾夫法案(Balfour Act)通過後，乃有若干顯著的改變。學務委員會取銷，另設地方政府機構（府或邑議會 County or Borough Councils），即通稱之地方教育行政機關（Loca Education Authorities 簡稱 L. E. A.'s），代行其職權。此等機關之職權，大率爲設置及維持初等學校，並視導此類學校之教學。此種教育與具有强大力量及高度效率的英國地方政府制度，以及確保地方學校權益的措施，具有連帶關係。學校的名稱，亦稍有改變；其名稱有「議會設立」(Council)，「府立」(County)或「公立」(Provided)等三種，而與「私立」(Voluntary)，或「非由地方政府設置」(non-provided)之學校並立。並授權地方教育行政機關，制定府立中學或職業學校之設置規程，管理或以經費補助現行之文法學校（grammar schools），以及設置師範專科學校（Colleges for the raining of teachers)。一般私立學校，類多樂於接受此項補助，並遵守教育委員會制定之各項規程。

一九一八年，費休法案(Fisher Act)通過後，明令取銷初等學校的學費，並强迫兒童入學直至十四足歲爲止。同時，並賦與地方教育行政機關爲高等或中央學校(Senior or Central Schools)年長的學生，設置高深實用科目的任務。一九一八年法案，還規定設置一種德國式的補習學校(continuation schools)，招收十四至十八歲間之離校男女青年，於僱主同意時間內，每週受兩個半天的義務教育。同時，府立中學，爲數大增，其在社會上的重要性，亦日益增加。一九二六年，教育委員會，公佈一種極有意義與力量的文件，便是所謂「赫多報告」(Hadow Report)。該報告中指出，爲使全體學童均能受到中等教育，乃急需設置各類中等學校，特別是「現代學校」(modern school)，為一批不擬從事學術工作的學生，辦理一種非學術性的中等教育。若干地方教育行政機關，並試驗此項計劃，惟其所用之名稱，不拘限於現代學校。

一九三六年，又提出一種教育法案，主張從一九三九年九月一日起，延長義務教育年限至十五歲，同時，並授權地方教育行政機關，得以公款補助私立學校，而向私立學校作切實有效之建議，提高高年級學生的離校年齡。可惜一九三九年第二次世界大戰爆發，乃使此項法案所規定之各項計劃，被迫停止。

在一九三九年前二十年，初等及中等教育，已有很大的進展。斯賓氏報告 (Spens Report, 一九三八)，即已擬定一種職業性中學的計劃及課程，並提供若干有利於文法學校的教育方法及程序的改革辦法。然而，所形成的一般形式各異的學校，以及一些在外國人看來覺得十分奇異的學校，實令人難於了解英國教育的類型。各項發展，通常不能應用於全國各地，大部份的原因，乃由於英國之過份强調地方自治的重要性。無疑的，當有加强合作及互相合併的必要。一九四四年教育法案，即足以彌補此項缺陷，惟此項法案，並非一種新局面，而是以過去若干年的經驗及試驗為基礎的一種法規，提供一種適用於全國各級學校的綜合計劃。此項法案，將於本章內敍述。

四、英國教育的傳統

英國教育的傳統，之所以特別重視品格訓練，大部份為公學的理想及活動所造成的結果。此種傳統，魯沃德爵士 (Sir Cyril Norwood)，歸納為五大要素：宗教、文化、訓練、體育、及服務。無疑的，此種傳統，對於府立中學的活動，具有極大的影響。因此，乃演變成為對全體兒童均有利益的一種完善的中等教育情況，而不僅文法學校的教育如此。關於此種情況，英國教育部長魏金生（Ellen Wilkinson）於所著「新中等教育」（The New Secondary Education）一書的序言中，曾有確切的說明：「本書之發行，在使英國人瞭解，一種文明社會之如何依賴農民、運輸工及礦工、手工業及技術工人。因此，工作的收入及時間，目前遂須予以適當之調整。……一般人民對於手工業及者技術工人態度的改變，尚不致引起革命，然而從兩次世界大戰，却已獲得不少的教訓。……直到國立中等學校教育，能與國家制度以外耗費大量金錢所獲得之優良成就媲美時，否則，將永無平等之一日，……吾人不能强迫任何兒童接受足以引起反感的學術教育，而不單由於一般能承擔費用的父母，對於文法學校的教育，表示好感而已。……學校必須具有試驗的自由，備有促進生長的房屋，恢復精神，乃至供作遊戲的各項設備。用教室內的歡笑，日益增長的自信，熱烈的興趣，來替代令人煩惱的一致性，這便是以我們優良的家系爲出發點，引導英人至勿須畏懼新科學世紀的途徑，祇須昂首濶步，精通科學，以服務人羣。」

五、一九四四教育法案

此時，對於此項重要法案，或可予以概括的說明。依據該項法案的規定，本國任何兒童及青年，均得接受適於其個別能力及性向的教育，而不因社會或經濟地位而有差異。

在此項法案中，對於構成英國教育特性的差異性及自由，仍保留無遺。同時，無疑的，此項法案也賦予中央政府更大的管理權力：以前各地方行政機關之設置保育學校，中等學校，職業專科學校，及藝術專科學校，純爲自願性質，目前，則强迫地方行政機關，設置此類機構。

教育委員會，改爲教育部。其行政首長，稱爲教育部長，但爲內閣閣員。地方教育行政機關的數目，由三百減爲一四六單位，——六十三府(county)及八十三府邑(county borough)——其目的，在於淘汰若干較小的地方教育行政機關，而提高較大行政單位的效率。

(一) 行政組織

(二) 教育的三個階段

I　小學　小學教育分爲三個階段：(a)保育學校(Nursery School)及幼稚園——至五歲爲止；(b)幼兒學校(Infant School)——五至七歲；(c)小學(Junior School)——七至十二歲。初等(elementary)一詞，已不復見。

II　中等　中等學校分爲三類：(a)文法中學(Secondary Grammar School)——設置以升大學爲主的學術性課程；(b)職業中學(Secondary Technical School)——爲具有顯著職業性向的學生，設置實用科目，使能從事較高水準的職業工作；(c)現代中學(Secondary Modern School)——爲不適於接受上述二種學校教育的學生，實施一種文化及實用科目均衡發展的教育，傳授各類創造活動、體育及工藝。

地方教育行政機關，有權將各種中學合併爲一種綜合學校(Omnibus School)，或在同一場地分建各種學校的校舍，惟此三種學校，仍各有其行政自主權。一般家長對於兒童未來的希望固須重視，惟各地方教育行政機關則握有分派兒童進入何校的權力。

III　擴充教育(Further Education)　地方教育行政機關，得爲十八歲以下的青年，設置部份時間及全時（part-time and fulltime）的職業教育。部份時間學程，由青年學院及鄉村學院（County colleges and village colleges）實施，在僱主同意時間內，每週授課一日或二個半日，全部免費。此項學程，文化及職業科目兼顧，而以公民訓練爲主。全時職業教育，由地方教育行政機關，設置商業專科學校或藝術專科學校（Commercial Colleges or Colleges of Art）辦理之。此類學校，均須繳納學費，惟未聞一合格學生因不能負擔學費而遭拒絕入校者。

依據此項法案的規定，五至十五歲爲義務教育年限，如果校舍充足，師資齊全，得授權教育部長提高至十六歲。

（三）特殊服務及社會福利

各地方教育行政機關，負有辦理下列各種事項的義務：

1 各種身體缺陷兒童的特殊學校(special school)。

2 包括免費治療，及牙齒檢查與矯治之完善的醫藥服務。

3 爲因家庭距離學校過遠以致失學的兒童設置寄宿舍。（必要時，各家長得補助所需的費用。）

4 供應必備的衣服及鞋子。

5 爲年在八歲以下家庭距離學校二哩以外，或年在八歲以上家庭距離學校三哩以外的兒童，免費供應往返學校之交通工具。（就一般情況言，由於若干家長樂於送其子女入特別的學校，以致引起家庭離校過遠的問題，往返學校所需之交通費用，地方教育行政機關得予考慮。）

6 供應娛樂及體育設備，包括露營、運動場、游泳池、學校旅行及其他活動。

7 免費供應午前的牛奶。

8供應各校學生的午膳（所需經費，由教育部在特殊補助項下撥付。）。

（四）宗教教育

法案中關於宗教教育的規定如次：

1無論府立或私立學校，於每日清晨，均須舉行集體祈禱儀式。

2同理，無論府立或私立學校，均須實施正規之宗教教育。

3宗教自由的原則，爲英國人民之一種不可讓渡的權利，父母可令其子女免受宗教教育，或不參與每日例行之宗教集會。

4設父母具有正當之宗教理由，而希望送其子女進一種離家甚遠的特殊學校，地方教育行政機關，應妥爲安排，不得以浪費公帑爲藉口，而不予置理。無論如何，地方教育行政機關所選擇之學校的普通教育，須適應各個兒童的要求。

5任何私立學校，不得因某一兒童不進特殊之主日學校或教堂爲藉口，而拒絕其入學。

6私立學校，如遇經費困難，不足維持教育部規定之校舍建築或課程標準時，即可改爲「管理學校」（Controlled Schools）。地方教育行政機關，應承擔此類管理學校之維持費，校舍擴充及修繕之責任，惟此類學校由教會安排之任何形式的宗教教育，一週祗以二日爲限；其餘三日之宗教教育，應依照國內學校「宗教協議綱領」（agreed syllabus）辦理之。

7另一方面，私立學校亦可改成「補助學校」（aided schools），地方教育行政機關祗負擔補助學校的維持費，其餘有關校舍變更、擴充、及修繕等費用，概由設置機關自理。此類學校之宗教教育，不受任何干涉。

8全部由公款設置之各類學校，其宗教教育，悉依「宗教協議綱領」辦理，而不受任何特殊信仰或教派之干涉。

（五）關於高等教育的補助

目前已設置一種廣泛的國家獎學金制度，補助優秀學生升入大學、職業學校，及其他各類高等教育機關。此項獎學金，不僅包括學費之補助，且給予生活津貼，此項津貼，以其家長之收入為基準，家長之收入，如年達一千五百英鎊，此項津貼即行取銷。

（六）私立學校

各私立或教會學校，均須向教育部立案，教育部並得視導各私立或教會學校的校舍建築及設備標準，教職員資格，視其是否合乎教育部的規定。

原為私立之各類學校，可直接申請教育部補助。凡獲得補助之學校，仍可徵收學費，惟其收費標準，必須經教育部核准。此外，各私立或教會學校，必須以其總名額的百分之二十五，留給小學生，並同意地方教育行政機關之代表，為其理事會(Boards of Governors)的理事。

政府管理教育設施的情況，雖日趨明顯，但私立學校制度，仍將與府立學校一樣的予以保留。而且，還有若干事例，足以證明政府對於防止壓制及一般家長對於學校選擇之自由，予以適當之維護。由於英國人愛好適應性(flexibility)及自由，故絕對相信過份之機械化（mechanization），將扼殺一種完善的計劃，各項設施，已將此項信念予以充分之運用。然而，「限制自由」(ordered freedom)之趨勢，日益明顯，若干人士，且深感過份强調政府之權威及管理，將有很大的危險。

中央政府的行政任務

英格蘭及威爾斯的教育，是中央決定廣泛的政策，及地方擬訂實施細則的一個混合體。依據教育部的意見，英國的教育，具有下列三種主要特徵：

1教育部長雖握有國家政策的最後決定權，但須切實保障人民所選擧的地方行政機關的自治權。教育部既不設置一所學校，亦未任用一名教員。

2私人機構，在教育事業中，佔有極重要的地位，從前，教育設施大權，操在宗教及慈善團體手中，當政府的行動尙屬迂緩時，傳統的作風，仍有保留的價值。

3主任教員(Head teachers)，有自由管理學校之權，擧凡課程、教學綱要、教學方法或教科書，教育部未予教員以任何干涉。教育部經常製發若干有益之書刋及通告，而爲教員之輔助。「教師指引手冊」(Handbook of Suggestions for the Consideration of Teachers)，卽爲其中最重要的一種。惟所用「指引」(Suggestions)一詞，並無指導之義。

教育部長的職權，依照一九四四法案的規定如次：「推進英格蘭及威爾斯人民的教育，依據既定目的，發展一切教育機構，督促地方教育行政機關，遵照國策，對區內教育事業爲充分有效之措施。」教育部以倫敦爲總部，其行政系統，如下圖所示：(圖一)

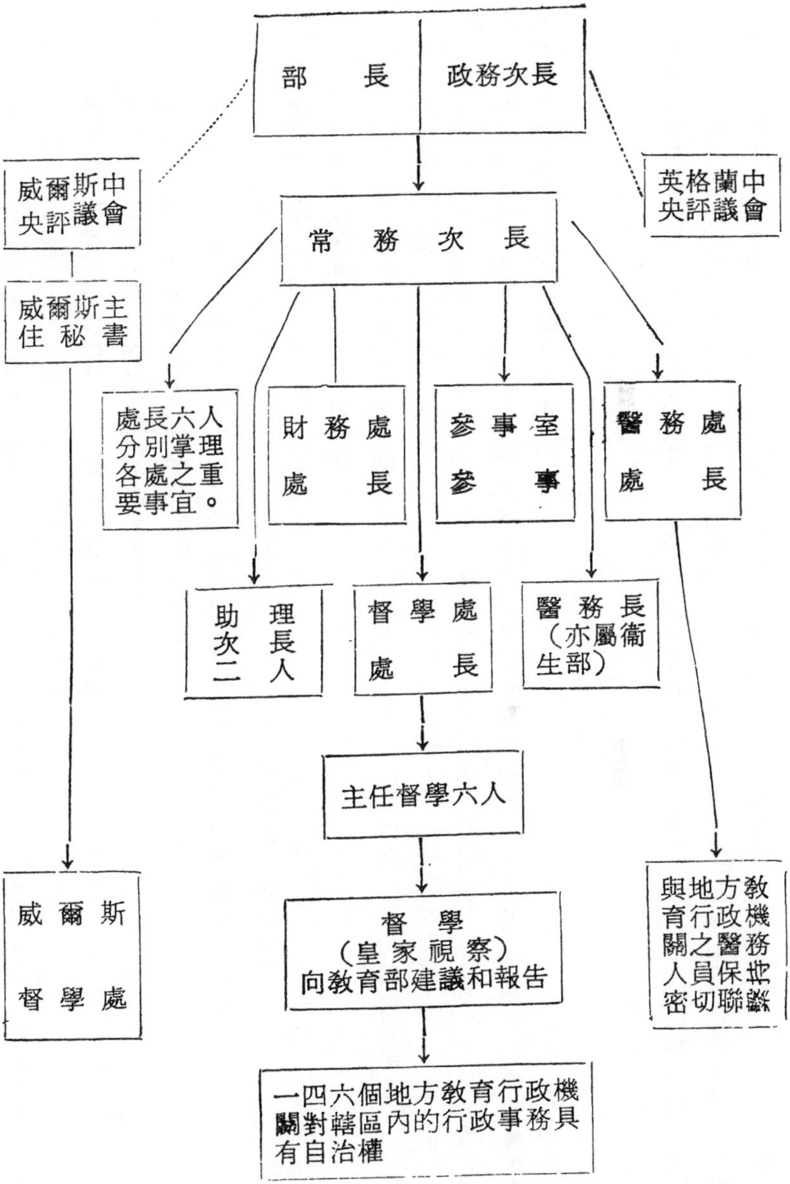

圖一　一九四四年教育法案規定之倫敦教育部（英格蘭及威爾斯）的組織

督學（號稱皇家視察 Her Majesty's Inspectors, 簡稱 H. M. I.）的工作，至爲重要，故有詳加敍述的必要。茲將督學處(Inspectorate)的職能，簡述如次：

1向教育部呈報所轄境內各教育機關的效率（各督學分駐各地區）。

2奉行教育部有關教育程序及教學方法的通告。

3關於一般組織及政策問題，向教育部提供建議。

4協助教育部編輯各種書刊及手冊，分發各行政人員及教員，作爲參考讀物。

5關於一般教育政策事宜，代表教育部向各地方教育行政機關提出建議。

6協助並指導所轄境內的各學校及教員。

7爲教員組織各種會議，並編製各項課程。

8與舉辦特殊考試，及富有教育興趣的工商業機構之類的專業團體，保持密切聯繫。

9就一般情況論，督學處須承擔一個時期的特殊教育工作，故具備教育廣播之資格。

各督學對各個教員，無須作個別之考查，此乃與中央集權制所不同者。每位督學，均須具備高級專業資格，曾受行政及指導訓練，並獲得優越之學校實際經驗的記錄。爲獲得新興的知識起見，乃須時加學習，旅行，並從事教育研究。

地方社區的任務

英格蘭及威爾斯，未設類如美國及澳大利亞的州，而設置具有美澳兩國之州的功能的府。地方政府的權力雖大，惟各地方政府仍受國策及經費補助的影響。大英帝國的一切地方行政機關，均爲中央政府派至各地方政府機關的代表。目前英格蘭及威爾斯，計有六十二個行政府（Administrative

Counties），八十三個較大市區的府邑。府邑在地域上屬於府，但其行政，則完全獨立。倫敦具有特殊行政自治權，但英格蘭及威爾斯各地之其他重要城市，均自成單獨之府邑。卡特(Carter)指出府邑爲「單元」(one-tier)管理，於所轄境內，行使一切地方政府的職權。另一方面，行政府爲「二元」(two-tier)管理，行使某項全府性的職權，而與市區(municipal districts)或非府邑區，鎮區(urban districts)，及鄉區(rural districts)等下級機關，共同負擔其職權。鄉區以下又分爲若干教區(Parishes)。就地方教育行政慣例的目的講，係由六十二府及八十三個府邑所構成。(註)

府及邑議會，卽是法定之地方教育行政機關，除視導教育外，並負有其他重要職責。既可任命擔任教育工作之教育委員會(Education Committees)，又握有經費方面的最後決定權。教育委員會的委員，大多數爲議會議員，其餘人選，則由富有教育興趣及熟悉地方教育需要的優秀公民充任。地方教育行政機關，透過教育委員會任用教育局長(Chief Education Officer or Director of Education)，此類局長具有與美國學務長相同的職權。局長以下，設各類行政及文書人員，而構成一個專門人員或指導人員的團體，有時，還由地方教育行政機關，任用若干學務視察(School Inspectors，不可與皇家視察混淆)。

地方教育行政機關，以發展中小學教育爲主，亦協同擴充教育單位，辦理轄區內的各項教育事宜。一般面積較大，人口衆多的府，常將其部份教育權能付託於「區執行委員會」(divisional executives)。例如邑或鎮區，其主管之府行政當局，對於地方情況，常不能有清晰之了解，致難作合理之措施，地方分權的問題，遂因而產生。

區執行委員會，包括府議會、區內之若干鎮及鄉議會、府立學校教員，以及私立學校的理事與董事的代表。此項代表，每區可增加一或二人，但以對於教育事業具有特殊經驗者爲限。區執行委員會的工作，須與其所在府之地方教育行政機關，保持密切聯繫，並接受其指導，依據一九四四年教育法案的規定，地方教育行政機關，並得授權區執行委員會，以從事各項教育活動，此項規定，各區均已付諸實施。

各中等學校，均設有理事會(Board of Governors)。就一般情況講，若干所小學常爲同一董事會(Board of Managers)所管轄，惟一部份小學，仍自設董事會。各該會的職權，每因公私立學校的性質而異。

學校教員，由理事會或董事會薦請地方教育行政機關任用。各校教員，均有工作保障，所得俸給，在英格蘭及威爾斯境內，亦有統一俸給表之規定，教員支領俸給的標準，則由地方教育行政機關及教師協會的雙方代表所組成之聯合委員會(Joint Committee)決定。一位新教員，所支俸給之高低，悉以自身之資格及經驗爲依據，而不受地方教育行政機關的干涉。

依照一九四四法案的規定，各地方教育行政機關，對於所轄境內現行各項教育設施，須有確切之調查，以爲擴充及發展之依據。此項「發展計劃」(development plans)，從一九四六年四月一日起，須經教育部長核准。因此，各地方教育行政機關，對於調查及編製一種具有實效的未來發展計劃，感到無限的困惱。如經教育部長，在例行分發各地之「教育公報」(Education Order)上批准後，即行研究推進的步驟及時間表，所需經費，教育部至少負擔百分之五十。

就一般情況論，各地方教育行政機關或區執行委員會所訂定之發展計劃，及各地區有關教育事項之推進，均有良好的成就。各地方市區的選舉，通例由參與競選的候選人，對於教育設計及政策，作公開說明。一般家長，多參與選舉事宜，或推舉各校董事會或理事會辦理之，而與熱心工作的主任教員及常務委員，共謀學校設施之改進。無疑的，英格蘭及威爾斯所制定的行政制度，在教育部的有效支援下，已充分實現其舉國一致的一種國家教育政策，而各地區之自治權以及人民的權益，並未因而抹殺。

茲以英格蘭的蘭開夏(Lancashire)府爲例，說明地方教育行政機關的工作系統：（原書所附蘭開夏全圖從略）。

普勒斯頓(preston)，爲一府轄鎮(County Town)，蘭開夏教育局，即設於此。該局局長，即爲府地方教育行政機關的執行長官(executive officer)，視導府邑以外全蘭開夏的各級學校。普勒斯頓，便是一個府邑，自設教育長(Education officer)。

教育部管轄十六個府邑，各個府邑，均自設教育長。例如巴魯（Barrow）、普勒斯頓、南港(Southport)、波爾頓(Bolton)、利物浦(Liverpool)、及曼徹斯特(Manchester)等是。（原書所附上述各府邑地圖從略）

各區執行委員會，均自設「區教育長」(Divisional Education Officer)，掌理該會所屬之教育事宜，並與府教育局長保持密切聯繫。

私人機構的任務

英格蘭及威爾斯的每一階段的教育活動，幾乎都有私立機關參與其間，而且，大多數都與地方教育行政機關，保持友好的關係。在公共教育制度尚未建立以前，十八及十九世紀，此類私人團體，即佔有相當重要的地位。英國教育的特點，便是重視個別差異及地方自治，因此，此類團體迄今仍參與教育活動，而且還獲得政府的補助。

因此，在保育學校工作、中小學教育、師資訓練、青年活動、學校旅行、以及各類成人教育的領域中，私人團體均可設置學校及機構。爲數達一萬以上的私立學校，其中大多數是小學階段，而且多半是宗教團體所設置的，特別是英格蘭教，及天主教。依上所述，私立學校還可獲得地方教育行政機關的經濟補助，有的還直接得到教育部的補助，政府對於各私立學校所施管理力量的大小，因其所給予之經費補助及其他有利條件的多少而異。

此外，還有若干私立學校，包括一些著名的公學在內。在一般私立學校中，已有若干學校願以某種條件爲交換，而取得教育部的經濟補助，類如允許地方教育行政機關指派一批兒童入學是。公學將在本書第十一章，作詳盡之敍述。

教育經費

英格蘭及威爾斯的公共教育經費，有兩種來源。教育經費總數的百分之六十，由國庫負擔。此類款項，由教育部直接撥付各地方教育行政機關。其餘款項，則由地方教育行政機關，用地方稅收支付。

教育部對各地方教育行政機關所給予的經費補助，祗以經教育部核准的經費比率爲基準，而不管經費總數的多寡。各地方教育行政機關，每年呈報預算一次，教育部的補助數額，亦每年估定一次。第二次世界大戰前，對於初等及高等教育，是分別補助的。就初等教育講，是運用下列的公式：教員薪俸的百分之六十；類如學校衞生工作，體育，及熱食之類的特殊服務所耗費用的百分之五十；學生交通費用的百分之四十；其他雜費的百分之二十，悉由教育部補助。此外，還有一種分配法，便是以學生日常出席的平均數爲基礎，或對於一般賦稅率極高的地區，給予同等的補助。

小學階段以上的教育，包括中等教育、職業教育，以及師資訓練，經核准的經費，其中百分之五十，是由教育部負擔的。第二次世界大戰期間，爲補貼由危險地帶撤退的兒童，以及在接待地區供應彼等膳宿之類的事務，乃增加其補助數額。此項經費，實際上是衞生部負擔的。至於免費供應學童牛乳所需之經費，全部由教育部負擔，爲擴大供應午膳，而新添之各項建築及有關設備所需之費用，亦幾全由教育部所支付。

一九四四年教育法案通過後，此項補助制度，已趨單一化。關於上述各項事務的補助，雖無詳盡之說明，惟目前教育部對於各地方教育行政機關的各項教育經費，已制定一種單一統籌補助辦法(Single Combined Grant)。至於學童牛乳及臨時師範專科學校(Emergency Training Colleges)的額外師資訓練所需之經費，另有特殊補助。此外，對於貧苦而人煙稀疏的學區，則另撥專款補助之。

在一九四八—四九學年度內，教育部的補助費數額爲一三二、〇〇〇、〇〇〇英鎊，同年，各地方教育行政機關由地方稅收項下所得之經費，亦提高至八三、〇〇〇、〇〇〇英鎊。英格蘭及威爾斯的公共教育經費最近概況，依據一九五二年三月底的統計如次：

教育部補助額	一七七、〇〇〇、〇〇〇
地方教育行政機關增至	一一四、〇〇〇、〇〇〇
合計	二九一、〇〇〇、〇〇〇

此項直接補助，除對各地方教育行政機關之補助外，尚有對於若干文法學校，私立師範專科學校，大學師範部，成人教育班，以及私立青年組織的補助。此外，還在大學及高級職業學校內，設置獎學金，作爲對學生的個別補助。全國計有三千名國家獎學金，另有各地方教育行政機關設置的九千名獎學金。在一九五一—五二學年度內，由教育部分配的一七七、〇〇〇、〇〇〇英鎊，其中百分之八十八，是由國庫開支的，所餘款項，則支付行政費、教員養老金、視導經費、以及由教育部管理的若

干博物館的維持費。

教育部對於英格蘭及威爾斯的十九所大學及大學學院，並無管理之權。各大學及大學學院，縱然直接獲得國庫的補助，却是一種獨立自主的機關。財政部另設大學協款委員會（University Grants Committee），爲分配經費的顧問，該會與教育部並無直接關係。於一九五一—五二學年度內，國庫對各大學及大學學院，包括蘇格蘭的五所高等教育機關在內的補助費，其總數爲二六、〇〇〇、〇〇〇英鎊。

威爾斯的特殊情況

威爾斯的教育，雖通例視爲倫敦教育部管理的英國制度之一支，然而威爾斯確有若干具有討論價值的特殊問題。一九五二年經教育部核准於加狄夫（Cardiff）成立的一個威爾斯教育處（Welsh Education Office），百分之八十的普通教育行政，目前即劃歸該處管理。威爾斯境內，設有十七個威爾斯地方教育行政機關，各機關並經自行擬訂所轄區內的發展計劃；此項計劃，類多業經上級機關核准。威爾斯教育中央評議會，依舊在倫敦開會，威爾斯教育主任秘書（Permanent Secretary for Welsh Education），在倫敦也設有辦公處。威爾斯的各地方教育行政機關，如同英格蘭的地方教育行政機關一樣，百分之六十的經費，是由英國教育部補助的。此外，尚有一個特別熟悉威爾斯情況的督學處。

威爾斯的面積很小——祇相當於美國的三個小州——人口尚不足三百萬。威爾斯的人民，約有四分之三住在南部工業城市，這些都市，以產煤、鐵、錫聞名於世。其餘的地方，都是優美的鄉村，及若干風景美麗的小市鎮。全國約有百分之十的人民是農人，以耕地狹小的高原農田及牧羊爲生。鄉區及市鎭，均操威爾斯語，工業城市，則不多見。

因此，威爾斯的教育，必須適應工業地區及鄉村兩方面的需要。各地方教育行政機關，在這一方面的工作，已有顯著的成效。鄉村教育的目的，不在束縛兒童於原有的土壤上，而在改進威爾斯的鄉村生活，維護固有的傳統，期與流行各地的現代知識相結合。

目前，威爾斯有一個最迫切的問題，便是各級學校究應採用何種教學方法的問題。威爾斯語，是一種悅耳而難學的語言，講話時頗有韻律及音樂情調。在一九四四法案尙未公佈之前，多數文法學校，均富有英國的作風，各科教學，亦完全採用英語。南部各工業城市的學校，採用威爾斯語教學的，尤不多見。遠在一八四六年以前，便有一個委員會作下列的談話：「威爾斯語，對於威爾斯的發展，頗有妨害，其於道德之進步，人民商業財富之增加，尤多障礙。對於促進本國文明具有極大功效的人民社交，更發生分裂作用。」雖屬如此，但威爾斯語，迄仍保留無遺。今日，設至一個北方市鎭的商店，富有音樂情調的威爾斯語言，處處可聞，直到各級學校完全採用英語教學爲止，此種現象，勢難消除。依據一九五二年中央評議會的報告，決定採取雙重的途徑，卽一方面對於全體威爾斯兒童，傳授威爾斯語言，另一方面則依照各地情況，將英語定爲第一或第二語言。麥利昂斯(Merioneth)的學童，講威爾斯語的爲百分之八十八。英格利斯(Anglesey)爲百分之八十四；卡狄根(Cardigan)爲百分之八十。格萊廡根(Glamorgan)的學童，講威爾斯語的很少，祇有百分之七；賴德納(Radnor)祇有百分之一點四；芒斯(Monmouth)祇有百分之零點四。

依據一九四四法案的規定，威爾斯的發展計劃所需之教育設備，與英格蘭所得者完全相等。在一九五二年，接受地方教育行政機關津貼或補助的學生，計有四〇一、〇〇〇人。其中在中等教育階段肄業於現代中學者，有五七、〇〇〇名，文法中學者，五一、〇〇〇名，中等職業學校者，三、五〇〇名。若干年來，在各城市便設有補習班（Continuation Classes），惟各鄉村所辦的擴充教育，尚嫌不足。爲適應擴充教育的需要起見，乃計劃建立寄宿學院，設置連續授課二或三個月的課程，辦理方式，與丹麥的民衆高等學校相同。

威爾斯境內，有一所威爾斯大學，係由設在各地的幾所學院所構成；另有一種威爾斯聯合教育委員會(Welsh Joint Education Committee)，主辦普通教育證書(General Certificate of Education)考試事宜，此項考試，除具有威爾斯特色外，餘均與英國考試（詳見第十一章）相同。持有此項證書者，即可升威爾斯或英國大學。

北愛爾蘭的特殊情況

北愛爾蘭爲聯合王國之一部，依據一九五一年的統計，全境人口計有一、三七一、〇〇〇人，吾人將北愛爾蘭的教育行政，作簡略之介紹，或不無價值。北愛爾蘭於一九二〇年獨立，現爲愛爾蘭共和國北部的一塊英國領土。愛爾蘭共和國的教育，大部份爲天主教所控制。未設地方教育行政機關，却有一個輔助教會聚會所或地方校董會(local managers of schools)的教育部。目前，愛爾蘭共和國決定以愛爾蘭語爲教學上的語言，而使整個的共和國，變成一個愛爾蘭古典語（Gaelic-speaking）的社會；但因貿易及其他方面須與英格蘭及美國接觸，故其進展，至極緩慢。

北愛爾蘭的情況，則不大相同。各項教育設施，一律沿襲英國，惟以適應地方需要爲主。北愛爾蘭自設國會，在倫敦的下議院內，也有北愛爾蘭的代表。北愛爾蘭有一個教育部，各項教育設施，均受一九四七年教育法案的約束，此項法案，與英國一九四四法案相似。全境計分六府及二個府邑，所設地方教育行政機關，如同英吉利一樣，透過教育委員會，辦理各項教育事宜。

北愛爾蘭的教育，為「府立學校」與「私立學校」並存的一種雙軌制。府立學校的經費，全部由公款支付，私立學校，則接受大量的補助。絕大多數的小學，三分之一的中間學校，以及近乎全部的文法學校，都是私立的。北愛爾蘭未設類如英格蘭的現代中學，而以中間學校，實施一種廣泛的初級中學階段的普通教育；此類學校的學生，在學科方面則傾向於文法學校。

各地方教育行政機關，應遵照教育部的規定，廣為設置各項教育設施，包括供應熱食、教科書、及學生的交通等項。教育的三個階段，與英吉利所用的名稱一樣，亦稱「小學」「中等」（包括職業）與「擴充」。

教育部對於各類學校的補助，悉依下列之規定：

1地方教育行政機關核准經費的百分之六十五；牛乳及膳食所需之全部經費。

2私立學校校董會認可之學校建築、設備及經常費的百分之六十五。

3小學及中間學校教員薪俸的全部。（文法學校教員薪俸，另有規定。）

4凡私立文法學校的學生，按時到校受課者，每名學生均得享有適當的補助。

北愛爾蘭境內，祇有兩所大學，即倍爾法斯特(Belfast)及馬季(Magee)大學學院，這兩所大學，都是獨立自主的，但可直接獲得政府公款的補助。此外，尚為學校兒童設置一種完善的衛生服務，包括免費治療及牙齒的矯治；此項設施，係由衛生部設置。

凡經教育部認可的青年講習會，體育及娛樂活動等組織，可給予多達百分之七十五的補助金。

教育部計劃中的第三個階段，便是擴充教育，目前尚無私人辦理的機構。對於青年及成人，均設置各式各樣的課程，此項設施，已有相當成效。

蘇格蘭的教育行政

蘇格蘭素以其教育設施誇耀於世。早在十七世紀末葉以前，蘇格蘭的國會，即規定各教區有設置學校、聘請教員的義務。此項規定，當時並未充分實施，惟確已設置學校多所，從此以後，蘇格蘭的人民對於教育的態度，可以「尊重」(reverence)二字形容之。所有的學校，原屬長老會管理。然而，由於工業革命的影響，遂使人民集中鎮市，於是感覺有改變的必要，因此，一八七二年，著名的蘇格蘭教育法案，乃獲得通過，學校的行政管理權，亦由教會交回國家。對於行政人員，勢須予以適當的補助，於是蘇格蘭教育廳(Scottish Education Department)，乃應運而生。該廳會採取若干進步的措施，乃將蘇格蘭的教育，造成今日健全的境地。

一八七二年的法案，建立一千個地方學務委員會，此會係由人民選舉，具有徵收賦稅的權力。義務教育年限，提高至十三歲，並為一般年長的學生，設置私立夜間學校。一八九二年，復將此項設施，擴展至中等教育階段，各府及五個重要的城市，均設置委員會。一九〇八年，將委員會的權力擴大，包括學生的醫療檢查，遠道學生的交通，以及貧苦學童的衣食供應。一九一八年的法案，將行政組織簡化，取銷原有之一千個學務委員會，而由地方人民票選三十三個府教育行政機關，及五個市行政機關。同一法案中，蘇格蘭並採取一種具有遠見的措施，即是所有的私立或教會學校，一律劃歸教育行政機關管理，從此，在英格蘭不久以前還成為問題的「雙軌制度」，蘇格蘭在當時已予廢除。

一九二九年，民選的委員會被撤換，代以府及鎮議會，亦即英格蘭所稱之地方教育行政機關，此項議會，具有任命教育委員會委員的權限，該會委員，多由議會議員兼任。此種情況，迄今仍無多大改變。一九四五年，蘇格蘭通過以英格蘭一九四四教育法案為藍本的一種法案。此項法案，由於廢除雙軌管理制度，與以前歷次法案，頗有不同，而且在事實上，英吉利教育法案中規定的若干改革事項，蘇格蘭早已實施完成。同時，蘇格蘭的中等教育組織，亦與英格蘭不同，並且希望保持他們原有的制度。在英吉利教育法案中關於宗教教育，有專章規定，蘇格蘭則無此項規定。蘇格蘭人，雖係信仰宗教的人民，却堅決主張宗教自由；因此，蘇格蘭的法案，沒有關於宗教儀式或學校宗教教育的規定——遇有必要或認爲適當，地方當局可自行決定。

其他方面的規定，與英吉利法案相同。自一九四七年四月一日起，離學年齡，延長至十五歲，如爲實際情況所許可，即可提高至十六歲。對於年在十五至十八歲間的全體青年，則予以部份時間的擴充教育。此項規定，迄今仍未見諸實施。各階段的學費，均予免收，而且一種普遍的助學及獎學金制度，亦予以擴充。同時，並授權地方當局建立寄宿學校及學生公寓，此種設施，爲人口稀少的高原區，所不可或缺的要項。蘇格蘭的私立學校，爲數甚少，此等學校既須申請立案，更應接受政府的視導。

蘇格蘭境內，計有三十五個教育區（educational areas），類如愛丁堡（Edinburgh），格拉斯哥（Glasgow），敦底（Dundee），及阿伯汀（Aberdeen）等都市，直到高原地帶的鄉村均有，人煙稀疏、樹木成林、地區荒野的阿介爾（Argyll），英瓦萊斯（Inverness）以及沙塞蘭（Sutherland）等府，亦包括在內。

每年所需之教育經費，約有三分之一，由地方稅收項下開支，其餘三分之二，則由國庫負擔，而由蘇格蘭教育廳以補助方式支付之。一九五二年三月三十一日所列經費總數爲三〇、七八二、〇〇〇英鎊。

蘇格蘭境內，計有聖安德魯（St. Andrews），格拉斯哥，阿伯汀，及愛丁堡等四所著名的大學，遠在一四一一至一五八三年間卽先後成立。各大學均接受大學協款委員會所給予的補助金，該會對於蘇格蘭及英吉利各大學的補助，可作相同的決定。蘇格蘭的各大學，係以英吉利大學的作風爲楷模，故蘇格蘭的大學，也是獨立自主的。

蘇格蘭教育廳爲使各級學校明瞭教育行政及教學方法的最近發展，乃發行各種公報及書刊。近年來蘇格蘭教育研究會(Scottish Council for Educational Research)所發行的若干書刊，頗有價値，並已引起整個不列顚國協(British Commonwealth)的注意。

行政及管理問題

(一) 經費問題

一九四四年教育法案，是一種非常新穎的概念，實施此項法案所需之經費，則由地方行政機關籌措。至一九五二年三月二十一日爲止，中央及地方雙方所耗經費總數，卽多達二億九千一百英鎊。保守黨政府，業已要求教育部及各地方教育行政機關，儘可能縮減經費，否則，英國教育的前途，實未可樂觀。整個計劃中的某些部份，類如擴充教育等項，(詳見本書第十一章)在經濟情況未獲改善前，卽可暫行擱置。

由於學生人數激增，學校膳宿供應負擔的加重，經濟情況，勢難好轉。此卽爲第二次世界大戰以來，人口繁殖率急劇增高的結果。一九五一年學生註冊總數，已增至二三〇、〇〇〇人，一九五二年，更增加爲二五〇、〇〇〇人。此項增加，雖不致循同一之比率，但可繼續至一九六〇年爲止。因此，寬籌經費，擴充計劃，興建新校舍，及增加師資，以謀更進一步的發展，實爲當前急務。

（二）可能變爲過份的中央集權

實驗及適應性，久已成爲英國教育行政的主旨。若干地方當局，認爲一九四四法案强調中央管理，已達英國史上空前未有的程度，地方當局及學校的行動自由，勢必受到適當的限制。然而，教育部却感覺此種事態，並不嚴重。

地方自治，在大英帝國史上，已有根深蒂固的地位。一般私立機構及宗教團體供應的各項教育設施，宛如其他若干國家政府供給的一樣，完全獲得信賴。這兩種勢力，均面臨發展福利國家的概念，依規定中央政府的權能，將予擴大，原由個人或地方承擔的事務，亦必交由國家負責處理。素以妥協作風見稱的英國，業已制定一種廣泛的國家補貼及一般政策的管理制度，此種制度，勢將削減地方自治單位的若干行政權力。同時，私立機構服務社會的機會，仍予保留。依據目前的發展，最後將形成一種中央及地方單位分層負責的局面，或構成一種各有關團體合力工作的關係。

（註）尙有一府及一邑（彼得邑 Peterborough）所組成的一種聯合董事會（Joint Board），故地方教育行政機關的總數，爲一四六單位。

第五章　國家負責：法國

法國雖不及蘇俄及美國之大，但却是歐洲中、西部的一個大國。其面積小於美國的得克撒斯州(Texas)，但爲大英帝國的二倍半，全國計有四千二百萬人口，而英國的人口，却有五千萬。

法國雖係忠實履行民主原則及實施，但其政府體制，却爲一種極端的中央集權制，教育一如其他政府機構，全權操在巴黎的中央政府，各種重要事務，不輕易容許地方人民參與。

歷史背景

法國的中央集權主義，由來甚久，至少亦遠溯於十七世紀的路易十四(Louis XIV)。波旁(Bourbon)王郎堅決相信，由國王化身所形成的一種國家，乃是各種權力及一般人民的一切福利的本源。其後，政府的形式，雖迭有改變，但中央當局控制各級政府機關的基本原則，則未更改。法國大革命，認爲撤消富有歷史性的省份 (Provinces)，及廢除任何形式的地方自治，將使國家成爲個人權益的保護者。同時，也相信此種措施，可以促進全國的統一。

革命政府的國民會議(National Assemblies)，建立一種由各府及里區 (departments and communes) 人民選舉的地方政府，並經一七八九年及一七九〇年的法案，先後通過，惟此項計劃，終於失敗。其後，拿破崙又建立一種極端的中央集權制，並制定任官等級 (hierarchy of appointed officials)。上述制度，祗略加修正後，仍付諸實施。在法國具有悠久歷史的省，乃由新設立的府取而代之，由中央政府任命府長 (prefect)，爲各府之行政首長，並另設地方議會 (Local Council)，爲此類行政官員之顧問，議會議員亦由中央任用。

其後，並繼續努力，使地方政府機關，獲得更大之權力。因此，各府及里區，均具有選舉其議會議員的權力，里區議會，尙握有選舉市長的特權，此種市長，爲具有極大勢力及權威的地方長官。當第二次世界大戰結束後，第四共和國(Fourth Republic)成立之際，卽着手加强府議會的權力，並將中央的若干職權，劃歸府行政機關。此項措施，並未見諸成效，各地方政府機構，仍受中央政府任命的一種長官——府長的監督與管理。

一般觀察家，咸認爲法國是一個自相矛盾的國家，蓋因其具有民主的形式及信仰，却實施一種地方政府職權置於中央管理之下的制度，此種制度，宛如一般極權國家所實行者。關於此種事實，布里斯(Lord Bryce)曾作如斯之評論：法國政府，在全國性的事務上，完全信賴四千萬法國人民的判斷，在地方事務上，却不容許地方人民的管理。法國前任總統戴沙勒(Paul Deschanel)卽認爲法國的上層是一個共和國，下層却是一個帝國。

中央集權的政府，在法國已開歷史先例，此種制度之所以能持續迄今而未廢除者，蓋有二大理由：第一，中央集權的政府機構，對於一個執政黨或各黨聯合的執政，具有莫大的助益，故任何政府，均不願變更此種制度。法國的一般反對黨，對於中央集權制度，雖迭有攻擊，但任何執政黨，每多採用並支持此種制度。第二個理由，便是此種制度，乃爲法國人民革命所遺留的傳統體系。法國在紛爭擾攘的歐洲，多半陷入孤立，而在國內又遭遇若干分裂的勢力，所以法國革命的傳統，便是「法國——完整而不可分割者。」任何有關削弱中央政府權力的建議，均將變爲造成國家分裂的方法。法國政府的一切措施——政治的、社會的、教育的、及經濟的——皆以獲得法國的完全統一爲依歸。

因此，在行政組織上，法國似乎是一個極權國家；可是法國的教育哲學及目標，却與此類國家根本不同。在其他國家，教育制度，例爲培養一種忠於本國政治理想的愛國人民。可是，法國的教育，則在謀求國家的統一，但又非極權國家之政治的統一，蓋此類國家祇容許一個黨派，每個人都是國家的附庸。法國的政黨雖多，但任何政黨，均難在屢次改組爲期祇達數月之久的政府中，獲得穩定的多數。所以，法國的教育，卽在探求一種文化的統一，陶冶後嗣的心智，使有邏輯與淸晰之思考，以鑑賞國家的文化遺產。法國各地的公立學校，其各項設施，全國一律，使一般美國人士，難於置信。對於私立或教會學校，旣不予以阻擾，亦不像蘇俄之禁止其設置。

法國教育的演進

在法國，如同許多國家一樣，第一所學校，都是宗教團體設置的。實際上，在法國革命以前，法國的教育，完全是教會辦理的，幾全部掌握在牧師手中。一六八四年，拉塞爾 (Jean Baptiste de la Salle) 創立基督教兄弟會學校 (Brothers of the Christian Schools)，此校乃成爲一種頗有力量的教規，特別在小學方面如此。法國大革命期間，曾一度取銷，旋又予以恢復。待恢復後，在小學方面並增强其力量，而且還引用至中等、職業、及師範學校中。法國的第一所師範學校，於一六八四年由基督教兄弟會設在尹斯(Rheims)。其他宗教團體，亦積極參與教育活動，特別是厄斯伊達教派 (Jesuits)，惟此一宗教團體，於一七六四年，爲法國所禁止。

一般革命領袖，對於天主教頗表懷疑，認爲天主教在本質上是仇視新共和國的。深恐兒童接受教會學校的教育，而擁戴神父，反對共和國的各黨派。於是，便同若干年來的俄國一樣，從管理學校中去控制兒童的心靈，使其成爲新共和國的公民。在本質上，此種措施，並非反對天主教，祇不過反對神父過問政治及教育。而且雙方多數領袖，均爲天主教徒，自無反對天主教的道理。其後，共和政府，並創立一種「免費、公共及非宗教」的初等教育制度——穩定共和國的政治哲學基礎，而使教派神學中立化。然而，天主教却不贊同中立學校；並採取各種措施，反對所謂「無神論」(Godless)。反之，此種態度，却加深共和國各領袖的印象，認爲天主教是反共和國的。

因爲教會自籌經費，維持與公立學制相同之宗教學制，並進而與其競爭，故仍爲共和政府所反對。一般公立學校教師，多自命爲共和國及免費教育的保護者。在政治上類多傾向社會主義及和平主義的思想，且成爲此類論調的地方領袖。另一方面，一般神父及若干保守的政治團體，則反對共和國的教育。「法國各地成千的鄉村，都變爲左右之間，共和國及教會之間某一方面的反對者，無形構成教師與神父之間的對立。」

由於時間的演進，兩者間的距離日漸縮短，其仇視心理亦日趨淡漠。共和國的基礎日益穩固，教會對於共和政府也表示悅服。在兩次世界大戰期間，一般青年牧師或神父，每多傾向基督教社會主義運動(Christian Socialist Movement)，致使教會所代表的極端保守氣氛，漸趨低落。可惜，在第二次世界大戰期間，由於一種新的發展，而使此一問題再度發生，無形增强爭論的新活力。貝當的維琪政府(The Vichy Government of Marshal Pétain)，竭盡全力以壓服教會的經濟力量，動用國家公款，補助各教會學校。此種措施，似可證明貝當政府不認爲教會是反民主的。戰爭結束後，第四共和國成立之時，因各項需要增多，乃廢除此項補助辦法。左派各政黨領袖，亦贊同此種措施，天主教雖予以堅强之抵抗，惟終遭失敗。一九五一年，布里文(Pleven)政府，爲人口生產率之增高而引起的教育問題所困惱，乃對全國各學校的學生，由國家經費給予一定數額的補助。此種措施，遂又引起普遍的反對及爭論。教會學校認爲補助過少，而表示責難；自由及社會主義的領袖，又反對捨棄歷史上的任何非宗教教育的原則(Principle of lay education)。

一九五一年的法律，首次規定對於國立學校及教會學校的全體兒童，年給一千一百萬元的補助，惟各教育行政機關實行此項法律時，得自行變通而不包括六歲以下，或十四至十六歲間的學童。此項措施，使教會學校所受的打擊，遠較公立學校爲大。一九五五年，孟德法朗士內閣（Mendés-France Ministry），乃設置國家補助金，補助私立及教會學校的全體兒童。

此一問題，在法國激起很深的政治仇恨；欲獲致適當解決，頗爲不易。而且此一問題之發生，乃使法國勢力龐大的共產黨獲得絕好的機會，彼等大肆宣傳反神父的論題，企圖製造國家更大的分裂。法國雖已樹立一種嚴格的中央集權制，足以促進國家的統一，然而在各級學校方面，仍覺意見分歧，一方面反神父的勢力，極力擁護「免費、普及、及非宗教」教育的原則，另一方面擁戴神父的勢力，則利用「教育自由」爲宣傳口號。所謂「教育自由」的宣傳口號，並非意謂在不增加費用的情況下，父母有爲其子女選擇學校的自由。

十八、九世紀，一般著名的作家及哲學家，對於法國的教育，具有極大的影響。盧梭（Rousseau）的思想，不僅使本國的思想家爲之震驚，而且歐美各國的教育思想，亦受其影響。一七九二年，孔多塞（Condorcet）所提倡的免費及普及教育制度，對於當時的思想，頗有影響，因而傑弗遜（Thomas Jefferson）也在美國維吉尼亞（Virginia）州，提出類似的教育計劃。一八三一年，法國教育部長谷新（Victor Cousin），提出一項報告，始創紀周（Guizot）法案，確立初等教育制度，並設置高等小學及師範學校。

法國大革命，以「自由、平等、博愛」爲基礎，此種平等哲學，時至今日，其影響仍大。惟其影響對於個人權利較之社會制度尤大。法蘭西共和國的教育制度以及若干社會制度，似未能與其平等思想相適應。中等學校制度，係以選拔英才(an intellectual elite)的原則爲基礎，使能取得統治者及領導階層的職位。故一般中等學校之收生，仍缺乏民主精神。中等學校爲進入高等教育機關及取得政治、工業及各項專門職業的高級職位的唯一通路，大部份是爲顯貴富豪的子弟所保留的。勞工階級的子女，則進小學，繼以高等小學。中上層社會的兒童，則於中等學校（國立中學及市立中學）附屬預備班（preparatory classes）受發蒙教育。就理論言，乃係一種單一及民主學制，凡係資質優異的學生，即具有轉換學校的資格。但就實際言之，由小學升中學，極爲困難。

直到第一次世界大戰爲止，法國的國家學制，仍具有因襲之階級差異，旨在使子女固守其原有之社會及經濟團體的地位。雖欲祗以能力及智力爲英才之基礎，惟實際上，高等教育的權益，仍歸於權勢階級的子女。在教育方面，設置兩種不同而又成爲平行的初等及中等教育體系，兒童如欲由此一階段轉入另一階段，必先通過極端困難通常被視爲難關的一種競爭考試（competitive examination），法國中學生就學率之低，殆以此爲主要原因。一九三五年，法國各中等學校學生註冊人數，爲二五〇、〇〇〇名（佔人口總數的千分之六），英國則佔人口總數的千分之十一，美國佔千分之三十六。一九四八年，學制改革以後，對於中等教育的整個計劃，具有極大的影響，法國各中等學校的學生，即增加至三二八、〇〇〇名。雖仍具有嚴格之選拔性，但就中等教育而言，確較英國爲民主，蓋法國向未設置類如英國之貴族的而又不民主的「公學」。

（一）改革運動

在法國，因爲雙軌學制受到批評，遂引起若干改革意見。一般改革意見，大多集中於一項「單一學制」（école unique）的建議。此項建議，係受一種類似單一學制運動，在德國稱爲「統一學校」（Einheitschule）的影響而相繼產生的。此項建議，不在設置一種單一或劃一的學校（single, uniform type of school），而在建立一種統一組織（unified organization），以促進由學前教育至大學階段，均便於轉換學校的一種單線教育的階梯（Single educational ladder）。故此項建議，在學校類型及教育計劃上，乃具有充分的個別適應性（flexible variety）。

第一次世界大戰期間，一批戰地服務的年青教員，組成一種「新教育制度倡導者」（Les Compagnons de l'université Nouvelle）的組織。彼等主張學制應完全改組，而建立一種平民學制（Common system），消除階級差異，便利轉換學校，取銷學費，並改進各階段及各類學校間的聯繫，庶使智能優異的學生，得有較大之發展機會。此等改革論者，並在各報章及教育刊物上發表論文，發行定期會刊，因而引起一種廣泛的討論與爭辯。此種「單一學制」的建議，雖未見諸實施，但彼等的意見及若干教育問題，却引起一般社會人士的普遍注意，而爲他日之眞正改革預作準備。

一九四〇年，法國爲德國所降服，乃於阿爾及爾（Algiers）組織自由法國政府。一九四四年，德國佔領法國的狀態結束，國人的情緒，仍極沮喪，臨時政府國家教育委員會主任委員卡比頓（M. Capitan），於阿爾及爾組成一種教育改革委員會（Commission for Educational Reform）。同年秋季，阿爾及爾委員會，於盟軍解放巴黎後，發表一項報告。該委員會，對於中等教育及大學方面提出若干大膽的改革性建議，並主張將單一學制中的若干意見，付諸實施。該委員會攻擊：「由於一般軍事、政治、經濟及工商業管理團體的過失或叛逆，所造成之失敗及暴虐，已不復存在，但顯膽怯而已。彼等對於我們教育制度的最後要求，尤覺彼等懦弱可恥。」

該報告認爲法國中等學校之過份重視智識文化教育，於科學及技術內容上，頗多缺陷，在科學時代，一個國家的眞正生存，應以改進此項缺陷爲基礎。該委員會的各項建議，並未見諸實施，祗不過設置一種新的委員會而已。

新教育委員會，係由法蘭西學社（Collège de France）名物理學家郎之萬（Paul Langevin）所主持。郎之萬於報告尚未完成前，因病逝世，而由著名的兒童心理學家華倫(Henri Wallon)繼任主席職務。惟於報告刊行時仍稱爲「郎之萬計劃」(Langevin Plan)。此項報告，係屬發展法國教育的一種長遠計劃，詳情容後敍述。該委員會的建議，引起全國人民的教育興趣，在國會中，亦成爲一種爭辯激烈的問題。此項計劃的部份建議，於一九四九年戴布士法案(Delbos Act)中構成法律，此項法案，可與英國一九四四年教育法案媲美。

在法國，不單是教育設施未能符合平等的理想，社會制度，亦復如此。勞工及社會安全法案之制定，固較歐洲其他國家落後，人口生產率，亦永恒低落，且普遍抱着悲觀主義的態度。戰後的社會安全及家庭津貼制度（由僱主負擔），已有初步的成效。家庭津貼係按兒童人數增加，凡子女達四人之多的父親，即可領取與其正式薪俸相等的津貼。此項子女津貼，如若子女在校肄業，可補助至二十歲爲止。此種措施，實爲人口生產率之年有增加的具體反映。此種情況，並不完全是一般國家所經驗到的戰後現象，而爲迅速反映於學校註冊人數方面的一種相續情勢。津貼制度，亦已有改進，是即美國所稱之學校「留生力」(holding power)。

法國人自認其文化水準，爲歐洲乃至全世界最高超的。彼等認爲國家透過其國家的學制，而成爲彼等所謂之「普通文化」(General Culture)的保護者。

普通文化的概念，首先基於法國語文之仔細研究，蓋法國語文乃是團結全法國人的聯結力(bond)，也是保存並發揚法國文化的媒介。法國的小學，視兒童爲小成人，所授教材，即是法國文化概要。教授兒童使有清晰與邏輯之思考，完善之自我表達，以及欣賞民族文化的優美。中等教育，純屬普通性質，而無職業功能，其目的在於培養判斷力、欣賞力、鑑別力，並增長清晰與邏輯之思考力，以及優異之講話與書寫的能力。俄國的中學，在使每個學生，均能成爲專家，以便擔任一種專門的職務；

法國的中學，則在養成一個文雅仕女，使其了解並運用抽象的觀念。職業準備，祇係臨時計劃，專門訓練，亦爲晚近之事。

(二) 郎之萬計劃

現行學制，受到普遍的不滿，法國國會乃決定設置一種委員會，研究本國整個的教育制度。郎之萬卽爲該會首任主席，延攬代表各種不同意見的教育團體及社會人士，組織委員會。該會在郎之萬逝世後，於一九四六年提出報告，名爲「郎之萬計劃」。

此項計劃，曾採納阿爾及爾委員會的若干意見。這是一種未來的長遠計劃，其中部份建議，經已制成法律。該委員會，如同阿爾及爾委員會一樣，亦建議爲年在十八歲以下的青年，設置全時教育。郎之萬計劃的基本觀點，卽主張設置機會均等的教育，擴充職業及科學教育，以及强調爲保留法國普通文化理想，而培育「完人」(Whole man) 的重要性。

郎之萬委員會，如同教育制度倡導者組織，阿爾及爾委員會，以及其他團體一樣，亦企求改變法國教育的普通行政組織，而使相互並列及重疊的中小學教育及職業教育，能組成類如英國一九四四教育法案所規定英國教育制度中的三個階段的單一組織。法國教育之設置一種教育階梯，而使所有學生具有同等之升進機會，殆以此爲首次。關於此次改革的成果，留待第十二章中討論。

該委員會所提出的各項改革計劃，並未能立卽全部實施。同時該會建議將義務教育延長至十八歲，也是一種長遠而費錢的辦法，且須增設新的學校及增加教員名額。法國革命政府時代的國民會議，曾建議立卽將義務教育年限由十四歲提高至十五歲，亦未見諸實施。法國農民，需要其子女從事農田工作，故素來主張，不可强迫鄉村兒童，留校肄業至十四歲之久。因此，戴布士法案，乃規定十三歲爲離學年限，而不必延長至十四歲。

郎之萬委員會，還建議爲一般專門及職業學校，特別是師範學校的學生，設置一種預支俸（Pré-salaire），以補償在校肄業而年逾正規離學年限的學生所喪失之賺錢權益。澳大利亞師範學校的學生，早已享有此種權益。惟法國政府，認爲此種計劃費用過大，致未採納。而且此項計劃施行後，將使各大學及高級學校的學生，大爲增加，況且行政機關的若干人士，早已感到各高等教育機關，爲數太多。

郎之萬計劃，並建議改革「高級學校」（Great Higher Schools），此類學校，留待第十二章討論。這些學校，係專爲訓練公務人員而設的一種高級而專門的學校。該委員會亦建議將各專門學院，與大學合併。並主張利用新設的政治社會學院（Political and Social Science Institutes）及國立行政學校（National School of Administration），訓練高級公務人員。

中央政府的教育任務

依上所述，法國的公共教育，正如政府的一切活動一樣，全係國家的職能。國民教育部（Ministry of National Education），卽掌理全國教育事宜，該部首長，爲內閣閣員，由內閣總理任命，經法國總統批准，向國會負責。該部組織，至爲複雜；部長以次，設置五個司（directorates）：其一，爲總務司（包括學校建築組及國立教育資料中心），其餘四司，分掌初等、中等、職業、及高等教育。另設若干組、科，及附屬於各司和部的各種分組委員會。此種龐雜的機構，自難迅速處理各項教育事務，尤其僻遠地區的學校設施，亦須經由中央機關決定，更感緩不濟急。

教育部長，與內閣總理及內閣全體閣員，均係國會議員。教育部長的任期，與國會議員相同。惟近年來由於法國政府迭經改組，教育部的首長，亦常有更換。自第二次世界大戰以來，教育部長的任期，平均爲六個月。

教育部長推行國家教育制度，須向國會負責。全國公私立教育機關，均須受其監督。教育部長於執行由國會通過之各項教育法律時，須遵循國會意見，但握有制定各項法規的權力，此類法規，如經總統批准，即具有與法律同等之效力。國家重要教育官員，教育部長有呈請總統任命之權，在教育部管轄範圍內的工作人員，教育部長亦有直接任用之權。雖依法設置各類行政官員及評議會，爲其顧問，但教育部長却操有重大決定權。教育部長固可規定全國各公立學校的課程、教學綱要、及教學方法，各類學校的考試，獎學金規程，以及一般行政規章，亦須經教育部長批准。所屬各行政官員，固須接受部長安排的訓練，各種爭執事件，部長亦有裁決之權。教育部長的實際權力，至極龐大，且常爲其本身能力所不及。

教育部每以部頒命令方式，制定各種法令。部長的立法權力與其行政權能同樣廣泛。教育部長頒行的法令，其效力雖大，但國會如不同意，得於長時期的多次研討及辯論後，予以否決，即使付諸實施的法令，亦可撤銷。在法國，教育事項「改革」法案之多，其原因即在此。絕大多數的改革法案（其中若干法案，其實施步驟，甚爲遲緩。）均以部令方式付諸實施。

每年的預算，須經國會通過，故國會握有直接管理全國各級教育的權力。國會每於確定預算前，對於各項教育問題，均有熱烈的爭辯。依據康德爾的看法，世界各國，於制定國家教育法案時，對於教育問題的爭論，所耗時間之多，未有勝過法國者，絕大多數的熱烈爭論，均以如何保持法國文化水準爲主題，而不在預算的多少。蓋法國左右兩派之間，牧師與非宗教人士之間的意見不同，均集中於教育事務上，故關於此項問題的爭論，通常都很激烈。

教育部長的任期雖短，但部內其他人員，均爲常任之公務員，而不受政府改組的影響。一般部長，均樂於延用一些職位較低的青年政治從業員，蓋彼等可因黨派控制的變更而改變。部內經年累月的例行業務，悉由一般常任職員處理，教育部的實際工作，即由彼等承擔。

在法國尚有一種審議機構，即所謂最高教育會議（Higher Council of Public Instruction），爲教育部長之專門顧問，該會議形同一個小型國會。其構成人員，計五十六名，任命及選舉均有，每人任期四年，均得連選連任。其中九人，由法國總統任命，代表一般公共教育事業，四人由教育部長指派，代表私立學校。各大學推選二十七人，中等教育機關推選十人，初等教育機關推選六人。該會議每年舉行常會二次，必要時得召開臨時會議。其所司事務爲裁決教育上之爭執事件，並在考試、課程、教學方法、訓練、行政法規、及私立學校之監督等問題上，爲教育部長之顧問。

巴黎教育部，爲與全國各級學校取得直接聯繫，乃設置一種高級官員團體，稱爲國民教育部中央視學員(Inspectors-general of National Education)。該等官員由教育部長薦請總統任命之。一面在巴黎教育部內辦公，一面依照分派之工作，在全國各地巡廻視察。其主要任務，在於視察學校及其他之教程，並向教育部長及有關之司長提出報告。每一中央視學員，擔任一種特殊教育階段或一種專門工作，所擬報告，亦以其擔任之專門工作爲限。教育部長得隨時指派中央視學員，從事某項專門研究或調查。

世界各國，考試制度之嚴格，未有勝於法國者。教育階梯中的每一階段，均須經過考試，且此類考試，多半由中央機關主持。各種考試，多爲競爭性質，學生考試之成敗，不以個人成績之優劣爲基準，而取決於政府錄取人數之多寡。凡通過各項考試者，即分別領受一種文憑、證書或學位，凡此種種，在法國人的生活中，均佔有極重要的地位。教育部雖明令提倡將課程分段，力勸教師應依據各地情況及需要，調整課程及方法，惟此種勸告，正如歷年以來全國各地採用劃一之考試同樣的無意義可言。校外考試，其大權操在中央教育部，法國各級教育之能獲致有效的統一與協調，其原因卽在此。

法國政府所採用之極端中央集權制，乃予吾人以有趣之顯例。其他國家亦有此種情況發生，惟類多受到一種政治哲學的影響，卽所謂極權主義，或獨裁政治，宛如納粹時代的德國然。法國人曾於各方面試行解釋其官僚政治及非民主的行政制度，彼等指出其創始者，曾經遭受多次的反對，但均以全國統一爲重，而未釀成災禍。彼等嘗謂，其國家行政制度，可使學校免除君國主義的影響及教會的干涉。而且，中央集權制，在法國順利實行已達三個世紀之久，又何須改革？由是以觀，法國政府之樂於採用中央集權制，而不主張予以少許的改變，似極明顯。

法國教育之由國家管理，並非毫無批評之處，亦並未多方設法阻止人民批評此種制度。關於這一點，法俄兩國，大不相同，俄國亦實行極端中央集權制，但不容有任何批評的意見。法國則倡行分區運動(regionalist movement)，主張依據邏輯的觀點，將相同的地區合併，實行地方分權制，而不必根據法國大革命時期以人爲方式所劃分的府區。提倡此種運動的團體，並極力鼓勵人民使用地方方言，如伊伯里亞語（Basque），弗蘭德茲語(Flemish)，科西堅語(Corsican)，及布立頓語(Breton)，各地學校，亦可採用此類方言教學。此種意見，經已引起熱烈的討論，咸因此種意見，行將打破法蘭西乃不可分割者的概念，故爲一般人士所反對。

法國國會每年例行的辯論，幾乎形成一個討論教育問題的法庭，中央集權的行政機關之惹人注目，當可想見。歷年以來，法國國會的參衆兩院，曾組織若干審查委員會，專門研究教育問題，各委員會所提出的報告，亦曾引起廣泛的爭論。最高教育會議，常包括若干代表人民及教育團體的社會賢達，該會對於教育政策及法規，可予以辯論及批評。教育人士亦組織若干强有力的團體，檢討教育政策，提供各種意見，以引起一般人民對於教育問題的注意。單一學制運動之倡行，此或爲主要原因之一，一般人民對於教育事務之重視，此類團體之努力，咸具莫大功勞。

中央集權制，特別重視一般行政法規及劃一的標準，而漠視地方差異的重要性。故此種制度，實足以妨礙社會進步，阻止教育試驗及研究。全國各級學校，均爲國家之各項規章所支配；無論城鄉地區，所有的學校，其所用之方法、課程、教學綱要、考試及競爭方式等，亦完全相同。

法國大學區的教育地位

法國（包括阿爾及利亞 Algeria 府）爲實現教育行政的目的，乃將全國劃分爲十七區或「大學區」（Academies），各區設大學一所。大學區的行政長官稱爲大學區校長（Rector），一面爲大學校長，一面也是各大學區國民教育部的主要代表。彼係經教育部長就各大學教授中推薦，而由總統任命者。彼處理所轄區內各種教育事項，須向教育部負責，同時並代表教育部各司執行各項事務。彼之主要工作，在於監管中等及高等教育。大學區各行政人員，考試委員會委員，其人選均由大學區校長提出，考試之監督及執行，考試題目之選擇，亦爲大學區校長之所事。通常被視爲大學區校長的一種內閣，即所謂「大學區審議會」（Academic Council），亦由彼充任主席。

大學區審議會，其構成人員爲大學區視學員，高等及中等教育機關的代表，私立學校的代表，各府及里區所選的代表。該會在教育事務上，特別是中等教育方面，爲大學區校長之專門顧問。大學區視學員，經教育部長提出，由總統任命之。其任用資格頗高，通例須取得文、理科博士學位或同等學位，並具有數年之中學教員、校長或視學員的經驗者，始有膺選資格。每一府派駐一名大學區視學員，其職權與美國的學務長相似。彼負有執行教育部所定各項政策之責，却無改變實施程序或制定政策之權。

大學區由拿破崙所設置，成爲法國國家教育制度中龐大計劃之一部，直接置於其個人管理之下。此種組織，沿襲迄今，仍爲巴黎中央政府與各地方政府機構間的一種唯一行政組織單位。法國的大學區，與美、澳兩國的州，或蘇俄的共和國，根本不同。大學區本身毫無權力可言，在行政上祇是中央教育部的代表機關。現行的十七個大學區，不能組成爲具有任何地方權力的機關，祇是傳達中央政令的地方辦事處。

地方政府的教育地位

(一) 府

法國地方政府的最大單位，便是九十七個府，其中八十三府係於一七九〇年經國民會議（Constituent Assembly）議定而設立者；其餘各府，乃是法國擴展其領土時，逐漸增加的。法國已將海外各屬地，如同本土各府一樣的，改爲隸屬於法國中央政府下的一府。若干年來，阿爾及利亞，即分爲三府，一九四六年，法屬圭亞那（Guiana），留尼旺（Réunion），馬丁尼克（Martinique），及哥德洛普（Guadeloupe）等地，也一律改爲府。此即爲法國人希望促進全國統一的具體表現，認爲此等地區，不是殖民地或佔領地，而應完全與法蘭西共和國同化。

國民會議議定，廢除法國原有的省，而改爲府，所以法國各府的歷史，乃較英國各府爲短。絕大多數的府，在地理上、社會上、經濟上、乃至人種上，均不能構成一個相同的單位，這些府祇是一個地域很小的區域，與美國的縣相當。其疆界之劃分，決定於下列之事實：一位公民乘馬車旅行，由家至政府所在地，於一日之內，所能到達的地方，便是該府的疆域。所以法國的府，祇是行政上的一個學區，設府長一人，由巴黎中央政府任命之。

府長雖由內政部任用，但握有類似若干部長級的行政首長的職權。法國的各地方政府，祇承辦中央政府的地方行政事務，及若干聽由地方行政機關自決的事項。府長爲府內初等學制的首長，大學區校長則爲區內中等學校教育的首長，一個大學區，常包括若干府。府長有任用教員，監督教育經費，及決定某項獎學金授與之權，同時，也是府教育審議會(Department Council of Education)之主席。

府長的顧問團體，有一種民選的府議會(Department Council)，就某種程度講，該會有監督府的行政事務之權。在教育事務方面，有一種單獨設置的府教育審議會，可爲府長的顧問，該會以府長爲主席，大學區視學員(Academy Inspector)爲副主席，另有府議會選出的議員四人，小學教員推選的代表四人，府內男女師範學校校長，教育部長指派的初級視學員(Elementary Inspector)各二人，以及府內各私立學校互推的代表若干人。

一般言之，法國的府教育審議會，與英國的地方教育行政機關相似，祇不過權力較英國爲小而已。該會並不是人民的代表，祇是府長的一種諮議機構。通例每三月開會一次，必要時得由主席召集臨時會議。該會職權大率爲小學數目及其設置之審議，小學專任教員名額之規定，以及府內私立學校之開辦等。該會又可監督各小學的衞生視導及服務，對於小學教員尙有懲誡之權。該會委員可以視察學校，惟祇以關於影響衞生及校舍建築事項爲限，而無權過問學校的課程及教學方法。各府的經費，自行籌措，府的普通議會，負有籌措經費之責。

各府可徵收教育稅，用以補助中央賦稅之不足；通例可徵收府內土地稅、建築稅、房屋稅、商業及專門職業的執照稅。尙可徵收法律規定之最低限度的臨時稅或追加稅。各府教育經費的來源，一半由府的總收入項下開支；其餘一半，則由中央補助。各府所負之職責甚大，舉凡師範學校校舍之修繕及保養；大學區視學員辦公處之設置；師範生未住宿舍者而另行租賃房屋所需經費之供給；以及初級視學員額外待遇之補助等，均由府方負責。府議會如屬情願，尙可補助各地方教員的額外待遇，供給各項獎勵費，以及補助地方學校的經費。

(二) 里區

法國境內，享有極大之地方自治權的地方行政單位，稱爲里區（Commune）。法國和英、美不同，鄉區及市區的分別，與地區及人口無關，而係同一型式的地方政府單位，即所謂里區。如巴黎市，便是一個里區，其餘的市鎭，也完全一樣，祇不過各里區的大小不一而已。極小的鄉區，祇有幾方哩，人口不足五十名。法國計有三八、〇〇〇里區，其中約有三〇、〇〇〇里區，居民不足一千人，居民在五百人以下者，亦有二三、〇〇〇里區。

里區經費，其來源不一。里區和各府一樣，得徵收賦稅，以彌補中央直接稅收之不足；各里區可徵收狗的豢養稅，動物標售稅或屠宰稅，土地遺產稅，執照稅，及器具稅；並得保留一部份由中央政府徵收之間接稅。此外，各里區尙可接受中央的各項補助費。

里區的行政長官，稱爲市長（mayor），由里區議會選舉，對府長及中央政府負責。市長在里區內具有若干教育權力，並負擔本區之一切責任。彼可建議新校舍之建築，推薦私立學校之開辦，視察校舍，及增進學生之出席。

在法國，爲市長之輔佐者，有里區議會及分區代表，所謂分區（Canton），係爲一重要之司法區。初級視學員，便是所在區內各里區學務委員會（Communal School Board）的官方委員（ex officio member)。該會每三月開會一次，必要時得由主席召集臨時會議，主席通例由市長充任。學務委員會之職權，大率爲推行强迫入學法，並以獎勵方式鼓勵學生之出席。該會並有少數活動教育經費，用以獎勵或補助清寒學童。小學教員的房租或寄宿費，保育學校助理教員的薪俸，以及手工與製圖材料費等，則由里區負擔。各里區如得中央政府同意，尚可維持選修學級(optional classes)，及設置本區獎學金。

由於地方學務委員會的職權太小，多數里區議會，咸不願組織此種委員會，有時被指派的委員，亦拒絕參與工作。若干里區學務委員會，並發現經該會議定的各項事務，常爲府議會或府長所否決，因而拒絕開會。府長得不經地方學務委員會或里區議會之同意，而自行規定里區購置校地，興建校舍，開辦或停辦一所學校。倘若學務委員會或里區議會設法阻止其行動，府長亦可選購校地，設計及興建校舍，所需款項，仍由里區經費項下開支。舉凡課程或教學、教員考核、方法、及設備等項，其標準一律由中央政府規定，故學務委員會，根本無事可做。

近數年來，地方參與教育的方式，已有新的發現。本書第十二章，行將討論的一種新藝徒法案，即規定得徵收各地方商號的賦稅，用以支付一部份的職業教育經費。各地區並設置專門會議，呼籲支持此項稅收的經費，及分派獎學金。此種制度，使地方人民對於職業教育所負的責任，遠較正規的公立學校教育爲大。地方的實業機構，亦得到允許，設置其訓練班，同時，各地的人民，亦極力鼓吹此種行動。

私人機構及私立學校的地位

私立學制，與國家的公共教育制度，完全相同。此類學校，係由私人組織，如同業公會或宗教團體等所設置。一般私立學校，多由天主教管理。依據法律的規定，私人及私人組織得設置各種教育程度的學校，但其限制極嚴。如擬開辦一所私立學校，必須呈請地方上的市長，刑事檢察官（Public Prosecutor），府的行政長官，大學區視學員，以及國民教育部的核准。

教育部有監督所有私立學校之權，惟不得干涉其課程，祇考核其教育設施，是否不悖於法國的法律，校舍建築及衛生設備，是否符合國家的規定。私立小學或高等教育機關的教員資格，法無明令規定；中等學校教員及校長，則須符合國家證書規程（National certification requirements）的規定。

私立學校，自行頒發證書及文憑，官方並未予以承認。私立學校的學生，為取得官方證書，乃須作種種準備，以參加國家考試。此種措施，在促進私立學校的課程，與國家制度的規定，取得密切聯繫方面，頗著成效。

由於公立學制的整齊劃一，故新的方法的實驗，實不多見。在此種情況下，各私立學校，乃得有機會，變成一般公立學校之尚未接受或試驗的若干新教育觀念的實驗室。洛瑟學校（École des Roches），即是經常為人所引用的一所私立學校的實例，其目的，在於刺激全國的教育，使能從事一種新方法及新教材的實驗工作。有不少的私立職業學校，對於教育理論及實際，已有很多的貢獻。不過，就一般的情況講，私立教育對於學校措施的貢獻，眞是微乎其微，同時，還是一種偶然性的。絕大多數的私立及教會學校，均坐失其所享有之獨立自主的良好機會。一般私立學校的教員，其訓練制度，與公立學校教員同。同時，一般私立學校，為使學生能參加公共考試，乃予學生以必要之準備。因為私立學校的經費，大部份依靠一般家長所繳的學費，故須遵從社會及財政之壓力。教會學校，在方法及內容方面，類多傾向保守，對於教育的試驗，興趣很少。

天主教的學校，類多注重古典學科，科學教育時間，乃因而減少，故在抽象科目方面的成就，遠較實驗科學爲大。一般教會小學的教育，其神學教義及形式訓練，亦遠較公立小學爲重視。天主教會的人士，對於單一學制的觀念，均不懷好感，蓋彼等深恐此種學制之實施，將使教育成爲國家的專利品。法國的基督新教學校，及猶太學校爲數不多，但其影響却未可忽視。

戰爭時期，經濟蕭條，一般私立學校的校舍，年久失修，以致陳舊破亂，故私立學校的情況，今後將日益困難。公立學校亦難容納全體就學兒童。全國學生，進天主教學校的，小學生約佔百分之二十，中學生佔百分之四十。進教會學校的學生，多數是因爲父母樂於其子女接受教會教育，也有一部份，是由於公立學校的學生過份擁擠，及設備不良，祇得送子女進天主教學校。有一部份家長，一方面要繳納維持公立學制的賦稅，一方面又負擔私立學校的學費，故極力要求國家補助私立教育。

在一九五一年，布里文(Pleven)政府，經過一段長時期的及熱烈的辯論，乃決定國家對於教會及私立學校，予以適當的補助。由於此一問題，在法國政治上引起激烈的爭論，故政府方面，希望尋求一個折衷的辦法，用以解除中學的擁擠現象，所幸此一問題，尚未遭遇過於激烈的反對，而由國會通過兩種辦法。第一、設置國家獎學金，無論公私立中等學校，祇須學校的校舍、教員、教學時數、成績水準，符合國家的標準，均可申請此項獎學金。同時，在此項法案中，並規定給予新近成立的學校，及小學新任教員的補助。第二、對於公私立學校，年在六至十四歲間的小學生，給予一定數額的經濟補助。在公立學校方面，此項經費，交由府議會，用於保養各校的校舍。私立學校方面，交由家長會，用於增加教員的待遇。一九五三年，中央政府並給予私立及教會學校的家長會，總數達三、一一二、〇〇〇、〇〇〇法郎的補助金，每年每一名學生，補助三、九〇〇法郎。上述兩種辦法，也是緩和法國教育上所遭遇的二大難題的一個嘗試，這兩個難題，便是學校設備的缺乏，及教會學校教員待遇的微薄。在間接方面，還希望由於教員待遇的改善，而提高私立學校教員的資格。

在輔佐學校衞生及學校午膳方面的，還有若干私人組織。戰事結束後，小學的醫務視察，已全部改組。如法國衞生最高會議（Higher Council of French Hygiene），兒童保養最高會議（Higher Council for the Protection of Childhood），結核病最高委員會（Higher Commission on Tuberculosis）等組織，均分別推行衞生方面的各項計劃。在幼兒福利及衞生方面，也成立了若干私人組織。絕大多數的保育學校及幼兒學校，也紛紛創設各種私人組織。

家長會或監護人委員會（Committees of Patrons）經已成立，而爲各小學之輔佐者。在公立學校方面，此等團體，通例由大學區視學員委派，並非由家長自行組織而成者。私立學校方面，或用選舉、或由學校當局委派。此等團體常可援助學校的經費，協助貧苦兒童，供應其書籍及衣服，並爲離校學生解決職業問題。此等委員會的經費，地方教育會議，有時予以補助。一般家長團體，其興趣多半偏重學校的物質設備，清潔及衞生，以及學生出席等事項，但是，所有的地方團體，則在阻止其干涉教育計劃。此等團體，雖不是家長自行選舉的，而係由擔負國家教育責任的官員所指派的，然而，此等團體却成爲國家學校及一般人民間的一種唯一的直接交往方法。在法國，並無類如美國的親師協會的私人組織。

教育經費

公共教育經費，由中央政府、府及里區共同負擔。表二所示，即爲一九五四年的經費預算。中央經費，係由所得稅、直接稅、奢侈品稅、營業稅、國產稅、國家專賣品的直接收益，以及賭博稅等項目中得來。教育經費分爲經常費及臨時費兩種。中央政府負擔中小學及師範學校教員的薪俸，校舍保養費，以及窮困里區的特別補助費。凡此種種，均由經常費項下開支。至於臨時費，則由中央政府補地府及里區，用來償付建築校舍時所貸款項之利息。（師範學校的校地及校舍，由府供給；小學的校助及校舍，由里區供給。）

表二　一九五四年法國國家教育預算

經費來源	總數（法郎）
1 中央預算	
(a) 經常費①	二三四、〇〇〇、〇〇〇、〇〇〇
(b) 臨時費	六一、〇〇〇、〇〇〇、〇〇〇
中央經費總額	二九五、〇〇〇、〇〇〇、〇〇〇
2 府的經費	一、〇〇〇、〇〇〇、〇〇〇
市（里區）的經費②	二八、八七六、〇〇〇、〇〇〇
國家教育預算	
總　額	三二四、八七六、〇〇〇、〇〇〇

附註：

①經常費總數中，用於支付二八〇、〇〇〇名教員薪俸，及國民教育部職員的，佔一千八百七十億法郎。

②在教育部經常費預算中，約有二十億法郎，用於補助里區的各項校外活動，如勞工訓練班，里區學校公債，假期營等。在臨時費預算中，有三百七十億，用於補助各里區，以與各里區本身所有的一百二十億經費相配合。

至於附加經費，府與里區如果有所請求，中央政府卽可自行處理。未經法律規定的保育學校及幼稚園的經費，卽在此項經費內開支。凡地方政府團體，設立此類機構時，教育部得予以依據法律規定辦理一所學校所需經費之相同數額的補助。如果如此，地方機關應負責此類學校一經設立後所需之維持費，在時間上，通例爲三十年。中央經費，尙可用於補助地方學校公債，特殊科目之教學及圖書設備，以及圖書館用書等項。

在中等教育方面，中央政府負擔國立中學(Lycées)教員薪俸及校舍保養的全部經費。至於市立中學(collèges)，其校舍維持費，以及各項物質設備，均由里區政府供給，中央政府則負擔其教員薪俸。

公共教育經費之主要部份，均已列入中央預算內，府及里區的負擔，爲數甚少。至於中央補助地方的經費，其中大部份由府或里區議會支配，故很難決定每一階段的學校經費的比例。在一九五〇年，國家教育預算爲一三二、一六一、〇〇〇、〇〇〇法郎。其中分配於初等教育部份，爲六九、二七〇、〇〇〇、〇〇〇法郎，中等教育部份爲二一、〇五二、〇〇〇、〇〇〇法郎，技術及職業教育部份爲一九、二二五、〇〇〇、〇〇〇法郎。教育部的工作費，與其他各項費用，近於平衡狀態。小學、中學、工業及農業學校，全爲免費教育，高等教育機關及若干藝術學校，則須繳納學費。

國家教育預算，由一九五〇年的一千三百二十億，增至一九五四年的二千九百五十億，顯有增加。(參閱表二)，此卽布里文政府增加補助及一般政府機關大量增加教育經費的結果。同時，也受到法國通貨膨脹的影響。

組織及管理問題

法國教育方面所遭遇到的問題，與其他各國教育行政機關感覺棘手的問題，並無不同。就某種情況講，在中央集權制度下，由中央教育部處理各項問題，與夫在國家制度中制定增進各級學校工作效率的統一法規，以致各項困難問題之處理，較之於其他情況中，尤爲容易。可是，就另一方面講，有許多全國性的措施，又似乎構成擴大此類問題的事實。

(一) 校舍的不敷

在法國，如同其他國家一樣，學校設備，至極缺乏。於國事暗淡之時，新建學校，尤不多見。此種暗淡情勢，係由外國的侵略、佔領、及解放所造成的。在這一段時期，多數的公共建築，均受到嚴重的損害。復以人口生產率以及學校就學率的增加，更使此一問題，日趨嚴重。各地方政府單位，雖紛紛設立學校，然國會仍舊議決，以鉅款撥交全國各地，解救此一問題。目前，法國的情況，至爲嚴重，主要的，係由於現行多數學校的設備，均感過於陳舊及過於缺乏所致。

(二) 師資的缺乏

教室不够與師資缺乏，乃一連環性的問題。教育專業問題，留待第十二章中討論，惟法國的教學情況，也同其他國家一樣，由於教員待遇菲薄，致使此種情況，日趨惡化。法國教師的經濟情況，雖已獲致改善，然尚不足以吸引多數青年從事教育專業，以適應國家之需要。

(三) 中央集權的缺陷

法國採用中央集權的行政制度，雖已達幾世紀之久，惟迄今仍爲一般人士所批評。有的批評家，因爲崇尚地方分權主義，故主張教育形式應遵循法國的歷史傳統。有的批評家，因屬於教師組織，故主張教師應有較大之自由，而減少巴黎當局的控制。此種制度之所以受到批評，主要的是因爲巴黎方面，對於任何重要問題的決定，均顯得過份遲緩及缺乏效率所致。各地方人士之所以批評此種制度，亦因其教育部、大學區、及各府，對於各項行政事務的處理，均顯出一種官僚政治的作風，以致各地方學務委員會，乃拒絕參與此項活動。可是，法國人對於政府的地方自治或一種眞正的地方分權的教育計劃，並無熱烈的要求。此或爲批評中央管理的行政制度的答案，尚待發現。

關於學校設施之適應地方需要及地方情況，已有若干嘗試。新的課程之設置，即是使教師具有較多之伸縮餘地，而獲得自由的效益。然而一般重要因素，如課程、教科書、考試、教師訓練、以及學校視導等，均由中央管理，以致造成全國劃一的局面，所以此項措施，使教師所獲得之自由，並無若何意義。如求此種情況之改進，具有若何成就，必須削減教育部之控制力，而使教師獲得較大之自由。可是，在中央集權制度下，其控制力仍舊操於中央之手，地方政府不能負擔實際之責任，或握有實際之控制力。

法國是一個經過縝密考慮而決定採取極端之中央集權及官僚政治的政府形態的民主國家。一方面忠於民主的理想，一方面在主要的都市却又容許一種複雜的官僚政治的統治，這種顯著的自由人的自相矛盾現象，使一般觀察家，大惑不解。俄國所建立的一種形同地方分權的制度，但實際上，却是一種嚴格的中央集權，其目的，在於維護控制國家的一種少數人的黨的權力。就歐洲言，法國的教育是一種極端的中央集權制，然而，却未用此種學制去控制人民，而如同俄國的學校所採用的一樣。法國人之所以採取此種態度去組織政府，建立學制，其目的在於謀求人民的團結，以及保留他們認爲最重要的一種法國「普通文化」的理想。

第六章　各州負責：澳大利亞

澳大利亞，與美國的大小相若。大部份的陸地，都是一片遼落起伏的高原，由東部高原地帶一直伸向海岸。有富饒的濱海土地，有廣莫的田園地區，惟其大部份的內陸地區，雨量稀少，鄉村荒蕪，都是一些不適於種植任何農作物的沙漠山岳荒地。可是，一般人對於澳洲，常有一種誤解，以爲它可以容納無限的外來移民。澳洲現行的移民政策，幾全部以白種人的移民爲限，惟此種政策，必將與國家的發展相並而行。現有的人口，其總數爲九百萬，據估計至西元二千年的時候，除非水源的供應，及土壤的肥沃，獲致一種未可預測的進展，澳洲大陸的人口總數，不致超過一千五百萬人。

就某一方面言，澳大利亞的教育行政制度，是單一的(unique)。澳大利亞是一個由各州組合而成並各有其極端之中央集權的教育管理制度的典型國家，一般家長及人民，在實際上毫無地方參與的權力。中央政府機關的職權很小，大率爲徵收各州賦稅，搜集教育統計，創辦研究指導設計，辦理土著人民的教育。聯邦政府(Commonwealth government)，對於各州的教育行政，更未置一詞。

外國觀察家，對於此種制度迭有評論，認爲在性質上屬於極端的極權主義，而其力量又極其有限。對於此一自由民主國家，何以採用一種適於極權政體的制度，尤爲驚異。外國的專家，所作之極爲深刻的分析，當推一九三七年康德爾的研究。氏將澳大利亞的制度，與紐西蘭（有若干特點相似，但非一種極端的中央集權。）並稱，認爲是一種「有效能的教育」(Education for Efficiency)，其意以爲是一種未充分顧及眞正之教育精神，而又頗多嚴肅的學者式的能力。

另一方面，澳大利亞的教育官員，則以維護此一制度的口吻說，澳洲之採取此種制度，並非一種武斷的選擇，而是某種歷史環境產生的結果，蓋歷史上處於絕望地位之際，中央集權制度，似爲解救此種危難情勢的唯一途徑。再者，他們認爲此種制度，頗能適合大部份的人煙稀少地區的地理及經濟特性，確保各地區的一種優良教育的劃一標準，以及避免間或於地方分權制度下所發生的教育措施上的差別性。

社會及政治背景

十八世紀末葉，首批移民來此，相繼成立六個自治州，雖各自忙於自身的事務，惟並未喪失其獨立性。可是，在有關整個澳大利亞的若干事務中，勢必採取聯合行動，如國防，移民，以及與國外通商等是。所以聯邦運動的勢力乃日益伸張，終於在一九〇一年建立澳大利亞聯邦（Commonwealth of Australia）。依據聯邦憲法的規定，凡不屬聯邦政府管轄的事務，各州保有立法之權。教育卽屬各州保留事業範圍之一。

雖有不少的建議，希望各州劃分爲若干較小的單位，但迄今仍爲六州（State）。（註一）各州的面積，人口及其首邑(Capital cities)，如表三所示。澳大利亞各州的大小，很難與美國的各州相較，蓋澳大利亞的各州，其大小相若，讀者可從一般資料中獲得某種印象，卽新南威爾斯（New South Wales）州，約略等於美國的得克撒斯（Texas），及維吉尼亞（Virginia）兩州，維多利亞(Victoria)州，則與美國的明尼蘇達（Minnesota）州的大小相若。然而澳大利亞的人口總數，祗與美國的伊利諾（Illinois）州相當，惟其面積的大小，則等於伊利諾州的五十倍。

表三　澳大利亞各州的面積及人口

州或地區	面積（方哩）	人口（一九五二年一月一日止）	州的首邑	各州首邑的人口
新南威爾斯	三○九、四三三	三、三五八、七六○	雪梨	一、六一○、五八○
維多利亞	八七、八八四	二、三九一、三五四	墨爾本	一、三六○、二○○
昆士蘭	六七○、五○○	一、二一九、六○六	布里斯本	四五三、六○○
南澳大利亞	三八○、○七○	七二九、八三六	阿德雷德	四四二、五○○
西澳大利亞	九七五、九二○	五九一、六○三	伯斯	三一七、○○○
塔斯馬尼亞	二六、二一五	三○七、○二四	哈巴特	八七、一二○
澳大利亞首都地區	九三九	二五、○三六	坎培拉	二三、二八七
北部地區	五二三、六二○	一五、五二七	達爾文	八、四○○
總計	二、九七四、五八一	八、五三八、七三五①		四、二九二、七四七

附註：

①依據澳洲政府一九五三年十二月的估計，為八、九一七、七六三人。

觀表三所示，可以發現一種驚異而明顯的事實，即澳大利亞的人民，百分之五十住在六個首邑，此等首邑成為各州之自然的政治中心。此即足以說明中央集權的行政制度，何以易於適應地理環境。聯邦政府參與社會福利方面的立法，為時甚早，其目的在使澳大利亞的工人獲得一種安全感。此外，尚有醫院福利，藥劑師福利，孀婦撫卹金，病患救濟金，老年養老金，產婦津貼，失業及疾病福利，以及兒童補助金等大批的計劃。兒童補助金於一九四一年開始實施，對於所有的家庭，不論其收入多寡，每個兒童每週一律補助五角五分，凡年在十六歲以下的兒童，每多一名，則每週予以一元一角的補助金。據一九五二年的統計，領取此項補助金的兒童，爲數達二、四九三、〇〇〇人。

吾人務須牢記，人口達九百萬，面積與美國相若的一塊陸地（與蘇俄歐洲部份的領土相當），欲投資於開發事業，實非易事。就教育言，各地人民距離遙遠，空間廣濶，加之人口分散，凡此種切，對於學制的演進，均具有極大的影響。由於此種情況的影響，故半數以上的人口，都聚集在六個海濱城市，致各州事務，有由其首邑支配的趨勢。

澳大利亞教育的歷史背景

外人移居澳大利亞，始於一七八八年。新南威爾斯，即是最早的殖民地，塔斯馬尼亞次之（一八〇三年）。十九世紀開始，各地移民，亦相繼遷居於漫長海岸線的各個駐點上。最早的移民，爲英國遣送的囚犯，但不久，即有相當數目的自由人移居於此，幾十年後，囚犯遣送來澳的事件，亦告停止。

當時的英國法律，祗限於押運來此的僑民，對於二百名囚犯的處罰；其中若干條文，以今視之，似極平常——例如，偸竊一塊麵包者，即予餓死。囚犯之中，有些是頑固的罪犯，但其中若干政治犯，却受過良好的教育。後者及押運囚犯來此的一批自由移民，乃迅速將英國的文化及教育傳統，予以傳播，於是此一新興國家的學校發展，亦具有英格蘭的一般發展趨勢。時至今日，亦復如是，即使當今之主要科目及學校程序，亦均以英格蘭及蘇格蘭爲楷模，近三十年來，英國教育大有進步，而澳洲之教育計劃，未能如期實現，在時間上，不免落後。直到最近，澳大利亞之學校，才開始試驗適於澳洲情況的學科及活動，而成爲南太平洋的民主前哨。

當時，因係仿照英國的學校程序，故早期的教育設施，乃規定由宗教及私人團體辦理。合格的教員固不多見，學校的設置，亦屬偶然之事。由於移民的增加，教會乃控制大批的學校，一般的規則及激烈的教派競爭，因而產生。在新南威爾斯，遂成立一種國家委員會(National Board)，管理由公款設置的學校，同時，也設置一種宗教教派委員會（Denominational Board）主持分配政府對各教會學校的補助金。其結果，乃使新南威爾斯及維多利亞兩州的學校，產生激烈的競爭，而學校亦多設在人口密集的區域，於是一些邊界以外的地區，遂根本無學校之設置。

一八六二年，維多利亞設置一種單一的教育委員會（Single Board of Education），管理全體學校的各項事務。當時，約有六十所國立學校，四百所教會學校。該委員會由五名宗教以外的人士，及各教派所組成。由於此種新的安排，乃想出一種地方分權的制度，由地方委員會任用教員，徵收學費。同時還希望各地區負擔一半的校舍建築及學校設備費。惟其爭論，則持續不已，直到一八六六年，維多利亞尚有十萬名的學齡兒童，未獲入學。新南威爾斯，亦有類似的經驗。

維多利亞的處境，日益惡劣，至一八七二年，州當局毅然冒險，通過一種法案，創設一種全州性的免費、强迫及非宗教的中央集權制。除行政當局對於一種繼續性的宗教爭論以及忽視一般發展迅速的鄉區，表示失望外，綜觀當時的各種文件及報章，對於採取中央集權制，皆未敘明確切的理由。澳大利亞的地方政府，其權力向不及英、美兩國之大，法案的制定人，亦全部由首邑所控制，而認爲此種措施爲解救當時之危難局面的唯一方法。

其他各州，亦相繼追隨於維多利亞之後，南澳大利亞及昆士蘭兩州，於一八七五年，仿行維多利亞的辦法，新南威爾斯州，則於一八八〇年，採取維多利亞的制度，一八八五年塔斯馬尼亞，及一八九三年的西澳大利亞，亦次第採取同樣的措施。教會學校雖繼續存在，惟不復接受國家的補助。關於教育上的免費措施，亦無統一的辦法；直到一九〇六年，新南威爾斯州，仍徵收少許的學費，一九〇八年的塔斯馬尼亞，亦復如是。

新制度立卽奏效。維多利亞的學生出席人數兩倍於前，州內各地請求進入新式學校者，尤爲踴躍。各州鄉區亦紛紛設立小型的學校；從此以後，並建立一種優良的傳統，卽各偏僻鄉村的學生，如同都市學校的學生一樣，必須獲得一種良好的受教機會。

一八六二年，由英國傳來的一種「依成績計酬」(Payment by results)的制度，不久卽爲澳大利亞所採用。依據此一制度之規定，教員祗支領一種微薄的基本薪俸，如其所授生徒在讀、寫、算方面能獲得一種合理的成績，則另加津貼(bonus)若干。此種制度，澳大利亞的若干州，曾保留近四十年之久。澳大利亞的教育之所以未能恢復以往的勢力，卽因保持一種考試結果甚爲重要的信念所致。蓋各教員在督學的監督下，對於此種制度，每善加維護。官方考查考試的結果，迄今仍佔澳大利亞各級學校事務中的重大部份。

各州於通過基本之教育法案後，卽將教育行政事務交由教育部長監督下的教育部（Education Department under the control of a minister of education）辦理，另設教育長（Director or Director-General of Education）一人，爲首席常任長官。澳大利亞聯邦最早的教育長，其中著有成績者，頗不乏人，如新南威爾斯的波德(Peter Board)，塔斯馬尼亞的麥克柯(W. C. McCoy)，維多利亞的塔德(Frank Tate)，西澳大利亞的賈克遜(Cyril Jackson)等是，彼等均係眼光遠大，品德超羣之士，絕對反對藉中央集權的方法以抵消教育長的領導地位。

各州雖停止補助教會學校，甚至購買其校舍，一般教會學校，仍能繼續維持其盛譽。澳大利亞的若干教會學校，尚繼承英國公學的先例，以求發展；在英國公學中，歷史悠久，而最富傳統精神者，當推伊頓，哈路及諾貝等。澳大利亞的教會學校，具有英國公學精神者，有雪梨的帝王學校（King s school, 1840），阿得雷德(Adelaide)的聖彼得(St. Peter's, 1847)學校，維多利亞的基朗及墨爾本文法學校(Geelong and Melbourne Grammar Schools, 1858)，荷巴特(Hobart)的赫欽斯學校（Hutchins School, 1847）。此類學校，及一般小型的文法學校，均由一種特殊的宗教教派所管理，同時也受有勢力的贊助者及校友所組成的一種議會的節制。十九世紀末葉，同一類型的女子學校亦相繼出現。一八三五年，新南威爾斯並設立十所天主教制度的學校，此類學校，在各州的中小學部份，均有一種穩定的發展。

私立學校（Independent School）雖未接受公款的補助，但為數日增，到目前為止，在此類學校受教的約佔學校人口總數的四分之一，因此在澳大利亞的普通教育制度中，形成一個有力而重要的部份。雖不及英國的私立學校所佔勢力之大，但此類私立學校，除天主教所設立的以外，通例均包括廣泛的社會大衆，而尤以中產階級的富裕子弟為最多。因此，澳大利亞各州，乃產生三種教育制度：州立學校；天主教學校；以及私立（非天主教）教會學校。此外，尚有少數頗佔勢力而與任何教會均無關係的私立學校。

維多利亞及塔斯馬尼亞，為對於州立以外各類學校實施管理辦法的唯一的兩州。一九〇五年，維多利亞通過一種教員及學校登記法案（Registration of Teachers and Schools Act），規定所有的非州立學校，其物質設備須符合政府之規定，所聘教員，亦須具有合格之師資訓練資格。此種措施，並非表示州政府干涉學校的實際管理或程序，而是向人民保證，必須維持一種最低限度的標準。

此外，並透過公開考試(Public examination)對於各私立學校，實施一種管理辦法，此種考試，州立及非州立學校的學生，均須參加。課程及教法，即受考試的支配，蓋各中等學校，必須教育學生，使能通過此項考試。

一九〇〇年以後，州的制度，於不顧教會學校之反對，而開始進入中等教育的領域。不久，各州便建立一種廣泛的中學及職業學校網，並收到預期的效果。歷年以來，義務教育的最高年限，各州均定爲十四歲，而最近在新南威爾斯，已增至十五歲，塔斯馬尼亞則延長至十六歲。維多利亞，南澳大利亞及西澳大利亞諸州，且已通過一種法案，將離學年限提高至十五歲，惟以學校設備不足，教師缺乏，未能付諸實施。

就一切情況論，中央集權制在澳大利亞，已收良好效果。各州均已實施一種不分地區的合理之教育機會均等的政策，並建立一種完善的教學及師資訓練的統一標準。因此，各州均希望教育組織及實施程序中的其他部份，皆能有全國劃一的措施。教員納入公務員的範圍，以及工作保障，優厚的養老金等制度，亦已訂定完成。各州所實施的一種教員升等制度，在阻止政治勢力之干預教員的任用上，已收到實際的效果。

另一方面，澳大利亞的中央集權制，已造成過份之統一，而妨害學校之自由及實驗，此種情況，已引起一般人士的批評。凡此種切，是即行將改變之徵兆。一九四七年，新南威爾斯的莫藍比基區(Murrumbidgee area)，即從事設置一種獨立教育區的實驗，減少中央的控制，而由地方教育長(Area Director of Education)管理。此種實驗的效果，經過幾年的觀察之後，目前已將全州劃分爲六個教育區，加上由中央機關管理的雪梨區，計分七區。其他各州，對於此種尚在發軔期的運動，均予以密切之注意，而各州的首腦機關，對於各項教育設施，仍予以嚴密之控制。觀其結果，其他各州或將實行英國式的中央及地方分層負責的制度。就目前的情況觀察，尙不致實行一種由地方人民管理的地方分權制，祇是將中央機關的權力，分讓若干於地方機關。

而且，在過去十五年間，已有不少的改革，此類改革，勢將減少現行制度的重要性。教育部的極權作風，亦大有改變，督學對於一般教員教學技能及考試結果之考查，已不及往昔之重視，而特別注意予教員以實際之輔助，並鼓勵教員彼此交換意見。

各州之首腦機關，已分別設立研究部門，及課程修訂小組，並任用若干輔導人員及心理指導員。師資訓練固大加改進，教員待遇，亦普遍提高，教員之交換及出國進修，更積極推進。他如現代化的新校舍建築之設計，中等學校及聯立學校（Consolidated Schools）轉學制度之實施，以及教學科目及教材內容之注重分化等，均在加緊進行中。

然而，地方人士，參與學校事務的事例，並不多見。各州關於中央集權的教育制度之改進，亦祇以上述各項措施爲限，至於教員本身的思想，仍未受到重視，所謂特定學區的人民代表，尤屬罕見之事。

聯邦政府的任務

依據聯邦憲法的規定，教育保留於各州，自一九〇一年以後的四十年間，聯邦政府很少參與教育活動。惟自近幾年來，聯邦政府對於其權力範圍內的教育工作，却有不少的成績表現。不過，聯邦政府的活動，儘可能的不干涉各州的行政；例如，聯邦政府已將澳大利亞首都地區教職員的調度及學校管理事項，委託新南威爾斯辦理，南澳大利亞在北部地區，亦負有同樣的責任。聯邦政府的教育活動，可以歸納如次：

1.在坎培拉設置一所國立研究大學（National Research University）。

2.在新幾內亞及託管地區（Trust Territories），成立鄉土教育組織（Organization of native education）。

3.在北部地區推行土著人民的教育及福利計劃。（此一廣大地區，直接置於聯邦監督之下，但不涉及州的權益。）

4.在各州的首邑，建立一種模範學前教育中心。

5.在各州成立推進國民適應計劃（Program of National Fitness）的組織。（國民適應，係為增進澳洲人民體力的一種運動。）

6.設置三千名獎學金及某項研究補助金，藉以補助各大學及其他高等教育機關。

7.在第二次世界大戰及戰後退伍軍人就業輔導訓練期間，於軍中勤務內，成立教育活動的組織。

8.在營地及管理中心，設置移民教育機關。（此項計劃，已交由各州辦理。）

9.為東南亞各國的學生，設置研究補助金及獎學金。

聯邦政府為澳大利亞各項主要稅收的唯一稅務機關；並依照各州的需要及其年度預算，為合理之分配。聯邦對於各州的開支，素不干涉，其對各州分配的數額，亦以聯邦政府自行規定之合理比例為基礎。各州對於聯邦政府，未能給予充足金錢，而使各州的公共事業及社會服務，包括教育在內的活動經費，被迫撙節開支，咸表不滿。因此澳大利亞教師聯合會(Australian Teachers' Federation)等團體，曾向聯邦財政部長提出若干建議，要求給予一億澳鎊的特別補助，使澳大利亞的學校，臻於完善的境地。聯邦政府每以教育經費由各州自行決定，而答覆此項請求。

一般澳大利亞的人士，均堅決主張，聯邦政府對於各州教育，不可加以任何控制。然而在事實上聯邦握有唯一之徵收賦稅的權力，對於各州各項開支的經費總額，無形中具有極大的影響，因此，各州的教育經費，也同樣受到聯邦政府的支配。

一九四五年，通過一種法案，設立聯邦教育署（Commonwealth Office of Education），該署係以美國教育署爲其楷模。依據此一法案的規定，該署的職掌如次：

1. 向主管教育事務的部長（聯邦政府的），提供意見。
2. 與各州及其他國家，在教育事務上，建立並維持相互間的聯繫。
3. 從事教育研究。
4. 徵集並發佈有關教育的統計。
5. 在聯邦政府各機關間，爲教育事務安排商議活動。
6. 聯邦給予各州及具有特殊教育目的之其他機關的經濟補助，與夫由部長指定用於有關教育的各種活動的款項，該署得向部長提供各項意見。（此類意見，並非關於一般州的補助，而係聯邦認爲在不影響州的權益範圍內，對於特殊教育的補助。此項補助，並不構成州預算的正規項目。）

聯邦教育署，並未承擔聯邦政府的一切教育活動；例如，國民適應計劃，學前教育中心，及國立大學等，均不在其管轄範圍內。一九四三年，成立一種大學委員會（Universities Commission），主管各項重要的戰時就業輔導問題。自一九五一年起，該會並在各大學及職業學校，爲一般能力優長的學生，設置訓練班，使其獲得適當之專門技能，而於最近之將來爲聯邦服務。受訓期間，一律免費，但在未來之國家緊急情況中，得要求學生擔任各項事務。聯邦教育署爲管理澳大利亞在聯合國教育、科學、文化組織中的事務起見，乃於倫敦設置一種駐在官員(resident officer)，使該署與歐洲教育的發展，保持密切聯繫，並發行新聞及統計公報，出版所謂「教育通訊」(Educational News and Notes)半月刊。

一九五〇年，由政府頒佈一種北部地區土著人民教育的新計劃，聯邦教育署即應命爲此種計劃，作初步調查。

美國教育署，最近歸併於衞生、教育、福利部，當此之際，澳大利亞聯邦教育署的前途，亦難逆料。澳大利亞各州，對於干預其教育事務上的傳統獨立精神的任何企圖，均有嫉恨之感。同時，又不能負擔其學校計劃中的全部經費，而須要求聯邦的補助。此項補助，如能成爲事實，則教育署必將擔負更重大之任務，似爲不可避免的事情。

州政府的任務

關於澳大利亞各州中央集權的學校行政制度的淵源，已有簡略的說明。由於人口的增加，鄉區較大市鎮的發展，日益普遍，此種制度，或將改變。然而，就目前的情形觀察，由於各首邑及一般富饒濱海地區的人民，移居內陸各地，致使人口密度大爲減少，此種情況，即表示控制權力，仍將集中於首邑。六大都市以外的地方政府，其轄區範圍甚小，自無充足經費，維持境內的各級學校；故中央集權的制度，勢必仍維現狀。

澳大利亞的六州，除極少的地方性差別外，教育制度，在本質上是相同的。教育部的首腦機關，設於各州首邑，爲監督及推進州內各地教育的最高權力機關。舉凡任用教員，核定教員薪給，規定課程，以及安排本州各級學校的計劃、建築、設備及校舍保養等事宜，均由首腦機關負責。

教育部的行政首長爲教育部長。彼係內閣閣員，其任期與黨的執政期同。彼之職權，在於發展與現行政府之政策相同的一種本州教育計劃。彼又有核准部內主要決策及重要經費項目之權。凡屬重要事務，彼均提出內閣討論，經議決後，始付諸實施。教育部長的人格及其在內閣中的威望，常爲其決定因素。一位懦弱無能的部長，常受政府輕視，甚至對於教育部的經費及工作，還提出各種過份的要求。

教育經費的年度預算，由教育部長致送財政部長及內閣。在財政拮据之時，所送預算，間亦受到核減，於是便訓令各級學校，實施經濟之緊縮。惟近年來，絕大多數的州，對於教育事業，常竭儘寬籌經費之能事。若干幹練有爲的教育部長，於條件適當並得內閣支持之時，在其部內常任職員的協助下，每能創造及實施不少的進步方法。而整個制度的隆替，則以州政府的當前政策及經濟情況爲轉移。在可見及的將來，地方行政機關，對於國家教育設施，尙無影響的能力。

教育部長以次，設教育長一人，爲部內之首席常任長官。彼由內閣任命，就一切情況而論，於執行有關制度之各項任務時，均爲一個成功的部內長官。此一長官，一經任命，其職位即不因執政黨之更迭而有改變。社會人士，對於此一重要機關所任用的首席常任長官，在年齡方面，每多議論；蓋多數教育長，當其受命擔任此項職務時，其年齡往往超過五十歲，間有年逾六十歲者，在其退休之前，僅餘數年之服務時間。最近新南威爾斯，維多利亞，及西澳大利亞諸州，每多任用具有優異行政成績並從事專門職業至少滿十二至十五年的年青人，擔任此種職務。惟於本職以外所任用的年青人，是否精幹，實不得而知。教育長的職位，至爲重要，蓋彼爲教育部長的顧問，並握有大權。在全州之內，彼對每一所學校及每一位教員所發表的意見，均須服從部長的指導。

教育長以下，設置擔任部內各部門工作的常任行政官員若干人。其職權之等級，如另圖所示。積若干年之經驗，業已證明此一複雜機構，確能產生一些從事教育事業的有效方法。整個的行政制度，

澳大利亞州教育部的行政組織

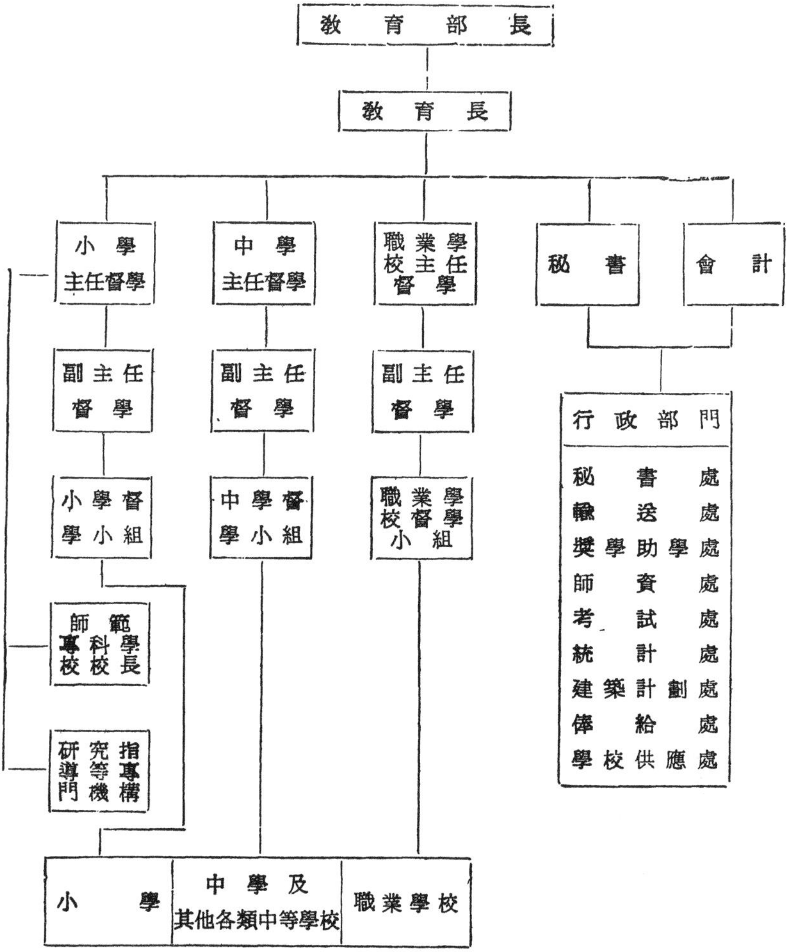
教育部長
教育長
小學主任督學
中學主任督學
職業學校主任督學
秘書
會計
副主任督學
副主任督學
副主任督學
行政部門
秘書處
輸送處
獎學助學處
師資處
考試處
統計處
建築計劃處
俸給處
學校供應處
小學督學小組
中學督學小組
職業學校督學小組
師範專科學校校長
研究指導專門等機構
小學
中學及其他各類中等學校
職業學校

亦在有效而平穩的過程中，向前推進。由於州教育法案（State Education Act），時加修正，故一切行政措施，悉以最近之修正案爲基礎，部頒規定，亦以此項法案爲依據。

學校的一切經費，悉由州的歲入項下開支，而州的財源，則依靠一般稅收。以地方學務稅收補助此項經費，乃屬絕無僅有之事。各級學校，素無年度預算；其所需之一切經費，概由教育部供給。並無公債或貸金之設置。每年教育部對於來年十二個月的教育經，費均須編制一種概算，由部長送請財政部及國會核定。

國家貸金，相當於美國發售的聯邦公債，依據一種特殊的定則，分配於各州。然後州政府再轉而分給所屬之各部。教育部領取此項貸金後，即用於修繕舊房屋及興建新校舍。聯邦政府除對於每年所配貸金總額予以核定外，其餘概不過問。目前，各州歲入，常不足供各級學校建設之所需，關於此點，各州當局，頗多怨言。而且，由於現代的發展產生更大的需要，致使教育經費，屢有增加，此種現象，尤加重事實的困難。維多利亞州，每年單用於輸送（註二）學生的費用，即接近一百萬澳鎊。此項事務，由教育部讓給地方農民及運輸公司承辦，而替代州營公共汽車管理機構之設置。

表四　澳大利亞各州教育經費的統計（一九五一——一九五二）

州	人口（一九五二）	教育經費總數（一九五一——一九五二）	各州教育經費中每人所得數目
新南威爾斯	三、三五八、〇〇〇	二〇、二五一、〇〇〇鎊	六——〇——八鎊
維多利亞	二、二九一、〇〇〇	一三、一二七、〇〇〇	五——一四——一

昆士蘭	一、二一九、〇〇〇	五、八八三、〇〇〇	四——一六——五
南澳大利亞	七二九、〇〇〇	四、三三七、〇〇〇	五——一八——八
西澳大利亞	五九一、〇〇〇	四、二二六、〇〇〇	七——三——〇
塔斯馬尼亞	三〇七、〇〇〇	二、一〇六、〇〇〇	七——一——一
各州合計	八、四九五、〇〇〇	四九、九二〇、〇〇〇鎊	五——一七——六鎊

附註：表內經費，係以澳鎊為單位，每一澳鎊折合美金二·二四元

關於新校舍之設計及建築，係由公共事業部(Department of Public Works)承辦，而不由教育部經管。惟因建築計劃操於中央政府，致使時間拖延，而招致地方學務委員會的抗議。近來有的州，已將公共事業部的活動，劃分若干由地方辦理。在第二次世界大戰以後的一段短時間內，建築校舍之經費，尚稱充裕，但工人及材料，却極為缺乏。一九五二年以後，工人及材料，都很够用，但又缺少經費。地方人士可以要求政府供給建築新校舍的場地，但建築圖樣及學校所開課程，教師及家長却無參加意見之權。蓋此類事項，由公共事業部及教育部分別決定。自一九四五年開始，有的州已設計若干現代化的校舍建築圖樣，因設計大權，操於中央，故在一州之內的所有建築圖樣，都是整齊劃一的。

州政府如熱心教育，自將貸金用來建築校舍。在一九五三——一九五四學年度內，維多利亞州政府，即以四、五〇〇、〇〇〇澳鎊，用於校舍之建築，新建之中學，已完成十所，新建之職業學校，亦完成七所，惟仍不敷應用。同樣的計劃，已於一九五五年開始實施。由於教育經費龐大，致使州政府所屬之其他各部，均感經費不足，惟澳大利亞，常以此項措施，引為自豪。

教育部所供應之學校用品，爲數極少。各校校長所得之校舍保養及整潔費，亦極有限。有的州常編印若干資料及讀物，供各小學之用，但中等學校，則不在供應教科書之列。中學生間以廉價在學校附設書店，購置必備之書籍。學校校具、設備、及一切用品，皆不及美、英，以及加拿大諸國之完善。一方面，因爲教育部未能供以充足的金錢，祇求各校經費一律。另一方面，對於任何學校，均極重視，而予以同等之待遇。

(二) 督學

督學的職責，大率爲增進學校工作效率，考核教員能力及成績，並將此類事項，報告教育部。督學人員，分爲三類：小學，中學，及職業學校。小學督學，歷史悠久，傳統固定，茲將其工作，詳予敘述。

例如，維多利亞卽有約近二、〇五〇所小學，教員八、六五〇名，督學三十一人，其中九人派駐墨爾本工作。一個鄉村督學處，須管轄八十所學校，其中有些爲單級學校。督學每年至少視察所轄區內的學校一次，每次費一日或一日以上之時間，考查學生學業，並與教員商討各種問題，視察教員在校內之實際工作情況。較大的學校，則須停留二至五日之久。如發現學校工作不力，督學卽可提出忠告，並於事後返回學校，予以額外之輔助，在其所轄區內，如遇中學督學小組，視察中等學校時，小學督學，尙須予以必要之協助。小學督學，對於所轄境內的非州立學校，每二年亦須前往視察一次，所負職責，不在考核教員的工作，而在決定此類學校內，有無符合政府獎學金規定的學生。

事實上，教員的升遷，大部份決定於督學所提報告的性質，一般督學，類多疏忽其所負考核之責，而阻止教員對於爲督學所發現的缺陷，向督學人員，作坦白之申訴。絕少如美國輔導人員所用之磋商及輔助教員的辦法。蓋美國輔導人員，以輔助教員爲主，而不重視向其首腦機關報告教員之工作效率。最近，在任用輔導員(Supervisors)及小組領導人員(Group leaders)方面，關於此一缺陷，已有若干改進。然而，輔導員的主要工作，仍爲行政的，而非輔導的，尤其缺乏體育、農林、及學校廣播等各方面之有組織的輔導專家小組。另一方面，小組領導人員，多係鄉村學校的校長，對於所轄境內一般缺乏經驗的教員，常以友好眼光視之，而不時予以勸告及協助。小組領導人員，祇支領出差費，而未另加酬勞。

從前的小學督學，乃是一個名副其實的教育部的守夜犬，對於教員的工作效率，祇予以數字分等，或文字分等，便作爲全部成績的分數。惟近年來，關於此種考查方法，已有很顯著的改變，而着重幫助教員，提供教員一種新觀念。目前新南威爾斯，已廢除「效率分數」(efficiency marks)的辦法，維多利亞的督學，將教員分爲四大類——超、優、良、劣 (Out standing, very good, good, and unsatisfactory)。其後雖改成一個等級，惟教員依然明瞭督學向教育部報告教員工作成績的方法，足以影響其升遷。

澳大利亞的一般教育工作者，認爲將成千的教員，列入同一名冊中，而不對每名教員的工作效率作個別的報告，此種辦法，極難實施一種全州性的分等及升遷制度。一位督學每年祇有一日的時間，用於觀察教員的工作，而欲對每名教員作正確之評價，實爲一項艱鉅的任務。

一九三八年，康德爾建議澳大利亞，將督學改爲他所稱的「所在地區的教育領導者，而不是駐在地的守夜犬。」如此，每位督學即可在小型委員會、地方議會、以及家長會的協助下，負起推進所在地區教育政策的責任。而對於考核教員工作效率的簡單報告，祇須耗費極少的時間。教育官員須有一個地方辦事處，及一個顧問與專家小組，以協助教員的工作。此種方法，即可激勵地方人士對於本地教育計劃的興趣。此項建議，曾引起廣泛的討論，在這一方面，雖有若干改進，但任何一州，均未充分實施此種辦法。

在此一制度中，關於督學之遴選辦法，亦有詳密規定。凡屬督學均須經過縝密之選擇，通例係就教員中，擇其學識優異並具有專業成績者派充之。所任用之督學，其平均年齡，約為四十歲。一般言之，所有的督學，皆係人品高尚的仕女，復經此一制度之鍛鍊與培植，故其工作，極為良好。彼等之自由處理工作的權限雖小，然均能克盡其輔導之職責。從教育界以外，或由其他各州遴選具有適當經驗之人士而任為督學者，此類事例，尚不多見。

一般中學及職業學校的督學，其視察州內各級學校，不以個人為單位，而採取團體行動。彼等多係各科教材專家，並為著有成績之教員及指導人員。彼等雖負有視導教員之同一任務，惟着重所擅長之科目的專門指導。每一督學雖係學驗俱豐而極孚眾望之人士，但彼等每至一校視察時，仍不免造成學校精神之緊張。每當督學來校視察時，教員並未感覺對自身之工作有何助益，及其離校後，始恢復和樂之空氣。

維多利亞的中學督學，須侍奉兩個主人，即教育部和學務委員會（School Board）。後者的職掌，在於執行經認可之學校（Accrediting Schools）的學校證書考試制度，借重中學督學，為州立及非州立的學校，每三年提出一次報告，以決定此類學校是否可以採用認可制度。各中學督學，每年視察州立學校一次，另外，每三年並向學務委員會報告一次關於所有州立及非州立經認可之學校的一般組織概況。彼等對於此類學校所提之報告，不以各個教員的工作為主，而着重學校之一般的組織，教職員的資格及經驗，以及維持考試方面所規定之標準的費用等。

就一般趨勢而論，督學負擔的工作太重，既無充分時間用於閱讀，亦無較多之時日考察專門事務。除視察學校外，尚須指導會議，舉辦進修學校（在職訓練計劃），有的督學，還要參與教材委員會。在這一方面，通常缺乏適當之文書助理人員協助其工作，故彼等不僅整日視導學校及觀察教員，尚須利用夜間，以普通字體撰寫報告，而使彼等之一部份時間，耗於文書工作。

近年來，各州教育部經已承認，願意派遣督學至其他各州，紐西蘭，乃至英國，考察當地之學校設施，以收觀摩切磋之效。

澳大利亞的一般教員及行政人員，都認爲應該聘請若干顧問及專家，來協助教員，而不必拘泥於塡寫規定的工作效率報告。

各州學校的課程及教學綱要，悉由教育部編製印行。本來，一位從事實際工作的教員，就少有參與意見的機會，而必須嚴格遵守部頒教學綱要的規定。例如，維多利亞在一九〇二年至一九三四年間的小學課程，根本就沒有改變。其後，教育部因採納墨爾本大學教育學院所發表的原則：「任何學校工作計劃，凡未經執行此項計劃的教員，提供意見者，皆難收到預期的效果。」遂於一九三四年，設置一種由州內各地教員所組成的委員會，並依據該會建議，修訂課程。此項措施，頗有成效，各地教員會議，紛紛提供各種寶貴意見，類多主張由重視教材，而變爲顧及學生。如正式文法之類的不切實際或無實際功效的課程，一律廢除，而增加若干教育活動，因此，設計活動，工藝，及戶外旅行，乃日益普遍化。

目前，大多數的州，均有一種常設課程委員會(Standing Curriculum Committee)。由該會制定分科教材委員會的組織規則，各委員會的構成人員，爲教員、督學、及行政人員。教育部則印行及發佈包括教材細目的課程。如經教育部核准，即可設置適應地方需要的課程。即使如此，絕大多數的教員，仍願遵守規定的課程，而不願從事課程的實驗。

(三) 考試制度

校外考試(External examinations)，係由各個學校以外的某種機關所舉辦者，在澳大利亞，佔有極重要的地位。州政府對於此類工作，具有嚴密的管理，有的州，尚須管理教育程序。

本來，各級學校，均有考試的規定，有時稱爲「資格考試」(Qualifying Examinations)，用以決定學生之能否繼續升中等學校。目前，保留此種全州性的考試制度者，祗有昆士蘭一州；其他各州，或因自動改變，或係接受小學校長的建議，而更改者。然而，就一般情況而論，各中等學校的名額，限制極嚴，一般中學，均有入學試驗的規定，此類試驗，與原有的資格考試，具有相同的功效。惟因各校設備增加，此項試驗，無形取消。

昆士蘭的學生，於十四歲時，參加一種州獎學金考試(State Scholarship Examination)。凡通過此項考試者，即可免費入州立中學，如進立案之私立中學，亦可領取獎學金，用以償付部份的費用。此外，凡通過此項考試，如家庭收入在本州之一般標準以下者，則可領取生活津貼。昆士蘭境內各私立中學，由此種財源所得之收入，在經費上佔一重要項目，故州獎學金制度，實際成爲以公款補助各私立學校的一種辦法。

澳大利亞境內各中等學校的考試，其數目及名稱，各州不一，故很難將全國的情況，作一概括之報導。新南威爾斯，於中學第三學年之末，舉行一種「中間考試」(Intermediate Examination)，第五學年終結，舉行一種「離學考試」(Leaving Examination)。此類考試，悉由教育部主辦。大學入學或及門試驗(Matriculation)，係以離學考試爲基礎，其考試科目繁多，程度亦高。

維多利亞的中等學校，學生須於連續四年內，參與四種連續性的校外考試。其一，即是「資格證書」(Proficiency Certificate)考試，於修滿中學三年時舉行之，由教育部主持。「中間證書」(Intermediate Certificate)考試，在學務委員會監督下，於修滿中學四年課程時舉行之。「離學證書」(Leaving Certificate)考試，亦在學務委員會監督下，於中學第五學年終結時舉行之。凡擬參加大學入學試驗的學生，必須留校肄業至第六學年爲止，始能參加大學主持的大學入學考試。如學生志願留校肄業至十七歲十八歲爲止，即可參加資格證書及中間證書考試，此類考試，對於修滿三或四年課程即行離校的學生，尤爲重要。每一學生，在離學考試中，五門科目全部及格者，始具備參加大學入學考試的資格。一切男女學生，必須持有各種證書，始可求得一棲身之職，蓋一般僱主，常以此類證書爲考查求職人員之主要條件。因此，此類考試在整個教育制度中，佔相當重要的地位，任何課程之修訂，如不以學生通過考試爲依歸，均難收到預期的效果。

維多利亞的學務委員會，在技術上，即是教育部以外的一個大學團體，負有編制中學各科課程及管理中間與離學考試的任務。該會主席，由大學教育學院院長充任，委員人選，則由教育部、州立學校、私立學校、大學、及工商團體遴選適當人士擔任之。並依據考試科目表，設置中學各科常設委員會。各該會委員，均有成績優良之教員擔任者，其職權爲改進課程，推薦考試人員，以及向學務委員會報告關於中等學校設施的一般進展概況。該學務委員會，對全州教育事業，握有極大的管理權力。

(三) 地方管理制度的新近試驗

澳大利亞，目前正積極試辦地方分權的管理制度。一九四七年，新南威爾斯，即在莫藍比基區，設置一種教育區，該區係一富饒的農業區，並有四個大的市鎮，三百所學校，及一萬五千名學生。茲將該區地方教育長的職掌臚列於次：

1. 調查建築及設備，並勘查校地，以爲未來之發展。
2. 批准三百五十鎊以下之單獨設計的建築修繕費。
3. 在不涉及教員升遷的情況下，調度區內的教員。
4. 辦理認可學校課程中的地方差異設施。
5. 監督並記載督學辦理的教員考核事項。
6. 促進圖書館、青年農民俱樂部、青年活動、及成人教育之發展。

上述各項職權，悉於雪梨的首腦機關監督下執行之。地方教育長與教育部的教育長，經常保持密切的聯繫。教員升遷，係一全州性的問題，常常涉及其他地區的教員調度，故不屬地方教育長的職權範圍內。中學督學，依然對雪梨負責，如規模較大之學校校長任用之類的重要問題，仍由首腦機關處理。

此種首創性的試驗，經過五年試驗所獲之經驗，乃另行增設五區。新南威爾斯境內，除遼遠的西部地區外，所有地區，均包括在內。此等新設地區，均於一九五二年，在地方教育長管理下，開始實施。在新設各單位中，情況特殊者，祇有雪梨市的西部地區。市內其餘地區，一律置於首腦機關的直接管理下，該首腦機關，對於其他一切地區，亦採有一般之監督權。

第二個試辦地方分權制度的地區，便是面積廣大的昆士蘭州（全境計有六七〇、〇〇〇方哩，爲美國得克撒斯州的二倍半。）。一九四九年起，該州分爲五個行政區，各設地方教育長一人。布里斯本的教育部教育長，仍握有管理下列各事項的權力：學校的設置及停閉，中學及職業學校教員的任用，依據學校規模大小，決定教員人數，以及舉辦考試事項等。各地方教育長，其職掌大率爲制定本區教育政策，任用並調度小學教員，設置學校圖書館，訂定體育方案，建立舉辦州考試的中心，擬訂地方學校校舍修繕計劃，以及監督小學督學。就一切情況而論，督學報告須經地方教育長批閱後，再行送交首腦機關。

上述兩州，由其首腦機關所提倡的一種改革辦法，其重點，仍以行政上的地方分權爲限。雪梨及布里斯本的首腦機關，其主要目的在以一位瞭解地方情況的行政人員，減少學校課程細目中的紛擾事件，並迅速處理若干事務。此種改革，雖屬良好，然由於地方人士對於地方分權制度尙有更多之要求，故其他各州，即不敢起而仿行。而且，地方人民，仍無參與制度興革的權利。關於這兩種設計的進一步發展，其他各州，均予以密切之注意。此種試驗，或爲導致地方人民參與學校事務，以及地方上具有較大之獨立自主權的一種眞正的地方分權制度，然而，迄至目前的情況爲止，吾人可得而言者，祇是中央集權制度，讓與較小地區的行政機關實施，而非眞正之地方分權。

地方社區的任務

一般讀者，對於各地方不以金錢補助設於本地的學校的事情，或將表示驚異。此種情況，確爲事實。各校雖有校務委員會或校務會議之設置，惟教育部所賦予之職權甚小。該會係由家長會所選之代表及教育部指派之代表所組成。此外，大部份的學校，均設置一種工作積極而興趣濃厚的母親會(Mothers' Club)。此種組織，乃使廣播設備，公開演講制度，電影以及圖書館參考用書等項目之經費，大爲增加，故政府經常給與對等經費數額(Pound-for-Pound)的補助。此種組織所增加之經費，並不太多，惟各州關於此類活動所耗經費總數，雖有確切之統計。除非人民的思想發生改變，地方人士對於學校建築、保養、及設備，難有實際的貢獻。蓋一般人民，對於州的各種活動，向例不管。

依上所述，各母親會及地方團體，因未得到教育部的援助，故其工作，極難展開。地方社區的委員，對於學校教員，課程，及新校舍之建築等，亦不置一詞。如果新設一所學校，關於各種計劃，也從不與彼等商議。在此種情況下，很難引起地方人士對於本地學校的眞正興趣，因爲人民認爲學校是屬於州的。

私人機構及私立學校的地位

澳大利亞私人機構所經辦的主要工作，卽是由自由幼稚園聯合會(Free Kindergarten Union)在各州設置的保育學校及幼稚園。此種聯合會組織，其構成人員，係以富有社會服務理想的婦女爲主，由於若干年來的逐漸發展，已構成工業都市的一種學前教育中心網。第二次世界大戰期間，爲適應此種工作之擴充的需要起見，當時一般爲母親者，均參與工作。自由幼稚園聯合會，並在雪梨及墨爾本兩地設立師範專科學校，惟其經費負擔，至極龐大。此等機構，在過去全部依賴私人的捐獻，目前，各州政府對於此類團體，已予以經濟的補助。聯邦政府，對於設在各首邑的模範幼稚園，亦給予適當的津貼。各州教育部，除維多利亞及塔斯馬尼亞兩州，規定幼稚園教員必須登記外，其與學前教育機關，可謂毫無關係。

保育學校及幼稚園的重要性，已漸爲一般社會人士所認識，並有部份人士，要求州政府接管此類機構。自由幼稚園聯合會，縱因經費困難，仍不願政府的部會接管其學校，蓋彼等深恐學前教育的精神，將受政府中央集權制度的約束。同時，教育部也認爲缺乏經費來接辦此類事務。

私立學校，大別爲三大類：天主教的學校，其他教派的學校，以及非宗教的私立學校。此類學校，除透過政府在中等學校所設之獎學金而獲得間接之補助外，並未接受州政府的任何經濟援助。由於佔全國學童總數四分之一的學生，在此類學校受教，故此等私立學校，在整個教育制度中，佔有重要的地位。表五所示，即為公私立學校數目的比較。

表五　一九五〇年澳大利亞州立及私立學校的數目

管理或教派	新南威爾斯	維多利亞	昆士蘭	南澳大利亞	西澳大利亞	塔斯馬尼亞	總計
州立學校	二、五七八	二、一〇〇	一、五五六	七一九	五一九	三六〇	七、八三二
天主教	五九三	三四九	二〇九	九九	一三五	三七	一、四二二
英格蘭教	四二	三六	一六	一六	九	五	一二四
長老會	一二	一八	四	二	三	二	四一
監理會	五	四	—	三	二	一	一五
安息日會	九	六	三	二	三	四	二七
路德派	二	七	三	一六	—	—	二八
其他教派	一	五	一四	二	—	一	二三
非宗教學校	六五	五一	四	八	三	七	一三八
私立學校總計	七二九	四七六	二五三	一四八	一五五	五七	一、八一八

表五第一欄首所列「管理」一詞，其涵義不夠明確。天主教學校，係由一種單一制度的教會所設置及管理的。其他學校，雖受各該教派之一般監督，但實際上，係由代表各該教派的學務會議，維持及管理。

天主教在澳大利亞的早期時代，卽已建立學制，並將信奉宗教的各個教會，於教育其兒童時，合成一個團體，全體兒童，不分教派，一律接受天主教的宗教教育。一八四○年，祗有三十一所天主教小學，設於新南威爾斯境內，目前澳大利亞各州，均有天主教的中小學，學生人數，亦超過二二○、○○○人。同時天主教與州立學校間，並已建立一種密切合作的關係。

天主教教育的普通組織，係以主教管轄區爲基礎，由教區主教管理，另設教區督學一人，爲主教之顧問。各首邑一律設置天主教教育長（Catholic Director of Education），監管州內各天主教學校，並與教育部及大學保持密切聯繫。惟各教區於管理自身事務時，則完全獨立，故實際上，天主教的制度，是一種地方分權制。學校課程，係以各州教育部所規定之課程爲基礎，另加宗教科目。

天主教學校與其他私立學校間的區別，除較大之寄宿學校外，在費用上，較之一般私立學校爲低。此類學校雖爲全體人民而設，然與州立學校相較，則較爲着重學生的社會及經濟地位。天主教當局，依舊强迫州政府給予補助，各州政府均已表示接受此項要求。在鄉村中，進天主教學校的學生，准予免費乘坐由州政府負擔費用的公共汽車上學。

在基督新教監管下所設置的學校，以及爲數不多的一種私立學校，顯然構成澳大利亞教育的另一面。此類學校，在社會上享有很高的社會聲譽，多數父母寧願繳納學費送其子女進此等學校，而不入州立學校。規模較大的教會學校，在各方面，均與英國的公學相似，且以公學爲其楷模。此類學校，雖與各宗教教派交往，惟其中多數學校，祗受一種會議的管理，該會係由校友及有勢力的商界人士所組成。此類學校，大都成立於十九世紀中葉，故有一種悠久的歷史傳統。

其中少數學校，專收寄宿生，如維多利亞的基朗文法學校（Geelong Grammar School）、及新南威爾斯的扶輪斯漢女子學校（Frensham Girls' School）等是。大多數學校，所收之寄宿生，爲數不多，太部份都是通學生。一般規模較大而財力雄厚的學校，類多建有華麗的校舍，及寬大的運動場。有若干男女學生，在州立學校修滿小學課程後，卽轉入較大的教會學校，繼續完成其中學教育。此等私立學校，收費頗高，故祗有家庭富庶的子女，始能進此類學校攻讀。基朗文法學校，因係一著名之英格蘭教的學校，故每一名寄宿生，每年所繳費用，多達三百六十澳鎊，折合美金八百元。

此類學校，完全獨立，不受州政府的任何干涉，如校內有領取政府獎學金的學生，或其學生參加公共考試，教育部卽有督導之權。澳大利亞一如英國，也有一種全國性的男校長會議（Headmasters' Conference）及女校長會議（Headmistresses' Conference，限於女子學校）；此種會議，每年分別於各州舉行，研討各私立學校共同有關的問題。因爲在二十世紀初期，卽已設置州立中學，故在兩種類型的中等學校間，乃發生一種相當激烈的競爭，一般條件較差的教會及私立學校，已不復存在。此類學校，其經費開支，縱然急劇增加，納費亦極高昂，可是，今日一般規模較大的教會學校，仍大爲社會人士所推重，競相入校者，亦達到空前的多數。

澳大利亞教育行政面臨的難題

依上所述，澳大利亞的教育，如欲從制度本身產生一種批評的意見，實非易事。教員與公務員，依法不得批評制度，高級行政官員，旨在保留職位，謀求個人在制度中的發展，故認爲此種制度，爲最完善之組織計劃。教育部按月發行公報及雜誌，其間雖有不少有價值的資料，但對於一般嚴重而尚待討論及注意的問題，却無明確的指示。六州教育長及教育部長雖經常舉行聯合會議，但其會議之進行，從未公佈。普通公民除在報紙上偶然發表論文外，平常很少檢討學制問題。依據以往的趨勢觀察教育部對於任何批評，都認爲是一種侮辱，而迅予防止。

在澳大利亞，既不像英、美等國一樣，一般具有勢力的教育團體，經常發表意見，更無一種全國性的教育刋物，討論整個澳洲的情況，或與海外各地的發展作比較之研究。州教師聯合會，常在口頭上，及年會中公開發表意見，彼等雖極注意必要之教育改革事項，並對教室內的擁擠現象及其大小，表示嚴重的關切，然而彼等祗是就教師的立場，考慮種種問題。不過有些外國觀察家，曾經出版若干書籍，批評澳大利亞的教育設施，今請約略言之。

（一）過度的中央集權問題

中央集權制度，以往對於澳大利亞的教育，雖有良好的貢獻，但有若干事實，足以證明不久的將來，即將產生一種劇烈的改變。關於此點，韋伯（Leicester Webb）在二十年前於討論紐西蘭的中央集權制度時，即已約略說明；他的評論，對於澳大利亞的情況，亦頗適用，特別是紐西蘭在當時已作過若干重大的改革之後，尤屬如此。他說：「小學教員的數字分等，與視導方法，具有密切的聯繫，督學對於教員的考核，類皆嚴格遵守部內先進人士所採用的一種升遷規則，此一制度的顯著特色，便是缺乏一種積極的保護作用。其目的，祗是消極的維護此種專業，而反對褊狹心理，濫用私人，及奢侈浪費等惡習。其維護作用，目前已達到盡善盡美的地步，勢難產生更積極之作爲。一般教員，督學，及行政人員，對於自身的保衞，已形成一種軍事上的固定不移的風氣」。

目前的情況，雖與當時不同，但是在這一段談話中，末後幾句所表現的情形，依然存在，大體上，可以適用於澳大利亞。康德爾對於這個問題，亦予討論。他說：「中央集權管理所獲之效果，或可用高價購得。一個中央機關，如擬以權力培植其管理能力，而當此一機關立卽實施其立法權，執行權及判決權時，在此兩國（澳大利亞及紐西蘭）之中，雖受議會法令的約束，然其結果，勢必爲一種善用此種情況，而其終極目的，在確保教育歷程之齊一的官僚政治所支配。因此，教育的進步，成爲效率祭壇上的犧牲品，而其終局，則爲一滿意之感」。

新南威爾斯及昆士蘭兩州所舉辦的試驗，或可顯示一種希望，即首腦機關所實施之嚴格管理，或將約略放鬆。但關於地方參與教育事務的實質問題，仍無明確的表示。一般組織，雖仍受規定的限制，但教育部的極權態度，已有顯著的改變，在課程方面，亦予以較大之伸縮。就事實而論，中央集權制度，確相當經濟有效，而必須竭力防止任何重大之改組，但其問題，依然存在。

(二) 人民的興趣及援助問題

由於澳大利亞地方政府的權力過小，致難使地方人士，對於社會事業及教育具有較大的興趣。歷年以來，人民習以爲常的，凡屬於聯邦及州政府的任何事務，概不過問。此種現象，雖甚良好，但在教育領域中，憑即表示地方人士，對於學校事務，缺乏眞正的興趣。如擬激發有關教育的一種熱烈的輿論，勢必依據一般澳大利亞及外國觀察家經常討論的，使地方人士對於本地的教育事務，得有較多之參與機會。康德爾指出：「目前，中央集權制的主要弱點之一，即缺乏一個機構，以激發一種規劃健全教育的活潑及積極的輿論」。

(三) 督學的職能

澳大利亞及外國人士，於評論澳洲教育時，業已指明督學的地位，爲實際執行中央集權制度的關鍵之所在。康德爾關於督學問題，曾有下列之談話：「在一個組織等級化的制度中，其升遷與否，悉以能否完成指定之職責以爲斷、而無獲取一種成功的行政所必備的經驗及領悟。教育部在一批督學人員的協助下，此類人員之升遷，殆因其爲制度所要求的一種優異類型。升其爲主任督學者，不以先進之士爲依歸，而以制度所希求之慣例的及機械的綜合特質爲基準；於此種條件下而獲致升遷者，實已證明對於制度確有深刻之了解。」

因有上述情況，康德爾乃提出建議，認爲督學的時間，不該用於教師之考核，而應成爲所在地區的教育領袖，並須具有較大之權力及自由。氏繼謂：「此一建議，決不妨礙現行制度；而爲重訂中央機關的教育政策及督學職權的一種簡易方法。擬議中的改革，可以符合要求地方分權的一切教育權益，可使教育儘量適應地方環境，此亦爲現代理論的中心原則；可提供一種目前所缺乏的調和教育各部門的方法；可以進行試驗；可以鼓勵一般組織中的個別設施；可以利用教員及督學的專門技能及責任心；可以供給訓練及提高輿論的機會。教育經費——行政、維持費、及教員薪俸——仍由代表全州的中央機關負擔。」

（四）考　試

考試制度在澳大利亞的教育中，引起若干帶有考驗性的問題。詳情留待第十三章內討論。

（五）經　費　問　題

一九五〇年至一九五五年間，雖爲澳大利亞最繁榮一個時期的，而且各州政府對於社會事業及教育，亦支付一筆合理的經費，如爲急劇增加的人口，辦理一種有效的教育服務，無疑的，各州教育經費總數，仍須有額外的援助。

聯邦政府乃事實上的一個唯一稅收機關，無疑的，聯邦必須參與教育活動，或予各州以較多的補助。另一方面，各州雖希望獲得較多的補助，但深恐失却教育事業中的獨立自主權，惟目前聯邦政府尚無直接干預教育事務的徵象。

近年來，各州雖已完成若干優良的新式學校，但其設備，仍感不足。而尤以大都市的班級過大爲然。教育部雖擴充其活動以適應現代教育發展的要求，但其經費，仍不敷應用。分配於六州的校舍建築費，總數達一〇〇、〇〇〇、〇〇〇澳鎊，惟不敷甚鉅。如何供應充足的經費，以發展其領土大如美國而人口祇有九百萬的一個國家的現代教育計劃，此一問題迄未解決。

(六) 計劃進行問題

各州教育部素不公佈其制度的長期發展計劃。一般人民及教員，對於現行制度，亦不甚了解。此種情況，與英國地方教育行政機關得教育部的鼓勵而實施的計劃，大不相同。一種中央集權的行政制度，似應首先了解全國的實況，而後才制定一種未來十年的教育發展計劃。澳大利亞，却不如此。就一般情況而論，首腦機關均忙於制定行政細則，而無充分時間，研究長期計劃。同時，還有一種更有力的理由，足以證明，此種計劃祇須得內閣同意，即由教育部長公佈，而州政府亦不願自身爲未來之若干年所約束。而且，最基本的理由，即是澳大利亞各州所實施一種中央集權的教育行政制度於擬訂未來之重要教育發展計劃時，似乎未顧及地方人民的意見。此種事實，亦並非表示一種靜態的制度，依據中央行政機關的旨意所作之各種改變，完全不爲人民所信任。

讀者可從前述之各種問題及一般評論中，獲得一種印象，即是澳大利亞的教育，缺乏活力及明確性。中央集權制度，其工作成效甚佳，似少改變的可能。惟問題所在，便是中央集權制在早期及形成時期的澳大利亞，雖有相當的貢獻，但其目的，並未完全實現，而且，在另一方面，又未使此一制度，具有充分之地方差別性、自由、及試驗。

（註一） 北部地區(Northern Territory)及澳大利亞首都地區(Australian Capital Territory)不稱州，祇是聯邦政府治理下的領土，與美國的阿拉斯加(Alaska)及哥倫比亞區(District of Columbia)的地位相當。

（原書所附澳洲全圖從略）

（註二） 澳大利亞所用「輸送」一詞，係指 Conveyance，而非 Transportation。蓋後者與往昔由英國遣送囚犯來澳有關。

第七章　教會管理：加拿大的幾省

加拿大的地理特徵及其發展，對於學校組織，頗有影響。加拿大爲不列顛國協（British Commonwealth)內最大的一個單一地區。該國由東至西全長三千七百英里，更由美國北岸直抵北冰洋。其面積大於美國，與整個的歐州大陸，約略相等。全國一千五百萬人口，均集中於該國南邊寬僅數百英里的一個狹長地帶，大部份的地區，類皆人烟稀疏。約有四百萬人民，使用法語；彼等均居住於安剔鰲阿(Ontario)及魁北克(Quebec)兩省。依據法律的規定，學校由各省的中央當局管理，但因人口分散，乃傾向於地方管理的制度。「加拿大的學制」，很難說明，一如美國然。全國計有十省(Provinces)；吾人設將魁北克的雙軌制，及紐芬蘭的四種制度計算在內，加拿大可謂有十四種不同的學制。

歷史背景

世界各國，其國家之發祥地，語言，及宗教的差異，對於公共教育的影響，未有勝於加拿大者。首先移民於此者，爲法國人，加拿大東部各地，約有一百五十餘年，無論語言，政府，及文化，全部法國化，宗教方面，一律爲天主教。迨至一七五九年，整個的加拿大，始割讓與大英帝國，操英語的基督新教徒，遂開始進入此國。沿海各省(Maritime Provinces)操英語的人民，亦已移居其國，遼遠的太平洋岸，並由英國人開闢爲英屬哥倫比亞殖民地。

早期的移民，類皆各自分離，故養成一種極端的自信。一切地方事業，包括教育在內，均由地方團體辦理，因此，各地區對於本地所設之學校，「皆具有一種妒忌性及業主式的驕傲。地方人士對於本地學校，雖具有强烈的興趣，但並無益處。設與加拿大若干較大之行政單位的最近發展相較，即足證此種理由之不誣。依據事實的說明，若干省內的市區，在此項發展中，均自覺過於落後。就另一方面言，加拿大各學校所表現的一種明顯的妒忌性驕傲，乃爲一種不可勝數的財產。它可以防止中央行政，變爲官僚政治。可以阻止不適當的外國制度之進入。同時，也是抵抗極權主義的一種優良防禦措施。」

加拿大教育的演進

法國統治加拿大時，學校及教育，悉由教會管理。魁北克最早的法國移民，慣於法國的免費小學，乃由神父，宗教團體，及私人，分別辦理此類學校。由於兒童的人數大增，各宗教團體，乃在此一新的法國領域中，竭盡全力，辦理教育。各教區紛紛設立學校，並於魁北克從事師資訓練工作，以補充歐洲來此教員的不足之數。由於此一新興國家的發展神速，雖努力不懈，但用於學校事務的時間、精力及經費，均嫌不足。據巴希維爾(Percival)說：「若干年來，對於教育事業的努力，變成一種痙攣病(Spasmodic)。吾人必須承認，魁北克在割讓時期，雖然透過教會及其組織，而由私人辦理各種教育事業，但並無一種有組織的正規學制。」

英國人移民魁北克後，立即注意其子女的教育問題。乃指派軍曹一人，爲第一位教員。一八〇一年，依法組織皇家學術促進會(Royal Institution for the Advancement of Learning)。旨在設立學校，使「英法兩國人民得以混合，而消除種族的差異。」此項工作，雖極圓滿，但不爲天主教所信任，以致根本拒絕與此類學校合作。歷年以來，對於基本法律，迭有修正，每次修正，均在使法規上減少對於英國人，基督新教，及英格蘭教的壓制。一八二六年的法案，規定各宗教會議(fabrique)，得設置自身之小學。依據此項法案的規定，魁北克各教區乃紛紛設置天主教學校。一八四六年，通過一種極端重要的法律，規定天主教及基督新教，在同一法律範圍內，建立兩種截然不同的學制。從此，魁北克的基本制度，乃作有效之實施。

法律雖因時加修正而有改變，行政機構，亦迭經改組，可是，基本原則並未變更。依規定天主教及基督新教，得於同一地區內設置並管理不同之公立學校。最主要的規定，便是在一種特定地區內所設置的一所學校，凡屬具有同一信仰的居民，均得參與學務委員會（School Board）之選舉，並為學校籌措地方經費。因此，遂有兩種根本不同的學制，每一地區，幾乎都有兩種信仰不同的兒童，以及制度不同的公立學校。彼得懷特（Peter White），向基督新教區，繳納賦稅，並送其子女進該區的學校，而其鄰居伯里布蘭克（Pierre Blanc），則向天主教區繳納賦稅，亦送其子女進天主教學校。故就稅收觀點言，每個學區，其構成不以某一地區內的全部財產為依歸，而是地區並不接近的一宗財產所有人的結合體。兩個學區的稅收率，並不一致；某一學區可以維持一所中學，另一學區則無此能力；同時，兩個學區疆界的大小，亦不相同。基督新教的學校，得招收猶太人及其他非天主教人士的子女。「某種信仰的學生，於其他教派所設之學校就讀時，即使在同一市鎮或地區，並經學務委員會同意，仍不能享受一般的權利——通例須繳納『教外人士費』（Outsider's fee），此項費用，為數極少，每名學生，每月祇繳一元或二元即可，蓋此項費用，並無法律根據。」

在美國，當若干不同國籍的移民，遷居美國時，即逐漸被同化，而講美國語言。單一公共學制，即為獲致此種效果的重要力量之一。即使住在操法語的路易斯安娜（Louisiana）州的英國人，亦改說純粹的美國語。加拿大英法兩種語言的學制，對於遷居加拿大法屬地區或加拿大英屬地區的移民，亦執行類似之同化措施。兩種不同語言的學制，將各地的加拿大人，分為兩個大團體，一操英語，一操法語，並各自設立不同的學校。「加拿大尚有一種複雜的思想，蓋吾人既無共同的家世，又無共同的語言及宗教。吾人的風俗及傳統，雖彼此不同，但吾人却具有一個國家必不可少的條件，即具有固定之政治疆域的一種獨立政治體制。……思想差異問題，以魁北克爲最甚。自一七五九年英國人移居此間後，此一問題，即行發生。其後，雖幾經努力，而成效不大。此二種文化的競爭，由來甚久，其中一種於另一種尚未傳入此間前，即有一世紀半的悠久歷史。」

此種歷史背景，乃形成一種法律的限制，一八六七年的英屬北美法案（British North America Act），即爲此種限制的具體表現，此項法案，亦即加拿大的憲法。某一省於尚未歸併加拿大自治領（Dominion）之前，該省宗教方面的少數人士，在教育上享有特權，此項權利，於聯邦政府組成後，即行取銷。關於此項權利發生爭執時，依規定得向加拿大議院總督（Governor-General-in-Council）及倫敦樞密院（Privy Council）提出控訴。一八七一年開始，此類控訴案件，連續發生，而其裁決多以聯合（Union）時期所確立的權利爲基準。一般言之，分別設置天主教或基督新教學校的權利，已經固定，惟以後新加入自治領領土內的省份，則不能享受此項權利。由於此種規定，乃使三省之內，設有幾種不同的學校，魁北克建立一種雙軌公立學制，紐芬蘭則保留一種教會學校的多軌學制。歐紹斯（Althouse）說：「任何行政人員，設應邀提供一種新（de novo）學制的建議時，樂於選擇此類複雜之制度者，爲數甚少。然而，此種少數人的權利，乃我國民族遺產之一部，致未可忽視。目前加拿大各省，對於少數人的學校品質之改進，業經事實證明，並未忽略。」

中央政府的教育地位

美國憲法，未特別授權於聯邦政府，而留給各州。當各自治領的代表舉行會議，於組成加拿大自治領政府時，對於美利堅合衆國七十五年的發展成果，曾予以縝密之研究。就加拿大的立場言，美國的內戰，將使一個强國的固有制度，發生分裂的可能。故彼等乃以特權賦予各省，藉以加强全國的統一，但不使其成爲獨立國。加拿大議會（Dominion Parliament），對於一切不屬於省議會(Provincial legislatures)的事務，均握有立法權，對於各省議會，亦有管轄之權。

教會與國家分開，在加拿大不及美澳兩國澈底。至於限制立法條款，乃因宗教團體的問題，以及操英法兩種語言的加拿大人之間的分裂所致，在一八四〇至一八七〇年間的聯合法案(Union Act)中，已獲有此種經驗。該法案在使上加拿大(Upper Canada，安剔釐阿)及下加拿大（Lower Canada，魁北克）聯合，嗣於英屬北美法案通過時，此一法案，即行廢止。在英屬北美法案中，並明令規定，對於各省宗教方面的少數人士，應加保護，並須設置及辦理各教派的學校。

依據此項條款之規定，加拿大各省有管理教育之權，惟一八六七年的英屬北美法案，未作此項規定。加拿大自治領政府（Dominion Government）亦有權監督教育事業。該政府有保護宗教少數人士之權，有在君王享有之土地(Crown lands)中，辦理教育之權，並負責各地區的學校設施。對於職業及高等教育，須予以適當之經濟補助，有關研究及統計活動，亦應設法支持。

聯邦政府時代，君王享有之土地，劃歸各省，而不隸屬加拿大自治領政府。諾伯特太子地(Prince Rupert's Land Territory)，於一八七〇年由哈德遜灣公司(Hudson's Bay Company)手中得來時，即更名爲西北地區（North West Territories），聯邦政府（Federal Government)對於此一地區內的公有土地，有管理之權。其後，並將西北地區，劃分爲幾個新的省份（阿伯塔 Alberta，撒喀齊萬 Saskatchewan，曼尼托巴 Manitoba)，該等省份未享有君王土地之特權，故由加拿大政府管轄。一八七二年，聯邦政府保留第十一及二十九兩條，以作爲在曼尼托巴省內各區(township)，設立學校的法律根據，其後，亦以同樣條款，在阿伯塔及撒喀齊萬兩省，設置學校贈與基金(School endowments)

。一八六七年，加拿大自治領政府設置平民學校基金(Common School Fund)，以代替各省所設之學校贈與基金，並將每年的收入，由安剔鰲阿及魁北克兩省分派。一九三〇年，新近成立諸省內的各種自然資源，其開發權留給各省，以爲加拿大自治領政府撑握時期所受損失之補償。

中央政府(National Government)的教育權責雖小，但對各省的教育發展，頗有興趣。依據法律的規定，中央政府有權管理尚未建立爲省的兩個地區內各級學校，即是西北地區與育空地區（Yukon Territory)。(阿伯塔省的各級學校課程及教科書，係以西北地區及育空地區內英屬哥倫比亞爲依據。)聯邦政府亦負有辦理印第安人（其學校人口總數約爲二萬人。）及愛斯基摩人(Eskimos)的教育，以及國防訓練等權責。

中央政府得補助職業教育——一九五〇至五一學年度，補助一〇、五〇〇、〇〇〇元——及搜集教育統計資料。加拿大旣未設置聯邦教育部，亦無美澳兩國所有的聯邦教育署。自治領政府的統計局(Bureau of Statistics)，祇發行一種「加拿大教育年報」(Annual Survey of Education in Canada)。加拿大教育協會(Canadian Education Association)，則經常徵集及出版研究學報，並將甲省教育行政機關的各項教育設施資料，供給乙省參考。國家研究會議（National Research Council)，亦與渥太華（Ottawa）的國立研究試驗所（National Research Laboratories）聯合設置試驗室及研究生獎學金，並對各省教育部所做之大學階段的調查研究，給予經費補助。

一九五二年，依照皇家藝術、科學及文學委員會（Royal Commission on Arts, Sciences, and Letters）的建議，聯邦政府以新的姿態參與教育活動，即設置聯邦補助費，用於增加各大學教職員的待遇。自治領政府則津貼學校廣播事業，以爲教育之間接補助。一般言之，各項計劃，由省教育部負責擬訂及執行，聯邦政府則經由加拿大廣播公司（Canadian Broadcasting Corporation），給予經費補助。

歐紹斯曾予評論謂：「自治領政府，在教育上所佔地位之重要，至極明顯，惟其現況，既未推廣，亦未擴張。事實雖係如此，然由過去十年來的變化觀察，各省教育制度，無論其共同問題，共同缺陷，以及共同目的，均顯示一種眞正之國家思想的性質及趨勢。」

省的教育任務

各省（魁北克除外）公共學制的行政首長爲閣員（Cabinet Minister），通稱教育部長（Minister of Education）。彼係省議會議員，及執政黨黨員。一如其他閣員，負有決定政府之一般教育政策的權責。彼對議會負責，並經由選舉代表，向全體省民負責。

部長以次，爲副部長（Deputy Minister of Education）。〔魁北克省稱 Superintendent of Education，安剔鰲阿省稱 Chilf Director of Education，新布倫瑞克省（New Brunswick）稱 Chief Superintendent〕。彼爲教育部內之首席常任職員，以下設行政官員若干人。在政策事務上，副部長得向部長提供建議。彼不受政府改組及更換部長的影響，因此，可以確保部定政策之繼續推行。教育部的職掌，大率爲課程，師資訓練，考試，教科書，學校建築的最低標準，以及議會補助金等事項之管理。大多數的省，其公立圖書館，亦由教育部督導。各省教育部，並經由中小學督學人員，視導地方教育行政機關。有若干省，常將教育部對市立學制的經費補助權，委託各市的學務長（City Superintendent of School）。

公共教育經費，由省及地方行政單位共同負擔，自治領政府祇對職業教育給予少數經費的補助。省所負擔的經費，由紐芬蘭的百分之六十，至撒喀齊萬的百分十六點五不等。各省經費的來源，如表六所示。

表六　加拿大各省教育經費來源及每名學生所耗費用

省別	經費總數	省的負擔	%	地方負擔	%	每名學生所耗費用
阿伯塔	$一八、二三一、三一八	$六、一一九、六四三	三三·六	$一二、一一二、六七五	六六·四	$一六六·〇八
英屬哥倫比亞	五四、五七八、四四七	二三、五八二、八六八	四三·七	三〇、九九五、五七九	五六·七	二九八·〇六①
曼尼托巴	一九、七四三、六一二	四、二〇六、六六四	二一·八	一五、五三六、九四八	七八·二	一五三·二〇
新布倫瑞克	一一、四九〇、九六三	三、八七五、六八六	三三·八	七、六一五、二七七	六六·二	一三八·四七②
紐芬蘭		四、四四二、三三一				③
新蘇格蘭	一四、一三五、六五〇	七、八四九、六四五	五五·五	六、二八六、〇〇五	四四·五	一二四·〇五
愛德華太子島	一、二一五、六三八	五八一、八三五	四七·八	六三三、八〇三	五二·二	七九·四〇
魁北克	一三八、九一三、七七八	五〇、四三五、八一九	三六·三	五三、〇五八、七三五	三八·二	二三五·七八④
安剔鼇阿	一一三、〇二〇、五一二	四二、六六一、一四四	三七·八	七〇、三五九、三六八	六二·二	一六七·三一
撒喀齊萬	三三、二五六、四〇三	五、四七二、八三九	一六·五	二七、七八三、五六四	八三·五	一六六·四〇

附註：本表所列數字，係一九四九——五〇學年度的概況，每名學生所耗費用（Per-pupil cost），係指每日平均出席之每名學生在一年之內所耗費用。

①英屬哥倫比亞，係爲一九五一至一九五二學年度的概況。

②註冊學生中，每名學生所耗費用。

③紐芬蘭無地方教育稅收之規定。據估計教會組織至少負擔百分之二十的經費。一九五二——五三學年度，全省經費總數爲$六、四一七、七四九。據估計地方經費爲$一、五〇〇、〇〇〇。每日平均出席之每名學生所耗費用爲$八三、三〇。

④經費總數包括私立學校的$三四、一七五、五〇三（二四・六%），聯邦補助的$一、二五三、七二一（〇・九%）。註冊學生中，每年每名學生所耗費用爲$一七〇、二三，由省及地方經費項下開支。

上表所示數字，祇爲一種實例，而不可直接予以比較，蓋各省教育部的每年例行報告，並無統一格式。表內所列每名學生所耗費用，有的係指每日平均出席之學生總數，亦有指註冊學生總數而言者。一般言之，經費數字係最後公佈者，同一年度的情況並不相同。如魁北克的教育長(Superintendent of Education 即教育部副部長)，在每年例行報告中，經費數目，從未統計。關於教育經費的數目，通例載於魁北克年鑑(Quebec Year Book)。除省及各地方學務機關所徵稅收充作經費外，私立學校及教會組織尚負擔三四、一七五、五〇三元而構成學校經費總數之一部。由是以觀，如欲將魁北克的教育經費數額，與其他各省比較，實非易事。

（二）魁北克省

在一省之內，當教派差異問題日顯重要之時，省教育制度及教育部遂有予以根本改變之必要。依據一種共同法律的規定，魁北克教育部，有管理兩種截然不同的公立學制之權。另設一種教育會議(Council of Education)，內分天主教委員會及基督新教委員會(A Catholic Committee and A protestant Committee)各一，負制定一般政策之責。該會議絕少舉行全體大會，而各委員會則每年舉行四次會議，商討有關自身學制之組織、行政、及視導問題。行政系統，亦分爲天主教及基督新教兩大部門，由幼稚園直至大學，均實施雙軌制。

天主教委員會，係由省內各主教管轄區之主教，同等人數的非宗教委員，以及政府委派之其他委員四人所組成。基督新教委員會，其構成人員，爲議會副總督（Lieutenant-Governor-in-Council）（實際上即是內閣）任命之委員若干人，通例與天主教委員會之非宗教委員人數相等，副委員七人，其中一人爲魁北克基督新教教師協會（Protestant Teachers Association of Quebec）的代表。

各委員會得於教育會議監督下，制定有關師範學校，部定考試，課程，教科書，以及視導工作等各項規定。如經議會副總督認可，關於省的經費分配問題，各該委員會亦可提供意見。教育部的行政首長，稱爲教育長(Superintendent of Education)；輔以法文秘書（French Secretary）及英文秘書(English Secretary)各一人。（英文秘書，亦即基督新教教育長 Director of Protestant Education。)法文秘書，擔任天主教委員會的秘書，英文秘書，則擔任基督新教委員會的秘書。教育長即爲兩種委員會的主席。

魁北克尚有一種天主教學校的中央視學（Inspector-General of Catholic School），其輔佐人員爲區視學(Regional Inspector)及地方視學(Local Inspector)。基督新教學校的中央視學(Inspecter-General of Protestant School)，其輔佐人員爲中學視學（High School Inspector），及其他助理人員。英法兩種語言，均係魁北克的一種官方語言。天主教徒，在人數上超過基督新教徒的一至七倍。操英語的天主教徒，雖亦自設學校，惟仍以法語爲主。基督新教徒，以說英語爲主，惟亦有少數法文出身的基督新教徒，並自設特殊學校。兩種教派的學校，除各以自身之語言爲基本語言外，並以若干時間，傳授其他語言。

天主教及基督新教委員會，均各自爲其本身的學校設置訓練師資的師範學校。魁北克所有的大學，一律獨立自主，並接受政府的經濟補助。此類大學，其名稱爲麥克基爾大學（McGill University）喬治威廉學院(Sir George Williams College, 無教派彩色)；拉瓦及蒙特利爾(Laval and Montreal)大學（屬天主教）；會督學院大學(Bishops College University，屬英格蘭教)。

（二）紐芬蘭省

紐芬蘭省屬於教會團體所管理的各種學校之另一實例，省內建立四種不同的學制。該省所有的學校，全爲教會性質，祇有極少數例外，容後敍述，此類教會學校，分別受英格蘭教、天主教、加拿大聯合教會（United Church of Canada），以及救世軍（Salvation Army)的監督。學校註冊人數，與普通人口相較，其百分比如次：天主教百分之三十四；英格蘭教百分之二十八；加拿大聯合教會百分之二十四；救世軍百分之六。教育部的行政首長，稱爲教育部副部長(Deputy Minister of Education)，其輔佐人員，爲一般行政官員。另設教育長四人，分別掌理各教派的學校事項、

另有一種教育會議，負制定教育政策之責；教育部長充任主席，副部長爲副主席。四位教育長爲委員。教育長爲高級公務員（加拿大聯合教會的代表爲牧師，救世軍的代表爲市長），亦爲各該教派派駐教育部的代表。教育部的部務會議，所擬定的各種政策及規程，則爲省內各級學校各項設施的法律根據。四種教會學制，一律爲公款所維持。

各地區的教員待遇，校舍保養及設置等費用，均由教育部負擔。建築新校舍所需之費用，其中約有二分之一，由省負擔。（對於貧窮地區，有時尙超過此數。）

地方的教育責任

加拿大東部，在早，有三種勢力，影響地方學校的發展。法國人的勢力，在天主教管轄區內，對各項事務的管理，迄今仍有極大的力量。英國人的勢力，傾向於英格蘭教的管理，但很注重地方自治。美國革命後，由新英格蘭殖民地進入加拿大的一批忠義之士，帶來一種深厚的英國傳統，並將此種傳統予以改變，而加强地方政府的權力。西部各省，受美國教育發展的影響極大，因此西部地區的教育制度，與美國的州教育計劃，極相類似。由於此類勢力的影響，乃發展成爲一種强有力的省教育部，該部常將其部份權力及職責付託於各地方學務委員會。

(一) 魁北克省

魁北克省，分爲若干學區市(School Municipalities)，每一學區市，均設置一種民選的學務委員會(Board of School Commissioners)，惟較大之都市，其學務委員，則由政府任命。大凡天主教的神父，其他教派的牧師，以及年滿二十一歲或年長(以具有讀寫之能力者爲限)之男性納稅義務人，均有委員之候選資格。如某一非宗教人士，被選爲學務委員會委員，即須任滿三年之任期，惟年滿六十歲以上或過去曾擔任此項職務而滿四年者，不在此限。大多數之學務委員會，均由五位委員所組成，任期三年。惟蒙特利爾及魁北克兩市，其委員人選，則採任命方式。天主教的學務委員會，由議會副總督任命委員四人，大主教委派委員三人所組成。基督新教的學務委員會，其委員人選，三名由議會副總督任命，另三名則由市議會選派。

學務委員會的職權，大率爲選聘教員，勘查校地，興建校舍，確定稅率，以及徵收地方學校賦稅。此外，該會尚負有規勸本區全體兒童就學，及供應家庭距離學校過遠之兒童的交通工具的職責。惟法令上，並未規定學務委員會須爲家庭距離學校五哩以外的學童，免費供應交通工具。設兒童之家庭，距離其教會所指定之學校達五哩以上者，父母如決定不送其子女進入此類學校，即可免納本教區內的學校賦稅。由此可見，並無强迫兒童入本教區的學校，接受義務教育之規定。

每一學區的人民，皆可透過民選的學務委員會委員，確定其所需要之學校類型，以及所繳納之學校費用的數額。設地方富庶，則其學校必有良好之校舍及設備，教員待遇，亦極優厚。反之，貧窮地區，則其所設之學校，不但校舍及設備不足，而且教員待遇，亦極低微，此類地區，是否維持現行學制，學務委員會不加任何干涉。省視學人員，經常至各校視察，並將各校實況，呈報教育部，惟省政府無權强制各地區，以適應其較高之標準。視學人員對各地區之忽視地方學務委員會，常有責難。有的地區，由於稅收過少，財力不足，祇能爲少數人民，設置一種簡陋的小型學校。富裕地區，雖有充裕之財力，足以維持一種優良的學制，然而，如將其財力，分讓若干於其他地區，勢難維持兩種不同的學制。因此，各地區由於貧富懸殊，故其學制，亦優劣互見。關於貧富地區的經費如何分配問題，美國南部各州，在維持黑人與白人的兩種不同的學校計劃中，已開始進行此項試驗。

任何地區的少數人民，勿須依從多數人的規定，而可自行建立學區，設有適當數目之學生，亦可與辦學校，如納稅義務人達到適當數目，即可成立學務委員會，維持學校。此種措施，稱爲「意志自由」(dissent)，並依法受到保障。每一納稅義務人，得指定自身所繳之賦稅，用以維持某一學區。稅務機關則將所收稅款，送交一種「中立公斷人」(Neutral Panel)；此項稅款，即以每一學區學校人口多寡爲基準，分配於天主教及基督新教的地區。

魁北克的法語學區，其疆界多與天主教之主教管轄區相同，故一個天主教學區，在所轄境內，常包括幾所學校，魁北克省約有一千五百個學務委員會，一萬零五百所學校。由於此種教區組織，故不贊成將若干學區合併爲一種較大之行政單位。單班學校，非常普遍；一般人士，乃提出將同一學區內的此類學校，予以合併的主張。

魁北克省內各地區的基督新教徒，因係少數人民，如將小型學校合併爲較大之單位，對彼等頗有益處，蓋如此可以獲得較好之設備及師資，其稅收來源，亦可擴大。蒙特利爾島已組成一種基督新教中央學務委員會(Protestant Central School Board)；此一組織，對於基督新教所屬各學校的教育水準，大有改進。依據加拿大教育協會一九五〇年的報告，基督新教的小型學校，已有六十四所經已合併，並在較大地區，另行成立九個中央學務委員會。各中央學務委員會委員，須爲區內之納稅義務人，而由地方學區委員會委員選舉之。由於學校的合併，乃使行政經費及其標準，大有改進，而尤以中學階段爲然。目前，已有三個基督新教學區，設置一種統一區立中學，其他地區亦相繼做行。

(二) 紐芬蘭省

紐芬蘭省的地方教育行政機關，稱爲教育區(Education Districts)，學務委員會委員由議會副總督任命。全省分爲若干教育區，除十五個所謂「混合區」(Amalgamated Districts)外，一律由一種單一教派所管理。省內計有二八三個教育區，其中九十個教育區屬於英格蘭教；七十四個屬於天主教；八十七個屬於加拿大聯合教會；十六個屬於救世軍；十五個爲混合區或混合教派；一個爲安息日會。

此種分區方式，實際上具有互相重疊之弊，蓋人口之地理分佈，係以教區之疆域爲基礎。據一九四四年的調查，約有百分十五的居民，具有兩個教育區的雙重身份，其中三分之一，居於較大的市鎮。在聖約翰市 (City of St. John's) 及其他較大的社區，四個教派，各派均有教育委員會 (Board of Education)，納稅義務人，亦可指定其所繳之稅款，用以維持自身所選定之教育區。各工業中心，則有採取混合教育區的趨勢。在一九五〇年，有十五個社區，爲所有的兒童，設置一種混合教派的學校，惟天主教例外，蓋彼等堅持自設本教派的學校。混合教派的學校，其中有若干是省內最大最好的學校。

(三) 其他各省的地方行政

加拿大的社會輿論，類多主張縮小地方行政單位。因此，大多數的省，均有學區之設置。各學務理事會(Boards of School Trustees)，其理事人選，係由本區之納稅義務人所推選，此等理事會，操有選聘教員，保養及興建校舍，購置用品及設備之權。目前的問題，乃爲一般極小的學區，稅收不足，致使加拿大的教育，蒙受無限的困惱，彼等並發出呼籲，要求省府予以均等之經費補助。省府對於此類特殊事例所撥付的經費，已予增加，在教育經費總數中，省所負擔的比例，亦已提高。

目前，加拿大各地，普遍要求教育機會均等，並扶助貧苦地區普遍推行一種擴大行政單位的運動。東部各省，竭力主張學校的合併。西部各省，亦有透過省府法規而建立擴大行政單位的趨勢。惟西部地區，却產生一種强烈的反對意見。阿伯塔省的人民，對於一九三二至一九三三年間廢除小學區的一項議案，已予否決，安剔鰲阿省，於一九二六至一九二七年間所實行的鄉村籌款維持教育的辦法，至今又被提出，並經順利通過。

撒喀齊萬省東部的改變，至極緩慢，蓋因：具有地方社會管理小型學校的傳統觀念；東部市的組織，具有高度的發展；地方的地勢；以及人口的分佈。惟加拿大的西部地區，則有急劇而普遍的改變。不少的行政單位，已計劃設置小單位的學務委員會，(Sub-unit board)，藉以輔佐大單位的學務委員會。東部各地的地方學務委員會，其權力常較西部地區爲大。

愛德華太子島評議改造委員會(Advisory Reconstruction Committee)，一九四五年七月的報告：「由於財政關係，全省實施一種普遍的改組，次第成立三十個中學區，各區均設置一種學務委員會，管理轄區內一切教育事宜。」中學學務委員會，係由委員七人所組成，其中三人由政府委派，另四人則由區內之小學區代表會議推選之。該會會建議省政府，請其負擔校地、校舍建築及設備等項經費的百分之五十，維持及活動經費的百分之二十五。此項計劃，如獲實現，各小學仍可繼續發揮其功能，如同往昔在小學學務委員會監督下的情況一樣。依據一九五〇年年底教育部的報告，省內第一個大行政單位，在工作上經已獲致良好的效果。臨時指派的一個學務委員會，於一九五〇年六月起，亦依法由民選的學務委員會接替。

一九四二年，新蘇格蘭省通過一項法案，規定建立大單位，其教育經費各府應負主要責任。一九四六年，全省改建爲二十四個府單位(County units)。據報告，地方債務，日形減少，經費及教育均等的措施，亦已獲得良好成績，健全的財務行政，並已建立完成。同時，新蘇格蘭省還設置一種聯合區立中學，加拿大稱爲綜合式混合制(Composite type)。至一九五〇—五一學年度，其中九所區立中學，業已開始上課。

一九四三年，新布倫瑞克省，其學務委員會計有一、三五〇單位。同年，通過一項府立學校經費法案(County School Finance Act)，遂成立府財政及行政單位。至一九五〇年，全省十五府之中，獲得此項法案之效益者，已有十四府。混合制的區立中學，亦已建立完成，至一九五〇年，已有二十四所區立中學，開始上課。新布倫瑞克的鄉村人民，享有都市學制的利益，尙屬首次。

曼尼托巴省，於一九四五年通過一項法案，規定設置稱爲學區的大行政單位。一九四七年起，一種試驗性的大單位，並已獲得圓滿的成績。本省各學區的居民對於改革事項，一律享有投票權。

一九四五年，撒喀齊萬省，開始建立大單位，此項措施，除百分之二十五以上的地方居民，得請求參與選舉外，其他居民，一律無投票權。在全省可能建立的六十個單位中，目前已有四十八單位，建立完成，並開始工作。依據法令的規定，此項計劃，於試驗六十六個月之後，地方人士得投票撤銷其聯合。在四十八個新成立的試驗區中，已有二十七區未經表決即無異議通過，永久實施新的組織，二區經表決後予以保留，其餘尚在繼續試驗中。本省絕大多數的中學生，均肄業於三十九所混合制中學。

一九三六年，阿伯塔省通過一項法案，儘可能實行大單位組織。至一九四八年，本省已將若干小的地區，合併爲五十七個學區。平均每一學區的面積，計有二千哩，七十名教員，一千五百名學生。

一九四六年，英屬哥倫比亞，通過一項法令，將省內各學校行政區，予以全部改組。原有的六百五十個學區，今已改成七十四個行政區，及二十個小而獨立的鄉區。依規定，本省各區選民，無投票表決之權，一切改革，悉由省政府決定。

在美國，有若干州曾使用各種方法，鼓勵小的地區的合併。其中，有些較大的州，對於合併的地區，尙給予補助，凡屬小的地區而拒絕合併者，即減少其補助。同時，並儘量設法提高一般極小地區的設施標準，至其難於達到的地步。此類方法，加拿大各地顯未採用。各省議會對於一切教育改革事項，從未過問，祇不過擬訂經由選舉而加强地方權職的計劃。而且，由於一般大單位的財力充裕，省及聯邦政府，對於此類改革事項，亦未給予經費補助。加拿大的最近改革計劃，學校行政單位數目上所產生的效果，如表七所示：

表七　鄉區學務委員會的大概數目

省別	最近改革以前的概況 一九三五—四五	改革以後的概況：尚未改組的地區	改革以後的概況：大區	一九四五—五〇 大區仍設地方委員會者
阿伯塔	二、五〇〇	—	五七	二、四五〇
英屬哥倫比亞	六五〇	二〇	七四	—
曼尼托巴	一、七〇〇	一、六五〇	一	四三
新布倫瑞克	一、三五〇	—	一五	一、三二五
紐芬蘭	三〇〇	—	—	—
新蘇格蘭	一、八〇〇	—	二四	一、七五〇
愛德華太子島	五〇〇	四七二	一	七
魁北克（天主教）	一、六三五	—	—	—
魁北克（基督新教）	三五〇	二〇〇	九	九〇
安剔黎阿	五、七五〇	二、二八二	五三六	—
撒喀齊萬	四、〇〇〇	八〇〇	四八	三、二〇〇
全加拿大	二〇、五三五	五、四二四	七六五	八、八六五

歐紹斯指出：「一切進步，其成果實係一種典型的地方分權的形態。惟其實施概況，各地不一，亦無齊一之步調。各地設施，類多參差不齊；間有進展甚緩者。無論何時，均呈現一種修補姿態及妥協心理。最壞者，乃爲一般地方當局，握有管理權力，每以現行設施，炫耀於人，或自感滿意，對於各項改革，類多藉故拖延，兒童的權利，國民的希望，均棄而不顧。此種地方管理的不良現象，惟加拿大所獨有。目前，已有一種良好的轉變，即一般社會人士，每多指摘地方自滿之不當。但迄無令人滿意之措施，足以替代地方人士之熱心教育及以其工作效率炫耀於人的情況。因此，乃使人想到，如何健全教育設施，而使學校與社會，皆能進入理想的境地。維持地方利益，教育進步，必將延緩，且非暫時現象也。合併學區，必獲利益，蓋以其能切合本地原有之進步也。」

私人機構及私立學校的地位

加拿大教育協會的工作，宛如一種搜集統計資料，安排及出版研究心得的機構，詳情業於前述。加拿大未設一種全國性的教育署，此一組織，即具有此類全國性機構的一般功能。各省行政當局及各地教育領導人員，即憑藉該會之出版物及研究書刊，以了解全國各地之一般發展概況。

省級家庭與學校組織（Provincial home-and-school organizations），日益增多，其勢力亦逐漸強大，依據一九五〇年的統計，全國的會員，已達十二萬之衆。此類組織，其目的在於促進地方團體與地方學校單位之密切聯繫。各工商、婦女及勞工團體，亦紛紛組織全國性及省級教育委員會。史蒂瓦（Stewart）說，此類團體，可以激發一般社會人士及教育工作人員的教育思想，亦可促使國家領導階層的人物，注意公共教育問題。

除公立及以傳授英語及法語爲主的兩種不同的學校外，（參閱加拿大教育的演進一節）各省尚有若干私立學校，此類學校，不受公款補助。其中多係寄宿學校，通常由教會辦理。依據一九五〇年的統計，加拿大境內計有八二八所私立學校，學生一〇七、六一〇人，佔全國學生總數的百分之四點六。教員共計六、四五五人。各省教育部，對於一般私立學校，採用兩種方法，以實施間接之管理。即此類學校的學生，必須參加部辦考試，每所學校，亦須服從教育部的視導，以獲得「認可」（Accredited），凡經認可的私立學校，其學生於轉入公立學校前，得免除部辦考試。這二種措施，在於確保私立學校的課程及教學綱要，與各省立學校，不致有任何顯著的差異。

行政、經費及管理問題

加拿大與世界各地的情況一樣，正面臨人口生產率的增加以及學校經費不足以適應學校人口增加之要求的兩大問題。一九四五年加拿大教育協會調查委員會，曾詳細列舉加拿大教育上所遭遇的若干重要問題。此類問題，一部份留待第十四章討論，此處研究者，祇是關於經費及組織的問題。

（一）省府經費應予增加

省府負擔的學校經費比例，雖已作實質上之增加，但有若干省份，其增加數量，仍嫌過少。各省負擔的經費，其百分比由撒喀齊萬的百分之十六點五，至紐芬蘭的百分之六十不等。各省各學區間的貧富懸殊，故加拿大若干教育工作人員，極力主張應有一種全省性的均等而充裕的補助。

（二）校舍缺乏

由於學校人口增加，各學區乃產生一種增建校舍及借貸經費的迫切需要。一般言之，彼等認為唯一的辦法，即由省府補助用以興建新校舍。加拿大一般學校教育工作人員，咸以爲貧困地區的財源，設由省府給予補助，卽應興建若干校舍寬大，設備完善的學校，以應緊急之需。

(三) 交通問題

由於人煙稀少地區的事實需要，及學校合併運動的推行，交通設備，勢必擴充。因此，一般地區的經濟負擔勢將加重，故須增加地方收益，以提高教育經費預算。如擬解決此一問題，仍須請求省府補助交通經費。

(四) 教員待遇應加調整

此一問題，詳情容第十四章討論，但增加經費，調整待遇，勢難忽視。各省及地方必須另覓財源，用以提高多數省份內教員待遇過低的等級。

(五) 擴大行政單位的問題

此項運動，西部及沿海各省，進展神速。中部各地，進行緩慢。由於小的及貧困學區之合併，其結果勢必改善行政及經費問題，此種趨勢，並將繼續。然而，加拿大人希望獲致一種方法，一面設置擴大而有效的組織及行政單位，一面維持地方人士對於本地學校的興趣，以及擴大單位中的地方管理權力。

(六) 聯邦補助教育的問題

加拿大各省的貧富不一，正如美國各州之窮富懸殊然。加拿大一般教育工作人員，咸以爲小學區之是否全部改組爲有效之單位，一種全省性的適當而均等的計劃，以及若干財力充裕省份的最低設施標準，似有確立的必要。彼等認爲唯一之解決途徑，即由聯邦對於各省作均等之經濟補助。歐紹斯說：「若干省份，經常要求聯邦補助普通教育。各省亦均要求實施機會均等之教育。惟此項要求，尚有一種附帶條件，即聯邦補助，不得有下列之情事：聯邦規定的條件，超過各省對同一目的所能負擔的經費。……吾人絕不反對一種均等之補助；但設因補助而構成聯邦對於教育之管理，吾人將立即反對。」

加拿大公共教育之採取地方分權制，一如美國然。殖民地政府雖樂於鼓勵教育的進步，但不積極參與教育活動。各省亦與美國各州一樣有管理學校計劃的合法權力，惟類多將其權力付託於境內所設之地方單位。地方社區，則經由各類行政單位，對於所轄境內的學校事務，表示强烈的興趣，並竭力施展其管理權力。有若干省份，基於歷史的理由，得由宗教少數人士，設置各種教派的教會學校，並給予公款之補助。魁北克及紐芬蘭兩省，即以公共稅收，維持多種學制，並分別接受各種教派的管理。此種差異設施，旨在使各地的人民爲其子女，自由選擇學校的類型。

第八章　黨權控制：蘇俄

世界上由一種人民政權統治的一片廣袤而連緜不斷的土地，即是蘇維埃社會主義共和國聯邦。全國的土地面積，約計八百五十萬方哩，幾爲美國的三倍，人口則超過二億。蘇俄的領土範圍，由歐州的波羅的海，至東方的太平洋，由黑海及南方的戈壁沙漠直抵大西洋。復由南方的沙漠地帶，經過七地肥沃氣候溫和的地區，以及亞州與歐洲東南部的一片荒蕪的大草原，直達大西洋。向東邊發展，成爲俄國歷史上的一種重要因素，一如美國史上之向西邊發展然。

蘇俄境內，有一百八十種民族，操一百五十種方語。其內部人口，包括類如北美愛斯基摩人的土著人民，南方沙漠地帶的遊牧民族，波羅的海沿岸各共和國的路德派教徒，前波蘭地區的羅馬天主教徒，俄羅斯地區的希臘天主教徒（Orthodox Catholics，亦稱正教），亞洲各共和國的回教徒。約有百分之六十的人口，爲俄羅斯人（彼等稱爲「大俄羅斯人」Great Russians）。另有百分之二十的人口，爲烏克蘭人，其他各民族，祇佔全人口的十五分之一。在一百八十種民族中，約有十餘種民族，祇佔全人口的百分之一，有些民族，爲數極少。

歷史背景

一九〇五年以前，帝俄係爲一種專制君主政體。其最高當局，乃屬一種握有立法、判決及執行等一切權力的一個世襲的沙皇（Czar）。政府的各部門及俄國正教的行政會議（Holy Synod），則爲其輔佐者，所有政府官員，悉由沙皇任用，並一律對沙皇負責。沙皇時代，在學術、科學、音樂及戲劇等各方面雖有相當成就，但整個的國家，仍處於一種封建落後，及文盲衆多的狀態。政府方面，絕少顧及一般平民，故其人民，類多知識淺薄，生活貧困。沙皇政府，乃爲一種侵略性的擴張主義者，屢向不同的種族、宗教、及政治信仰的地區，實行殖民政策，藉以擴充帝國的領土。大多數的少數人民團體，對於所有俄羅斯的勢力，均表示仇視，並竭力反抗「俄羅斯化」(Russification)。沙皇政府對一切少數民族，均極歧視，並試圖阻止其使用方言及信奉固有的宗教。

教育係爲貴族、富有階級及政府官員的子弟所設置者，而由國家及教會，予以嚴密之管理。文盲的人數，佔全國人口總數的百分之八十五至九十，大多數的少數民族，均缺乏一種文字。依據帝國教育法令的規定，社會階級不同的兒童，不得彼此轉換學校，惟能力優異的兒童，不在此限。所有的大學，均由政府機關嚴密監視，學生常被視爲一種可能的政治革命黨人。從事政治陰謀的學生，頗不乏人；其中被逮捕而送往西北利亞或潛逃至其他歐洲國家者，亦大有人在。

一九〇五年，由於革命的結果，沙皇的權力，在理論上受到若干限制，但一般平民的狀況，並未得到實際的改善。第一次世界大戰的結果之一，便是意、德、俄等戰敗國家，發生一種革命。各國的政府，雖由革命黨人所建立，實際上乃是一黨專政，而成爲一種僞裝的民主政府。無論個人或執政黨，皆爲一種獨裁者。俄國的帝王政府，一九一七年爲革命黨人所推翻，另組革命政府，而由亞歷山大凱倫斯基(Alexander Kerensky)主政，同年十月，由列寧及托洛斯基(Lenin and Trotsky)所領導的一種少數人的團體，布爾什維克(Bolshevists)，繼掌政權。目前的蘇俄政府，便是由當時起即取得政權的政府；政府的各項策略、文化、及宣傳，雖迭有改變，但其終極目的，莫非維護布爾什維克主義的共產黨政權。

蘇俄之建立爲聯邦國家，語言及民族的極端複雜，或爲其重要原因之一。全國計有十六個共和國(Union Republics)，大體上每一共和國，即代表一個主要的民族集團。較小的民族集團，則分別組成爲「自治共和國」(Autonomous Republics，共計十六個），「自治區」(Autonomous Regions，共計九個），及十個「民族區」(National Areas)。共和國以下直至民族區，其面積與人口，區分不大。自治共和國，及自治區，均在共和國境內，而成爲共和國之附屬體。民族區類多由落後及尙未開發的地區所組成，採取地方管理制。俄羅斯蘇維埃社會主義聯邦共和國（Russian Soviet Federated Socialist Republic)，其首都設於莫斯科，爲蘇俄境內最大之共和國，轄有百餘種民族及語言團體。（原書附有蘇俄全圖，茲從略。）

教育背景

新布爾什維克的一般領導人員，遭遇一種統一及治理土地遼濶、民族及語言複雜的俄羅斯帝國的艱鉅工作，遂以教育爲達成目的之手段。首先卽着手掃除文盲。於是便爲全國各地向無文字的民族，制定一種字母及書寫的語言。並採用各種語言及方言，編定文法，出版字典及教科書。至一九四〇年，蘇俄境內，卽使爲數極少的民族團體，亦有以土語編製的文法及學校教科用書。全國各地的初等教育，亦全部採用土語教學。自一九一七年革命起，數十種語言不同的民族，其先後創造的自己的文字語言，用各種語言出版的書籍，亦有千百種之多。其後，由於俄國的工業發達神速，遂必須增加許多新字及新的概念，卽使一種典型的少數民族的語言，在字彙上亦大加擴充。以往土語方面所用的字彙很少，現在却能從其他的語言，翻譯不少的書籍。

俄共政府掃除文盲的目的，並非完全出於人道主義。而是使一般人民學習馬克斯及列寧思想時，具有閱讀能力。同時，爲使人民熟悉一種連續性的五年計劃所需之工業及農業技能，乃使彼等具有閱讀各種手冊及工作指引的能力。對於一般落後民族或知識淺薄的人民，首先卽教其閱讀用土語編定的書籍，然後始用俄語傳授新的思想。

一九三〇年蘇俄政府公佈，准在小學使用的語言，定爲七十種。大多數的落後民族，仍准其採用土語教學。基於此種事實，關於義務教育乃於當年作首次法令之公布。

(一)俄羅斯化

沙皇時代的俄國歷史，其間充滿戰爭、侵略及征服，憑此種方法，乃使大俄羅斯人的勢力，由亞洲伸張至太平洋。沙皇的征服勢力，雖僅限於歐亞兩洲鄰接的地區，但其成爲帝國主義者，與擴充殖民地的歐洲列强無異。在其疆域內，包括若干語言、膚色、宗教信仰及不同國籍的人民，一如其他强大之殖民帝國然。共產主義的政府，其本身亦充分表現爲一種侵略性的帝國主義及拓殖主義者，宛如其帝俄時代之先輩然，而且尙肆力擴充領土，其中部份土地，爲沙皇時代所無者。沙皇政府的政策，亦爲一種强烈的國家主義，同時，並嚴格執行「俄羅斯化」的政策。蘇維埃政府，也遭遇到同樣的問題，卽是組織一種聯合的東歐，或建立一個聯合的國家，最後，決定採取一種聯邦的形式，用以聯合其由各種民族所組成的帝國。

吾人有理由相信，蘇維埃政府的一切措施，其最終目的，莫非在使整個的蘇俄全盤俄羅斯化，在時間上卽令有所延緩，但其終極目的，並未忘懷。各共和國的小學，雖可採用土語教學，然而由小學三年級（亦有提早至一年級者）開始，卽學習俄語，並定爲必修科目。小學低年級，雖可使用土語教學，但屬於政治範圍內的民族主義思想，則在禁止之列。惟一般少數民族的人民，對於其固有的歷史、藝術、及文化，至爲尊重，而竭力反對全盤俄羅斯化。俄共政府，則修訂歷史教科書，以適合一般俄羅斯人的要求；凡少數民族的團體，一切設施，如能遵守俄共政府的規定，卽可與優越的俄羅斯文化，結成手足關係，而變成一個幸運的國家。

一般高等學校，均加强俄文的教學，由於聰明的青年，在學習此種主要語言方面，頗有成效，乃使政治及經濟進步的機會，大爲增加。許多未修俄文的學生，亦在俄文大學及高等教育機關研究。大部份的高等教育，均以俄文實施。

例如，烏茲柏克(Uzbekistan)共和國，最早的教科書，係用阿刺伯字母所編定者。一九二八年，在教與學兩方面，均普遍使用拉丁化的字母。一九四〇年，政府當局明令規定，全共和國所有以古典拉丁文爲基礎的字母，一律代以俄文字母，此項命令，乃使全共和國的教學用語，更爲統一，同時，並規定學習俄語，使用俄文教科書。目前，烏茲柏克所用的小學教科書，雖屬烏茲柏克語，但係俄文舊式拼音法所印行者。蘇俄境內，一般土語學校所用之教科書，多半係由俄文教科書直接翻譯而來者。甚至以波斯語、土耳其語或阿刺伯語爲基礎的各種土語，亦規定其發展方向，須以俄語爲基準，如此，始能打破各民族與外國「資產階級」(bourgeois) 文化的聯繫。又據彼等報告，關於居住在少數民族建立之共和國境內的俄羅斯人，其生活與工作均須習用土語的規定，行將廢除。

(三) 共產主義的教育哲學

共產主義的觀念論，爲蘇俄一切教育發展的支配因素。在蘇俄，個人與國家間的關係，與法西蒂的意大利，及納粹德國個人與政府間的關係無異。蘇俄一切教育的目的，在於增進及了解共產主義的哲學，亚激勵後代，使成爲共產主義制度的一個積極鬪士。教育係爲一種理論傳授及宣傳的工具，且不以學校的正式教學時間爲限，而滲透於每個人的整日生活的各方面。列寧說：「吾人在學校領域中的工作，卽是消滅資產階級，我等公開宣佈，離開生活，離開政治的學校，是一種謊言與僞善。」

大衆傳播的一切方法，均爲佔人數比率極小的共產黨幹部所控制，並用於指揮全體人民。無論報紙、廣播、戲劇、電影、演講、佈告牌、以及千篇一律的正教言論，所表示的意見，都是一種循環式的重複。在生活的各方面，絕不容相反的意見存在——凡表示異議者，必遭無情的壓制。不僅心理及宣傳勢力，必須用來確保社會遵從，卽使國家的經濟生活，亦作消滅個性之動員。蘇俄的人民，絕少私有財產；彼應深知個人最低限度的物質生活——所分配到的食、住及工作——均爲黨國的恩賜。彼亦能得到工資，但彼深知個人的工作，係以個人之遵從性爲基礎。此並非證明，蘇俄絕無富有者，惟財富祇是屬於政府官吏或經政府認可者的一種特權。共產黨幹部的生活，極爲舒適，惟其生活必須服從「黨的路線」。克納斯（Cross）說：「任何反共產主義的言行，都是一種背叛國家的行爲。秘密警察的性情，是不能用犯罪及懲罰加以比較的。」

蘇俄的宣傳，以無產階級的獨裁爲根基；進行一種無間歇的階級鬬爭，直到一種無階級的社會形成之時爲止，換言之，直到以工農階級爲基幹的社會建立之時，共產主義的革命，始告完成。近年來對於一種無階級的社會的概念，其興趣日漸淡漠。而產生一種新興的共產主義的英才（Communist elite），所謂英才，係指官吏及知識份子而言，彼等在各方面均受到重視，其地位之重要，遠非工農階級所能比擬。依據庫爾斯基(Kulski)的意見，俄國每個有學問的人，都是官吏。彼等的生活依賴國家，蓋國家爲彼等之僱主，彼等的行動遵照一般職業政治人員的命令，蓋此類人員爲彼等之主人。凡英才階級，其行動與思想，均追隨黨的正確路線者，卽可獲得一種優異的經濟及社會地位，無論食、住、休假，以及子女的待遇，均較一般人爲優。

共產社會，有一種共同的假說，卽是共產主義的目的與價值，爲永恒不變者，與其統治時期同其久遠。可是事實上，蘇俄的教育政策，基於黨的計劃及理論基礎的變遷，而有重大的改變。俄國的教育目的，足以決定各級學校的發展，一九一七至一九三二年的學校設施，與今日的情況，迥然不同。蘇俄的特色，便是黨部路線，每每發生一種突然的意外的轉變，因此，今日的情況，可能與明日官方的規定，截然不同。

俄國人認爲教育應分爲養與教(Nurture and Instruction)兩大部門。所謂養，卽是誘導個體的天賦能量；所謂教，卽是予個體以知識、專業及技術的訓練。遺傳之在蘇俄，不及世界其他各地之重要。共產主義的正教，最近對於黎盛可(Lysenko)的遺傳學說之重視，遠在孟德爾的理論之上。黎盛可認爲後獲性，可經由代復一代的累積歷程而遺傳。因此，共產黨對於年滿三十五歲以上的人，所處的環境，予以嚴密的控制，於是遂增加第三個因素，卽所謂「自我訓練」(Self-training)。依據自我訓練的解釋，彼等可以責難背離共產主義路線者，而自我訓練之實施，不以個人所處的環境爲基礎，而以個人自身的弱點，以及在自我訓練過程中所產生的缺陷爲根據。由於控制環境及教育歷程，卽可加强自我訓練的陰謀，亦可達成黨培植「新共產主義的信徒」的願望。

共產黨與國家，雙方的力量，都用於壓迫成人使其服從共產黨，對於兒童則採取不同的方式。一般教員，通例被認爲是一種領導人物及學習的指導，而不强迫其接受訓練。然而，各級學校則採取一種嚴格的普魯士的訓練制度。一律廢除體罰，但盡力教育兒童，使其認爲共產主義爲一切制度中之最優異者。同時，並竭盡全力以防禦任何支離意見之侵襲。共產主義的理論及共產主義的社會，在表現上亦極盡吸收之能事。共產黨希望下一代的人，對於任何事物都不必了解——一般青年人祇熱烈信仰及支持蘇維埃的現行制度。然而，彼等都極力壓迫成年人，蓋一般成人，已有其他社會的經驗，並了解其他情況下的生活。

蘇俄政府公共教育委員部首任部長藍徹斯基(Lunacharsky)宣稱：教育制度應以視爲興趣中心的

自然、勞工、及社會爲基礎。早期的政府，因迫切需要訓練有素的工業技術工人，一切設施均以勞工爲依歸，故勞工高於一切，亦爲教育的主要原則。因此，職業訓練重於普通教育，社會中有關勞工的理論與實際的研究，則成爲布爾什維克教育的中心課題。所以，過去的俄國，其職業教育與普通教育很難作明確之劃分。每一工人的生活，無論在校內及校外，均提高至國內一切發展的最高限度，而社會興趣，亦轉移於學校之中。共產黨並利用教育方式，將共產主義的理論形態，滲透於人民的一切生活之中。

(三) 反文盲運動

蘇俄的若干少數民族，特別是中亞細亞及北部邊遠地區的民族，幾全部是目不識丁的文盲，除口頭語言外，根本就無字母或文字。所以，首先就須發明一種字母，編製一種文字的教材，然後才開始實施土語的教育計劃。在蘇俄如擬得到關於識字或曾經受教的人民的正確統計，實非易事，蓋所有公佈的數字，類多具有濃厚的宣傳性。單就俄國得來的新聞資料而言，所謂落後地區的人民，已大有改進。依據一九三九年蘇俄全國第一次戶口調查的結果，在全國人口總數中，年滿九歲以上而能識字的比率，已提高至百分之八十一點二。（一九二六年官方公佈的比率，爲百分之五十一點一。）蘇俄戶口調查表統計所得的結果，如表八所示。

表八　蘇俄識字及受教者的分佈情況（依據一九三九年的戶口調查）

各共和國	年滿九歲以上識字人數的百分比	曾受中等教育的人口數字	曾受高等教育的人口數字	每一千人中，曾受中、高等教育的人數比率 中等教育	高等教育
俄羅斯	八一・九	八、三一九、七〇六	七〇六、六五三	七六・八	六・五
烏克蘭	八五・三	二、九二八、二一二	二二二、一五四	九四・六	七・二
白俄羅斯	七八・九	四三四、五二六	二五、〇〇五	七八・〇	四・五
亞塞爾拜然	七三・三	二三四、四八一	二一、五九二	七三・二	六・七
佐治亞	八〇・三	四〇一、四〇七	三九、六八一	一一三・四	一一・二
亞美尼亞	七三・八	一〇四、四八〇	七、五〇五	八一・五	五・八
土庫曼	六七・二	五七、八五六	四、〇三三	四六・二	三・二
烏茲伯克	六七・八	二四一、九〇三	一九、四二一	三八・六	三・一
達吉克	七一・七	四〇、二八七	二、九八二	二七・一	二・〇
卡薩克	七六・三	三六八、三一六	二八、八二二	五九・九	四・五
基爾吉斯	七〇・〇	四七、三四八	三、二五〇	三二・五	二・二
合計	八一・二	一三、一七八、五二二	一、〇八〇、〇九七	七七・七	六・四

一九四七年，蘇俄官方透露，全國識字人數的比率，已提高至百分之九十，工人識字人數，高達百分之九十九點七。然而，依據一九三九年戶口調查的結果，曾受四年或四年以下教育的識字人數，

祇佔全人口百分之七十二點八。第二次世界大戰期間，美國陸軍會拒絕成千成萬祇受四年或四年以下教育的人，擔任軍職，而稱此等人爲「業務上的文盲」(functionally illiterate)。由此可知，俄國關於識字者的定義，祇是具有簡單的書寫及閱讀能力者。同時，我們也可知道，在蘇俄統計數字上所謂的改進，僅指行將就木的老文盲而言。最近蘇俄所出版的刊物，則儘量避免討論關於蘇俄的識字人數問題。

蘇俄關於婦女文盲的掃除，其進展情況，據說較全人口中的文盲掃除工作爲速，因爲依據一九一七年的統計，絕大多數的婦女，都是文盲。其後，依據一九二六年的報告，俄國年滿九歲以上的婦女，其識字人數的百分率爲百分之三十七點一，至一九三九年，已提高至百分之八十一點二，同年關於全人口的報告，所得數字亦同。中亞細亞各共和國的改變尤大，蓋一般回教地區的婦女，據一九一七年的報告，幾全部爲文盲。

一九四七年的報告，蘇俄境內亞美尼亞、佐治亞、烏茲伯克等共和國的文盲，已全部掃除。庫普賴洛夫(Kuprianov)並斷言至一九四七年，各共和國的成年人，祇有百分之十是文盲，此種情況幾全部屬於第二次世界大戰後蘇俄新添的土地。更有趣的，便是他說：從戰前波蘭、羅馬尼亞、芬蘭、東普魯士，以及波羅的海沿岸的國家所得來的領土，其文盲的數字，平均較蘇俄本土爲高。

由於閱讀人數的增加，印刷品亦隨之增多。一九一三年，沙皇統治下的俄國，全國祇有八百五十九種報紙，每日銷售二百七十萬份，除八十四種外，全部爲俄文報紙，分佈於二十四種不同語言的地區。一九三八年，依據蘇俄當局的報告，全國共有八千五百五十種報紙，其中二千一百八十八種，係由七十種非俄語所印行。由於閱讀興趣的增高，對於書籍的要求量亦大。從前連圖書都不多見的地區，現在已設立圖書館。

關於識字及閱讀改進事項的報告，茲舉一例說明之。卡薩克共和國，據說在一九一七年，識字的人數不到百分之二，其識字者多係牧師、地主、商人及政府官吏。至一九二六年，識字人數已增至百分之二十二點八，一九三九年，則提高至百分之七十六點三。現今哈薩克的報告，成人識字者已達百分之百的程度。在一九一七年，哈薩克的婦女，實際上全係文盲，至一九二六年，識字的人數，已增至百分之十二點五，依據一九三九年的報告，識字人數，已高達百分之七十六點三。沙皇時代的哈薩克區，根本沒有報紙；至一九三九年，哈薩克境內已有二百六十二種報紙，其中一百二十八種爲哈薩克語，其餘則爲該共和國境內少數民族的語言。目前哈薩克共和國，已經設置一種規模龐大的國家出版公司(State Publishing House)，據該公司報告，除教科書外，其他書籍已發行百萬册，並以千萬册以上的圖書，供應一萬另五百所地方圖書館。

蘇俄教育的兩大主要目的

今日的蘇俄學校，顯然具有兩大主要目的。其一，學校爲共產主義的理論傳授的工具。康德爾說：「教育目的之如此確定，並非一種抽象的哲學名詞，而爲適合社會秩序的首要要求。」俄國教育人員已有解釋，認爲教育的主要目的，在於了解世界及當今之文化遺產。同時，他們認爲馬克斯對於此類事項的解釋與資產階級大不相同。共產主義與人民並不完全衝突，除非全係識字者，故識字的人爲其首要目標，以便造成一種理論傳授的運動。

第二種主要目的，在於訓練羣衆使能參於國家之工業發展。列寧認爲除非人民受過現代工業程序的教育，如一味堅持自身的立場，而反對可能的敵對世界，勢難建設一個現代工業化的國家。故勞工的社會地位極高，依規定每人均須具有若干專門技能，在蘇俄學校的每一階段，皆着重此項專技的訓練。蘇俄今日的教育情況，乃爲全國上下竭盡全力以達成此二大目的的一個故事。

中央政府的教育地位

蘇俄的政府部門，有兩種形式，一爲聯邦的各部，具有治理全國的權能，另一爲共和國的各部，其權責祇限於各共和國境內。蘇俄的各項活動，其最後的決定權，操於中央行政機關；此二種中央行政機關，在權責上，頗有區別，一種中央機關，係經由一個部在各共和境內行使其職權；另一種中央機關，則於全國各地直接行使其職權。蘇俄因無全國性的教育部，故各共和國均有相當之地方自治權，初等及中等教育行政機關，亦不例外。聯邦高等教育部(All-Union Ministry of Higher Education現已與文化部合併，改稱高等教育司 Main Administration of Higher Educational Institutions)，管理全國各大學，以及大部份的專門學校與職業學校，如技術學校 (technicums) 及師範專科學校等是。聯邦勞工儲備部(All-Union Ministry of Labor Reserves)，管理工徒學校及若干職業學校，但不負維持之責。全國十六個共和國，均自設教育部長，及一種官方教育部(Department of Ministry)。各共和國教育部，對於所轄境內的自治共和國及各區的教育，亦負有監督之責。

於一九一七年革命前，各級學校的經費，大部份由帝俄政府負擔。在蘇維埃制度下，大部份的教育經費，由各共和國及各地區承擔。然而却有一種包括聯邦政府，各共和國，以及各地方政府機關的預算。地方及共和國的預算，由各地自行編製，但須經中央行政當局的核准，其不足之數，則由聯邦經費項下撥支。有時聯邦經費，爲某種特殊目的，可直接用於補助各共和國，如增加敎員待遇是。

依照最近的解釋，蘇俄的高等教育，係指一種特殊領域內的專門機關而言。一種機關如包括幾所學院或幾科，卽稱爲「大學」。一種單科機關，祇訓練某種狹義範圍內的專門人才者，稱爲「高等專門學校」(Higher institute)。在中等敎育階段內，有一種特殊的職業學校，稱爲技術學校；師資訓練機關，稱爲師範專科學校，其程度與中等學校相近，而非高等敎育機關。

各共和國的若干高等工業專門學校，常由一種特殊的「部」監督，例如訓練航空工程人員的航空專門學校，(aviation institutes)，卽由航空部管理。至於各高等專門學校的設施，以及各種特殊中等學校的課程及方法，則由文化部（Ministry of Culture）管理。該部並負責供給全國各大學、農業專門學校、以及大多數的高等工業專門學校的經費。

依據一九三六年頒佈的蘇俄憲法第一二一條之規定，全國公民有受敎育之權。聯邦政府乃根據此項條文，制定下列之基本原則：

1國家有辦理一切敎育之特權。不得設置私立學校。少數的保育學校及成人敎育機關，其經費雖係合作社、同業公會及集體農場所供給，但須接受公共行政機關的監督及管理。

2一切敎育，均爲非宗敎性的，敎會與國家，完全分開。

3敎育爲普及的、免費的、及非宗敎性的，七至十五歲間，爲義務敎育年限。

4全國各民族、宗敎、或語言團體，應獲得絕對平等之保證，各民族團體，有採用自身的語言辦理小學敎育之權。所有非俄語的學校，自第四年級以後，一律設置俄語，爲必修之第二語言。

5中等及高等敎育階段內的男女青年，應獲得機會均等之保證。

依據蘇俄敎育刊物的報導，蘇俄的敎育行政及管理，爲地方分權制，各共和國得自行建立學制，以適應民族及其他特殊需要。然而，全國各地的學制，幾乎完全是劃一的。在職責上雖係地方分權，但事實上，其行政機關仍爲極端之中央集權。此種結果之所以形成，蓋有兩大原因。

第一，一般地方及區域組織雖可設置學校，但其最後決定權，仍操於共和國教育部。在任何情況下，下級機關的決定權，均不及上級機關之大。因爲由教育部決定一切，故各共和國的教育部乃舉行定期會議，共同研究，於是劃一性的政策，遂因而確定，凡經認可的辦法，全共和國即一體實施。由於此種程序的結果，雖有十六個教育部，然而，實際上，公立學制却是全國劃一的。甚至各科教學時間，及溫習時間，亦須符合部定法令的規定。

第二，蘇俄的教育管理，是由教育部及共產黨共同行使的一種雙重管理制度。教育行政機關，雖係地方分權，但共產黨則爲極端之中央集權制，無論地方教育行政機關握有的地方管理權力如何，皆一律在共產黨的控制之下，而行使全國一致的教育政策。

各共和國的教育地位

蘇俄的各共和國，與美、澳兩國的州，或加拿大的省，有某種程度的相似。民族院（Soviet of Nationalities），在蘇俄政府中的地位，與美國的參議院相若。在此一團體中，每一共和國有二十五名代表，每一自治共和國，有十一名代表，每一自治區有五名，每一民族區有一名。蘇俄各共和國與聯邦間的關係，和美國聯邦政府與各州之間的關係，大不相同。最明顯的區別，便是俄羅斯共和國的權力，較其他任何共和國爲大。該共和國的面積佔全蘇俄土地面積的四分之三，其人口亦佔全蘇俄人口總數的二分之一以上。聯邦政府的組織，亦極爲複雜，在一個共和國之內，通常包括若干區域，如自治共和國，及自治區等是。

依照蘇俄憲法的規定，各共和國有建立自身的武力，採取自身的外交政策，在國外設置自身的外交及領事代表，甚至脫離聯邦，而自行獨立之權。除烏克蘭及白俄羅斯兩共和國，爲爭取聯合國中的席次，而一度行使此項權力外，其他任何共和國，均不敢作此種嘗試。有些地區，在政府中的地位，與一般共和國無異，大多數的落後地區，實際上均具有共和國的地位。

就憲法的觀點言，蘇俄各共和國的權力，雖較美、澳兩國州的權力爲大，但實際上，各共和國的權力很小。第一、因爲各共和國受共產黨的控制，黨的管理機構，爲一種極端之中央集權。第二，在一種計劃經濟中，各項計劃，均爲中央管理機關所制定，因此，國家各部份的經濟措施，必須與整個國家的計劃相配合。第三，因爲國家的財政及經濟，完全由聯邦政府控制，故聯邦政府對於全國各部份的任何活動，均施展其管理權力。由此可知，各共和國的獨立自主權，祇不過徒有其名而已。（原書附有蘇俄政治區域全圖，茲從略。）

（二）聯邦主義的教育管理

蘇俄各共和國的地方分權的教育管理制度，形式重於實質。各共和國均自設教育部，管理所轄境內的一切學前教育機關，小學與普通中學，以及成人教育。一般職業學校，其經費雖係共和國教育部負擔，但却由聯邦勞工儲備部管理。十六個自治共和國，雖自設教育部，但須服從共和國教育部的指揮。例如，俄羅斯共和國境內的雅庫特斯基自治共和國（Yakutsk Autonomous Republic），其一切教育設施，即接受該共和國教育部的指導。依照共產黨官方公開批評的習慣，其指摘事項，可見諸報端，關於某一地區教育制度的批評，祇有共和國教育部才具備此項資格。設無高級之指導意見發生時，地方教育部始有較大之行動自由。佐治亞共和國，規定俄語爲必修科目，並將俄語的教學時間，分配於各科教學之中，乃改組其學校，在小學階段以上，設置一年制的精修科。

教育部的組織複雜，內分司、科、會議及委員會等單位。該部行政首長，稱爲教育部長（以前稱為「教育人民委員部部長」），係共和國部長會議的委員。共和國計劃委員會（Union Republic Planning Commission），即為該會議之附屬機構，任何事項，必須成為全國發展計劃之一部，故教育亦應符合整個的計劃。教育部的權責，一般均較其他國家之教育部的權力為大，蓋蘇俄各共和國的教育部，其權責通常包括正式教育以外的其他活動。教育部所設各司，名目繁多，工作亦不一致。

如組織行政司（Department of Organization and Administration）即與各地方行政機關，共同管理中小學的師資訓練、校舍建築、經費及方法問題；司以下復分若干科，各科設科長一人，分別掌理各項事宜。職業教育司（Department of Vocational Education），掌理農業、工業及其他領域中的專門人員訓練問題。成人教育司（Department of Adult Education），掌理成人教育工作，以及各項成人活動。社會多藝教育司（Department of Social and Polytechnic Education），掌理社會福利，過失兒童及學前教育事宜。文獻出版司（Department of Literature and Publications），掌理共和國境內一切出版事宜——圖書、雜誌、報紙、電影及戲劇。科學藝術司（Department of Scientific and Arts Institutes），管理科學協會、研究所、生物氣象所、音樂院、博物館、藝術陳列館、史蹟紀念館、國家劇院及馬戲團等機構。國家科學會議（State Scientific Council），為一研究機構，在教育部監督下，編製共和國境內一切教育機關所用之教材及課程，並從事教學方法及考試等項目之教育研究。此外，尚有三個商業機構或信託局（trusts），由教育部管理。即國家出版公司，國家電影事業管理委員會（Board of Management for State Motion Picture Enterprises），及國家供應委員會（State Supply Board），該會為一製造及供應教具與設備的機構。

關於一個教育部的各種活動，康德爾曾有下列之說明：「教育部經由各種委員會及所設各司，確定全國普通及社會教育的範圍，惟須符合新社會秩序的觀念論；但所謂確定，並非直接規定的意思。

該部對於職業及專門教育，亦具有同樣之職能。其他職掌，大率為經由職業調查，以決定每一活動項目中所需訓練之學生數；負責清除文盲及發展政治教育計劃；倡導美術、音樂及戲劇，並鼓舞其發展；計劃、管理及檢查各類出版物，如報紙、期刊、小冊子或書籍；改進及設置科學研究機構，期與國家各部門的學習及研究，取得密切之聯繫，並廣為傳播科學知識；搜集足以影響教育的一切財政及統計資料。」

教育部可由共和國的預算中分得若干經費，然後即將此項經費分配於各地方行政機關。各共和國均自行擬定教育計劃，編製本國的預算，惟須呈請中央政府核准。另設視導員(Inspectors)，以為教育部與各地方行政機關及各地學校之間的聯繫，此類視導人員由教育部任用。凡具有五年以上之教學經驗，並曾受適於此項職務之專門學科訓練者，即具備視導人員之任用資格。有時，除於視導人員養成機構接受長期學程的教育外，並須受為時三月的短期學程的訓練。視導員之主要職責，為改善教學標準。彼視導一所學校，在工作上常與各該學校的校長，取得密切之聯繫。彼尚須提供關於教育部的活動及政策的資料，參加地方教育會議，供應有關教育理論與方法的最近發展資料，對於教員，並作個別之指導。每一視導員，常隸屬於一種地方性的教育研究所，使其對於現代教學方法，能有深切之了解。視導員得予各教員以啓示，批評其教學工作，甚至舉行示範課教學。各視導員雖與各校校長合作，推薦某一教員領受獎償或取得某項榮譽，但視導人員對於教員之批評，不得以考核視之。教育部並對各視導人員頒發一種訓示，即凡屬批評，務必為積極性者。

各類行政機關，分別掌理各種教育計劃。教育部管理一切普通及非專門的教育，與夫前述之各項非正式活動。各種工業部會，則負責管理訓練有關工人的特殊職業學校。中央工人聯合會文化教育處(The Cultural and Educational Department of the Central Council of Workers' Union)，經辦會員的政治教育、俱樂部、娛樂活動及圖書館。共產黨黨部的任務，在於發展兒童與青年組織及活動，詳情容後討論。陸軍部辦理紅軍的普通及政治教育。

地方行政機關的教育任務

共和國以下，分爲若干省或區(Provinces or oblasts)。戰前全國劃分爲八十個省或區，各省區的面積及人口，並不一致。每一省或區，均自設「省區教育廳」Oblastny Education Administration)，在教育部監督下，管理所轄區內的普通學校及校外活動和設施。區以下復分爲縣(rayons)，係由鄉、村或小鎮所組成。據一九四〇年的統計，蘇俄境內計有四千個縣。縣以下再劃分爲九三四個市及大鎮，一、九三八個小鎮，及七〇、〇〇〇個村。小鎮及村構成縣之一部，設「縣教育局」(District Education Department)，對省區教育廳負責，並經由該廳而接受教育部的監督。市（及大小鎮）亦設教育局，人煙稀少的若干村，可組合爲一種單獨的鄉村教育區。

依據一九三六年蘇俄憲法的規定，除罪犯或精神病患者外，任何人民均有投票權。一九三六年以前，實行間接選舉；每名選舉人，祇有一次投票機會，用以推選一名村、鎮、或鄉蘇維埃的代表。縣、區以及共和國蘇維埃會議，乃至聯邦蘇維埃會議（All-Union Congress of Soviets），均依次由下級單位實行間接選舉。自一九三六年起，由村蘇維埃直至聯邦最高蘇維埃，均以直接選舉方式，產生一個代表團體。就理論言，地方政府的蘇維埃，在所轄區內，握有立法及執行權，但是事實上，其實際權力，操在蘇維埃推選的一種執行委員會的手中，而該會又須接受共產黨的指導。

各鄉、村、市、縣或區，其蘇維埃執行委員會，均可就委員中，推舉適當人選，擔任教育委員會委員，惟富有教育經驗者，得優先擔任教育委員。另由執行委員會，任用該區之教育局長一人。一方面，地方教育委員會須向所在地區蘇維埃執行委員會負責，另一方面，尚須向上級的教育局負責，依次類推，直到教育部爲止。此種層層監督的現象，即是蘇維埃政府體制的特徵。就理論言，選舉人可經由所選之代表及高級專業行政機關，而影響教育計劃的發展。惟此種可能性，並不太大。卡特(Carter)及其同僚會謂：「當其產生有效之影響時，然而，民主的成分，業已消失。在人民管理與安排地方事務的方法間，具有嚴格之區分。就法理言，蘇維埃乃握有權力者，但實際上，却很少行使其權力。據觀察所得，凡所選代表富有狂熱情調，且極力擁護既定政策者，必與具有實用主義精神的西方人民，構成一種强烈的對比，蓋蘇俄之行政制度，乃屬明顯之中央集權制，而其大權，常由黨部掌握。然而最難答覆的問題是：如已決定不予人民以權力，蘇俄政府何以建立一種容許人民參與地方事務的廣泛制度？列寧並提出一種通俗的口號：每個廚子，必須學會管理的方法。當彼等全體學會時，又未知將有何種事件發生？」

地方教育局，任用學校的校長，校長則遴聘教員，惟須報請教育委員會核准。一般教育行政機關的權責，大率爲經管校舍建築及設備事項；審核學校預算；管理所轄區內高等教育及師資訓練以外的一切普通教育。教育委員會，在任何重要之決策上，爲校長之顧問。並對轄區內的教員，予以適當之生活條件，有關校外的教育及休閑活動的計劃與設備，亦由該會負責處理。蘇俄所宣佈的教育目的，一切學校，皆爲平民而設，故無論距離城市的遠近，一律設有同一標準及設備的學校。就目前的情況觀察，彼等並無此種可能，不過，彼等已將達成此種目的的責任，委諸各地方當局。

各校均設有一種地方學務會議(Local School Council)，其構成人員，包括教員、校長、校醫、學校文書、廚子、門房、地方共產黨黨部、工人聯合會、以及共產黨青年同盟(Komsomols)等單位的代表。舉凡影響學校內部工作，學生身心健康，以及教員福利等事項，均由該會議負責辦理。

除經由教育局動用公款辦理教育事業外，地方人民及其組織，亦常予以適當之補助。在第二次世界大戰的一段艱苦時日中，若干學校被毀，或遭受損害，一般家長即幫助學校修繕及改良校舍。關於此種家長幫助學校的態度，常得到政府的鼓勵，自戰時起，即將此種行動的範圍，予以擴大。一般家長、地方同業公會、以及集體農場或地方工廠，對於學校校舍擴充及改進，特殊設備之添置，通常亦給予經濟上的補助。據說，每學期開學前，各地的家長，還幫助學校清掃或整理教室。至於學校午膳，一般家長亦給予金錢或食物的幫助，用於改善學生的伙食。

各蘇維埃的行政單位，均自編預算，教育預算則構成總預算之一部。通例由地方執行委員會，決定教育經費所佔之比例，然後即分配於各校，各地方學校的校長，遂以所得經費直接購置校內所需之學用品及教科書。此類物品，一律向國家出版公司，或國家學用品信託局(State School Supply Trust)洽購。教職員的待遇，依照政府法令的規定，其所需經費，則由預算項下開支。一切經費開支，均須經過稽核，在預算範圍內，校長有權動用法定項目所需之經費，但政府對其經費開支如有任何懷疑，或認為使用不當時，可令其申述理由。

除代表教育部長的中央機關的視導員外，尚有地方教育行政機關任用的地方視導員。此類人員，係就具有三年以上之教學經驗的教員遴選者，而希望彼等能予教員以較多之協助。惟其職權，不及中央機關的視導員之大。

各校均有家長會的組織，各班設家長委員會（Parents' Committee），全校設學校家長委員會(School Parents' Committee)，各校校長即為各該學校家長委員會委員。此類委員會得接受學校請求，助其強迫兒童入學，並使教育觀念通俗化，使一般家長得以了解。該會亦得於邀請下，負責處理貧苦學生、孤兒、以及軍人子弟的求學問題。關於學校設備與教學用品，以及學生休閒活動所需之經費，該會亦給予補助。同時，該會對於教員主辦的學校旅行、郊遊、以及特殊活動所需之食物，與夫各班的縫紉或木工所需之費用，亦給予補助。

共產黨的教育任務

共產黨爲蘇俄聯邦及各級政府的支配力量，蓋一切選舉，均由共產黨操縱。無論地方、共和國或聯邦，祇有黨員或經黨認可的候選人，始有被選，或擔任公職的資格。各集體農場、工廠、工業機構，及地方團體，均有共產黨份子參與其間，且爲數極多。此類共黨份子，其主要任務，在將共產黨的政策，滲透於蘇俄人民的一切生活之中。各黨員須絕對服從黨的命令，如違犯黨章，即受嚴厲之處分，有時，尙予以公開的「清算」(Purges)。共產黨的領導人物，握有蘇俄的一切大權，直接受史達林指揮的共產黨書記長(General Secretary of the Party)，才是全體俄人的眞正統治者。史達林死後，情形日趨暗淡，最後決定權，並未集中於某一人。

加入共產黨，並非權利，而是一種令人貪圖的特權，祇有極少的蘇俄公民，才能享受此項特權，甚至黨的外圍份子，亦不能享有特權。據一九一七年三月的統計，全國祇有二萬三千名黨員；同年十一月，已增至二十萬，至一九四七年，則超過六百萬人。由於一再的清算，被清除的黨員，爲數極衆，一九四七年統計的六百萬黨員，其中半數以上，爲第二次世界大戰期間或戰後新近加入的。在全國二億人口中，約有半數爲選民，六百萬共產黨員，似乎爲數過少。然而，戰後對於共產黨的責難之聲，時有所聞，以爲黨的發展太快，似有擴大清算的必要。

一種蘇維埃國家的全體公民，均須具備一個條件，即是於正式及非正式的教育歷程中，接受一種永續性的理論傳授或環境陶冶，對於共產黨領導階層的意見，表示由衷的悅服。除此以外，此類國家並訓練一種治理羣衆的領導人物，此亦爲一個黨員候選人必須經過的階段。爲達成此種目的起見，共產黨乃循正規學制的各階段，設置一種等級分明的各類青年組織，使其經過嚴格之選擇及訓練後，成爲未來的黨員。此類青年共黨組織，留待第十五章討論。

蘇俄的教育制度，雖係地方分權制，但由於具有雙重的管理，故實爲一種嚴格的中央集權的組織。蓋與正式的及有名無實的政府行政及管理機構平行的，還有各級共產黨的機關，所以，在形式上是地方分權，實際上却無絲毫地方分權的精神。從鄉村直至最高蘇維埃主席團（Presidium of the Supreme Soviet）的各級蘇維埃，均爲黨的代表所控制。黨的理論，一經中央委員會宣布，全體黨員，均不得表示異議。黨的路線，雖時有改變，惟其改變恒爲黨的最高機關所決定，並將命令下達至最低黨部，全黨一體遵行。無論一所學校所授的何種語言，或一個正式機關所從事的某種活動，皆不能自作決定，悉由同一機構所控制，此一機構，即是黨的中央機關。因此，黨的路線，一經官方確定後，蘇俄全國各地，不得有任何差異，故其實際結果，乃是在一種高度的地方分權制的形式中，實行一種極端的中央集權。

經費

蘇俄的教育統計資料，不易獲得，亦難與其他國家相較。其經費數字，尤難與一般西方民主國家比較。蓋蘇俄境內，實際上沒有私人所有權，而政府預算，則將農業、工業、運輸、商業以及包含於其他國家預算內的政府正規開支，均包括在內。蘇俄的統一預算，通例包括聯邦政府、各共和國以及各地方政府的預算，其總數約爲國家收入百分之七十五。蘇俄的預算，其中至少有百分之五十，用爲新興工業廠房的建築費，工商企業的經營費，以及一般建築及修繕費。

政府的歲入，有兩種來源：賦稅及國營事業的收益。國營農場、工廠、商業組織及運輸機構所得贏利的百分之九十，均經由直接或間接稅，一律變爲政府的經費。其餘百分之十，則用爲勞工的增產費或營業費。賦稅收入，其中大部份爲營業（普通營業）稅。從原本的生產者到消費者的每一項交易行爲中，均須徵收此種營業稅，所以，營業稅的稅率，即構成一種令人驚訝的金字塔：依據一九三八年的報告，肉類營業稅，由百分之五十五至百分之八十二不等；油脂稅由百分之五十至百分之八十三；煙草稅由百分之六十八至百分之八十八；肥皂稅由百分之四十六至百分之七十一。因爲營業稅是一種轉嫁性的（regressive），所以對於窮人的打擊較富人爲大，一般西方國家，每抨擊此種稅收，爲不公平及不民主者；在無產階級的獨裁下，對於必需品及奢侈品，均同樣徵收一種極端高昻的營業稅，乃使維持共產體制的一般工農大衆的負擔加重。

聯合國教、科、文組織出版的「各國教育組織及統計手冊」（World Handbook of Educational Organization and Statistics）一書，對於戰前蘇俄各級行政機關的教育經費數字，予以概略的說明。如表九所示。

表九　一九三九年各級行政機關的教育經費

行政機關	總數以百萬盧布計	佔年度教育經費的百分比	佔各行政機關總預算的百分比
聯邦	四、八二八	二三	四·一
十六個共和國	三、六〇〇	一七	三〇·八
地方行政機關	一二、六四一	六〇	四六·八
合計	二一、〇六九	一〇〇	一三·六

因爲各共和國及地方政府機關的收入，其主要部份，爲聯邦政府撥付的款項（蓋聯邦政府控制一切稅收），所以本表所示，祇是各行政機關耗費的金錢，而非經費開支的來源。表十所示，爲最近七年內蘇俄教育經費的增加概況。惟其所增加的數字，是否受盧布貶值的影響，尙不得而知。

共產黨及蘇俄政府，對於一九一七年所確定的工作，經已大部完成，彼等在反文盲方面所作之努力，雖僅有部份成功，但其成績，却非常顯著。惟因彼等堅持每一教員均應成爲共產體制的宣傳員，對於一切運用智力的活動，皆有嚴格之思想限制，致使教育計劃的發展，受到嚴重的妨礙。復因校舍奇缺，以致所有的學校，皆成爲二部制，甚至三部制。雖竭盡全力，訓練大批的教員，然各級學校，仍發生嚴重的敎師荒。一九五六—六〇年的第六個五年計劃，雖然困難重重，但蘇俄的每個公民，仍懷着一種實現十年普及教育的目的。在學校設施中，關於達成早期目的的方法，容後專章討論。

表十　蘇俄的教育預算（單位以百萬盧布計）

類別	一九三九年	一九四六年
幼稚園	九七四	—
托兒所	一、〇一八	—
普通小學及中學	七、七〇〇	—
其他普通教育經費	七三八	—
普通教育經費總數	一〇、四三〇	二〇、三七三

技術學校	一、八七〇	三、二六九
高等教育	二、五五五	四、五九五
職業教育	二、七九二	五、五三四
科學機構及其研究	九〇三	六、三八九
美術及出版	六七九	—
校舍建築	七一八	—
其他各項教育經費	一、一二二	—
特殊教育及其他教育活動總經費	一〇、六三九	一九、七八七
教育經費總數	二一、〇六九	四〇、一六〇

附註：(Letter from A. A. Petuhov, Press Department, Soviet Embassy, Washington, D. C. January 12, 1954.)

一九五三年的國家預算，分配於教育及文化項下的經費，爲六二、〇八九、五二七、〇〇〇盧布，較比一九五二年的預算增加三、五八三、四五三、〇〇〇盧布。

第三篇　學校設施：學制的實施

第九章　學制的實施

在第二篇中，吾人業已了解國家教育制度的組織、管理及經費。第三篇吾人卽將詳細研究學校設施問題。本篇各章，對於國家學制中的各個階段，包括學前、初等、中等、職業、高等、及成人教育，均逐一予以研究。關於各個階段中的課程差異，亦予說明。各章並討論教員的訓練、地位及待遇，最後則敘述現代學校實施中的問題。

學制的歷史發展

研究教育制度，在習慣上我們總是從保育學校或幼稚園開始，然後，循教育的階梯，依次研究初等、中等及高等學校。關於學制的比較，也依照第二篇所用的邏輯方法。但是，我們應該牢記，此種邏輯，並不是學制發展的途徑。大學之建立，實較預備學校爲早，惟目前每將預備學校列在大學之先。早期的初等教育，類皆缺乏組織，早期的中等學校，亦祗是訓練學生使能升入當時的大學。

初等、中等、及大學教育的正規組織，目前大多數的國家，均已建立完成。其中雖有若干改革，但其主要輪廓，早經固定。近年來有些國家在教育階梯的上下兩個極端，幼稚園、保育學校及成人教育的領域中，已發生若干重大的改變。

第一所大學，大約建立於八百年前。他們祗是一種散漫的學社（Communities of Scholars）組織。既無固定的場所，又無永久性的校舍——舉凡教室或集會所，圖書館，實驗室，辦公室等，均付闕如。由學者招收一批學生，在家庭中或於租賃的房屋中進行教學。有一次，巴黎大學於辯論當時的政府問題，乃決議遷往倫敦。蓋學校屬於私人財產，祇須教授有所決定，即可遷移，故由巴黎遷至倫敦，是極可能的。

由講授課程及師生的集合組織觀之，絕不能稱爲「大學」，祇不過爲一個「研究室」(Studium)而已。首先使用「大學」名稱的，在巴納牙(Bologna)，當時一批外國的學生，爲維護本身的利益，反對一般教授及市民，乃成立一種外國學生公社(Guild of Foreign Students)。此種學生公社，經常延聘教授，爲分量過多的學程或入班較遲的學生，補習功課。由於事實的需要，此種中世紀的學社，乃大加擴充，規模龐大者，亦爲數不少(十五世紀設於巴杜瓦 Padua 的學社，即可容三萬五千名學生。)，惟無今日一般大學所有的行政組織及行政人員。

在巴黎，首先使用「大學」名稱的，爲教師團體，而非學生團體。現代的大學，屬於巴黎的形式，與巴納牙的不同。最早的大學，或由教會管理，或與教會保持密切關係；其主要目的，在於培養牧師。不久，他們也訓練學生從事其他的專門職業，如律師及醫生，起初，他們並訓練一批優秀學生，以作爲其他學生的教師。當時的初等教育，祇是一般修道院及宮庭所辦的一種毫無組織的學校，教若干聰明的兒童，學習讀與寫。

由於大學的發展，乃導致中等學校的建立。第一所眞正的中學，可能爲一四二三年建立於蒙杜瓦(Mantua)者。魏特諾(Vittorino da Feltre)在維納斯(Venice)及巴杜瓦兩地，於獲得宮庭學校的教學經驗後，乃建立學校，傳授醫學知識。魏氏從一般經典中，選擇具有道德內容及影響的文章作爲課程。當時一般希臘文及拉丁文作家，所編的書籍，極不受歡迎，蓋彼等被稱爲異教徒及反基督教者。至文藝復興時，一般教育人員乃根據基督教教育的觀點，重新發掘古典文學。魏特諾的學校，即擬將宮庭的武士教育及修道院的基督教育所用的經典，予以混合教學。對於競技及體育，尤具特別興趣，此項活動，以男生爲主。

文藝復興時代的學校目的，在於教育兒童，學習古典語文，使其成爲基督教的紳士或教會的忠實臣民。所以，第一所學校，遂立即注重升大學的準備，其他學校，亦復如是。

魏特諾的學校，是一所頗具成績的預備學校。無疑的，這所學校，在中等教育階段，具有示範作用，歐洲的中等學校，以及美國早期的中等學校，即以其作爲模範。十六世紀時，建立一所法國中學(Collége de Guyenne)，在魏勒特(Elie Vinet)主持下，成爲一五五六至一五七〇年間頗具勢力的一所中等學校。該校招收六至十六歲的男生，予以十年的訓練。所實施的教育，極爲嚴格，教學科目，有背誦、閱讀、拉丁文及希臘文，法文則列爲次要的補充科目。全體學生，一律於晨間四時起床，整日均在監督下學習及背誦。大多數的學生，都繼續升大學。

在十四世紀至十六世紀之間，英格蘭設置一種公學，原來的目的，乃爲一般貧苦兒童，實施免費教育，使能具有「完善之基督教生活與風度」。其後，在爲學生準備參加牛津及劍橋兩所大學的入學試驗上，具有極優異的成績，遂立即成爲專收貴族子弟的預備學校。由於此種學校，專以準備學生投考大學爲目的，故變成中等學校。

法文 Lycée，德文 Gymnasium，都是實施古典課程，準備投考大學的中等學校。歐州各國，學校所授的課程，起初都屬於小學性質，其後由於課程加多，乃擴充爲中等學校。學生於年滿六或七歲時，即進入中等學校，修業期限，直到參加大學試驗爲止。後來，爲在眞正之小學基礎中，實施一種廣泛的教育機會，乃脫離中等學校，而成爲一種獨立的小學。從此以後，凡擬投考大學的學生，才接受中等學校的課程訓練。於是，在教育上遂形成兩種平行的教育制度，一種是平民的，以受滿小學教育爲止；一種是貴族子弟或少數優異貧苦兒童的，以投考各種學校爲主。有些國家，直到目前爲止，仍採用這種平行的教育制度。

美國殖民時代的「文法學校」，是由英國的公學移植而來的。不過，在最早的時候，有些文法學校，是由殖民政府或市鎮政府管理及維持的。此類學校，大都不接受捐款，全部經費，均由教會或私人團體供給。無論課程、方法及其旨趣，均與當時英國的中等學校相同。此種形式的學校，除佐治亞及北卡羅來納（Georgia and North Carolina）兩州外，其餘所有的殖民地，均經設置。

麻薩諸塞（Massachusetts）州，雖然設置不少的文法學校，但在新英格蘭諸州，很少設置此類學校。美國的第一所文法學校，便是成立於一六三五年，迄今仍繼續開辦的波士頓拉丁學校（Boston Latin School），由於美國的社會及教育傳統，與歐洲不同，故其發展途徑，亦彼此互異，中等學校的性質，也有若干改變。此種拉丁學校，已爲舊制中學（Academy）所代替，蓋後者所設之博通課程(Liberal Curriculum)較多。

拉丁文法學校，爲適應一般人民日常生活的實際需要，乃擴充其課程範圍，早在十八世紀中葉，即增設實用數學，航海術及測量等科目。一七五一年，在費城（Philadelphia）設立第一所舊制中學，所開課程，分爲拉丁文、英文、及數學三類。富蘭克林（Benjamin Franklin）早在一七四三年，即爲文提倡此種學校，富氏的言論，對於此種學校的發展，頗有影響。此種舊制中學，在設立旨趣及課程上，與德國的實科學校（Realschule），具有很密切的關係，此種學校之主旨，在於對抗普過中學的嚴格與非職業性的課程。美國革命後，舊制中學，即成爲美國最盛行的一種典型的中等教育機關。

德國的實科學校，創立於一七四七年。當時赫克（Hecker）在柏林設立此種學校，所授課程，有德文、法文、拉丁文、書法、圖畫、歷史、地理、幾何、算術、機械、建築、宗教、及倫理學。五十

年內，此類學校，即正式成爲德國學制之一部，全國各重要城市，均設置此類學校，

於比較各國中等教育之發展時，吾人獲得一種重要的啓示，即中等學校與古典課程及準備升大學的概念，具有密切的關係，而此種概念之實際應用，又彼此互異。法國的國立中學，魁北克的古典中學，迄今仍嚴格遵循魏特諾原本的模式。英國的公學，固與魏特諾的模式相似，文法學校，亦與此種模式，具有某種程度的相同。美國的中學，及加拿大的公立中學，則與此種模式完全相反。目前的問題，即是一所中學，究竟應該成爲全體人民子弟的學校，或成爲少數優異學生繼續研究的選拔機關，各個國家，關於此一問題的解答，彼此互異。

於研究各國教育程序時，吾人可立即證明，關於中等教育的解釋，各國間缺乏一種共同的見解。在若干制度中，中等教育乃是在小學階段以後，再繼續學習若干年。美國的傳統概念，中等教育，係指第九至第十二學年，目前，有的地方則改爲第七至第十二學年。英國目前將中等教育，確定爲十一歲以上的一個教育階段，意即小學階段，約於十一歲終止。法國直到第二次世界大戰以後，中等教育，仍爲一種完全獨立的制度，其修業期限，由五歲開始，直至升入大學爲止。因此，莫爾滿乃指出，有的國家，實施一種「單軌」制，有的國家，又實行「雙軌」制。

「初等學校」(Elementary School) 一詞，首由英國使用，當時乃是設置一種學校，爲一般貧苦兒童，實施基本教育。此種學校，旨在給予兒童一種教育，使能充分適應其環境，但不能使其在社會上獲得一種令人滿意的職位。由於民主思想的發展及普遍，教育亦日趨普及，初等學校一詞，英國人認爲名譽不佳，乃予以廢止。目前，英國使用「小學教育」(Primary Education) 一詞，以代替原有的初等學校。英國的初等教育，在涵義上與美國目前所稱的初等教育，頗不相同，迄今美國仍視初等教育，爲公立學校的第一個階段。

課程的演變

世界各地，通例認爲正式教育，乃是大多數的公民，完成小學階段的一種教育；義務教育年限，亦多與小學教育的期限相同。直到最近，法國大多數的學童，均肄業至十四歲爲止，然後，再在「高等小學」，受二年教育，此種高等小學，並非中等學制之一部。迄至十九世紀末葉，美國大部份的兒童，於小學畢業後，卽視爲正式教育的終結。自一九〇一年起，美國的公立中學制度，普遍發展，大多數的州，乃將義務教育年限延長，於是正式教育的終結期限，遂有改變。有一件重要的事情值得一提的，便是美國的中學，在觀念上乃是屬於全體青年的一種學校，世界各國，常視此一觀念爲例外。

大多數的國家，最早的小學，都祗有幾個月或幾年的訓練期限。後來，由於採用班級制度，及制定義務教育法案，小學修業期限，乃逐漸延長。目前，絕大多數的國家，小學教育年限，均爲六至八年（惟蘇俄祗有四年）。其授課時間，及教學科目，亦有增加。除基本之讀、寫、算外，尙增設若干新的科目，如地理、公民、歷史、音樂、美術、自然、體育、及衞生。

假設小學爲一個國家的多數公民僅有的教育，則課程編制者所負之責任，尤爲重大。兒童必須在短暫的幾年期間內，學會應該知道的，以及學校能教的一切事物。因此，有的國家便加重年幼兒童們所學習的教材負擔。就一個尙未成熟的兒童看，這些冗長的教材，實在過於艱難，但是成人却希望他們學習，認爲這些教材具有一種實用價値，待其成長時，卽可應用。教學時也祗是採用一種口頭的文字傳授方法，其目的，祗希望兒童能通過考試，實際上對於兒童毫無意義可言。

世界各國，對於兒童心理學的興趣，日益增加，對於學習歷程的意義，亦日漸了解。一般心理學家，對於成熟原則與學校中的「預備」（Readiness）方法，也特別注意。就一切事例言，所謂「預備」，意即年滿五歲的兒童，令其預備學習閱讀，不及待其年滿七歲時再行學習來得容易。教師所用的適當方法與兒童固有的經驗，在年幼之時，較之其他情況更能產生較大之預備性。大多數的國家，雖然了解此種事實，但在學制上依舊堅持於五歲時開始教學，並在年幼時即進行正式的閱讀與算術教學活動。

美國學生，其在學校生活時間，平均都延長至初中，乃至高中教育階段，美國的課程編制人員，對於各年級的教材，亦儘量予以重大的改變。閱讀教學，直到兒童在心理上有所預備時，才開始進行，正式的算術教學，亦延至二年級，甚至三年級開始。課程方面，儘量增加自然及社會學科的教學時間，而特別注重公民訓練。世界各國，對於美國的此項措施，常以例外情況視之。

教育哲學

任何學校的實際設施，均以教育人員，以及一般支持學校的人所持之教育哲學的見解爲轉移。美國教育人員，對於教育哲學之明白陳述，其興趣日趨濃厚。各個國家均有其自身之教育哲學，惟在文字上，對於各種制度的哲學思想，並無明確的表示。從學制實施上體認其所根據的教育哲學，較之從陳述政策的出版物中，尤爲容易。

美國公共學制的主要目的，即是公民訓練。可是，這並不是其他國家辦學的主要目的。歐州以及其他地區的國家，學校的目的，在於熟練某種專門教材，以達成較高之學術水準。爲實現此種目的起見，學校方面乃實施嚴格之選拔制度，所以，在中等教育階段，其學齡人口的比例，較之美國的學校爲低。因此，學制之比較研究，最要者即是牢記：世界上大多數的國家，均未將美國公民訓練的理想，作爲公共教育的主要目的。

教育目的之概念的差異，在高等教育範圍內，亦甚重要。美國年在十八至二十二歲間的青年，在學院及大學受教的，就人數比例言，較之其他任何國家，在同一年齡階段受教人口的比例爲高。此種情況，一方面由於美國具有高度的生活水準以及不願僱用尚未成熟或未受良好教育的人，另一方面，乃由於美國人有一種信念，認爲受過大學教育的公民所佔的比例愈高，其能從事善良事務的可能性也愈大。美國教育之重視公民訓練，其原因亦在此。

同時，還有一種事實，便是美國的大學，特別是公款設置的州立大學，有一種爲納稅人服務的强烈責任感。大學的傳統功能，祗有教學與研究，現在則增加一種爲社會服務的功能。此項服務，方法甚多，諸如普通課程的推廣，農業合作推廣計劃的實施，以及增設適應地方需要的新課程，與發展州內各地區的各項服務活動。

有一所規模宏大的大學的校長，曾經說過：「阿弗烈大帝（Alfred）及查理曼大帝（Charlemagne）時代，曾經討論過大學的功效，各個國家，均有其自身的答案。就君主國家言，大學的功效與民主國家的大學功效不同。大學對於各教會所發生的功效，與對於各個男女的功效不同。教會認爲大學是教會的保護者及代替物；個人認爲大學可以增長自己的知能。國王認爲大學，是自身的代理及諮議人員；民主國家認爲大學是消滅禍首與敗類的有效方法。……無論是或非，早或遲，美國的大學必須授予學生以其所需要之知識。各項設施，亦須適應需要，或使其無匱乏之感。無疑的，我們的教授，關於有益於學生的事物，較之學生自身之認識，更爲淸楚；除非我們要使學生認識某種事物，否則，我們必須使其獲得較大之自由，依照他們自己的方法，研究他們應該研究的。」

就理論言，大學之設置，在以比較方法將爲數甚少的優秀份子分開，使其於狹義之教材範圍內，接受一種非常專門的教育，此種理論在世界各國較之前述的概念，更爲流行。大多數的國家，大學入學試驗非常困難，祇有極少數的學生，能進入大學之門。學術研究，乃是大學教育的首要目的。艾希貝(Ashby)的談話，即是此種觀點的良好表示。他說：「這裏是一個大學設置教學科目所用的標準。假若科目本身所引發的思想，不是偏狹的，簡言之，假若科目能在心理上激發一種觀念，則此種科目，便是大學所歡迎的。另一方面，假若一種科目，本身的一切原理原則，都是從舊有的科目抄襲得來的(如新聞學便是沿襲文學的理論，售貨術（Salesmanship）便是沿襲心理學的理論，按摩術(Massage)便是沿襲解剖學與生理學的理論。），而不能使經驗類化者，則此種科目，便不爲大學所歡迎。大學所設的一切科目，都必定以此標準爲基礎。最重要的，便是一種科目，其本身須有訓練價值或訓練的機會。假使是一種技術，而不能用以維護理智的健全，即列爲技術科目，由技藝專科學校設置。這便是大學之所以不設置新聞學、廣告術、打字、及售貨術的緣由。……假若大學同意開設此類科目，必能滿足一般人民的眞正要求。此種措施，也決不致有人反對。可是，滿足大衆的要求，並不是大學的任務；大學不是一個官辦的販賣知識的百貨商店，而去滿足一般顧客的這種或那種要求。……大學必須對當時的社會有所貢獻，正如富萊克斯勒（Flexner）所說的，大學所給的，不是社會所需要的，而是社會所缺乏的。」

因此，可以了解各國大學教育的發展，常因歷史與社會背景，以及人民所具有的教育信念不同，而互有差異。有些大學，大都遵循威斯康辛(Wisconsin)大學校長希斯(Van Hise)，於一九五一年所揭示的原則：「假若一所大學，以廣泛的服務基礎爲其理想，便不可規避其傳授知識予人民大衆的職責。」有的大學，則認爲除教室及在校的學生以外，別無責任可言。很明顯的，雪梨大學教授艾希貝的上述談話，便是很好的證明，他除了依照上述意見進行教學活動外，決不參與任何方式的大學推廣工作。在有關教育哲學的若干問題中，最正確的一種答案，便是適應本國人民的需要，合乎本國人民的信仰。

世界各國，咸認爲高等教育的哲學，對於本國初等及中等教育計劃的影響，是未可估計的。假若教育上的一般領導人物，認爲大學是經過選拔將來可當領袖的少數人員的訓練場所，則中等學校，必將受到此種選拔領袖的職能的嚴格限制，而成爲投考大學的準備機關。假若認爲大學是絕大多數的人民所經過的整個教育階梯中的一部份，則中等教育大衆化的概念，將受到極大的歡迎。哲學上的這些差異，對於一個國家的小學課程，以及爲若干未受正式學校教育的人民所設置的成人教育活動，也都有很大的影響。

教師的地位

關於本篇所包括的各個國家的師資補充、訓練、地位及待遇等項，均在討論之列。依據研究的結果，發現一種共同的現象，便是所有的國家，均面臨一個缺乏合格師資的相同問題。關於此一問題，各個國家所採取的解決方法，則因國家的心理及經濟情況不同，而互有差異。雖然大部份的國家，最近確將教員的待遇予以提高，但是，沒有一個國家的教育當局，對於支付教員待遇的經費，表示滿意，同時，也沒有一個國家的教員，大都滿意所得的報酬。

如擬直接比較各國教師的待遇，及其通用的各種不同的貨幣，實非易事。如果將美加兩國教師以元計算的待遇，英澳兩國教師以鎊計算的待遇，法國教師以法郎計算的待遇，俄國教師以盧布計算的待遇，加以比較，而求得一種平均的待遇，似乎也沒有多大的價值。假若將一切平均待遇的數目，在一種合理的兌換率下，一律折合爲元，對於各國間教師平均待遇的問題，也很難得到一種公平的解答，因爲法、英、俄三國的教師，不能以元爲計算單位，在美加兩國的市場上，購買貨物及從事交易行爲。

著者搜集的有關生活費用中各項物品的價格，及一個工作者爲購置各項貨物所需工作的時間方面的資料，或有助於上述六國教師的經濟情況及購買力的比較研究。此類數字，詳列於本書之附錄中。所需工作時間的數字，係以半技術工作者平均耗費的時數爲基礎，以此爲準，大部份國家的教師待遇，均可作一種概略的比較。

依據本書附錄的資料，乃製定三個簡表。表十一係說明上述六國中的每個國家，用於購買日常生活的食料所需工作時間的分鐘數。表內所列數量，祇用以表示生活上最低限度的需要，而未包括各國實際消費中的各種項目，此類工作，例須由計算官方公佈的生活指數中求之。表內所列各項數字，係以個人生活範圍內所購各項物品的最低價格爲基

表十一　購買每日最低限度的食物所需工作時間（分鐘）

食物的名稱	美	英	澳	西德	法	俄
麵包（〇·二五公斤）	三	五	三	七	七	六
肉或魚（〇·二五公斤）	一一	二二	一四	三七	三〇	四七
蔬菜或水菓（〇·五〇公斤）	三	六	三	五	一五	五
蛋（一）	二	五	四	七	一〇	一七
脂肪（〇·〇二公斤）	一	二	二	二	三	五
牛奶（一來特）	八	一七	一三	一三	一八	四一
合計	二八	五七	三九	七一	八三	一二一

表十二，所列購置衣服的項目，爲一年內最低限度之所需，同時也列出購置此種最低限度的衣服所需之工作時間。

表十二　購置最低限度的衣服所需工作時間（小時）

衣物的名稱	美	英	澳	西德	法	俄
男子的衣物：						
½件背心	一二·四	四三·三	二二·九	三八·九	三三·三	一二三·九
三件襯衫（禮服用）	五·六	三四·七	二一·〇	四一·七	三〇·二	九二·四
三件襯衫（工作用）	三·六	一八·一	一三·四	一六·七	一六·六	五五·四
一套衫褲	四·〇	一三·三	八·一	一六·七	一一·九	一六·五
¼件大衣	四·七	一四·四	一〇·〇	二五·〇	二〇·七	七·六
六雙短襪	一·三	五·八	七·九	八·三	八·七	二二·二
一雙鞋子（工作用）	三·五	一一·〇	一二·九	一六·七	二一·一	六五·一
合計（男子）	三五·一	一四〇·六	九六·二	一六四·〇	一四二·七	四五二·一
女子的衣物：						
一件外衣（棉質）	七·五	一七·三	一一·七	二七·八	二五·二	一一一·一
½件上衣	一〇·九	二六·〇	二〇·一	三三·三	三八·五	八四·六

六雙長襪	二·七	七·五	八·八	一〇·九	一五·九	三九·七
一雙鞋子	三·一	九·〇	一一·三	一一·一	一四·八	七〇·八
合計（女子）	二四·二	五九·八	五一·九	八三·一	九四·四	三〇六·二

表十三係就上述二表的資料，組合而成者，用指數（Index Numbers）方式說明之，並以一百爲基數，代表美國的數字。

表十三　購置衣食必需品所需工作時間之比較

指數	美	英	澳	西德	法	俄
食物	一〇〇	二〇三	一三九	二五三	二九六	四三二
男子的衣服	一〇〇	四〇〇	二七四	四六七	四〇六	一二八八
女子的衣服	一〇〇	二四七	二一四	三四三	三九〇	一二六五

依上所述，一種教育制度，便是某一個特殊國家的人民，希望由學校獲得些什麽，國家即給予什麽的一種有效措施。因此，我們無論研究那兩個國家，都不會找到絕對相同的制度。一種制度適合於某一個國家，但未必適合其他國家的需要。任何一種的比較研究，其價值均在於說明各個國家的設施，並竭儘可能，以探求各國之所以採取此種措施的原因。研究比較教育，決不可因其他國家的學校設施，與本國的不同，就認爲他是錯誤的。

第十章　美國的學校設施

美國的教育，至為複雜。依本書第三章所述，美國是由州所組成的一個聯邦國家，各州的學制，完全由各州自加管理。大多數的州，常由州政府將其管理教育的權力，付託於地方政府，因此，各地的教育計劃及程序，頗不一致。我們用敘述「法國學制」的方法，來說明「美國學制」，是不相宜的。此種事實，常不能為其他國家來美考察的人士所確切了解。

然而，各州的制度，也有若干共同的特點。美國的教育，是以全體兒童為對象的一種普及教育，全國有四十州，兒童於六歲入學，直到十六歲為止，其餘各州，則延長至十八歲。大衆化的中等教育，為整個教育計劃的一部份，年滿十二歲尚留校繼續求學的學校人口比例，已成為一種固定性的增加趨勢。年在五至十七歲間的兒童，約有百分之九十是入學的，這種比例，較其他任何國家為高。美國青年升大學的比例，也較世界任何地區為高，大學機關亦在日漸增加中。

歷史背景

美國各州的義務教育，發展較早，惟普及性的中等教育，其發展則在小學之後，由於地方人士的要求，乃由地方學區，普遍設置公立中學。各州義務教育的年限，亦由十四歲延長至十六或十八歲，因此中等學校學生就學率，乃急劇增加。

美國人民的教育程度，根據每逢十年舉行一次戶口調查的結果，發現一直都在提高。依照一九五〇年的戶口調查，年滿二十五的美國人，其受教年限，平均在九點三年以上。雖然繼續不斷的有移民進入美國，對於這些來自各地而大都教育程度甚低的新公民，尚須予以歸化教育。美國公民平均受教的年限，竟然達到上述的標準，實屬難能可貴。假使不是南方各州的黑人與西南各地墨西哥人的教育程度太低，可能高於上述的數字。

全國公共教育經費，爲恒常性之增加。公立初等及中等教育經費總數，係以人口爲基礎，一九一○年，平均每人得四．六三美元，一九四九年，增至三三．六九美元。在同一時期，每年的教育經費，平均每名學齡兒童，所得之數目，由三三．二三美元，增至二三二．二四美元。

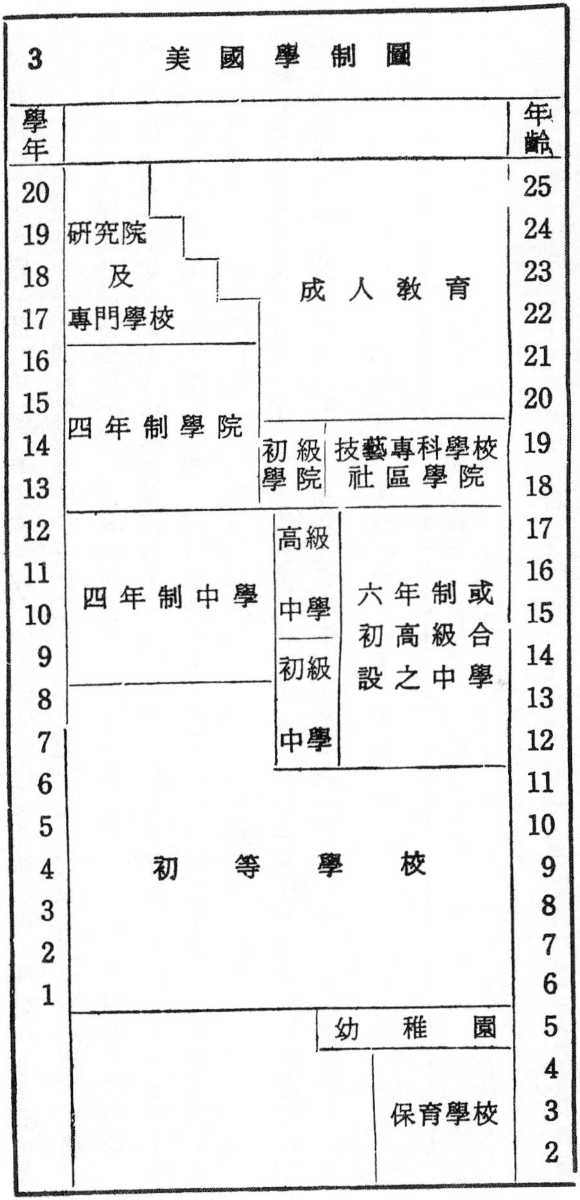

普通教育的形式，爲一種八年制初等學校，繼以四年制的中學。此種形式，稱爲八—四制。大多數的地區，在初等學校以前，尚設置保育學校及幼稚園。在中學以後，則設置四年制的學院，研究院以及專門學校。不過，此種傳統的形式，因各地情況不同，而互有差異。六—三—三制，即包括一種六年制的初等學校，三年制的初級中學，及三年制的高級中學。另外，還有一種形式，便是六—六制，六年制的初等學校，繼以六年制的中學。高等教育階段，也有一種非常發達的形式，便是二年制的初級學院。此外，尚有若干不同的形式，茲不備述。圖三所示，乃爲最普通的形式。

美國人民的教育事業，如表十四所示，表內所列數字，爲公私立各級學校學生註冊人數。在初等學校學生註冊總數中，約有百分之十二，爲私立學校學生，其中十分之九，就學於教會學校。中學生

表十四　一九四九—五〇年度，美國公私立教育中學生註冊人數

	公立學校	私立學校	合計
幼稚園	一、〇三八、〇八八	一三三、五七四	一、一七一、六六二
初等學校	一八、四三九、六〇三	二、五九〇、二四〇	二一、〇二九、八四三
中等學校	五、七三一、八四三	六九五、一九九	六、四二七、〇四二
學院及大學	一、三五四、九〇二	一、三〇四、一一九	二、六五九、〇二一
共計	二六、六〇一、一三九	四、七二三、一三二	三一、四〇二、〇五一

附註：依據聯邦教育署的估計，一九五五年秋季，全國各級學校，學生註冊總數，爲三九、五五七、〇〇〇。

的註冊人數，其比例私立學校略低於公立學校，私立學校教育的影響之大，由此可見一斑。學院及大學的學生，其中約有一半，是在私立學校肄業的。

美國一般社會人士，所持之教育哲學見解，以爲教育，即是一種公民訓練。美國的教育制度，設與注重學業成績的制度相比，則後者重視學生能力之儘量提高，而淘汰學業成績較低之學生。美國的教育計劃，在於適應全體公民之需要，期能全部就學。

民主主義的公民訓練，其基本概念，在賦予每個公民以同等之權利及義務。每個公民均可依照自己的意思，選舉其他的公民擔任政府職務，因此，每一公民必須接受良好之公民訓練，始能克盡公民的職守。在此種概念下，對於祗予全體兒童以初等教育，而使中等教育，成爲一種嚴格的選拔階段，僅以少數具有學識者爲限的哲學態度，表示極力的反對。有些國家，常將大批年滿十四歲尚未接受良好之公民訓練的未來公民，送入社會，美國的學校，則使一般未來的公民，多受幾年的教育，而特別着重人羣關係及社會適應的訓練。由於這種觀點，乃激起一般學校開設各種不同的課程，與維持教育標準的許多有趣的問題。

學前教育

美國的保育學校(Nursery School)，直到一九三三年，尚以收容一般富庶及貧苦家庭的兒童爲目的。此類學校，多由私人機構或鄰里團體所設置。也有少數的慈善機關，設置保育學校，使一般貧苦家庭的兒童，當其母親外出工作時，得有照料之所。至一九三三年，聯邦臨時救濟管理局（Federal Emergency Relief Administration）設置保育學校時，始成爲聯邦政府的普通救濟與就業活動之一部。此項計劃，在於適應一般平民的需要，同時，也解決了一批合格教員的就業問題。此類學校，例由地方學務機構設置，其所需經費，則由聯邦政府供給。第一年開始，即有三十七州實行此項計劃，計設二、九七九所保育學校，收容年在二至五歲間的兒童，共達六四、四九一名。至一九三九年，全國計有三千所保育學校，註冊的幼兒，總數超過七萬五千名。

第二次世界大戰期間，爲使一般結婚的婦女，大量參加戰時工業的工作起見，乃於現行學校計劃以外，在若干船塢及工廠內，增設保育學校。此類學校，多半將保育兒童的時間，延長爲一天，同時，也實施保育學校的教育。至一九四五年，在此類擴充保育中心(Extended-care Centers)受教的幼兒，爲數達五一、二二九名。一九四六年，戰爭結束，聯邦負擔的經費取消，大多數的保育學校及兒童保育中心，亦相繼停辦。不過，聯邦政府爲激發地方人士辦理保育學校的興趣，對於一般保育學校，乃予以經濟的補助，大部份的地方社區，也儘量設置保育學校，並由地方籌款維持之。然而，此類學校的發展，至爲緩慢，年在二至五歲的幼兒，就學的比率依舊很低。

幼稚園教育，非常發達，雖然有些幼稚園准許四歲的幼兒入學，但通例均招收年在五至六歲的幼兒。因爲六歲是美國學校正式入學的年齡。故使尚未入學而年滿五歲的幼兒，能獲得若干教育經驗。美國的幼稚園，大體分爲公私立兩種。

依據一九五〇年的調查，全國各州，除一州外，類皆由地方學區設置公立幼稚園，所需經費，由地方稅收項下開支，其中有二十九州，尚由州政府負擔其經費。各州對於各地區之設置幼稚園及實施幼稚教育，向不採命令方式，例由學務董事會將地方行政當局擬訂之幼稚園的實施計劃，提請本學區的納稅人公決。

幼稚園爲半日制，例皆分爲上午班或下午班。此種措施，乃以心理學的閱讀原則爲基礎。根據最近的研究，大部份的兒童，至少須年滿六歲時，才能學習閱讀。可是，並不是說每個兒童於開始學習正式之閱讀時，必須年滿六歲；因爲生理年齡，不是一個可靠的標準，心理年齡才是教育計劃方面一個確切依據。有的初等學校，認爲一年級的兒童，於開始正式之閱讀功課前，對於一部份兒童必須繼續實施幾個月的幼稚園的預讀法（Pre-Reading Methods）。

幼稚園不教閱讀，惟特別注重初等學校一年級之正式功課的預備訓練。從前的幼稚園，類皆工作繁忙，事務很多，現代的幼稚園，其課程特別重視字彙的發展，以及閱讀有趣的書籍，講述有趣的故事。語言的發音訓練，亦爲其重要部份，爲準備兒童他日從事計數活動，乃使其計算東西，及觀看日曆與書籍上的數字。同時，並利用塗顏色、剪貼活動、繪畫、以及堆積木塊或其他東西，使手眼相應（Eye-and-hand Co-ordination）的活動，得到適當的發展。其於兒童衛生習慣之訓練，尤爲重視，學校午膳及課間點心，亦有良好的安排。

幼稚園即開始實施公民訓練，每個兒童，必須使其尊重他人之權利及個性。利用觀察及講故事，以培養兒童的想像力，從閱讀有趣味的書籍中，以激發兒童之創造力，故必須購置大批適於兒童年齡及興趣的書籍，供其閱覽。一般教育工作人員，堅決相信幼稚園必須與初等學校的一、二年級，取得密切之聯繫，務期受過幼稚園教育的兒童，能獲得較大之益處，並進而使幼稚園成爲初等學校行政組織之一部。根據研究的結果，認爲凡屬具有幼稚園經驗的兒童，對初等學校一年級的活動，每能作迅速與良好之適應，以後的學校生活，亦可能有較佳之進步。

初等教育

美國的初等學校（Elementary School）通例被視爲普通學制中的前六年或八年，後一階段稱爲中等學校。此種初等學校，原稱「分級學校」（Grade School，這必須遠溯於最初所設之不分級學校

Ungraded School，這種不分級學校，每一年稱爲一個年級。）或「文法學校」（Grammar School），但其涵義，與英國的文法中學不同，此種學校，祇傳授基本之讀、寫、算與文法。英國的「小學」（Primary School）一詞，美國用來代表初等學校的前二年或三年，這個階段，在英國稱爲「幼兒班」（Infants' Classes）。

初等學校，是免費的，義務的，兒童註冊的人數，以國內每一年齡階段的人數爲轉移。在美國，年在六至十三歲間的兒童，百分之九十八以上，是已經入學的。人口生產率的增減，對於六年內學校的註冊人數，具有直接的影響。近三十年來，由於人口生產率降低，學校註冊的人數，便立即爲之減少。第二次世界大戰後，人口生產率急遽增加，初等學校各年級的學生人數，也隨之加多。然而，由於美國人民的希望增多，其就學人數的比例，遂爲之減低。一八九〇年，在初等學校註冊的，佔人口總數的百分之二十二點五。至一九五〇年，雖有義務教育法予以嚴格之强制，同時教育設備及交通工具均儘量增加，然而進初等學校的，祇佔人口總額的百分之十六點六。很明顯的，每年的人口生產率的數字，較之學校註冊人口總數的統計爲可靠。

全國各地，繼續推行小型學校的合併運動，因此，每年乘坐公家付錢的交通工具往返學校的兒童，日益增多。一九二九——三〇年，學童乘校車的人數，爲一、九〇二、八二六人，到一九四九——五〇年，則增至六、九四七、三八四人。在此相同的二十年期間內，美國的單班公立學校，其校數由一四九、二八二所，減爲五九、六五二所。

初等學校的中心工作，在於實施美國公民的教育。教學科目，有語言藝術的基本技能——讀、寫、講、與聽，也有全體公民必須具備的算術概要。至於基本的習慣、理想、態度，以及技能與知識，亦爲每一公民所必需。所以公立學校的目的，乃是使每個人都能適應社會與國家的生活，進而成爲一個自治及自我指導的公民。

初等學校由一百年前的傳統式的學校，逐漸變爲一種現代的複雜與進步的學校。因爲美國的教育，係以地方自治爲基礎，所以全國各地，普遍進行大規模的試驗工作。不論行政組織及課程，均有若干不同的形式。事實上，雖然沒有一個單一的政府機構，規定美國的學制，可是在任何兩所美國學校間，其相似之點，總是多於差異之處。

依據一九五〇年的調查，美國學年的平均長短爲一七九·九日。學期的長短，各州不一，由密士失必（Mississippi）州平均一五五·五日至伊利諾（Illinois）州一八六·六日不等。學日的長短，亦彼此互異。最普通的情況，爲上午九至十二時，下午一至三時半，每週星期一至星期五，爲授課時間。低年級的學日，通例由三十分鐘至將近一小時不等。

美國的學校，與有些國家的情況不同，沒有一種規定的日課表，將每種學科在一日或一週之內，固定爲多少分鐘。將若干科目統合或混合爲一種較大的教學單元，此種手續，難於管理。依照規定的時間，分配活動的程序，此種辦法，早經廢除。在美國，有一種趨勢，便是增加社會學科及自然學科的教學時間，而減少讀、寫、算在教學時間上所佔的比例。

大多數的初等學校，均有家庭作業之規定。然而，自二十世紀初期開始，卽有減少家庭作業的趨勢，甚至根本廢止家庭作業。依據研究的結果，認爲兒童在校的進步與家庭作業時間之多寡，毫無關係。所以，目前有一種趨勢，便是鼓勵兒童從事一種娛樂性或類似的家庭自由作業，如此，不但可以使學生對於教室內的各種活動感覺興趣，而且還可養成學生善用閑暇的習慣。

直到十九世紀末葉爲止，一般人士，仍認爲大部份的美國青年，祇得完成正式的初等學校教育。自一九〇〇年起，由於義務教育的期限延長，乃使初等學校畢業繼續升中學的學校人口比率，迅速增加。初等教育的性質，亦因此而由終結教育（Terminal-Education）計劃的實施，變爲一個較長久的教育經驗的傳授階段，此種性質的改變，乃使初等學校的宗旨，組織及課程，均受到影響。一般初等學校教師，亦不復强迫學生留校讀書至八年之久，而認爲學生所需之一切事物，並非均由學校獲得。最近，有一種轉變，便是重視實用科目，對於個人未來之學校生活有關的若干艱深科目，暫緩傳授。

在一般舊式初等學校中，以往所授的科目，今日看來，對於一個中材的學生，大都感覺太難，同時也認爲這些科目，在個人學校生活中，開始學習的時間，似嫌過早。在此種情況下，大部份的學習，所獲得的祇是文字上的成就，對於兒童的實際生活，毫無補益。所以預備原則的應用，絕不能以閱讀爲限。目前，大多數的初等學校，將正式教學算術的時間，延遲一年或二年，而不在一年級開始教學。所有的初等學校，在課程中，一律增加社會研究，而將以往分別設置的地理、歷史、與公民等科目，延至初級中學時代或初中以後，才開始教學。

由於教育思想上的這些轉變，一般人乃認爲應由初等學校一年級至整個中學階段，將課程定爲一種十二年的連續性的計劃。這種趨勢，對於一般自認爲他是「初等」或「中等」學校教員的人，無疑爲一種良好的教訓，而使彼等注意其他學校的計劃，並進而設法達成之。

中等教育

美國的教育，因採地方分權制，故美國現行中等教育制度，很難予以確切的說明。傳統的四年制中學，其註冊學生數，約爲全國中學生總數的百分之四十，初高級分設的中學，其註冊學生數，佔全國中學生總數的百分之三十五，其餘則大部份就學於初高級合設的六年制中學。地方學區的教育哲學觀，常爲採取其組織類型的決定因素。就學於各類中等學校者，約爲十四至十七歲間的青年總數的百分之八十二。

美國最早的中等學校，其設立旨趣，在使男女學生準備投考大學。所授課程，則爲狹義的與古典的科目，通例均無選科之設置。至於生活或公民訓練，並非學校的眞正目的，而係附帶性質。十四至十八歲間的青年，其就學率不到百分之十，這些少數的幸運者，通常都是經過嚴格選拔的。他們不是極端優異的學生，便是家庭經濟情況十分富裕者。

二十世紀初期，人們對於中等教育的態度，開始有了轉變。這種轉變，一部份是由於各地普遍設置公立中學，並免收學費。以往祇有中上層階級的子弟，才能進那些必須繳納學費的私立舊制中學，現在，所有的學童，一律可進一種免費的公立中學。因此中學運動，非常發達。就俄勒岡（Oregon）州言，十四至十八歲間的青年，在一九〇〇至一九四〇年間，其就學率已增高至百分之二十，其他各州的情況，亦復如是。由於新式的免費公立中學，日益發達，大多數的舊式私立中等學校，均已停辦。

在一九〇〇年，美國中等學校就學的學生，其總數爲五十萬人，佔全國總人口七千五百萬的百分之零點七。至一九四〇年，中等學校學生就學總數爲六百五十萬，佔總人口一億三千萬的百分之五。據估計四十年來，美國人設立學校的速度以每一學年每週五日計算，平均每日即有三所新設的中學，可供每日增加九百名新學生之需。目前，就學於中學的學生，非常普遍；例如加利福尼亞（California）州，適齡學生進中學者，其就學率爲百分之九十三。

當前美國人的思想，認爲中等教育是有關全體青年的一種教育計劃。所謂中等教育，即是由青年期開始直到青年後期的一段生活時期，或者說是由十二歲至二十歲的一段時期。就教育立場言，意即由第七學年或開院直學始大初級到學二年級爲止。初級學院，雖包括大學前二年的課程，但就性質言，通例列入中等教育階段。

一、中學

中學的編制，採科任制，每名教員擔任一種科目或數種相關科目，每日擔任五或六個不同班級的教學工作。各科教學時間，由四十五分鐘至一小時不等，一種典型的學日，由上午八時半開始，直到下午三時半散學。大部份的學校，每日均有例行的活動時間，在活動時間內，學生得自由參加學校俱樂部及一般活動團體的活動。此類活動之時間，通例為三十五分鐘。目前，似有縮短午膳時間及提早散學的趨勢。另外，還有一種趨勢，即將各科教學時間，由四十五分鐘，延長至五十五分鐘或一小時。

中學因係地方學區所設置，故全國各地分佈甚廣，即使一個極小的鎮，也設有中學。目前，為便於一般鄉村初等學校畢業生的就學起見，乃設置一種聯合中學。同時，為使全體學童均有進中學的機會，故學校所在地，與學生的家庭相距甚近，因此，美國的典型中學，都是規模很小的。據一九三八年的調查，一般中學註冊的學生，平均為一三八人，其中註冊學生數，不及百人者，約佔中學總校數的百分之四十。目前，有一種趨勢，便是將規模過小的中學停辦，而合併為一個較大的單位。聯立或聯合中學（Consolidated or Union High School），平均較一般傳統的四年制中學為大。大部份經過改組的中學制度，都是初高級合設之六年制中學，或分設的初級與高級中學，此類學校，多半設在市與鎮。美國的中學，很少有寄宿的設備，而不像歐洲的中等學校，普遍設有寄宿舍。

十四至十七歲間繼續就學於中學的人數比例，雖較其他國家為高，但一般中學當局，已經考慮到中學「留生力」（Holding Power）問題。質言之，一般中等學校，應具有適應各個學生需要的能力，儘可能使其繼續求學直至修滿十二學年為止。表十五所示，即為各學年的註冊人數，以及各學年留校人數所佔之百分比。

表十五　一九五〇年中等學校學生註冊人數與留生力

年級	註冊學生數	第七年級每一千人中的留校數目
第七年級	一、九四七、二二七	一、〇〇〇
第八年級	一、七五一、八六二	八九九
第九年級	一、七五六、七三四	九〇二
第十年級	一、五一一、九〇六	七七六
第十一年級	一、二七三、八二六	六五四
第十二年級	一、一二二、八七二	五七七

依照多數國家的規定，凡屬小學畢業生，勿須經過考試，卽可進入中學。各科成績卽爲升級標準；每種學科，均由教師給予分數，以定升降。無論升級或畢業，皆無學校考試之規定。

(一) 中學課程

各中學平均每一學生，每年學習四或五種科目，體育或衞生，尙不在此限。科目表中所列之科目，通例分爲「必修」或「共同」(Constants or Solids)科目，此類科目，爲全體學生所必修；至於「選修」(Electives)科目，則由學生自由選擇。科目表所列之科目，各州及各校不一，但通常均包括英語，以及至少修習二年的社會研究。有時，尙增列數學、科學、或外國語。

選修制度，產生於二十世紀初期，各種選修科目，均有確切之時間規定。一九〇六年，卡內基敎學改進基金會（Carnegie Foundation for the Advancement of Teaching），提出一項所謂「卡內基單位」（Carnegie Unit）的建議，立卽獲得社會人士普遍的支持。依據該項建議的規定，中等學校的科目，每學年每週五節，每節四十五分鐘者，卽爲一個「卡內基單位」。中學畢業與大學入學規程之訂定，卽以此一「卡內基單位」爲基礎。凡修滿十五或十六個單位者，勿須經過「畢業」考試，卽可畢業。有的大學，有入學考試之規定，一八九九年，並成立大學入學考試委員會（College Entrance Examination Board），管理東部各學院（Eastern Colleges）的入學考試事宜，此類學院，多屬私立學校。

美國大多數的學院與大學，均採用各種特殊的工作單位，以爲新生入學之依據。凡經該等大學認可的中學所製發的成績單，各該大學及學院一律接受。經認可的中學，必須具備若干條件。最重要的條件，卽須符合大中學區域聯合會所訂定的有關師資訓練、圖書及實驗儀器、校舍及設備、以及學業成績等標準。有的州，卽由州教育廳擔任審查機關，列舉所轄境內的標準中學。有的州則由州立大學擔任審查機關。一般言之，某一州的大學，可以審查其他各州或其他地區區域聯合會所制定的標準或認可的學校。自一九三二年起，美國的學院及大學，百分之四十以上，均自行訂定本校的入學規程。

在中等教育階段內，不僅學校及學生人數，急遽的增加（中學時期學生死亡率甚低），且其教材範圍，亦普遍擴大。一般大規模的中學，所設置的選修科目，其名目尤爲繁多。若干較大的城市，並成立許多性質特殊的中等學校。如工業中學、商業中學、家事中學、農業學校，以及其他各種類型的特殊中等學校，均已次第成立。至於所謂「綜合」中學（Comprehensive High School，有些國家，稱爲「多科」Multilateral，「混合」Omnibus 或「組合」Composite 中學。），亦在日漸成長中。

目前，有一種顯明的趨勢，便是若干特殊的中學，將變成綜合性質。

綜合中學爲美國中等教育階段內的一種顯著特色。質言之，便是在同一所學校內，實施各種類型的特殊教育，所有的學生，一律學習規定的中心課程，如英語、社會研究、科學、及數學；至於選科，則爲適應學生的商業、工業、農業及家事訓練方面所必需的科目。我們深信將所有的中學生置於同一類型的中學內受教，將可增進民主的理想。此種措施，亦爲喚起人民對於各種學科予以同等重視的有效方法，此種方法，即是英國中等教育工作人員所曾經採取者。

傳統的中學，對於分化的教材，有逐漸改變的趨勢。絕大多數的中學，均設置一種社會研究科目，此種科目，卽爲以往分別設置的美國及世界史、美國政府、地理、社會及經濟問題等科目之混合。普通數學一科，則爲算術、代數、幾何、商業數學及簡易三角等科目之混合。普通科學，卽是生物及物理之混合，通例設於第九學年，但其名稱，叫做科學。最近，尙進行一種試驗，便是將物理及化學，採用混合編制，而稱爲高等普通科學（Advanced General Science）。

（二）學生活動

因爲中學的主要目的，在於實施民主主義的公民訓練，故一般中等學校，乃具有各種不同的活動，期使一個公民的程序及職責，得有實施的機會。學生自治，極爲重視，學生團體可以自選職員，有關學生的一切事務，悉由其自身管理。學生團體的職員，在一所中學內，其支配力量之大，與英國中等學校的學生會主事（Prefect）無異，但美國學生團體的職員，由學生自己選舉，而不由校長或教師會(Faculty，譯者按，此爲美國中等學校全校性的教職員組織，相當於大學敎授會。）指派。

學生活動，很早卽構成中等學校事務之一部。魏特諾在蒙杜瓦設置的學校，便注重運動及競技。

早期的英國公學，卽具有廣泛的運動項目；一三八三年，在西明斯特公學（Westminster College）的校規中，對於學生自治組織，已有概略的規定。高爾夫球、棒球、划船及足球，在十八世紀時，卽成爲英國公學的學生活動；一七八六年，伊頓(Eton)公學，卽有學生主辦的刋物。到十九世紀時，卽發現有社會學會(Social Clubs)，博物學社（Natural History Societies）及音樂組織。早期的美國中等學校，亦有類似之學生活動。

美國中等學校最普通的學生活動，爲學生自治組織，體育活動，音樂、戲劇、辯論及專門性的學會(如科學研究會，照相學會，及其他團體)，學生出版社，榮譽學社，服務俱樂部，以及同鄉組織。一般中學的敎員，其中約有三分之二至四分之三，被指定擔任學生團體及活動的敎師會顧問(Faculty Adviser)。擔任體育、音樂、英語、科學、及社會研究等科目的敎員，通例均負有繁重的課外活動工作。一般行政機關編製的敎員一覽表，以及對於新敎員的選擇，通常卽以其能否指導學生活動爲重要條件之一，校長及地方學務長，對於一般新敎員在課外活動方面的興趣與能力，尤爲重視。

學生活動的經費，其來源悉靠全校性的學生組織及各種學會的會費，與夫體育競賽，戲劇，音樂會，歌劇，以及其他收費活動所得的門票收益。敎育董事會，對於學生的體育及其他活動，間亦有所補助。學生團體的經費，雖有學生經理及會計人員保管，但有設置中央辦事處或「銀行」，用以存放及支付款項的趨勢，一切經費，悉由學生團體的職員負責存放及支付。大部份的學校，均設有一種正式的學生經費審計員，無論學生團體的中央機構或個別開支，都須經過審核。

「課外活動」(Extracurricular)一詞，迭經討論。一般人認爲所有的活動，均在學校指導下進行，故應視爲課程之一部，在學生的敎育發展中，與正規課程，具有同等重要的地位。一般行政機關，則樂於採用「同課活動」(Co-curricular Activities)的名詞。學生活動的項目，雖然注重衞生，善用閑暇，道德的品格，以及公民資格的培養，但是，在指導學生活動項目的目標，與正規課室內的教學目標之間，並無根本的差異。

二、初級中學

一八九〇年，大多數的州都認爲八——四制是初等及中等教育階段內一種很好的制度，哈佛大學校長伊利奧特（Eliot），對於此種制度，却有所批評，並主張縮短初等教育的年限。幾種著名的研究中等教育的委員會，亦建議中等教育，應由第七學年開始。於是，在一九〇九年，與一九一〇年，先後於俄亥俄州的首邑哥倫布(Columbus)及加利福尼亞州的柏克萊(Berkeley)市，正式成立第一所初級中學。

初級中學，爲適應青年前期或十二至十四歲間青年的需要，而實施一種適當的教育計劃的機關，通例包括第七、第八、及第九學年，另建校舍並自有其行政組織。然而，一切有關初級中學的文獻，均特別强調初級中學是實施一種特殊的教育及心理學理論的一個教育計劃，而不是一種特殊的學級管理，校舍建築，或行政設施。

一種典型的初級中學的課程，較之於以往初等學校七年級與八年級，或四年制中學九年級的課程，更爲廣博。此類學校，普通採用混合課程；最普通的有英語與社會研究，社會研究與科學，或英語、社會研究及科學等混合科目。此類混合科目的教學期限，通例較一般科目爲長，且多爲同一教員所擔任。最近，有一種趨勢，便是類如科學、社會研究、英語、美術、音樂、家事及工藝等相關科目，多半採用大單元教學法。

各科教學方法，仍如分科教學時所用之方法一樣，祇不過較以往更爲概括而已。英語、或語言藝術(Language Arts)，即是文學、文法、寫字、拼音及說話之混合。社會研究，則包括歷史、地理、政府、社會問題、公民訓練、及東方問題研究等科目。普通科學，爲一般初級中學普遍設置之科目，其內容包括地理、生物、物理及天文。數學一科，在七、八年級授算術，九年級則授普通數學。有些學生，在高級中學時期勿須修數學，故初級中學高年級，即增授商業數學。勞作(General Shop)，亦爲初級中學普遍設置之科目，其內容包括木工、手藝、金工、及科學之實際應用。普通家事科目，則爲以往分科教學的烹調及縫紉之混合。

初級中學教育的行政當局，曾將此一階段的教育所具之特殊功能，列舉如次：①試探學生的興趣、能力及特殊才能；②使學生有試探各科主要學習領域的機會，俾便進入高級中學時，對於選修科目能作睿智之選擇；③完整之學習經驗；④教育與職業指導；⑤初等與中等教育聯繫之改善；⑥個性化的教育；⑦社會化。

有些初級中學，所開的課程，除九年級有選修科目外，三年之內，多爲共同必修科。大多數的學校均規定英語及社會研究，必須連續設置三年。數學、普通科學、外國語、美術、音樂、家事、及勞作，則爲九年級的選修科目。

教學程序適於個別教學之實施。最近，在一般實際問題方面，正進行廣泛之試驗，如長單元的作業指定(Long-unit Assignments)，契約與設計法，最高與最低限度的作業指定，依能力的等級採用不同的教科書，以及擴大使用圖書館的資料等是。一般課程，通例祇提示某一科目最低限度的內容，使教員有增加教材及經驗的較大自由。

課外活動，在初級中學內，至爲重要。蓋課外活動，不特有助於學校之試探功能，且能實施領袖及公民訓練，假若年幼的學生，就學於四年制或六年制的中學，必定沒沒無聞，所有的領導職位及學生團體的職務，悉爲高班學生所壟斷，此種領袖及公民訓練，必將受到遷延的影響。

三、初級學院

依上所述，初級學院究應列入中等教育或高等教育範圍內，意見不一。就課程言，初級學院所開的課程與大學前二年的課程相似，在基礎上與四年制的獨立學院及大學的研究工作相同，所以是一種高等教育機關。然而有許多初級學院成爲中學的一個向上延伸的階段，而構成地方學制之一部。就大多數美國初級學院的理論與實施言，亦應視爲中學制度的一部份。包括於美國初級學院的第十三及十四學年，相當於德國中學或法國國立中學的最後一學年，而不能與歐洲國家的大學一年級相較。

近二十年來，初級學院運動，其發展至爲迅速，至一九三〇年，設置公立初級學院者，有二十九州。私立初級學院，歷史較長，迄今仍繼續承擔重要之任務。據一九五〇年統計，私立初級學院，有二二七所，註冊學生，達五五、〇四五人，公立初級學院，計有二五六所，學生一八七、六九五人。

加利福尼亞州，爲此一運動之倡導者，該州的大學，基於增加學生的見地，乃竭力促進其發展，於是，在他們原有的校地上，呈顯擁擠的情況。不到三十年，初級學院的學生，乃大量增加，主要的原因，爲大多數的學生不能遠離家庭，而進正式的大學。同時，有些學生並未計劃完成全日制的四年大學課程，或無力負擔遠離家庭而受正式大學教育的經費，乃使地方初級學院，獲得一種有利的發展機會。

初級學院的終結功能(Terminal Function)，日趨重要。因爲有相當多數的學生，不擬轉入其他的學校，所以，在課程上，乃有所改變，俾便適合學生的需要。於是普遍設置半專業性或高度技術性的課程。而且，初級學院還感覺到他們應具有成人教育的功能，因爲在夜間班就讀的若干部份時間學生，通常都屬於終結式。爲學生準備轉入四年制大學的功能，並未忽視，根據研究的結果，認爲初級學院轉入任何著名大學的學生，均有良好的成績表現。公立初級學院較之小規模的私立初級學院，尤爲注重職業及終結式的課程。由於終結的、職業的、以及成人教育的班級，日益發達，乃使若干初級學院對於適應所在地區一般中學畢業生的需要，負有更大的責任，因此，有些初級學院，遂更名爲「社區學院」(Community College)。

職業教育

其他的國家，認爲大部份屬於職業或工業教育的課程，在美國則列爲正規中學課程之一部。一般公立中等學校的課程表內，均列有不少的職業課程，初級學院，亦設置若干職業性的班級，同時，尚有專門從事技術工作的公私立工藝學校(Trade School)。

一八五〇年左右，一般人民對於敎育的興趣，集中於兩個方面：全體兒童的免費公立學校，與農工的技術訓練。一八六二年摩利爾法案(Morrill Act)得以通過，也受到此種社會輿論的影響，該項法案，規定聯邦政府應補助公地農學院及工藝（Mechanic Arts）學院。由於此種事實的發展，乃使大學等級的職業敎育標準提高，但其改進課程以適合青年學生興趣的計劃，仍繼續進行。有些公立學校，設置職業課程，在較大的都市，還設立若干特殊的中學。規模較大的公司與工業機關，均開始設置合乎自身需要的訓練學校，私立技藝專科學校，亦紛紛增設訓練學程。美國各市鎭的私立「商學院」，亦設置短期性的打字、速記、及簿記等專門學程。然而，直到一九一七年史密斯——休士法案(Smith-Hughes Act)通過後，才開始實施一種綜合性的計劃。

史密斯——休士法案，規定聯邦政府，得指撥專款，補助各州及地方，用於維持中學的農業、家事、工藝、及工業課程。起初，凡擔任此類職業課程的教員，其薪津二分之一，由聯邦補助經費項下開支，其餘二分之一，則由地方學區負擔。此種措施，乃成爲全國各州的中學之增設職業教育部門的强烈刺激。各州教育廳，或單獨設置的職業教育科，乃負責分配州內的職業教育經費，釐訂本州職業教育標準，並督導本州職業教育計劃。各州教育廳，對於地方職業教育計劃的控制，較之對於其他部份課程的管理，尤爲嚴格。依據法律的規定，聯邦政府無管理教育之權，但因補助各州政府而具有契約關係，乃要求州政府符合聯邦的標準而施以間接的管理。

史密斯——休士法案規定的補助計劃，日漸普遍與擴大。所需之經費，亦隨之增加，國會並相繼通過法案——喬治——黎德法案（George-Reed Act, 1929），喬治——艾爾茲法案（George-Elzey Act, 1934），喬治——狄恩法案(George-Dean Act, 1936)，以及喬治——巴登法案(George-Barden Act, 1946)——增加聯邦的指撥專款，並將原有法律的範圍擴大。原有的法律，祗包括三種職業，現今又增加一種配銷職業（Distributive Occupations）。表十六所示，乃爲聯邦補助的全國各地職業班級註冊人數的增加概況。

表十六　聯邦補助的職業班級註冊學生數

年度	農業	家事	工藝及工業	配銷教育	合計
一九三〇年	二三五、一五三	二三〇、二四八	五九二、二七五		一、〇四七、六七六
一九四〇年	五九六、〇三三	八七一、八九一	八〇四、五一五	一五六、六一五	二、四二九、〇五四
一九五〇年	七六四、九七五	一、四三〇、三六六	八〇四、六〇二	三六四、六七〇	三、三六四、六一三

在一九四九——五〇年度各班註冊人數的三、三六四、六一三人中，日班學生爲一、二四三、四一九人，夜班爲一、五二〇、九七一人，部份時間班，爲五九六、二九五人，日間單位班(Day Units)，三、九二八人。在一九四九——五〇年度，聯邦政府補助職業教育的經費，爲二六、六二三、〇〇〇美元，各州及地方學區的開支，亦增至一〇二、〇九四、〇〇〇美元。

此類職業課程，業已成爲中學正規課程之一部，並列爲選科，由有興趣的學生，自由選修。「由做中學」(Learning by Doing)的原則，已成爲此類計劃的中心。依規定學習職業農業的學生，必須從事實際的設計，此項設計或於其父兄之農田從事生產活動，或進行個別之單獨設計，此種設計活動，視爲學校課程之一部。因此，每個學生得負責飼養一頭母牛及其小牛，或一羣小鷄，或種植一英畝的馬鈴薯。並應詳細記載所需之時間與費用，以及所得之收入，此項設計，在學校的整個計劃中，與理論學科佔同等重要之地位，一般中學的選修科目，均各有其中心，質言之，與學生的職業目標，具有密切的關係。

家事教育，依據幾種聯邦法律的規定，已經獲得補助。各公地學院與聯邦合作推廣處(Federal Co-operative Extension Service)，即爲大學女生與成年婦女接受家事教育的機關。並透過史密斯—休士法案，爲一般中學女生訂定一種技能頗高的職業家事計劃。美國大部份的中學，均設置家事課程，雖然有的學校並未具備獲得聯邦補助的資格。有許多中學，規定全體女生至少須學習一年的家事，此項規定，通例限於初中階段，其他的年級，則列爲選修科目。

工藝與工業或工業職業教育，以訓練工業職業方面的工人爲主。美國的工業機關，漸漸的不大願意僱用十八歲以下的男女工人。由於此種事實，乃使義務教育期間延長，此雖非絕對的原因，但確爲重要因素之一。一般僱主，咸以爲年滿十八歲的工人，較之十八歲前的年青工人易於訓練，所以，他們主張此類青年男女，繼續留在學校，接受普通教育。工業教育，將變成一種職業預備訓練，教學科目，除一般專業科目，相關科學，及數學外，其餘則爲有關業務的實際訓練。

有些簡易的職業教育科目，在第九學年開始，但目前已有將正規職業課程延遲至第十一學年與第十二學年才開始設置的趨勢，其中尤以工藝與工業課程爲然。最近還有一種趨向，便是將專門的職業課程，延至第十二與第十三學年，或第十三學年與第十四學年，才開始講授。有的州，即將此類職業科目設於初級學院內，例如紐約州，即在所謂技藝專科學校（Technical Institutes）實施中學後期的職業教育計劃。目前，有一種思想逐漸抬頭，便是全體學生在正規中學階段內，一律接受普通教育，職業課程之設置，至少須延至十七歲。美國大多數的州，均以法律禁止僱用十六歲以下的童工，所以年幼兒童之準備從事工作（澳洲十四歲時，即從事工作。），在美國已不成其爲問題。

美國的職業教育工作者，似已將下列諸原則視爲一般職業訓練計劃的基礎：①因爲每個人原爲國家的一個公民，所以當其接受職業訓練時，仍希望繼續受普通教育；②職業技能的訓練，最好的辦法，莫過於在實際的工作情境中進行；③由於工業與工藝學，不斷的改進，故須經常實施再訓練（Retraining）。

近五十年來，美國的藝徒訓練（Apprenticeship Training），日趨沒落。一般同業公會，都不贊成予新工人以技能訓練。聯邦與各州政府已建立一種合作藝徒制（System of Co-operative Appre-rticeship），大多數的州，實施此一制度，均有顯著的成效。同時，由地方同業公會、僱主、及公立學校代表，共同組織一種藝徒會議，負責擬訂課程，認可教師與僱主，對於藝徒的支配，核准學校內相關科目中的部份時間課程，制定業務訓練的視導計劃，以及確定每名學生在藝徒訓練期內貸款的數額。

配銷教育，其範圍較所謂「零售」（Retail Selling）爲廣，包括計劃從事市場交易及商品銷售人員的業務預備訓練。全國各地，從事「買賣」職業的人，其總數超過五百萬。配銷教育的訓練計劃與工業教育的課程相似；在中學接受相關科目與普通教育的陶冶，然後再將接受此類訓練的男女學生，納入商業合作計劃中，使其獲得業務上的實際經驗。

近年來，區域或地方職業學校，日漸發達。此類學校，其服務地區較一般學區爲大，可由縣級或州級團體設置。此類學校的課程，極有彈性，故能適合各種學生的需要；爲全時學生設置日間班，爲就業工人設置夜間班，並在閒暇季節爲一般從業人員設置部份時間日班及全時班。所授課程，包括英語、數學、以及與職業有關的科學與社會研究。此類學校，其程度與中學最後二年相若，間亦設置高於中學等級的課程。

半專業性與高度技術性的職業訓練，多由學院及大學實施，課程方面，不得少於四年。（專業教育，在本章大學教育一節內討論。）各初級學院，亦負有中學後期的普通教育，半專業性教育，以及工藝訓練的部份責任。

關於美國的職業教育概況，本書並未全部予以介紹，美國聯邦政府、州、以及地方學區所舉辦的職業教育活動，本書亦未完全列入。一般私立工藝學校與工業專科學校，亦有極優異的成績表現。有的工廠，還自辦訓練班，凡屬新來僱工，一律經過一段時期的訓練。此類訓練學程，有爲短期業務訓練，亦有屬於就業預備訓練者，但也有屬於其他性質者，如底特律(Detroit)市的福特訓練學校(Ford Training School)，其教育設施，與一般公立職業學校極爲相似。

美國與其他許多國家一樣，對於學術教育與職業教育，有一種完全予以分開的趨勢。這兩方面的區分，又完全着重在聯邦政府對於中學的某些科目給予補助，某些科目不予補助的措施上。另一方面，有很多著述，認爲普通教育與職業教育是互相依賴而不可分離的。有些權威人士，更表示教育是一個有機的整體，不可用人爲的力量，分爲若干部門。而且，就職業教育的定義講，似亦發生很多的困難。例如一個未來的拉丁語教員，研究古典語，與一個未來的金屬工人之學習打鐵一樣，同屬一項職業訓練。解決此一問題，一種最有希望的象徵，便是設置綜合中學，聯邦政府雖給予補助，但此類中學仍不願將「預備升大學」的學生，與「接受職業訓練」的學生分開。

大學教育

哈佛學院（Harvard College），建立於一六三六年，其主要目的，在於培養殖民地教會的通曉文字的牧師。該院規模甚小，在一六四二年，全院祇有二十名學生，至一六六〇年，始增至六十名。其後，由於發展神速，乃改成一種文理學院（Liberal Arts College），而不單是一所神學學校。美國殖民時代的第二所高等教育機關，即是威廉瑪利（William and Mary）學院，在一六九三年，成立於維吉尼亞州的威廉斯堡（Williamsburg）城。其他的學院，多半建立於十八世紀，而且這些學校在一段很長的時間內，都是一種規模很小的學校。招收的學生，大約年滿十四歲，修業期限，至十八歲爲止，所授課程，一律爲學術性的與古典的，如以現代標準衡量，大多是次要性的。所有的年輕學生，一律受一種極端嚴格的校規所管理。

私立學院與大學，各州均有設立，通例依據州議會的特許而獲得補助，此類學校，多係一種非謀利性的社團，或慈善機關。自一八五〇年起，經州教育廳的特許，或依據普通社團組織法的規定，乃成立不少的新機構。大多數的私立學校，起初都是一所祇設文理課程的獨立學院，其間尚有不少的學院，依舊保持此種性質，亦有增設專門課程及研究所或研究院，而改稱大學者。

第一所州立大學，即是維吉尼亞（Virginia）大學，於一八二五年成立。其他各州，亦仿照此例，而紛紛設置州立大學，目前各州的公共學制中，均包括一所州辦的大學。一八六二年，通過的摩利爾法案，即規定以公地撥交各州，辦理州立農學院與工藝學院。其後，國會對於此類學校的補助，時有增加，此即所謂「公地學院」(Land-Grant Colleges)。有的州指定州立大學爲公地學院；有的州，又成立單獨的機關。

州立大學的經費，大部份依靠州議會指撥的專款；指撥款項的比例，各州不一，惟西部各州的比例較大。有些州立大學，一如私立學校，捐贈款項，佔其實際經費之重大部份。其餘的收益，則爲學生繳納的學費，贈與，及捐款。美國各地的州立師範學校與州立師範學院，其所需經費，幾全部由州政府負擔。

各州對於所轄境內的公私立高等教育機關，均實行多方面的管理。早期的州內各大學，依據州頒法令的規定，具有充分的獨立自主權，而不受州政府的管理；近幾年來，州的執行部門對於境內各大學有日益加强管理的趨勢。而且由於學生人數的大量增加，州指撥的大學教育專款，亦將有所調整。私立學校，對於州的管理力量，亦有某種程度的覺察。一般私立學校，必須符合若干規程的規定，始能獲得一種頒發學位的特許狀；私立學校，如擬訓練學生充任教員或其他某些職務，亦須符合州政府訂定的標準，目前有二十二州的州政府，對於某一私立學校於頒發一種特許狀後，即行使某項監督權。

依據美國教育署的統計，在一九五〇年，全國的高等教育機關，計有一、八五一個單位。其中約有三分之一爲公立機關，其餘則爲私立或教會學校。一九五〇年，各高等教育機關註冊學生數，爲二、六五九、〇二一人，各獨立學院與大學，任用的常任人員，亦達二一〇、三四九人。表十七所示，即爲大學學生註冊人數的增加概況。

表十七　美國高等教育階段的學生註冊人數

年度	註冊學生數	年度	註冊學生數
一八八九—一八九〇	一五六、七五六	一九四三—一九四四	一、一五五、二七二
一八九九—一九〇〇	二三七、五九二	一九四五—一九四六	一、六七六、八五一
一九〇九—一九一〇	三五五、二一三	一九四七—一九四八	二、六一六、二六二
一九一九—一九二〇	五九七、八八〇	一九四九—一九五〇	二、六五九、〇二一
一九二九—一九三〇	一、一〇〇、七八七	一九五三（秋季）	二、二五〇、七〇一①
一九三九—一九四〇	一、四九四、二〇三	一九五五（秋季）	二、八三九、〇〇〇
一九四一—一九四二	一、四〇三、九九〇		

附註：①一九五三年，初級學院註冊學生數爲二六〇、二六七八。同一年度，在一、八七一個高等教育機關中，有五二一所初級學院。

一九五三年的學生註冊人數，與一九四九—五〇年度相較，減少很多，主要的原因，便是第二次世界大戰後，由軍中退伍的學生，普遍的升大學，於是在一九五〇年前，各大學的註冊學生數，遂急遽的增加。

美國的高等教育，種類繁多。文理學院，爲首先建立的一種形式，迄今仍舊盛行。此類學院，大部份爲教會或私立學校。一般私立大學，亦廣設各種學術性與專門性的課程。州立大學，則日漸擴充，其影響力亦隨之增大，所設科系，也非常複雜。公地學院，係實施農業、工業、家政、森林及其他類似之專業訓練者。起初設置的二年制師範學校，嗣後擴充爲三年與四年制的教育學院，師資訓練工作，目前各州均單獨設立學院辦理之。其中若干學院，目前已授予學士學位，並設置許多研究性的課程。市立學院與大學，經費由地方負擔，其管理權亦操於地方，通例設置學術性及專業性的日班與夜班學程。至於由地方管理的初級學院，業如前述。

一般言之，美國的高等教育，大別分爲文理及專業兩大部門。每一部門再分爲大學本科及研究科兩個階段。大學本科階段的文理部門，有二年制的初級學院課程（可授予準文學士或準理學士學位，Degree of Associate in Arts or Science），有授予文學士或理學士的四年制課程。四年制課程，通例又分爲初級部（亦稱初級學院）及高級部兩種，前者包括大學本科的前二年，後者包括大學本科的後二年。前二年繼續實施普通教育，特殊性或專門性的課程，通例均延至第三學年開始。

美國的大學課程，通常分爲語言與文學、社會科學、科學與數學、以及美術等幾大部門。有的學院或大學，規定一、二年級的全體學生，必須修習上述三大部門中的每類課程一年或二年。有些課程如英文或歷史，爲共同必修科目，其他科目，則容許選修。此種計劃，旨在避免過早的分化(Specialization)，使每一學生對於各種重要的學科，皆能有某種程度的了解，待至高年級時，始爲某一專門課程的高深研究。此種措施，在使低年級的學生，獲得廣博的研究基礎，到高年級時，才開始從事專精而高深的研究，而且這兩個階段，皆不致受到任何的損失。

專業教育，如農業、牙科、法律、工程、醫科、藥科、師範、及神學等，均由專門學校（Professional School)辦理。此類學校，或爲大學之一部，或單獨設立，其教學限於一種單獨的專業。依規定凡擬投考某種專門學校者，必先接受二年、三年，或四年的專業預備性的文理科教育。各類專門學位如醫學博士、法學士，或工學士，必須受三至五年的專門訓練，始具備領受此類學位的資格。

依規定，凡擬投考研究院者，必須修滿學士學位的課程，換言之，學士學位爲投考研究院的必備資格。在文理部門，凡在研究院從事研究工作至少一年，並提出論文一篇者，卽可獲得文科或理科碩士。在專業部門，亦設置各種碩士學位，如教育碩士，工科碩士等是。文理及專業部門，均設有博士學位，凡取得碩士學位，在研究院從事研究工作，至少滿二年者，並提出博士論文一篇，卽可獲得博士學位。

高等教育機關，通例由大學監理或管理董事會(Board of Regents or Trustees)管理。州立高等教育機關董事會的董事，或由州長任命，或由民選。近年來，有的州已將此種辦法略加改變，便是由州設置的一切高等教育機關，一律劃歸一種單獨設立的董事會管理。私立及教會高等教育機關，或由設置團體自組之董事會管理，或由資助學校的教會所管轄。

獨立學院或大學的行政首長，通例稱爲院長或校長。大學內所設的各個學院，其首長稱爲院長(Deans)。院以下復依教材範圍，分爲若干系，每一系由教授一人擔任系主任，而爲該系之首腦。系內其他人員，則依學識等級，分爲講師、助理教授(Assistant Professor)、副教授(Associate Professor)、及教授。研究生如兼任職務，則稱爲助教或教生(Graduate Assistants or Fellows)。

美國各大學，均自認負有教學、研究及服務等任務。州立高等教育機關，對於州負有重大之服務責任。關於大學推廣部的工作，留待本書第十九章詳細討論。大學暑期班(Summer Sessions)，卽是一種推廣活動，也是美國高等教育的一個特色。成千上萬的靑年及成人，都利用暑假，進大學及獨立學院的暑期班，接受四至十週的推廣教育。惟一般暑期班的教育，通例祗有六或八週。各暑期班的學生，大部份都是想取得高級學位，或獲得與現行職務有關的新興方法及教材的中小學教員。表十八所示，卽是最近三十年來各暑期班與推廣教育中的註冊人數的增加概況。

表十八 一九二〇——五〇年間，各暑期班與推廣教育中的註冊人數

年度	暑期班的註冊人數	推廣與函授教育中的註冊人數
一九二〇	一三二、四八九	一〇一、六六二
一九三〇	三八八、七五五	三五四、一三三
一九四〇	四五六、六七九	二九二、二三六
一九五〇	九四三、〇二一	八四八、六九五

成人教育

最初的成人教育，是一種公開演講。十九世紀初期，因得教會組織、歷史與哲學團體、以及工業研究機關之贊助，乃舉辦各種演講活動。其後，至一八二六年，遂發展而成爲一種學園運動(Lyceum Movement)。從那個時候起，直到美國內戰爆發爲止，此種學園運動，已遍及全國，而且，尚成立一種全國性的組織，以促進其發展。有一段時期，竟有三千以上的地方團體，每週舉行會議一次，在開會期間，經常舉辦演講、辯論及普通的討論。

由學園運動，又演變而成暑期講習會(Chautauqua Institution)。最初係由紐約的夏濤閣(Chautauqua)地方所舉辦的夏令營開始，其後逐漸發展而成爲一種全國性之講習制度，討論團體與講習班，函授班，家庭閱覽班，大學科目研究班，音樂會，遊藝會，以及展覽會等活動，亦相繼產生。每年暑期，並在市立公園架起帳蓬，舉行暑期講習會的年會，開會期間，並在各市鎮舉辦巡迴演講及音

樂演奏會，此類活動，在當時已成美國市鎮生活中的習見部份。此種講習制度，在第一次世界大戰後，卽日趨沒落。

遠在一八九二年，芝加哥大學(University of Chicago)卽創設一種大學成人講習制度，其他規模較大的大學，亦相繼仿行，此種制度，大部份以英國人的經驗爲基礎。其後，經過若干變化，乃正式成爲一種大學推廣運動，此一運動對於美國的成人教育，已有重大的貢獻。

近年來公共學制對於成人的服務事業，日漸重視。例如加利福尼亞州，卽舉辦各種推廣計劃，該州的成年人，約有十分之一，參與地方學制所設置的各種成人教育計劃中的各類班級。依據加利福尼亞州各地區的調查，發現約有三分之一至二分之一的成人，參與各種教育性或娛樂性的團體活動。紐約州的成人，參與公共學制設置計劃中的各種成人教育班，一九五〇年的註冊人數，竟爲一九四五年的六倍。

美國的成人，參與各類成人教育活動的總數，很難有一個確切的統計。一部份的原因，乃是缺乏一個搜集與出版各類成人教育活動的中央機構，而祗有依靠估計。然而，根據一般的調查，發現三十到四十歲之間的成人，參加各種補習教育的，爲數甚衆，艾沙特(Essert)主編的一種可靠統計，估計在一九五〇年，美國的成人參與各種推廣活動的人數，有如下列的分配：

合作農業及家事推廣	七、〇〇〇、〇〇〇
商業、大學、及中小學的廣播與電視	六、〇〇〇、〇〇〇
公立學校成人教育班	三、〇〇〇、〇〇〇
大學及獨立學院的推廣事業	五〇〇、〇〇〇
私立函授學校	一、〇〇〇、〇〇〇

陸軍教育班	二五〇、〇〇〇
圖書館成人教育班	一、五〇〇、〇〇〇
其他	一〇、〇〇〇、〇〇〇
合計	二九、二五〇、〇〇〇

艾沙特所謂的其他，包括下列各種活動，如校友教育，父母教育，監獄教育，學園與暑期講習會，嚮導訓練班，就業輔導訓練，聯邦、州及地方政府教程，成人職業教育班，成人指導服務社，工人教育，社區會議，外僑子女公民訓練班，男女俱樂部，宗教團體，博物館教育，殖民地，及社團。英國在擴充教育範圍內所實施的許多教育活動，在美國則包括於中學教育計劃內，因此，英國的擴充教育活動，其中祗有一部份相當於美國的成人教育，關於這一點，我們必須注意。

第二次世界大戰結束後，美國的成人教育，極爲發達。一部份的原因，乃是各種「軍人權利法案」(G. I. Bills of Rights) 之制定，軍人的福利受到重視的結果，因爲在這些法案中均規定曾在軍中服務的男女，應享有受教育的機會。因此，有許多退伍軍人，即運用此項權利而接受業務訓練，或進入全日制的獨立學院及大學。有些退伍軍人，則參與各種部份時間的班級，此類班級，亦由公款設置。在戰爭期間，陸軍的教育活動，即在嚴格的進行中，因爲有些軍人退伍後，如果要跟上時代，不致於落伍，則必須受到一種良好的教育。同時，在作戰時期，有無數的公民也參與各種訓練教程及教育活動，以便適合國家的需要。所以當戰爭結束後，這些人仍須繼續接受各種教育，以適應復員後的生活要求。

目前，美國的成人教育，其範圍較以往任何時期爲廣，類如親師協會(Parent-Teacher Associations)等組織，已積極展開父母教育的活動。婦女選民聯合會(League of Women Voters)及其類似團體，也舉辦各種極端有效的正式及非正式的公民訓練活動。同時，尚有不少的機關與團體，對於成年公民的各項問題，已着手研究。各種新式的知識教育活動，如美國民族遺產(American Heritage)叢書，及羣經(Great Books)研究團體，近幾年來，亦日趨普遍化。各電視電臺，亦經常與大學或學院合作，舉辦各種正式的大學程度的演講學程，並採用函授方式，指導個別的學習。

根據現代心理學的研究，認為「老年人學習新事物」(Teach An Old Dog New Tricks)，是絕對可能的。所以，美國當前的成人教育目的，即是擴充施教範圍，設置各種課程，以合乎全體人民的興趣，以及為全民服務，並進而發現提供教材及幫助成人學習的有效方法。加利福尼亞大學推廣部所提出的一種「終身學習」(Lifelong Learning) 的口號，不僅日益流行，且將受到全國的重視。

師範教育與教師地位

美國殖民時代，各州最初的教師，並未受過專業訓練，一般從事教學工作者，祇是若干適合最低限度的教育規定，與品格標準，並志願支領此一職位所得之微薄待遇的人士。第一所州立師範學校，於一八三九年建立於麻薩諸塞州的尼克遜頓(Lexington)城。其訓練期限，最初祇有一年，至一八六〇年，始延長為二年。其他各州，亦相繼仿照麻州的制度，設置訓練小學師資的師範學校。其後，由於大量需要受過良好訓練的教師，乃產生各種訓練師資的專門學校。當時，四年制的學院及大學，對於師資訓練的教育，不感興趣，至少在師資訓練機關的入學資格上，較一般大學的入學標準為低。

各師範學校的入學資格，及教育標準，逐漸提高。一八五七年，伊利諾州首先成立州立師範大學(以前為州立大學)，並正式宣布其施教目的，在於培養中小學的優良師資，整個的教學水準，亦提高至大學等級。若干年後，大多數的州，都經過一段漫長時間的發展，乃將師範學校，由一年制改為二年制，甚至三年制；並有將師範學校改為師範學院或教育學院，而設置授予學士學位的四年制課程的。最後，尚有少數的幾州，將「州立教育學院」，改名為「州立學院」。此類學院，目前大都開設研究學程，並授予教育碩士學位。

由於一般中學教師必須受專業訓練，於是各獨立學院及大學，乃設置教育系。一八七三年，伊阿華(Iowa)大學，首先成立部份時間的教育講座。一八七九年，米契根(Michigan)大學即設置全時性的教育講座。一八八七年柏特勒（Nicholas Murray Butler），在紐約哥倫比亞大學創設師範學院，柏氏當時為該校哲學教授，其後並任該校校長。此一學院，對於美國及其他國家的師資和教育行政人員的訓練，具有極大的影響。

美國領導階層的人物，無論在思想上，口頭上，均逐漸改稱師範「教育」，而不稱師資「訓練」。各師範學院及大學教育學院，對於教師的普通教育，日益重視，一般專業科目及教學方法的授課時間，則逐漸減少。目前，大部份的師資訓練教程，均於前二年開設普通教育科目，並規定在文理學院初級部實施。專業科目及輔導教學經驗，則延至第三、第四學年，甚至第五學年開始。

關於教員證書的規定，全國四十八州，各州不一。通例由州教育廳，或州證書檢定委員會製發教員證書，凡持有此項證書之教員，即可在州內各地學校任教。在四十八州中，有四十一州規定，至少須修滿大學四年課程，並取得學士學位，始具備中學教員的最低資格；最近，有一種趨勢，即是取得學士學位後，再於第五學年研究一年。凡二年制師範學校畢業，或受大學教育至少滿二年者，有三十六州規定，為初等學校教員的最低資格；其餘各州，則須修滿大學四年課程及獲得學士學位者，始能取得初等學校教員證書。至於特殊行政或輔導委任狀，以及類如幼稚園或特殊教育等部門的特殊證書，間亦另有規定。

因為美國的教育行政，採取地方分權的管理制度，所以中小學教員，悉由地方學區任用，而不像法國之由中央政府，澳洲之由州政府任用。凡屬未來教師而其資格符合州證書之規定者，卽可申請擔任州內各項職務。此種申請手續，可直接向地方學區的學務長洽辦，亦可經由教員就業輔導處代辦。此類就業輔導處，通例由師資訓練機關、教師協會、州教育廳、或私人、及私人團體經管。各就業輔導處，例皆編製一種教員職業登記表，載明申請登記者的學歷、大學生活概況、經歷、以及教授或過去長官的推薦函件。地方學務董事會任用教員，通例均以地方學務長之推薦爲基準。

美國的教員，不及法國或澳洲教員之享有絕對的工作保障。美國教員的任期，通例由其任職之學區規定。不過，全國各州均訂有促進及保障教師福利的各種法規。有的州訂有終身聘用辦法，至少在一般較大的學區是如此；日前已有三十五州，以法令規定解聘教員的條件；大多數的州，均訂有教員薪給最低標準；關於教員退休辦法，全國各州，均有詳細的規定。而且根據十九州的報告，已經制定一種全州性的教員疾病補助辦法。

美國各地的學校，教員的流動性，較一般國家爲大。任何一州的學校，所任用的教員，大部份都是其他各州大學或師範學院畢業的，或在其他各州擔任教學職務的。此種情況，在澳洲是絕無僅有的，因爲澳洲所有的教員，都是國家的公務員，在某一州的學校畢業後，卽派至州內各校服務，從此以後，卽受各該州之教育法規的約束。美國各州的學校，由於教員的流動性很大，所以，各學校教職員的經歷，非常複雜。換言之，具有國內各地之教學經驗者，亦大有人在。

在州的法律限制範圍內，各地方學區得自定俸給標準，因此，在一州之內，乃有各種不同的俸給表。此類俸給表之訂定，通例以教員之學識及經驗爲標準，較大的都市與富庶的學區，其俸給亦較高。在美國，不像有些國家，由督學根據一種複雜的評定「效率分數」的制度，而決定教員的升遷及其俸給的等級，美國的教員俸給的高低，祇憑功績的大小。有些行政機關，已根據此種標準，而確定教員俸給之多寡。不過，所謂功績，也是一種主觀的因素，所以有些學區於訂定教員俸給之等級時，並未以此爲根據，雖然在本質上，的確是客觀的。因爲由州支付的一部份教育經費，迭有增加，而且各州並以專款指撥教師待遇之用，所以，州內各地教員待遇之差別，日漸減少。同時，州的最低俸給法，對於消除各地過低之俸給，已有實際的效果。

教師待遇，在州與州之間的差異，較諸州內各地區間的差異尤爲顯著，蓋教師待遇的高低，係以各州人民的財富，及其學齡兒童所佔人口比例的大小爲基準。表十九所示，爲美國教師平均俸給的改善概況。依據報告，一九五〇年全國各地教師的平均年俸爲三、〇一〇美元，各州間的距離，由密士失宓州的一、四一六美元到加利福尼亞州的四、二六八美元不等。根據美國教育協會的估計，在一九五三——五四年度內，全國各地教師的平均年俸爲三、四〇〇美元，其中仍以加利福尼亞州的四、八〇〇美元爲最高。

表十九　美國教師的平均俸給

年度	平均年俸
一九一〇	美元 四八五
一九二〇	八七一
一九三〇	一、四二〇
一九四〇	一、四四一
一九五〇	三、〇一〇

全國各公立學校的教員，在一九一〇年爲五二三、二一〇人，到一九四九增至八七八、八〇四人。私立學校的教員，依據一九四九年的統計，爲一〇八、九九八人。

美國教育協會，乃爲全國各州公私立初等、中等及高等教育機關的教員，聯合組成的一個團體。全國各地的教員，約有二分之一爲該會的會員。美國的教員，大多數都參加各州的教師協會及地方團體。此類組織的性質及宗旨，是屬於專業性的，而不是教員的同業公會。美國教師聯盟（American Federation of Teachers），則與同業公會運動有關，全國各州及地區，均設有分支機構。該聯盟的會員，雖無正式的統計，但其會員人數，通常均較一般專業協會的會員爲少。

美國的婦女，在教育事業上所佔的勢力，較諸本書所述之其他國家爲大。一九四九年，全國公立初等學校與中等學校的男教員爲一七二、七二〇人，女教員爲七〇六、〇八四人。然而，美國與其他國家不同，絕大多數的州，女教員的待遇，與男教員相同，同時，並制定「同工同酬」（Equal Pay For Equal Work)的法律，以禁止對女教員給予較低的待遇。

美國教育的特色之一，卽是注重在職教育（In-Service Education）。依上所述，美國教員進暑期學校者，爲數甚衆。由於暑假很長，一般教員除以六或八週的時間，從事專業進修外，尚有不少餘剩的假期時間。獨立學院及大學的推廣教育部，全年均設置函授班與夜間班，入班受教的教員爲數甚多。各學區所辦理的短期進修訓練，其訓練方式，與一般師資訓練機關相似。各地區的教員俸給表，其編制方式，通常係以鼓勵教員從事專業進修爲主旨，凡具有碩士學位及較高資格的教員，卽可獲得較高的待遇。因參加在職進修訓練，而獲得較高之資格者，亦可晉升其俸給之等級。

美國的人口生產率，顯有增加，各級學校，學生註冊的人數，亦隨之日漸加多，因此學生平均在校的時期，亦無形延長，各州所需要的教員，也逐漸增多。一般師資訓練機關，每不能充分供應會受良好訓練的教員，以代替退休及離職的教員，加之每年自然的增班，所需之教員，亦不在少數。由於事實的需要，乃製發一種臨時證書（Emergency Certificate）。凡曾受正式學校教育，或已婚婦女，或離校多年的人士，祇須具備一定的資格，均可申請此項證書。同時，再利用在職進修教育的制度，大學推廣班，以及暑期班，使此類臨時教員，逐漸達到正式證書的標準。雖然如此，但是教員的補充問題，仍極嚴重。

一般言之，教員缺乏的問題，並未因降低證書標準而獲得解決。臨時證書的有效期限，通例爲一年，凡持有此項證書者，必須進暑期班，或參加其他進修訓練，始能再度參與檢定，而獲得試任證書（Temporary Certificate）。本世紀以來，美國的教師地位，日益提高。因爲人民對於教育事業的重視，乃使教師的標準及其待遇，亦逐漸獲得改善。而且，由於教員證書規程的標準較高，師資訓練的年限延長，乃引起一般青年選擇教學爲職業的興趣。

美國學校設施上的問題

美國的學校行政人員及學務董事會，也和其他國家肩負教育行政責任的機關一樣，遭遇到若干難題，關於此類難題的解答，國內人士尚無一致的意見。其中有些問題，多半發生於美國的行政及管理制度之中，本書第三章業已討論，此處祇不過再度提及而已。

一、合格教師的缺乏

缺乏曾受良好訓練的教師，至一九四八年，已成爲高峯現象，自此以後，此一問題，其重要性，日益增加。世界各地，亦因人口生產率之增加，致使各個學校都發生學童擁擠的現象。就美國而言，各師資訓練機關的畢業生，雖年有增加（就一九五五年講，每年畢業約六萬名。）但仍不能充分適應正常之耗損率(Normal Attrition Rates)與學生註冊人數激增的要求，單就一九五五年而言，即缺乏教師七萬八千名。據估計到一九六五年，各校學生的人數，將爲一九四八年的兩倍，屆時，各級學校的教師，亦必爲相對之增加。

由於教師待遇，及師資訓練標準的提高，無論投考各師資訓練機關的學生，或從事教育事業的教員，在人數上，均有顯著的增加。全國四十八州，對於此一問題，均極爲關切，並竭力尋求解決的方策。

二、校舍不足

近年來，由於經濟不景氣及戰爭的影響，所以新建的校舍不多，各地的學校均有教室不敷分配之感，甚至各校學生之未能增加，亦因校舍不足所致。目前，美國各地正加緊興建新校舍，無論建築的式樣，及其容納量，均有顯著的進步。然而，最大的問題，即是財政問題，因爲校舍建築所需之經費，悉由地方籌措，通例係由地方納稅人，決定以公債方式籌集之。有的地區，則設置一種特殊的校舍建築稅，建築新校舍所需之經費，即由此一稅收項下開支，其他的費用，即可因而節省。戰後若干年來，各地學校的校舍，雖大量增加，然而，有些學童所進的學校，仍爲半日制，或二部制，全國各地，目前正竭盡一切努力，以消除此種現象，並謀求未來的發展。

三、公立學校幼稚園的責任

免費與强迫的公共教育，應由什麽年齡開始實施，此一問題，已成爲討論的中心。一般教育工作人員，咸認爲如果幼稚園能劃歸正規學校教育之一部，而與初等學校低級部混合，對於兒童，是比較有利的。然而，此地又發生一個問題，還是經費問題。各學區雖竭盡全力添聘教員，增建教室，以適應學童激增的要求，然而要想全體兒童都進入公立幼稚園，却爲財力所不及。年滿五歲而進公立幼稚園的幼兒，雖年有增加，但是，此一問題，仍未獲致圓滿的解決。

四、天才兒童

一般關心公共教育的人士，曾以批評的態度指出，普及教育制度下的學校，在於實施團體教學，大都直接以中常兒童爲對象。有些國家的教育制度，則採取一種嚴格的選拔，一般天才兒童，通例都被挑選出來，而施以特殊教育。若干教育工作人員，認爲各地學區，因爲受到此種批評，已經有不少的改進。一般優良教師，也採用各種方法，利用各種機會，適應同一班級各個兒童的能力與需要。可是，尚無一種統一的制度，舉辦校外考試（External Examination）容許各種不同的教法與教程。有些公立學校在供應天才兒童的發展機會上，已經做過許多有趣的試驗，並已獲得良好的效果。也有些學校，爲身體缺陷，或情緒失常的兒童，設置特殊班級，並制定一種完善的教育計劃，以適應其需要。然而，美國的教育工作人員，却無人相信在班級教學制度下，中常兒童與特殊兒童的適應問題，已獲致最後或圓滿的解決。

五、普及的中等學校

美國人民，已普遍認爲中等教育應以全民爲對象。雖然如此，但是有的地區，仍舊批評一般中學缺乏適當的選拔性。在歐洲，有些國家對於這個問題的解答，認爲祗有通過極端困難的學業考試或其父母能負擔私立學校的昂貴學費者，才能繼續受中等教育。這種解答，不甚適合美國的要求。美國人民一般的態度，大都認爲學校的首要目的，在於培養優良的公民。因此，他們認爲解決此一問題的最好方法，莫過於辦理一種綜合中學，設置各種課程，以適應若干不能由知識課程獲得益處或對於知識課程缺乏興趣者的需要與興趣。目前，一般美國人，大都認爲教育的標準，不必限制其標準於一種嚴格的教材範圍內。此一問題，迄今仍在爭辯中。

六、初級學院

在性質上，初級學院究竟是中等教育或爲高等教育之一部，似已引起不少人的注意。在事實上，一般公立初級學院，多與地方學區取得聯繫，而成爲一種中學的向上延伸，所以就任務言，似爲中等教育之一部。可是，大部份的學生，他們認爲初級學院，爲其最後之正式教育經驗，他們在初級學院所修之有關擔任行政職務的課程，較之學習預備轉入大學的各種學程，更有價值。另一方面，一般初級學院在培養學生進而接受大學教育方面，已有優良的成績，所以，初級學院無論在規程上及普通設施上，均大加改善。因此，一般人認爲初級學院對於社區的各項服務，有些情況，似已與獨立設置的四年制學院一樣，而有其自身的地位。

七、職業與普通教育

普通教育與職業教育間的縫隙的彌補問題，經常爲人所討論。在事實上，聯邦政府對於中學的職業課程雖給予補助，但是，對於普通教育課程，並沒有不同的看法。有些州，其職業教育行政與本州的正規中學是分開的，此種措施，乃引起若干不必要的區分。關於此一問題最好的解答，還是辦理綜合中學，在此種學校內，全體學生一律在普通教育的班級受教，另設選科，使學生自由選修各種特殊的科目。理論與實用教育，或普通與特殊教育間的若干區分，都是人爲的。如何使整個的中等教育構成一個有機的整體，乃是最重要的問題。

八、教育上的地區主義

依照最高法院的裁決，各州不得以種族或膚色爲基礎，而使一般大學生隔離，除非在實質上具有相同的設施。南方各州，類多聯合設置區立黑人學院與黑人專門學校，所需經費由各州共同負擔。此種計劃的發展情況，已超過原本之狹義的目的。西部各州，則組織一種州際委員會（Interstate Commission），合力經營教育事業，其辦理的歷史雖短，但此一計劃，已有良好的成績表現。此項計劃所依據的原則，乃認爲一州單獨實施一種包括各類專門學程的高等教育計劃，必須耗費大量的經費，這種做法，是不經濟的。一般費用浩大的學程，如醫學、牙科、獸醫、社會事業、礦冶工程等，勿須在州內成立此類專門學校，而由各州合力設置，並以契約規定，各州公民，均可前往就學，而祇須負擔一部份的經費。此種計劃，如果普遍實施，則一所大學祇須設置少數的專門課程，而不必包括所有的專業科目。此不特爲高等教育經費上的一個特殊問題，而且也是以地區爲基礎所建立的一種合作關係。設如此，某一州即可於其財力許可範圍內，爲本州公民，設置各種特殊的學校。

第十一章　英國的學校設施

英格蘭與威爾斯的教育行政組織，業於第四章中敘述一過。中央教育部負經費上的主要責任，地方教育行政機關，則握有實際的行政權力。英國的制度，係以三個重要原則爲基礎：①儘量爲地方行政機關保留較多的權力，中央則負擔巨額的經費。②使私人組織也承擔教育活動上的重要部份。③關於學校組織、課程、及教學方法等項，對於校長與教員，不作任何指示。

英格蘭與威爾斯的普通學校組織，如圖四所示。綜觀此圖，可知各大學招收的學生，主要爲文法中學、公學及私立學校（Independent Schools）畢業生。

如本書第四章所述，英國學校的三個部份，係以經費的來源及多寡爲其區分之基礎。此類學校學生註冊人數及其他數字，如表二十所示。尚有少數不由教育部督導的私立學校，未列入本表內。如本表所示，在一九五一——五二學年度內，英格蘭與威爾斯境內的各級學校，其總數爲三〇、六九四所，學生六、三六七、一九八人，教員二四七　一九七人。

4 英格蘭及威爾斯的學制圖

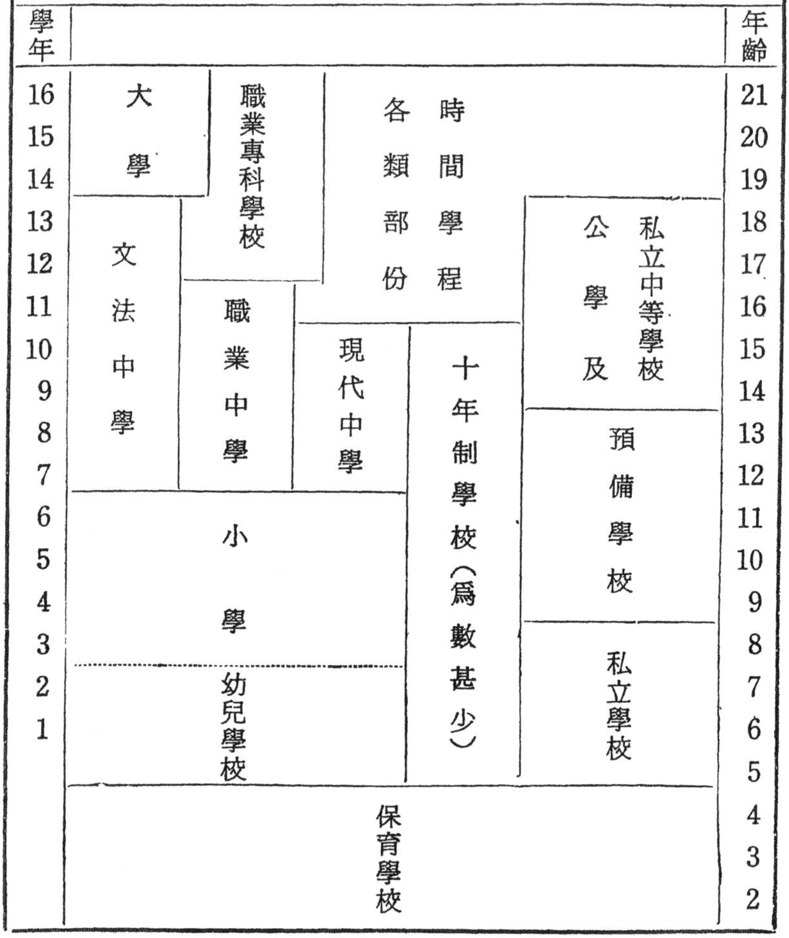

附註：十年制學校，係英文 All-Age Schools 之譯名。

表二十 英格蘭與威爾斯的學校統計 一九五一——五二

管理及學校類型	各類學校的數目	學生註冊人數		教員人數	
		男生	女生	男教員	女教員
地方教育行政機關設置及補助的學校					
學前教育機關	四五七	一一、八四三	一〇、六三三	—	一、〇〇三
小學	二三、一八八	二、一六三、八四九	二、〇四九、九〇七	三七、二五七	九九、三三八
中等學校	四、九一四	八九六、〇八九	八六〇、一六七	四七、〇八二	三七、二八五
特殊學校	五四三	二四、〇〇九	一八、五一〇	一、〇二九	一、九五三
小計	二九、一〇二	三、〇九五、七八九	二、九三九、二〇六	八五、三六八	一三九、五七九
接受教育部補助的學校					
學前教育機關	二〇	四四五	三九三	—	三七
文法中學	一六四	四〇、〇九七	四五、一八三	一、九五九	二、五一四
職業中學	五	七六〇	—	四九	—
特殊學校	一二四	六、三四六	四、一三五	三一三	五一三
小計	三一三	四七、六四八	四九、六九一	二、三二一	三、〇六四

已立案的私立學校					
學前教育機關	八	一四〇	一二七	一	二七
小　學	六五七	四五、七三四	三三、三二一	二、五〇九	二、六七二
中等學校	二四六	三八、五一一	二〇、九八九	二、八四四	一、八六四
中小學合設的學校	三六八	三七、九四九	六九、一〇三	二、一一三	四、八三八
小　計	一、二七九	一二二、三三四	一三、五三〇	七、四六五	九、四〇〇
總　計	三〇、六九四	三、二六五、七七一	三、一〇一、四二七	九五、一五四	一五三、〇四三

學前教育

在上次世界大戰期間，英國婦女參與戰時工作者，爲數甚多，若干私人組織及地方教育行政機關，乃設置保育學校（Nursery Schools），收容一般幼兒。同時並以法律規定，如有必要，各地方教育行政機關，得興辦保育學校。

此類學校，在戰爭期間，其辦理情況，頗有成效，於是決定廣設學前班級，使全體幼兒，均有受教的機會，而不以聚集在工業中心的幼兒爲限。一九四四年教育法案，並明令規定，各地方教育行政機關，應設法滿足此種需要。凡某一地區的幼兒人數，達四十名左右者，得優先設置保育學校，如地方教育行政機關認爲情況適宜時，得於小學附設保育班。就一般情形而論，五至七歲的幼兒，多半進一種特殊的幼兒學校（Infant School），此類學校，間有附設保育學校者。（英國通常稱幼兒班爲低年級，相當於美國所稱之「初小」(Primary)；美國的初等學校，相當於英國的「小學」(Primary School)。自一九四五年起，英國不使用「初等」(Elementary)一詞。)

英國的保育學校與幼兒學校，其教程悉依現代方式而訂定。一九三三年英國教育委員會(Board of Education，現稱教育部)的報告，對於此類學校的目標及其風氣，曾有確切的說明：

「二至五歲的兒童，係以其感官獲得關於環境、關於自身的知識，並自己學習如何使用此類感官，特別是視官、聽官及觸官。一般兒童，每樂於觀察各種事物，並進而控制之，而不受到任何限制，因此，兒童在校內，便應該接觸各種物象及資料，以便有所試驗及探索。

一般言之，城市的環境，難於滿足兒童的自然衝動；所以，最重要的，便是爲兒童設置一種備有花草樹木及動物的露天環境，使能自由探索，備有水池，使其玩弄，備有沙坑，使能挖掘。

嬰兒階段的訓練，必須是一種自然的訓練，而不是人爲的陶冶。其目的，不是將一般成人認爲有用的知識與習慣移植於兒童的身上，而是幫助一種正常的兒童，使其得到自然的發展。假若這種訓練是很有效的，則必定是在兒童的家庭生活中能够實際應用的；尤須取得父母的積極合作，而深入家庭生活之中。……

幼兒學校的職能，在使五至七歲間的兒童，獲得健全之生長、生理、智力、精神、及道德發展的基本知能。故其訓練，首在使兒童具有强健之身體。其次才是語言訓練。因爲兒童表達意見時，常具有一種自然的韻律活動，所以，這種活動，應該得到多方面的鼓勵。

各種建設性的工作，在幼兒學校的活動中，應佔最重要的地位。一般言之，手工及體育活動，應以兒童的興趣爲主，在合理的範圍內，各種課程，應儘量顧及兒童的興趣，不必過份重視人爲的安排。

在兒童年滿三歲或六歲而具有學習之意願時，始令其學習讀、寫、算。惟有如此，兒童所獲得的知識，才能構成其廣泛的興趣與經驗之一部。一般幼兒學校所根據的教學原則，乃是儘可能使兒童的學習立於主動的地位，他們所獲得的知識，不是由教師所傳授的，而是從一種適於學習的環境中自動求得的。」

小學教育

依據一八七〇年教育法案的規定，全國小學，一律實施義務教育。當時的義務教育機關，分爲兩類，其一，爲公立學校（Council or Provided Schools），全部經費，由地方教育行政機關負擔。其二，爲私立學校（Voluntary or Nonprovided Schools），類多爲宗教團體所設置。各私立學校的教師俸給及一般設施費用，由地方教育行政機關承擔，校舍建築及修繕費，則由設置機關負責。

大部份的小學，其修業年限，至十四歲爲止，惟於一九二六年赫多報告（Hadow Report）發表後，大多數比較進步的地方教育行政機關，每將小學分爲初高級兩部，初級部的肄業期限至十一歲爲止，高級部則由十一足歲開始。

在第二次世界大戰以前，英國的小學，純爲「兒童中心」的學校，此類學校的特點，在於重視活動教學及藝術、音樂方面的特殊活動。一九三一年，英國教育委員會，發表一項報告，對於此類活動，予以極力的鼓勵，而認爲這是一所理想的小學所必備的條件。其中有二段談話，一再爲人所引用。便是：「我們的意見，認爲小學的課程，應該是一種活動與經驗，而不是知識的獲得，和事實的貯藏。

傳統的辦法，常將小學教材，分爲若干不同的「科目」，而實施分別的教學，此種措施，應重加考慮。與一般科目有關之一連串的中心論題，雖爲讀、寫、算的適當「練習」所必備的要素，然須予以愼重的選擇。」

所有的學校，雖未遵照教育委員會的指示，但是，有許多嘗試性的實驗，却是很成功的。自一九四五年三月起，「初等」的名稱，即由官方文件中删除，而代以「小學」一詞。此種措施，旨在使學校從原有初等學校的聯繫中解脫出來，而特別着重小學是一項廣大計劃中的第一個階段的事實。目前的小學，分爲兩個部份：幼兒學校，招收五至七歲的幼兒；初級學校（Junior School），招收七至十一歲的兒童。初級學校畢業後，通例可升入三種中等學校中的一種。然而，依據一九五二年的統計，約有五千所學校，很難確定其性質，便是所謂「十年制學校」。此類學校，招收五至十五歲間的學童，十一至十五歲的學童，一律入「高級」（Top）部。此種十年制學校，由於新校舍的興建，及其行政組織的改組，乃日益減少。

如本書第四章所述，威爾斯境內，頗多使用威爾斯語教學，英語爲第二語言，在轄區內，大部份的兒童，都操威爾斯語。但是，威爾斯境內的英語地區，所有的情況，則完全相反，不過，所有的學校，都講兩種語言。

在英國，有一種廣大的社會福利工作網，對於全體男女學生，都有很大的影響，學校衞生處（School Health Service），即是教育部與衞生部之間的一種合作計劃。實際的服務工作，係地方行政機關，經由其醫務、牙科及護理人員所辦理的事項，而形成英國衞生服務處（National Health Service）的一個重要部門。依規定，地方教育行政機關應負責督導及治療全國中小學的學生；實際上，此種工作，已擴充至青年學院，並已逐漸普遍中。

依據一九五一年十二月的統計，學校衞生處的人員，計有醫務人員一、九〇八人，牙科人員八八九九人，牙科助理九〇三人，學校護士五、四一一人。在一九五一年間，醫務人員從事衛生督導工作四、四二〇、〇〇〇次，治療二、〇四九、〇〇〇人。牙科人員從事督導工作二、四四六、〇〇〇次，治療一、二四九、〇〇〇人。

依照一九四四教育法案的規定，全國地方教育行政機關，應負責調查缺陷兒童的人數，並予以特殊的處理及訓練。同時，尚須設置日間學校及寄宿學校，負有效處理之責。此種措施，並不是一種新興的計劃，大部份的地方教育行政機關，實施此項計劃，已歷有年所，且其進步，亦極神速。尚須辦理的工作雖多，惟近年來爲一般缺陷兒童興建的校舍與新訓練的教師，亦爲數不少。

在第二次世界大戰前的若干年，地方教育行政機關，卽供應熱食與牛奶，惟其主要對象，爲貧苦家庭營養不良的兒童。在戰爭期間，英國政府感到所有的學童，均應供給一餐營養豐富的午膳，而尤以一般母親參加戰時工作，以致中午不在家的兒童爲然。此種計劃，於戰爭結束後，仍繼續進行，據一九五二年的統計，英格蘭與威爾斯境內的三萬所學校，其中祇有九百所未供應學童的熱食。政府對於能負擔餐費的家長，每多勸其繳付學童的餐費，每名學童，每餐所繳費用，約爲五辨士，或美金六分。因供應午膳所需之場所，設備以及人員的全部開支，由教育部供給，而不由地方教育行政機關承擔。依據一九五二年十月間某一日的統計，食用午膳的學童，爲數達三、〇〇九、〇〇〇名。全年食用此類午膳的學童，其總數爲五九六、〇〇〇、〇〇〇名。此類午膳，通常包括熱食的肉類，或魚類，以及蔬菜，並繼以水果與甜食等。每餐的費用，爲十五辨士，或美金一角八分，其中食物費用約值八分，工作人員的薪資及雜費，約爲一角。此外，每日尚供應牛奶，或爲免費，或繳納少量的費用，食用牛奶的學童，約爲五百萬人。

地方教育行政機關，對於各級學校的貧苦學生，尚供以鞋子及衣服。凡居住在鄉村或濱海地區中，人口擁擠的工業區域的學生，則供以營帳。各級學校，均一律具備現代的體育活動，除非學校備有體育館，及適當的運動場地，否則，難於得到教育部的認可。

多數的小學，其校舍及設備，均未達到預期的標準，每班的人數，亦應按現行之最低限度的四十人，再行減少。此一途經，顯然的尚在計劃之中，但英國的公私立小學，的確年有進步。

中等教育

英國的中等學校，在英國教育方面已發生一種重大的改變。中等教育不復爲少數學生之特權，而以全民爲對象。英國教育部與各地方教育行政機關，在中等教育方面所擬採取的各項新措施，詳載教育部出版的「新興的中等教育」（The New Secondary Education）一書中。茲將此一專冊，摘錄數段如次：「將來會產生各種類型的中等學校，在這些中等學校內，將設置各種不同的課程，此類學校，亦將特別辦理一種適合兒童特殊需要的教育。所有的此類學校，將能獲得實際的利益，此類學校的數目，迄今仍極有限，這些學校，便是從一九四四年開始稱呼的中等學校。他們將具備同樣的完善校舍。他們將享有同樣的假期，並從事同樣的體育活動。各種形式的中等學校，亦終將具備宿舍的設備。在這些學校中，所學習的課程，都與學生的能力及性向有關。每班人數的最高限度，各類學校，亦有同樣的規定。

一般言之，唯一的問題，便是經費。任何一種的中等學校，都須耗費大量的經費，興建校舍，添置設備，及支付教職員的薪津；不過，一般提倡新式中等學校的人士，咸認爲此類學校所需之經費，較以往任何時期的中學爲少。

一九四四教育法案，係於世界大戰期間所通過者，當時，有一種愚昧的想法，便是希望在最短期內今全國各地能設法完成此一龐大的校舍建築計劃。我們坦白的講，有些地區，新式的中等學校，迄，建未仍立，而且，就全國的情況言，也祗有極少數的學校，具有完善的房屋設備。永久性的新校舍，大都尚未完成，同時，大多數的學校，都以舊式的校舍，權充臨時的房屋，或興建臨時性的小屋，以應急需。目前，絕大多數的中等學校，由於師資及校舍的缺乏，致使每班的人數，仍舊超過一九四四法案，授權於教育部長所制定的班級人數最高限度的規程所規定的數目甚遠。」

一、中等學校的類別

一九四四法案尚未公佈實施前，已有各種類型的中等學校，如文法學校，高級學校，中央學校，高級初等學校，初級職業學校，商業學校，以及藝術學校等是。此類學校，其間不乏成績優良者，惟自一九四四法案頒佈後，即將此類學校予以合併歸化，而成爲三種：文法中學，現代中學，職業中學，據估計現代中學與其他兩種中學的學生，在人數上爲四比一。各地方教育行政機關，有分別設置此類學校，或混合設置，或在同一校地上建立三種學校之自由。

(一) 文法中學

此種學校，在英國的歷史悠久，聲望亦高。所開課程，相當於美國中學的「大學預科」(College Preparatory)學程。學生在校肄業六或七年，其目的在於投考大學或取得銀行或商業機關的職位。教學科目，通例爲英語及文學、外國語、科學、數學、歷史、地理、美術、及音樂。各科的修習期限，均在1年以上，並着重理論的傳授。大多數的學生，均於修業期滿時，參加一種「普通教育證書」(General Certificate of Education)考試。此種學校的第六學級（十七至十八歲），稱爲高等科，旨在對於高年級的學生，給予一種創造力與責任感的特殊訓練。
一九四四法案實施後，中等教育的改組，對於文法中學的影響甚微。此種學校，類多希望具有適於其本身之特殊目標的良好校舍建築，對於不適於升大學的學生，並未為其設置特殊的課程。一般社會人士，多希望此種學校，對於其他兩種學校，能有同情與合作之態度。

(二) 職業中學

此種學校，並非新近創設者；而係由一九〇五年創辦的初級職業學校演變而成者。此種學校雖為一種良好的學校，但其時運不佳，未能充份發展。一般社會人士，類多以工藝及家事學校視之，惟此一概念，目前已大有轉變。此種學校招收年滿十三歲的學生，其校舍建築，多與高級職業學校相似，但目前有仿照以往之高級學校校舍建築的趨勢。一般言之，此類學校重在工藝訓練，而以普通教育輔之。

一九三八年，教育委員會發表施賓士報告(Spens Report)，對於一種稱為「職業中學」的新式學校，予以相當的注意。此種學校具有一種優良中等學校的風格與地位，在課程上注重科學與數學，而以招收具有顯著的優異技術才能的學生為限。此項報告雖早經發表，並間有設立此類學校者，但直到一九四四法案通過後，一種新型的「職業中學」建立之時，才為一般社會人士所認識。

此種學校例皆招收年滿十一歲的學生，雖有若干學生，其入學時年已屆滿十三歲——此係臨時措施。投考此種學校的男女學生，類多智能優異而富有天賦之技術工作才能，並志願成為熟練之工程、電氣、海事、航空、建築業、農業、實用藝術、以及家事等技術人員者。此種學校的校舍建築、設備及運動場，與其他中等學校的形式相同，在教學上，亦主張授予學生一種健全的普通教育基礎。一般職業中學的學生，其修業期限，多半至十六或十七歲時爲止。第四學年開始，卽實施一種特殊的職業訓練。其間若干學生於完成規定之學程後，尙繼續升入職業專科學校。此類學校，多半設在城市，惟近年來一般鄉村，亦紛紛建立農業、園藝、家事、建築等職業學校。英國的職業中學，仍在發展階段；據一九五二年的統計，全國祇有二九一所。此種學校的理想，似極正確，如能得到想像中的發展，當可達成一種有價值的目的。

（三）現代中學

英國的中等學校，其中有一種需要詳加討論的，便是現代中學。但是，這並非說整個的三種制度的成敗繫於此一學校之效能。在人數上，就學於此類學校的男女學生，幾爲其餘二種學校的四倍，其主旨，在於訓練學生成爲磨坊、製造所、百貨公司、商店、工廠、商業機關、運輸公司、農場、私人及家庭事務的工作人員。

此類學校，一方面在於發現男女學生的特殊能力，發展其技能，訓練其公民資格及責任感。一方面尤在喚起其對於各種學科，書籍及有價值之休閑活動的興趣。教學重點，在於實施一種廣泛而饒有興味的普通教育，其修業期限，至少到十五歲爲止。所授科目，有英語、社會研究、衛生與體育，競技與游戲，普通科學，普通數學，工廠實習，家事、簿記及其他商業科目，美術與工藝，自然研究，生物、歷史、地理、音樂、園藝、文學、影片欣賞，以及一種選科性的現代語。

教育部對於現代中學的課程，並無硬性的規定，而留待各地方教育行政機關，男女校長，以及學校敎職員共同研究。一般現代中學所揭示的目標，爲實際，興趣，與活動。就學生的立場言，所修課程的目的，應有確切的規定。一般言之，現代中學特別注重集會，討論，影片教學，學校管弦樂隊，學校運動，郊遊，地方調查，個別及合作設計。因此，現代中學似爲實現杜威所堅持的教育理論，卽是讓學生參與實際生活，以學習應付生活的方法。

一般鄉村的現代中學，尙具有各種特殊問題及一些有趣的機會。學校的規模較小，教職員的人數亦少。大部份的學生均乘校車返往，以致影響學生的正當娛樂及校外活動的時間。此類學校所授的課程，大都富有地方的特殊性，而特別注重鄉村問題與鄉村活動。倘使此類學校所培養的學生，樂於並尊重鄉村生活，則此類學校對於英國將有極大的貢獻。

現代中學力主學科考試，不應成爲學校教育的重要部份（學科考試爲文法中學的重要部份）。因此，現代中學未能繼承文法中學的優良傳統，致使其功能爲之減低。一般地方教育行政當局，常鼓勵各現代中學，自發證書，記載學生的各種學科及課外活動的成績。

現代中學的思想，雖係一種良好的教育概念，但却難於獲致一般人民及若干教師的信任。不過，此種學校的地位及其學術聲望，與一般傳統的學校無異。

以倫敦爲例，當地政府卽竭力反對各類中學之分別設立，而建築一種「綜合」(Comprehensive)學校，在一排建築內，包括三種學校，招收一千五百至一千七百五十名學生，實施一種混合性的學校活動，但其教學科目，則彼此互異。此類學校，規模旣大，師資及設備，亦較完善。倫敦的中等學校，與美國一般規模較大的初級及高級中學，頗爲相似。

自一九四四法案付諸實施後，對於中等學校，卽着手簡化，並予以改組。然而，最主要的困難之一，便是英國人所謂的，對於三種學校的「同等看待」問題。就歷史傳統言，文法學校，素以準備投考大學爲主旨，因此，一般家長與教師，咸認爲它是一種最優異的學校。英國人嘗謂：如果學生想吃乳酪，就該進文法中學，想吃牛乳，就該入職業中學，要吃撇去面上浮沫的牛乳(Skim Milk)便該進現代中學。一般家長每當接到其子女適於進現代中學的勸告時，即大失所望。誠如伊頓公學校長艾寧頓(Rev. C. A. Alington)在一次公開的演講中所言：「最困擾的事，莫過於每兩對夫婦，無法生產一個中常的兒童。」

一般社會人士，對於現代中學所抱的此種觀點，已日益淡漠，教育部於其所發行的各類刊物中，亦一再强調一種事實，即三種學校，應享有同等之物質利益。茲將其中數端，列舉如次：

1.每所中等學校，無論其類型如何，除備有教室及實驗室外，尚須設置一種會議廳，以及一種設備完善的體育館，陳列室，圖書館，工藝室，工廠，及膳廳。最重要的，每所中學的圖書館，應設置若干曾受專業訓練的圖書管理人員。同時，應向每所中學建議，儘量使用視聽教育設備。

2.各類中等學校的教員，應享受同等的薪給待遇。

3.各類中等學校，應直接與間接注意其公民教學。在社會研究或其他學科方面，應儘量選擇有關中央及地方政府的工作，以及聯合國教科文組織所負任務之類的資料，用作教材。年長的學生，應使其參與學校事務中有關社會及娛樂方面的計劃與組織工作。

4.各類中等學校，應鼓勵其從事創造活動。對於任何學生，皆不應忽視，而須經由學校的選擇，使其參與藝術、音樂、工藝、戲劇及舞蹈等活動，以便有表現及訓練其感覺的機會。

5.體育及運動遊戲，應與衛生教育混合教學，而構成學校生活中重要之一部，其目的在求普遍的參加，而不在培養少數的「選手」團體。醫務與牙齒檢查及治療，仍應繼續實施。

6.全體學生，均應享用牛乳及午膳，並於不影響教學設施及社會愛顧的情況下，相機建立膳食組織。

7.依據一九四四法案的規定，宗教應構成每所學校的生活及教學之一部。該項法案並特別載明：

「各府立及私立學校，每日於全體學生到校之際，開始授課之前，應舉行集體祈禱……各府立及各私立學校，應一律設置宗教教育。」除宗教教育之特定時間外，尚須提示各級學校，將精神價值滲透於學校的一切工作之中。

8各類中等學校，應將其施教目的，極力使學生瞭解。各種學科的目標及價值，亦應向學生詳加解釋，並與之共同討論，同時，尚須採用有效的方法，鼓勵學生從事艱難的工作及作業。

9職業指導，應視爲各類中等學校的成功要素。對於各個學生的特殊能力，應有詳密的研究，關於學生的職業選擇，亦須予以適當的指導。類此各端，應與一般家長及未來的僱主，保持密切的聯繫。

無疑的，如能依照上述各點，在組織上將三種中學聯合，則此三種學校之間，所不同的，祇是課程，而非學校精神及一般勢力。

(四) 英國公學

研究英國教育，如不敘述英國的「公學」，當欠完備，英國社會人士對於此類學校，每多「嫉妒與失望之批評。」此類學校，對於英國教育傳統的演進，負有重要責任。一般公學所實施的品格訓練及自由研究的制度，雖祇限於少數及若干特殊團體的學生，然此種訓練所具之特質，實未可忽視。

英國的公學，頗受批評，而尤以其對於教育的壟斷與保守態度，爲社會人士之攻擊重點。最通常的說法，乃認爲公學對於民主思想，毫無貢獻。另一方面，無可否認的，英國人民對於此類學校的畢業生，多抱好感，一般公學所保持的一種「英國士君子」的理想，尤爲人民所讚揚。據推測，第二次世界大戰以後，英國的公學將日趨沒落，但是，在一九五二年申請入學的學生，達到空前的多數。此類學校，縱然爲報章雜誌所諷刺，音樂茶室所譏笑，惟此一「古老的學校領結」，其威望之高，魔力之大，與本世紀初期無異。就一般美國人及其他外國觀察家而言，伊頓學生(Etonians)所着之燕尾服與所戴之高帽，赫洛學生(Harrovians)所戴之淺草帽，除感覺新奇外，別無意義可言，但是一般支持此類學校的英國人，則認爲它是一段悠久與饒有興味的歷史傳統的象徵。

所謂公學，係指具備校董會聯合會(Governing Bodies' Association)或公學校長會議(Headmasters' Conference)代表或會員資格者而言。一般言之，凡不受任何公款補助的獨立學校(Independent School)，或接受教育部之直接補助者，卽具有會員資格。同時，尚須提供學校及校長之富有自由精神的事實證明。依據一九四四年富利民報告(Fleming Report)所稱：參加校董會聯合會者，計有獨立學校八十七所，接受教育部直接補助者，有六十五所。復依公學校長會議名册所載，獨立學校，爲八十三所，接受教育部直接補助者，九十八所。一九四二年，女子學校校董會聯合會（Association of Governing Bodies of Girls' Schools)成立，參加該會者，計有獨立學校，七十八所，接受教育部直接補助者，三十五所。其中尚有三十五所女子學校，與校董會聯合會具有密切聯繫的日間公學理事會(Public Day School Trust)，保持適當的聯絡。大多數的男子與女子學校，均參與上述二種團體，所以，各校的名字，常互見於此二種團體的名册中。

英國最「著名的公學」，有Winchester（建於一三八七年），Eton（一四四一），Shrewsbury（一五五二），Westminster（一五六〇），Rugby（一五六七），Harrow（一五七一），Charterhouse（一六一一），以及二所倫敦的日間學校：St. Paul's（一五〇九）與Merchant Taylor's（一五六一）。類此各校，在社會上均具有極高之聲望。凡入此類學校受教的學生，其終身卽取得一種榮譽的證明。

伊頓公學，建於亨利第六（Henry VI），爲英國公學中著名學府之一。其所建之涂德—臬席克大樓（Tudor-Gothic Buildings），位於風景秀麗之區，運動場則毗鄰溫莎堡（Windsor Castle）。（譯者按：此一地區，自英王威廉第一起，即劃爲王室住宅區。）該校原祗收容七十名貧苦學童，號稱皇家學生（King's Scholars），所需經費，全係私人捐助(Privy Purse)。嗣後，乃容納自費之富家子弟。目前，該校約有一千一百名學生，全體住校，每一「齋舍」(Houses)住四十人。此種齋舍制(House System)，係由每一舍監（Housemaster），管理不同班級的學生若干人，施以交誼及領導能力的訓練。學校工作雖採班級制，但仍將學生分爲若干導師小組，以便實施個別指導。該校教員，多係獲得牛津與劍橋大學優異學位，而具有高尙品格之畢業生。

伊頓公學，建有若干古老的教室，其光線之充足，與美國中學的機能教室（Functional rooms）無異，所不同者，乃有一種黑暗色的牆壁，及一種有環節並刻有學生姓名的課桌，此係伊頓學生最爲關切者。此外，尙有不少現代化的教室及設備完善的實驗室。課程方面，仍以古典及人文學科爲重，但目前對於科學及數學，已相當注意。該校的圖書館，亦極爲完善。

伊頓公學，高年級學生的正式服裝，爲高帽，燕尾服，和白領結；低年級學生，則着伊頓夾克(Eton jackets)，寬領，高帽。伊頓公學出身曾任英國首相者，達十人之多，其中包括威靈敦（Wellington）、葛拉德士通(Gladstone)、庇德(Pitt)及華爾坡爾(Walpole)；充任印度總督者，有二十二人，其他著名人物，如雪萊(Shelley)、吉爾柏特(Sir Humphrey Gilbert)，及羅柏特（Lord Roberts)諸氏，皆係伊頓公學畢業生。該校年納學費三百四十英鎊，（合美金九百五十二元），其餘各項費用，尙超過此數。

英國的女子公學，其組織與男校相同，惟其設立時期較遲，其中著名的學校，有 Cheltenham

Wycombe Abbey, Roedean, St. Paul's, St. Leonard's（設於蘇格蘭），及 Lowther（設於威爾斯）。一般女子公學，所收學費，由二百二十五英鎊至二百七十英鎊不等。

一般公學，雖不受教會的管理，但設於英格蘭與威爾斯兩地的私立學校，其中有七十五所，均各與一種特殊的教派，具有密切的聯繫。其間與英格蘭教取得聯繫者，有六十三所學校，與天主教聯絡者，有六校。在十九世紀時，大多數的教員及全體私立學校校長，均擔任宗教職務，但是，到一九四四年時，各私立學校校長充任牧師或神父者，祗有二十四人。所有的學校，均設有禮拜堂，宗教活動在學校生活中佔極重要的地位。一般公學的校董會，其構成人員，至爲複雜，絕大多數的校董會，常包括各大學，大學教授，特殊的地方團體，以及聯合教會等單位的代表。學校經費，悉賴學費及捐款等收入維持。

英國公學的主要特色，卽是實施寄宿教育；採用導生制，由年長的學生，擔任學校訓導工作；實施齋舍制，每位舍監指導寄宿生若干人；注重運動遊戲與競技；重視宗教教育；並儘量使學生參與學校團體活動。

一般反對公學的人士，對於此等學校，常有激烈的評論，認爲整個的公學制度，具有不少的缺點，最顯著的，便是此等學校，仍舊主張將社會分爲兩個階級，故此等學校所實施的教育，對於民主社會，毫無貢獻。直到最近，教會與國家方面，絕大多數的重要職位，仍爲曾受公學教育的人士所獨佔。然而，由於府立中等學校的平穩發展，此種情況，或將有所改變。

一九四二年，教育委員會(Board of Education)設置一種特殊委員會，由富利民(Lord Fleming)充任主席，該會卽建議在公學與國家普通教育制度間，組織一種協會，以加强其聯繫。該會並於一九四四年，提出所謂富利民報告（Fleming Report）。此項報告，曾提供若干極有價值的建議。最重要的一項，便是主張凡屬資質優異的男女學生，姑無論其父母的經濟情況如何，一律予以受公學教育的機會。各地方教育行政機關，有權決定所轄區內男女學生接受通學與寄宿之公學教育的名額。此等學生所需之費用，悉由地方教育行政機關負擔。凡寄宿學生，如家境富裕，得請求其家長負擔一部份的寄宿費。該會並建議公學的學費及宿費，應依據學生家庭的收入，而分別規定收費標準。各地方教育行政機關，爲酬答一般公學有關此類事項之讓步，得在教育委員會的許可範圍內，對於公學給予適當之補助。凡某區學生進入某一公學肄業，該區之地方教育行政機關，卽可選派代表出席該校之校董會。

此項計劃，並未充分實施，但地方教育行政機關，在公學設置補助名額者，爲數不少，其中若干學生，已受滿府立小學教育。此等學生，在公學內均有良好之成績表現。惟近年來，類此之學生，進入公學受教者，幾已絕跡，一面由於各地方教育行政機關，無力負擔經費，一面則由於一般家長，認爲他們的子弟不能適應公學的環境。不僅一般家長不願其子女就學於公學，若干地方教育行政機關，亦寧願使所轄區內的學生，進本地公立學校，甚至爲學生設置寄宿學校。

就一般情況言，獨立的公學，特別是規模甚大的寄宿學校，仍極普遍。此等公學雖仍爲少數有勢力的團體的子女而設，但已喪失其獨佔公務職位及獨享牛津與劍橋大學讀書的特權。此等學校，類皆經費困難，其間不少學校，迫於環境，祇得向教育部申請補助，致成爲「補助學校」。此等學校，已不復爲獨立學校，而須接受地方教育行政機關的請求，至少以百分之二十五的名額，保留於地方當局選派的學生。不過，一般規模較大與較爲著名的公學，依舊完全獨立，並將繼續保持其獨立之作風。此等學校，能否阻擋英國的社會變遷及一般府立中等學校的平穩進展，尙未可預料。

（五）預備學校

預備學校，計有四百八十所。此等學校，雖由小學階段開始，但與前述之公學，仍有密切的聯繫，並爲同一性質之學校。預備學校招收年滿八或九歲的學生，使能於年滿十三歲時，通過入學試驗而進入公學。此等學校，全部爲寄宿學校，平均每生年需繳納費用約二百二十五英鎊。所授課程與一般學校程序，均以升入公學及適應公學之團體生活爲依歸。校紀與校風，亦以學生之易於升入高級學校爲轉移。魯伍德爵士（Sir Cyril Norwood），於其所著「英國教育的傳統」（The English Tradition of Education）一書中，曾謂一個九歲的小孩，自認爲是「一個大塘的小魚」，待至四年以後，即變成「一個小塘的大魚」。當其進入公學時，此種情況，仍將重現。於初入公學之際，彼又爲一條「小魚」，待至十七歲時，則彼已成爲「大魚」矣，且可能爲第十一棒球隊及第十五足球隊之隊員，並擔任所住「宿舍」及學校之一般事務。故就理論言，此等學校之訓練，在使學生日後離校時，如遇同類之經驗，而能應付裕如。英國有一所著名的預備學校，在堪德府(Kent)的布諾得斯塔（Broadstairs）地方，建立一棟希德斯漢齋舍（Hildersham House），該舍共住學生六十五至七十人。此一學校與諾柏（Rugby）公學具有特殊之關係。

二、男女同學

英格蘭中等教育階段的學校，實行男女同校者，爲數甚少。一般公學，在傳統上是極力反對男女同學的；男女兼收的學校，通常被稱爲「怪物」（Queer），實行男女合校的學校，勢必影響男子學校應有之男性特質。此種情況之形成，一面固受歷年來宗教傳統的影響，一面則由於近年來英國女子教育的解放。一般女子學校，多爲第一次世界大戰後新近成立者，牛津與劍橋兩大學之允許女子獲得學位，亦常爲社會人士所詬病。改組後的中等教育，依舊保持男女分校的制度，惟若干現代中學，則已實行男女合校制。蘇格蘭的學校，多係男女同校；如此一新制，能使英格蘭有所改進，則爲有趣之事。

三、考試制度

一般美國讀者，多祇熟悉中學的課室考試，以及大學之招收經其認可的中等學校畢業生的制度，在英國則採用一種由校外機關舉辦之正式而又嚴格的集中考試制度。英國的大學，均不招收持有中等學校發給之大學入學證書者。凡屬學生，如擬進入大學，必先通過普通教育證書（General Certificate of Education）考試，並須在規定之科目中獲得較高的分數，蓋此等科目，爲從事大學研究工作之基礎。

此項考試制度，歷有年所，惟教育部深感考試制度對各中等學校的威脅太大，乃於一九五一年將其考試程序予以根本的改革。目前各科學生，一律領受普通教育證書，此項證書，並包括適於各種科門之科目。

文法學校，招收年滿十一歲的男女學生，施以升學預備教育，直至十六或十七歲時爲止。於第五或第六學年之末，即可參加普通教育證書考試。英格蘭境內，計有八個考試團體，每一團體，均負責一個特定區域的考試。例如，北部大學聯合招生委員會（Northern University Joint Matriculation Board），即主持北部地區的考試；倫敦大學考試委員會（University of London Examining Board），則負首都地區的考試之責。此八個考試委員會，在試務工作上完全獨立，祇經由教育部中等學校考試會議（Secondary Schools Examination Council），而與教育部保持適當的聯繫。此項考試，通例於七月間學年結束前的六月中旬舉行，暑假初期放榜。

此項考試，分為三級：普通(Ordinary)，優等(Advanced)，及獎學金(Advanced With Scholarship)。第三級包括一萬二千名的獎學金，取得此項獎金者，進英國大學可免繳學費，並獲得一種生活補助費。此一考試之所以分為三級者，旨在予各種學生以適當之機會，蓋其間有的學生於中學畢業後即行就業，有的則繼續升大學。絕大多數的學生，所領取的證書，類皆註明四門或四門以上的科目及格，如祗有一門科目及格，亦可領受證書。此項證書係由教育部發給。

據一九五二年的統計，通過普通級考試者，佔考生總數的百分之五十九點六，通過優等級考試者，佔百分之七十一點九。依據一般大學的規定，須有五科及格，其中至少有二科列入優等級。如某一大學舉行公開之學額競試，則所得分數最高者，始有錄取資格。牛津大學的規定，須有五科及格，其中包括英語，數學或科學，拉丁語或希臘語，以及一門現代語。在語文科目中，至少須有二門的成績列入優等。

在八個考試團體間，具有一種相互關係。如某一學生通過威爾斯聯合考試委員會舉辦的考試，亦可進曼徹斯特或布律士托大學(University of Manchester or Bristol)。一九五二年，在中等教育會議冊中，列有五十二門科目，其他科目，則由八個考試團體自行規定後，呈請中等教育會議核准。

一般專業或半專業團體，於徵求人材時，每多規定持有普通教育證書者，始具備應徵資格。例如，物理治療社(Chartered Society of Physiotherapy)，即規定應徵人員須有四門科目列入普通級，其中包括英語及一門科學，凡科學成績列入優等者，即具備優先應徵資格。

目前，普通教育證書，祗適用於文法學校，最近，又成立一種第九考試團體，旨在使職業中學，亦納入此項制度。此種措施，即表示在認可之考試科目表中，行將增加若干職業科目，並擬自一九五五年開始施行。教育部方面，認為普通教育證書不適於現代中學，故力勸此等學校，自行規定證書。

普通教育證書，其演變情況，已引起一般人士的密切注意。社會人士之批評此項證書者，頗不乏人，其中尤以規定知識科目的考試標準一項，最爲人所詬病。教育部方面，盼望新制較之舊制更具伸縮性及更能發揮效力，同時，並希望學校之考試科目增多，務期考試能變爲中等教育的僕役，而非主人。

擴充教育及成人教育

在一九四四教育法案中，規定中等教育階段以上爲「擴充教育」(Further Education) 期，並與大學的高等教育分開。此一階段所包括的事項，在其他國家，常爲補習學校的職業訓練，其他部份時間教育，以及成人教育計劃內的各項活動。英國的擴充教育，乃是計劃對於年滿十五歲以上的男女，施予適當之訓練。

一九四四法案尚未公布前，中央政府即極力鼓勵各地方教育行政機關，儘力充實各種擴充教育的設施，並給予經濟上的補助，惟自此項法案頒佈後，此類設施，即變成强迫性者。依據一九四四法案第四十一條之規定，地方教育行政機關，「應確保所轄區內之擴充教育，具備適當之設施，質言之，即①爲年逾義務教育期限者，設置全時與部份時間之教育。②爲達此目的，得爲年逾義務教育期限而有志利用擴充教育設施自求進益者，設置合乎其需要的休閒職業，類此之有組織的文化訓練，以及娛樂活動。」揆諸事實，各地方教育行政機關，對於此項設施之充實，均不遺餘力，舉凡擴充教育機關之增添，參與此類教育活動人數之增加，即爲其明證。

一、職業學程

各地方教育行政機關，大都設置各種職業學程，諸如工業，藝術及商業科目等是。在夜間班選習縫級、無線電工程、商業藝術、新聞及其他科目者，爲數達百萬餘人。此等科目，對於一般工業從業人員，甚有裨益，教育部亦承認此項事實，因而制定一種國家證書（National Certificates）。凡於組織完善的班級，選修電氣工程、化學、商業、建築工業、冶金學以及紡織學等科目，期滿三至五年者，一律授予此項證書。在夜間班選習會計及工商管理者，爲數甚多。有的僱主，送其學徒進各工業學校附設的日間補習班，有些規模較大的工業機關，則自行設置學校。在工業專科學校及藝術學校，接受全時教育者，爲數約三萬人。

二、非職業學程

各地方教育行政機關，各大學，以及工人教育協會（Workers' Education Association），大都設置各種普通科目的班級。關於工人教育協會的活動計劃，留待本書第十九章中詳細討論。依據一九三七年頒佈之體育與娛樂法案（Physical Training and Recreation Act of 1937）的規定，爲提高國民之適應力起見，得由各地方教育行政機關，與私人團體，舉辦各種娛樂活動，運動遊戲，及體育等推廣教育活動。此等辦法，係由陸軍部隊於戰時訓練男女勤務時，所採之推廣教育制度學習而來者。工人教育協會，則依照學科性質，設置若干爲期一年或一學期的普通科目的班級；各大學（多與工人教育協會合作）亦設置講習班（tutorial classes），講習期限，間有長達三年者。

音樂美術促進會（Council for the Encouragement of Music and the Arts），嗣後更名爲大不列顛藝術委員會（Arts Council of Great Britain），其工作成績，至極優良。若干年來，該會一直受教育部的經費補助與指導；最近並直接獲得財政部的補助。政府方面，極力鼓勵各地方設置社會中心（Community Centers），另建適當之房屋與場地，以爲固定之場所。各地方教育行政機關，亦應命指派專門人員，調查轄區內設置此類中心之可能性。

三、青年訓練

此項訓練，一如其他若干英國活動，係由教育部，地方教育行政機關，及各種私人團體聯合辦理者。青年顧問委員會（Youth Advisory Council），則協助此類活動，並爲教育部長之顧問。青年服務社(Youth Service)，對於數以百計的青年團體，如教會團體，男童子軍，女童子軍(Girl Guides)，海軍預備訓練團（Sea Cadets），以及青年女子訓練團（Corps for Girls)等，在經費與顧問兩方面，給予適當之協助。其協助方式，則爲選派訓練領袖與講師，修建房屋，以及負擔專任人員的薪給。各地方教育行政機關，大都設有地方青年委員會（Local Youth Committees），經由該會而請求教育部的協助與指導。教育部認爲有關青年的社會教育及體育，爲國家教育計劃的主要部份。一九四八年，中央政府用於此項計劃的經費，多達一、五五〇、〇〇〇英鎊。

四、青年學院

一九四四法案中的另一規定，即是各地方教育行政機關，應爲年滿十五歲已屆離學年齡的青年，設置青年學院(County Colleges，亦譯市區補習學校），修業期限，以三年爲度。凡年在十八歲以下的失學青年，均可入學。授課方式，採部份時間制，在僱主同意時間內，每週授課一日。一九一八年的費休法案(Fisher Act)，亦有同樣的計劃，祇不過當時的學校，稱爲「補習學校」(Continuation School)而已。此等方案係由凱欣斯泰奈(Kerchensteiner)在德國明興（Munich)市所創設之德國補習學校的辦法借用而來者。當時，由於經濟困難，致一九一八年的計劃，未能實現。

所不幸者，目前英國的經濟情況，頗不景氣，設置青年學院的計劃，勢必暫時擱置。不特此也，青年服務社工作的開展，亦將受到影響。故此項計劃，祇得留待國家經濟情況好轉之際，再行實施。不過，此一計劃，必將引起他國人士的密切注意。教育部關於此項計劃所擬之方案，曾發行專冊兩種，作詳盡之報導。（註）

第二次世界大戰前若干年，府議會教育秘書莫利遜（Henry Morris, Secretary for Education to the County Council），即提出一項計劃，主張在劍橋府(Cambridgeshire)設置青年學院。莫氏的目標，與一九四四法案微有不同，其主旨在謀鄉村之復興。莫氏計劃在每一鄉村的中心地帶，建立鄉村學院（Village Colleges，亦譯鄉村補習學校。）一所，每所學院轄九至十個鄉村，院內設置日間後期小學(Post-Primary School)及夜間或週末青年與成人教育中心，爲鄉民服務。莫氏的觀念，深爲一般人士所贊同，故一九三七年，即於沙斯頓(Sawston)地方建立第一所鄉村學院。嗣後，並相繼設立三所學院，其中一所即於一九三九年適當世界大戰爆發之際，設於印屏頓(Impington)地方。印屏頓的學院，因係兩位著名之建築師，格魯庇斯與弗萊(Gropius and Fry)所設計，故其房屋建築，以華麗著稱。依據第二次世界大戰期間一九四二年的統計，年在十四至十七歲之間就學於此等學院者，爲數達一千四百餘人。此外，招收年在十一至十五歲間的男子及女子日間學校，亦設置十八所成人俱樂部及八所青年俱樂部，後者以十四至二十歲的青年爲限。所授科目，由民族舞蹈、戲劇、音樂直到鄉村學、兒童福利，以及現代語等，均設置齊全。此等學院，亦有「村民學院」(Countryman's College)之稱，世界各國的教育家，對之發生興趣者，頗不乏人。

英格蘭與威爾斯兩地，各類擴充教育機關的數目及註冊人數，如表二十一所示：

表二十一 一九五一——五二年度英格蘭及威爾斯的擴充教育

學生與機關類別	機關數目	註冊學生數目		
		男	女	合計
全時學生				
主要機關	二八四	二三、四八四	一七、三三七	四〇、八二一
藝術機關	一八〇	六、六〇六	六、五九〇	一三、一九六
部份時間日間學生				
主要機關	五〇一	二三一、二一一	七四、一八一	三〇五、三九二
藝術機關	一九七	一三、五四七	一四、八九三	二八、四四〇
夜間學生				
主要機關	四三七	四三一、二〇六	二五八、一六二	六八九、三六八
藝術機關	二〇一	四九、四一七	四九、八〇九	九九、二二六
夜校	一〇、八〇〇	四三四、四九〇	八〇八、〇一三	一、二四二、五〇三
總計	一二、六〇〇	一、一八九、九六一	一、二二八、九八五	二、四一八、九四六

依上表所示，各項數字較之一九三八——三九年度增高百分之五十。所謂「主要機關」包括有關實施特殊職業及若干普通科目的機關。「藝術機關」，係指舉辦印刷、室內裝飾、家事、應用藝術、建築、彫刻、攝影、以及普通工藝等科目之訓練的機關。至於夜校，英格蘭及威爾斯兩地，爲數甚多

，惟一般夜校之規模極小，大都設置以青年及成人爲對象的職業性及非職業性的夜間學校。

大學教育

大不列顛境內，計有十八所授與學位的大學，三所非授與學位的大學學院(University Colleges)，此等學院的學生，得參與倫敦大學校外考試(External Examinations)而取得倫敦大學的學位。第四所大學學院，即是地位特殊的北司塔弗雪（North Staffordshire）大學學院。此外，尚有二所工學院，分別設於曼徹斯特(Manchester)及格拉斯哥(Glasgow)，該等學院，實際上具有大學的地位。

大學是一種自治機關。各大學大都接受財政部的經費補助，該項經費則由大學協款委員會（University Grants Committee）分配。該會係由學術專家所組成，直屬於財政部而與教育部無直接關係。有的大學尚接受地方教育行政機關的補助，各大學成人教育的經費，幾全部由教育部負擔。有的大學則依靠捐款，及學費和考試費的收益。

大學協款委員會，工作繁多。財政部每年給予各大學的一種固定性的「常年補助金」（Recurrent Grants），固由該會主持分配，即使由於特殊發展及緊急需要，類如因生活費用的變動致須調整教職員待遇，由財政部撥付的「非常年補助金」（Nonrecurrent Grants），亦由該會發放。該委員會爲維護大學之自治起見，乃竭力反對財政部對於大學經費開支的任何干涉。蓋該委員會認爲各大學有權自由支配經費，以適應其自身之需要。該委員會並不時視察各大學，與大學當局研討有關發展及經費使用問題；因此，各大學與大學協款委員會之間，構成一種密切合作的關係。

在第二次世界大戰前，任何已屆大學年齡組（Any Age Group Which Reached a University）的人數，其比例類皆蘇格蘭高於英格蘭及威爾斯。例如生於一九一八至一九二〇年者，進大學的，英格蘭在六十三人中有一人，威爾斯七十九人中有一人，蘇格蘭四十二人中有一人。嗣後，英格蘭的情形，大有改進，在數字上亦頗有變動。據估計生於一九三一至一九三三年者，其中百分之九十仍健在人間，至一九五一——五二年度，入大學的人數，其比例在英格蘭爲三十二人中有一人，威爾斯二十八人中有一人，蘇格蘭二十七人中有一人。

此種變動，一部份的原因，係由於優秀學生獎學金的名額顯著增加所致。在一九五二——五三年度內，大學各科獎學金，爲數達一二、六九三名，其中三千名由教育部設置，九、六九三名則爲各地方教育行政機關所設置者。此種戲劇性的變動，詳情如表二十二所示，表中所列數字，係以一九五三年大學協款委員會公佈者爲依據。一九五一——五二年度，不列顛各大學及大學學院所獲之常年補助金和全時學生註冊總數，詳見表二十三。在同一年度內，英國各大學女生所佔之百分比，英格蘭爲百分之二十一點五，威爾斯百分之二十七，蘇格蘭百分之二十五點三。

表二十二　一九三八——三九與一九五一——五二年度，不列顛各大學獲得獎學金補助的學生，在全體全時學生中所佔之百分比

	一九三八—三九	一九五一—五二
英格蘭		
劍橋大學	三九·〇	六七·八
倫敦大學	二六·〇	六七·七
牛津大學	五五·二	七一·七
其餘各大學	四四·四	七九·五

威爾斯	六一·四	八八·三
蘇格蘭	四五·一	六一·六
大不列顛的百分比	四一·一	七二·四

表二十三　一九五一——五二年度，不列顛各大學所獲國家常年補助金及全時學生的註冊總人數

	全時學生總數	常年補助金(鎊)
伯明罕（Birmingham）	三、一三八	七三八、〇五〇
布律士托（Bristol）	二、五六九	五七〇、〇五〇
劍橋（Cambridge）	七、九九一	一、〇九一、四〇〇
杜爾罕（Durham）	四、三一三	七一六、一〇〇
愛克司特大學學院（Exeter University College）	九四五	一四〇、三五〇
胡爾大學學院（Hull University College）	八五〇	一四〇、五三〇
利茲（Leeds）	三、二二〇	六九五、一五〇
黎塞斯特大學學院（Leicester University College）	七六四	一一〇、八五〇
利物浦（Liverpool）	三、一五二	六六四、六〇〇
倫敦（London）	一八、三一二	五、二三五、三五〇
曼徹斯特（Manchester）	四、一六〇	八八二、四五〇

曼徹斯特工學院 (Manchester College of Technology)	六六六	六一、四〇〇
北司塔弗雪大學學院 (North Staffordshire University College)	三〇〇	六五、〇〇〇
諾丁罕 (Nottingham)	二、〇五五	二七四、五五〇
牛津 (Oxford)	七、〇九三	九九六、六九三
累丁 (Reading)	一、〇四〇	二三三、五〇〇
雪非爾德 (Sheffield)	二、〇四八	四五七、〇五〇
蘇士安浦登 (Southampton)	九六八	一五九、六〇〇
威爾斯大學 (University of Wales)	四、八六三	七七四、四四〇
阿伯汀 (Aberdeen)	一、八九二	四二三、七五〇
愛丁堡 (Edinburgh)	四、九六三	八〇七、九〇〇
格拉斯哥 (Glasgow)	五、一九九	八七三、九五〇
格拉斯哥皇家工學院 (Glasgow Royal Technical College)	一、一三五	八三、〇〇〇
聖安德魯 (St. Andrews)	一、八二二	四〇四、四〇〇
全大不列顛	八三、四五八	一六、六〇〇、一一三

牛津及劍橋大學，歷史悠久，遠在十二、三世紀，即已成立。此二所大學，係由若干可供學生寄宿的學院所組成；凡在某一學院就讀之學生，即成爲大學之一員。此等大學，間有極少數之通學生，但牛津及劍橋大學的特色之一，即是可從寄宿學院生活中獲得不少的益處。每所大學，均有二十餘所

學院，絕大多數的學院，皆富有盛名，並具有悠久的歷史。例如，劍橋大學的克拉(Clare，建於西元一三二六年）、帝王（King's，建於西元一四四一年）、耶蘇（Jesus，建於西元一四九六年），以及三重（Trinity，建於西元一五四六年）等學院是。牛津大學的巴里奧(Balliol，建於西元一二六四年），新學院(New College，建於西元一三七九年），麥格狄寧（Magdalen，建於西元一四五八年），以及基督教(Christ Church，建於西元一五四六年）等學院是。此等學院，均係獨立自主者，並各有其自身之基金。表二十三所列各大學所得財政部撥付之常年補助金，全部歸於大學，而與各學院無關。學生可於各學院及大學學舘（University Halls)聽講，惟彼等仍爲自身之學院的導師小組的一員，彼等可從負責各該小組的導師，獲得所習學科之專門指導。

體育活動，構成大學生活之重要部門，學校方面，類皆鼓勵學生參與辯論及戲劇等各項團體。凡獲得牛津或劍橋的一級優異學位(Degree With First-Class Honors)者，通例被視爲具有最高之成就。在英國，申請入大學的學生，咸以牛津與劍橋爲其優先選擇對象，惟經核准進入此等大學之各學院者，爲數極少，其餘絕大多數的學生，均分配至其他各大學肄業。依據一九五一年的統計，劍橋大學，計有學生七、九九一名，其中女生爲七一六名；牛津大學，計有學生七、〇九三名，其中女生爲一、〇八八名。此二所大學，均設有三或四所專供女生寄宿的學院，所有女生，一律穿着爲世人所熟知的「大學女生制服」(Undergraduettes)，上課時則與男生同班受課。

蘇格蘭境內，計有聖安德魯、格拉斯哥、阿伯汀及愛丁堡四所大學，此等大學，遠在十五、六世紀卽已建立。該等大學之學術水準頗高，惟蘇格蘭的大學，未設類如牛津與劍橋之寄宿學院。若干世紀以來，蘇格蘭的學生，卽以好學著稱，其中不少學生爲償付大學的費用，曾受盡痛苦。所幸目前蘇格蘭已建立一種完善的大學獎學金制度，包括生活津貼及免繳學費等項，因無力負擔學費而致中途輟學者，已不復見。

杜爾罕與倫敦兩大學，建於十九世紀初期。杜爾罕大學，位於英格蘭北部，其在杜爾罕城（Durham Castle）之古典式的校舍建築，華麗雄偉，氣勢萬千，附近並建有規模龐大的禮拜堂。全國各地來此就學者，頗不乏人，該校學生，類皆寄居各學院。該校尚有一所現代化的國王學院（King's College）爲其附屬學校，所授課程，側重工程及自然科學。兩相對照之下，倫敦大學，是一所非寄宿的大學，其規模之大，大不列顛境內，無與倫比者，全校有三十八所學院，遍佈倫敦各地。所收之全時制的學生，亦較牛津與劍橋爲多。此外，該校尚擁有不列顛及海外各地的數以千計的「校外生」（External Students）。此等學生，須通過入學考試後，始得領取講義及教材，最後尚須參與學位考試，但無須來校受課。其中尚有選修若干學程的部份時間學生。倫敦大學最著名的學院，爲倫敦經濟學院(London School of Economics)帝國理工學院(Imperial College of Science and Technology)，教育學院（Institute of Education，世界各國學生，來院作高深研究者，爲數甚多。），以及若干組織相同的醫學研究機構，不列顛國協（British Commonwealth）各地的學生，慕名前來此等機構就學者，頗不乏人。

英格蘭的九所市立大學（Municipal Universities），歷史較短，此等大學，類多與一般大都市如曼徹斯特、伯明罕、及雪非爾德等具有密切聯繫。此類大學，即是美國所稱之「市鎮」或「市區」（Urban or downtown）大學，大都位於工商業區，其中部份著名的大學，如伯明罕與累丁，已遷至市外的新公園區。此九所大學，在經濟方面，所在地區的地方行政機關及中央財政部均給予補助。北部的若干大學，大都設置工業學系，設備完善，並與地方工業機關具有聯繫。

威爾斯大學，建於西元一八九三年，此一大學之成立，乃爲威爾斯人民極力要求自建大學之結果。就地理言，威爾斯境內遍爲崎嶇的高山和狹長的山谷，由於交通不便，乃將卡狄夫（Cardiff）、斯旺西(Swansea)、般果爾(Bongor)及阿伯斯特(Aberystwith)四所學院合併爲一所聯合大學。

胡爾、黎塞斯特，及愛克斯特等大學學院，可稱爲市立大學初級部。此等學院，均無學位授與權，各院學生於畢業時，一律參與倫敦大學的考試，而取得倫敦大學的學位。

北司塔弗雪大學學院，具有獨特的地位。該院建於西元一九四九年，所設課程，以避免如一般舊式大學之過於專門化爲主旨。第一學年，學生所修之課程，「旨在使其對於西洋文明的遺產，現代社會，自然以及實驗科學的方法和影響，獲得適當之了解。」嗣後三年，則爲專門科目之研究，惟各系學生，均須研習科學及人文科目。此一新興之大學學院，在牛津、伯明罕及曼徹斯特等大學之庇護下，得自授學位。

曼徹斯特及格拉斯哥兩所工學院，其學術水準之高，素爲不列顛國協各國人士所熟知。凡於此等學院修習工業科目者，即具備領受各該市大學學位的資格。

師範教育與教師地位

無疑的，自一九四四法案頒佈後，由於教育計劃及設施的擴充與改組，乃使教員人數大增，師資訓練計劃，亦有所改變。據稱英國戰前的教師，尚不足二十萬人，目前已增至三十萬左右。此種情況，固由於師資訓練工作的成功，但是，尚有一個很大的空隙，急待彌補。

英格蘭及威爾斯兩地，計有兩種師資訓練機關：即由地方教育行政機關或私人團體所設置的師範專科學校(Training Colleges)及大學師範部（University Departments of Education)。師範專科學校，招收文法中學畢業生，予以二年之普通學科、專業科目及教學實習的訓練。其間有少數的師範專科學校，側重藝術、家事及體育師資的訓練。

大學師範部，招收具有學士學位者，予以一年的專業訓練。期滿授予教育文憑（Diploma of Education），持有此項文憑者，通例充任中等學校教員。

第二次世界大戰後，英國教育當局，提倡一種招募具有工作經驗的青年男女施以教學專業訓練的運動。於是，乃設置若干臨時師範專科學校（Emergency Training Colleges），實施一年或一年以上之專業訓練。期滿試用二年後，即任爲中小學合格教員。此項計劃，極爲成功，已有無數的新教員參與教育工作。

最近英國教育部設置一種委員會，用以研究改善師資訓練的方法。此一委員會，稱爲麥克賴亞委員會(McNair Committee)，該會已於一九四四年提出一項報告。在該項報告中，建議所有公立學校的教員，須以曾受專業訓練者爲限，其職位、待遇、及工作條件，應予改善，招生範圍，亦須擴大。此項建議，已有若干部份，付諸實施。已婚婦女，則不復不適於永久任用。目前，又成立一種教育講習所或區域訓練組織(Institutes of Education or Area Training Organizations)，將某一地區內的所有師資訓練機關，聯合爲一合作單位，通例須受大學的監督。

專司師資訓練與補充的中央評議會（National Advisorg Council），亦已成立。該會建議每年至少須增加新教員一萬四千名，其中四千名用以遞補退休及辭職教師的職位。該會並極力支持麥克賴亞委員會的建議，將師資訓練期限，由二年延長爲三年，惟因目前師資奇缺，在一九六〇年以前，此項擬議似無實現之可能。現今並招收百分之五十以上文法中學畢業，年滿十八歲而不擬升大學的女生，施以教育專業訓練，此外增加教員人數的唯一妙法，似爲吸引在其他職業方面具有工作經驗的年輕婦女，從事教育工作。

英格蘭與威爾斯境內師資訓練機關的數目，如表二十四所示。

表二十四　一九五二——五三年度英格蘭與威爾斯的師資訓練機關

設立主體	大學師範部	師範專科學校	家事師範專科學校	體育師範專科學校	工業師範專科學校	藝術師範專科學校
大學	二四					四(註)
地方教育行政機關		六三	一二	五	三	
英格蘭教		二五	一			
天主教		一三				
監理會		二				
非宗教團體（私人）		九	一	二		

附註：四所藝術師範專科學校，係由大學藝術中心 (University Art Centers) 所設置與管理者。

各師資訓練機關所培植之教員人數的增加情形，在五個特定年限內，有如下表所示：

一九三八——三九…………六、一二一
一九四八——四九…………九、七三五
一九四九——五〇…………一一、三九三
一九五〇——五一…………一三、三七九
一九五一——五二…………一四、〇〇八

各師範生，皆有領取教育部補助金的資格，此項補助金，包括在學期間的學費及生活維持費。

英格蘭及威爾斯中小學教員的社會地位，近年來已大有改進。當全國人士研討一九四四教育法案所列各項條款時，已有部份人士注意及此。英國的教師也完成一項善舉，即戰時由危險地區撤至後方的兒童，均獲得彼等之照料。

一般大學，對於師範教育所負之責任，亦已逐漸瞭解。由於親師協會（Parent-Teacher Associations）的成立，學生家長與學校教師間的關係，日趨密切，關於現代教學方法及兒童福利之各方面，亦引起廣泛的興趣。

一、教員待遇

英格蘭及威爾斯境內，計有一四六個任用機關，各機關咸以為教員待遇應依各府及各地區的情況而作不同之規定，惟事實並非如此。凡由公款設置或補助的學校，其教員待遇，悉按地方教育行政機關與教師協會合組之聯合委員會所訂俸給表之規定，是即著名之「鮑漢俸給表」（Burnham Scale），因該委員會原係鮑漢（Lord Burnham）主持之故。該會所訂之俸給表，教育部長亦須核准，遇有必要，部長可拒絕接受，但無修正之權。惟一經公佈實施後，教育部長有權強制全國各地方教育行政機關及其他教員任用團體，一體遵照。教員俸給表，隨時由該委員會修正；茲就一九五四年四月規定的數字言之。

一般合格助理教員（Qualified Assistant Teachers）的基本俸（Basic Salary），其規定如次：男教員的年俸，由四五〇英鎊起支，年加十八英鎊，最高年俸為七二五英鎊。女教員的年俸，由四〇五英鎊起支，年加十五英鎊，最高年俸為五八〇英鎊。凡屬大學畢業生，男教員加給六十英鎊，女教員加給四十英鎊。如所獲學位為一級或二級優異學位，男教員年加三十英鎊，女教員年加二十四英鎊。在中等學校擔任特殊職位者，則另給特別補助金，其金額男教員爲五十至一百英鎊，女教員四十至九十英鎊。

由於主任教員(Head Teachers)所負之職責較重，故另有加給。此項加給，每因學校規模之大小而異，通例男教員由一百英鎊至九百二十英鎊，女教員由九十五英鎊至八百一十英鎊不等。設某男教員，具有大學一級優異學位，其職位爲中等學校科任教員，服務滿十五年後，即可支領年俸一、一〇〇英鎊（約合美金三、〇八〇元）。除非被任爲校長，否則即是此等教員之最高俸額。如係女教員，雖具有同等之資格、經驗，並擔任同樣之職位，其最高年俸，祇有八一〇英鎊（約合美金二、二六八元）。就倫敦言，一所規模較大的中學校長，如具有一級優異學位，可支年俸一、八〇〇英鎊（約合美金五、〇四〇元）。女校長年俸，則爲支領最低俸額之男校長的十分之九，支最高俸額的五分之四。近四十年來，全國教師聯合會（National Union of Teachers）一直進行一種男女教員同工同酬運動。

英國教育部已爲全國教員建立一種養老金制度（System of Superannuation）。此項養老金，以教員俸給及服務年資爲基準。由教員年俸中提出百分之五，各任用機關與教育部另撥百分之五，按年繳付財政部，教員退休時，則由財政部付給全部養老金及贈與金。英國的教員，固已獲得工作保障，並領取一種合於本國生活費用的優良待遇，退休時尚可取得一筆令人滿意的養老金。

二、教師協會

英格蘭及威爾斯境內，設有若干教師協會。其中最重要的協會，有下列六種：全國教師聯合會；中等學校男助理教員聯合會(Incorporated Association of Assistant Masters in Secondary Schools)

；中等學校女助理教員聯合會（Incorporated Association of Assistant Mistresses in Secondary Schools）；中等學校男校長聯合會（Incorporated Association of Headmasters of Secondary Schools）；中等學校女校長聯合會（Incorporated Association of Headmistresses of Secondary Schools）；職業學校教師協會（Association of Teachers in Technical Institutions）。一般私立學校，均自有其校長及教職員協會。

各種協會，大都與公立學校具有聯繫，其中組織及勢力均極龐大者，厥爲全國教師聯合會，通常簡稱 N. U. T.，由保育學校直到師範專科學校或大學的任何合格教員，均得爲該會會員。會員人數，目前已超過二十萬人。該會的總會，設於倫敦，英格蘭及威爾斯境內各地均設有分會。該會發行的「男女教員誌」（The Schoolmaster and Woman Teacher's Chronicle）期刊，亦銷行全國各地。該會不特關心一般教師的福利、報酬及職位問題，抑且對於教學方法與學校組織的最近發展，亦有濃厚的興趣。該會雖不與任何黨派取得政治聯繫，但對於國會却有極大之影響力。

一九五一年的普選，全國教師聯合會會員當選下議院議員者十八人，彼等並非直接代表全國教師聯合會，而是各選區的會員。在一九五一年當選爲議員的十八位會員中，屬於工黨者十七人，保守黨一人。全國教師聯合會，亦會提出若干候選人，並爲彼等負擔一切競選費用，同時，對於會外之競選人士，亦予以經濟援助。各政黨——保守黨，自由黨及工黨——也提名該會會員爲議員候選人，並予以支持，故該會深信當選議員之會員，對於國家教育及教師福利，將予以積極之扶助。該會會員出席官方各委員會者，爲數甚多，例如鮑漢俸給銓定委員會教師代表小組（Teachers' Panel of The Burnham Scale Committee），即有十六名委員爲該會會員。該會財力雄厚，對於國家之教育意見，尤具極大之影響力。

蘇格蘭的學校

自一九四五年教育法案（蘇格蘭）通過後，蘇格蘭卽持有如英吉利一九四四年教育法案相同之進步觀念。此二大法案，並不相同，蓋蘇格蘭已就英吉利法案中之各項規定，加以適當改革。且其中尙有若干條款祇適用於蘇格蘭者。蘇格蘭的制度，與英格蘭及威爾斯雖有若干相似之處，但也有不少顯著的區別：

1.蘇格蘭不採取類如英格蘭之府立學校及私立學校的雙軌制。蘇格蘭境內的私立學校，於一九一八年卽由地方行政機關接管。

2.所謂「公學」，不似英格蘭之規模龐大的獨立學校，係指置於教育行政機關管理下的一切學校而言。蘇格蘭的獨立學校，其數目旣不如英格蘭之多，其地位亦不及英格蘭之重要。蘇格蘭境內，雖有若干著名的獨立學校，如費特斯（Fettes）與勞瑞托（Loretto）二所男子學校，以及聖尼歐納（St. Leonard's）女子學校等是，惟絕大多數的學生，均入政府設立的學校。

3.中等教育的組織，差異甚大。蘇格蘭不贊同英吉利之三類制（Tripartite System），而設置「綜合性」(Omnibus)的中等學校，各類學生，均在同一學校受教。

4.蘇格蘭的學校，關於宗教教育，不採取類如英格蘭之命令式的規定，而留給各地方當局自行安排。

另一方面，蘇格蘭一九四五教育法案與英吉利一九四四教育法案間，亦有若干相似之處，其要者如次：

1.依規定，目前蘇格蘭各地方行政機關，如遇事實需要，得設置保育學校及保育班。以往則由各

地方自行決定。

2.離學年齡，自一九四七年起，須延長至十五歲，一俟師資及校舍充裕時，即提高至十六歲。

3.各地方行政機關，必須爲各種缺陷兒童，設置適當學校。

4.利用初級學院，各種成人教育設施，以及私人創設之班級，爲年在離學年齡與十八歲之間的所有青年，實施擴充教育。目前，由於財力不濟，初級學院暫緩設置，英格蘭亦復如是。

5.各地方行政機關，須供應學童牛乳與熱食。

6.各地方行政機關，應儘量爲勢所必需之地區，設置醫院及宿寄學校。其中尤以山地之荒僻及人煙稀少的地帶爲然。

7.教育行政機關，應於所轄區內，設置適當之體育及娛樂活動的設施。

8.各級教育行政機關，須依據蘇格蘭國務大臣(Secretary of State for Scotland)公布之標準俸給表，以確定教員待遇，此項俸給表，係由教師及各地方教育行政機關代表聯合組成之特殊委員會所提出，而經國務大臣核准者。

如本書第四章所述，蘇格蘭的教育，在經費上與英格蘭採取同樣之措施。就一九五二——五三年度言，教育經費，中央政府支付二七、〇〇〇、〇〇〇英鎊。同一年度，地方稅收用於教育經費項下者，爲一四、〇〇〇、〇〇〇英鎊，約佔教育經費總數的三分之一。蘇格蘭的學校統計，如表二十五所示。

表二十五　一九五二——五三年度蘇格蘭的學校統計

學校類別	各類學校數	教員數	學生註冊數
保育學校及保育班	七一	一一四	四、三〇三
小學	二、一六一	一七、五七二	五六一、八三四
初級中學	六六五	一二、八四三	二三六、二四二
高級中學	二〇四		
總計	三、一〇一	三〇、五二九	八〇二、三七九

除上表所列數字外，尚有各類擴充教育機關註冊的學生二五七、四九三人，各大學及大學學院註冊的學生一〇、〇三四人。

小學招收年滿五至十二歲的學生，修業七年，較英格蘭長一年。一般基本科目，由蘇格蘭教育廳統一規定，惟小學主任教員得按照各校之實際情況，設置合於自身需要的課程。小學畢業生之升入中學，則以智力測驗，在校成績，及標準英語與算術測驗爲基準。此項程序，係直接以學生所修之各種課程爲主，是否有當，一般家長，咸認爲有從長考慮的必要。

初級中學，實施三年之普通教育；高級中學，修業五年，一般言之，多以準備投考高等教育機關爲主旨。各中等學校，大都分設文、商、工、家事、及鄉村等五科，所授課程，則以學校地區情況及學生未來之職業興趣爲轉移。

高級中學修業五年期滿，即參與一種素負盛名的蘇格蘭離學證書(Scottish Leaving Certificate)

考試。數十年來，此項考試，即享有一種完善考試制度的令譽。然而，一般人士仍以爲此項考試，尚須加以改進，故在一九五〇年，乃予修訂，期能更加完善。凡具備下列三種條件者，即可取得一科或若干科目之證書。

1. 如經事實證明，在五年以內，學生確已修習一種完善之中學普通課程者。

2. 學校能爲學生證明載於證書內之各科成績者。

3. 凡通過此等科目之筆試者。如某生雖未通過筆試，但學校證明該生成績優良並經督學調查屬實者，亦視爲及格。

蘇格蘭的工業教育，其組織至爲完善。境內計有四所規模甚大的工業專科學校，分別設於格拉斯哥、愛丁堡、敦底（Dundee）、及阿伯汀，每所學校，皆爲一廣大之地區而服務。此等學校，通例設置工程，建築工業，藝術，商業，農業，紡織，及海事等科門。除日間學程外，尚有若干夜間班，授課期限，三至五年不等，期滿領受工程學、化學、建築學，及造船學等科目之國家證書（National Certificates）。此外，有的工業教育機關，尚爲一般青年設置各科補習班。

蘇格蘭的大學，已略如前述。據一九五二年度的統計，大學生獲得獎學金者爲數達四、八七七人。各大學均係獨立自主之團體，蘇格蘭教育廳無權干預其事，惟兩者間之關係，至爲融洽。各大學通例均透過大學協款委員會，而取得不列顛財政部的經濟補助。

蘇格蘭的教員資格，十分特殊。據一九五二年的統計，全境教師約計三二、〇〇〇名，其中持有合格證書者，祗有九〇〇人。百分之三十一的小學教師，百分之六十七的中學教師，均係大學畢業生。婦女佔小學教職員人數的百分之八十三，佔中學的百分之四十三。蘇格蘭的教師，在鄉村的地位極高，通例均以「多米尼」（Dominie）稱之。蘇格蘭與各國之間，常交換教師。據一九五二——五三年度的統計，蘇格蘭的教師，因交換前往法國，瑞士，奧地利，德國，澳洲，紐西蘭，南洛諦西亞(Southern Rhodesia)，南非，及美國者，達有九十八人。同時，其他各國教師前來蘇格蘭者，亦有一〇八人。

英國學校設施上的問題

一、現代中學

當前最重要的問題之一，即如何促使社會人士重視現代中學的價值，並進而支持之。中等教育組織上的三類制，如擬獲有成效，則三種類型的中等學校，必須予以同等的重視。文法中學的傳統聲望頗高，一般家長，甚至若干教員，對於現代中學，仍以教育階梯之最低一級視之。倫敦方面，已宣稱設置綜合學校，並於一九五三年興建此等學校之校舍，此類綜合學校，與美國的中學相似。絕大多數的地方教育行政機關，雖已採納教育部的三類學校計劃，但在現代中學贏得社會人士的充分支持前，尙須採取適當之行政措施，並下一番宣傳功夫。

二、中學入學年齡

英格蘭及威爾斯若干教育家，咸以爲於十一歲時決定學生升入何種中等學校，爲期似嫌過早。故此一問題，目前已在縝密討論中，而尤以一般教育心理學家的興趣，最爲濃厚。惟一九四四法案，仍深信十一歲定爲中學入學年齡，終將爲一般社會人士所採納。

三、師資補充問題

英格蘭及威爾斯爲適應各項新興事業的發展，乃須大量補充教職人員。一九五二年，中小學教員合計增加五千人，惟其中大部份教員，均係學校人口之自然增加所延用者。教員養成機關的招生及訓練辦法，已大有改進，教書亦成爲一種普通的職業。不過，欲求各級學校教員人數的普遍增加，尙須待以時日。各地方教育行政機關，均已想到此一問題，故有少數教育行政機關，正試行「儲備」曾受專業訓練的教員，以應未來之需。

四、缺陷兒童

關於各種缺陷兒童的教育設施，雖已大有進步，但教育部認爲此一部份的工作，尙待努力者甚多。各地方教育行政機關，並舉行會議，共謀改進此類設施之方法。

五、高級工業教育

工藝學校，多藝學校，及工業專科學校等高級工業教育之應迅謀發展，爲另一重要問題。目前，此種教育尙有力謀擴充之餘地，其中尤以教育訓練部門爲然，蓋此等問題，爲維護國家永續興盛之原動力。

總之，英格蘭與威爾斯的教育，顯得生氣逢勃。中央及地方教育行政機關正力謀改進國家之教育，使能適合每一兒童之需要，同時，並竭盡全力使一切教育設施儘量適合全國的情況。一九四四法案，雖爲思想演變的結果，但就實際言之，却是一種教育革命。吾人希望幾年以後，可以看到英國教育的堅强團結與進步。

（註）英國教育部發行之兩種專冊，爲「青年的機會」（Youth's Opportunity），與「擴充教育」（Further Education）。

第十二章　法國的學校設施

戰前的法國教育，業於本書第五章叙述一過。法國的教育方針，係由法國一般文化思想，與夫中央集權的中央政府機關的政治制度演進而來者。教育部內設各種行政單位或司，視導並管理一種並列的初等、中等及職業教育制度。中等教育，採取一種極端嚴格的選拔制度，旨在保持法國文化的優越性。郎之萬計劃，卽主張將現行制度，予以適當的改革，有關此項計劃的建議及其結果，在第五章中，已加討論。一九四九年戴布士法案，曾將郎之萬計劃中所提若干建議，付諸實施。

法國的國立學校，在宗教上抱一種絕對的中立主義，而由非宗教團體管理。宗教教育，類皆由父母及教堂負責，一般公立學校，概不實施宗教教育。爲貫澈學校以外實施宗教教育的原則起見，所有公立學校，規定星期四休假，以便教堂辦理宗教教育。無論私人或教會團體設置的學校，一律與國家制度並列。

年在六至十四歲的兒童，依法受義務教育，但其實施，並不澈底。各里區(Communes)大都不設保育學校與幼稚園，故年滿五歲的幼兒，可進小學。凡年滿十四歲而未繼續受中等教育的學童，可受部份時間教育，直至十七歲爲止。依據義務教育法的規定，從一九三六年起，全時就學年限，由十三歲提高至十四歲。

法國的各級學校教育，缺乏適當聯繫，一般制度，均已產生實際的改變。法國教育上，各類學校間互相分離的現象，亦已消除，並建立一種以教育的三個階段爲基礎的計劃。

第一個階段，爲初等教育，包括學前教育機關，小學及小學附設補習班。與國立中學(Lycées)及市立中學(Collèges)相同的預備班，迄仍存在，但將其劃歸初級視學員視導，並規定此等班級的教員，應與小學教員具有同等資格。第二個階段，爲中等學校，包括國立中學，市立中學，及現代中學(Collèges Modernes)，此種中學，已取代原有之高等小學。職業教育，建於小學基礎之上，情況仍極複雜。第三個階段，爲高等教育，包括大學及高等專門學校。

郎之萬報告，已遭受反對，反對者並竭盡一切方法以打擊之。事實上，郎之萬教授，在政治上屬於極端的左派，凡反對該委員會建議的右派人士，遂羣起而攻擊之。一般宗教團體的態度，亦極爲冷淡，蓋彼等宣稱，深恐此項計劃將導致各種教育全由國家壟斷的境地。維護古典科目的人士，更主張保持此等教材的既得權利，對於試圖提高職業教育的聲望，以及所謂「一切工作者皆同等高貴」的說法，極盡嘲弄之能事。彼等認爲普通教育，主要包括文學、語言、及哲學，而極力反對一種重視「自然科學」的意見，譏笑一種加强「職業科目」的思想。

一般言之，郎之萬委員會所提之改革計劃，尚稱合理，且與現代世界發展的趨勢，亦不謀而合，此項計劃在形式上雖不免有所改變，但終將成爲法國制度之一部。擬議中的改組計劃，雖未全盤進行，但於不影響此項方案之本質的情況下，在名稱與頭銜方面，已有若干改變。法國的中等教育，固有不少改進，職業教育的進步，亦大有可觀。總之，戰後法國的學制，繼郎之萬委員會提出改革意見後，確有不少的改變。

當前法國公共教育的普通組織，如圖五所示。此圖對於法國現行制度下的各類學校，缺乏明確的解釋。惟關於年級與年齡階段，由此一階段進入另一階段的一般途徑，以及學校的類別，尚不無參考價值。表二十六所示，乃爲各階段學生註冊人數。

圖五

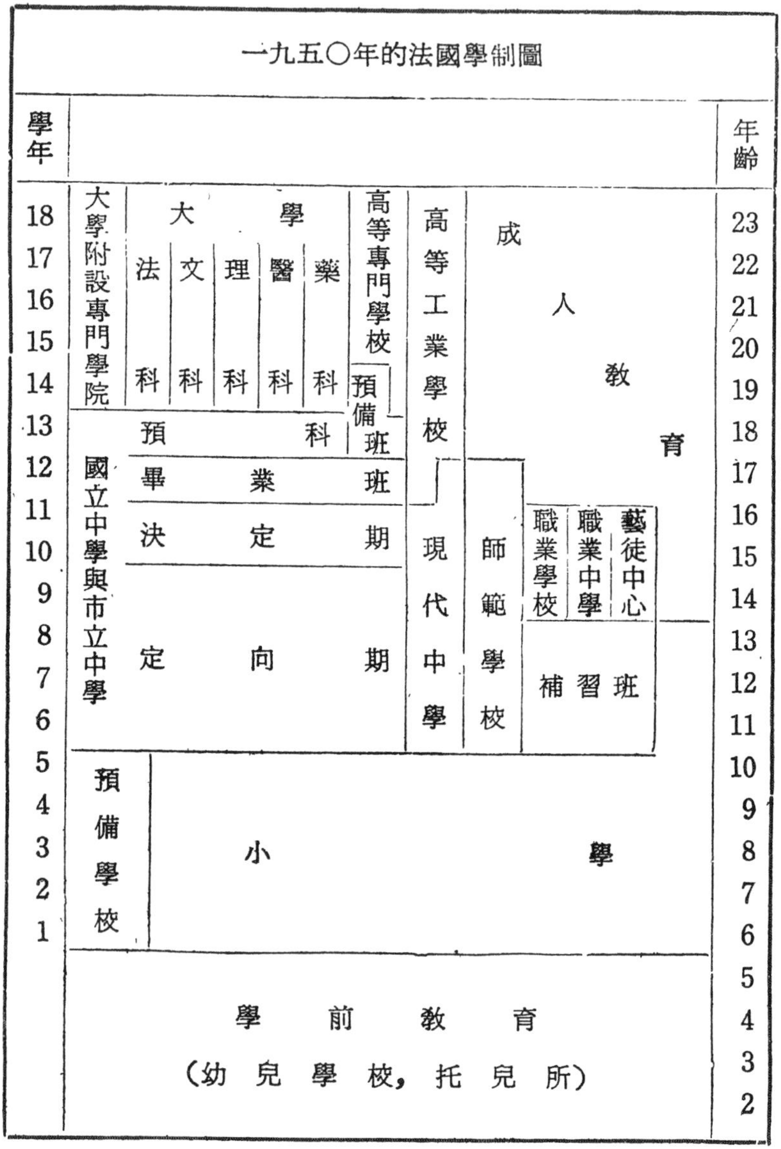
學年
年齡
大學附設專門學院
大學
法科
文科
理科
醫科
藥科
高等專門學校
預備班
高等工業學校
成人教育
預科
國立中學與市立中學
畢業班
決定期
定向期
現代中學
師範學校
職業學校
職業中學
藝徒中心
補習班
預備學校
小學
學前教育
（幼兒學校，托兒所）
18 17 16 15 14 13 12 11 10 9 8 7 6 5 4 3 2 1
23 22 21 20 19 18 17 16 15 14 13 12 11 10 9 8 7 6 5 4 3 2

一九五〇年的法國學制圖

表二十六　一九五〇——五一年度，法國各級學校學生註冊人數統計

	公立學校 男	公立學校 女	公立學校 合計	私立學校 男	私立學校 女	私立學校 合計	註冊學生總數
幼兒學校	二五三,七〇五	二三三,八六九	四七八,五七四	八,九四八	九,三四一	一八,二八九	五〇五,八六三
小學	一,九〇九,七九九	一,七一八,九五九	三,六二五,七五八	三四三,四八四	四九一,九七六	八三四,五六〇	四,四六〇,三一八
補習班	九一,六三七	一一四,五四三	二〇六,一八〇	一九,七六九	四〇,一四五	五九,九一四	二六六,〇九四
初等教育機關總計	二,二五二,一四一	二,〇六七,三七一	四,三一九,五一二	三七二,二〇一	五四〇,五六二	九一二,七六三	五,二三二,二七五
小學班（預備）	四〇,〇三四	三一,四九四	七一,三五八	五四,一〇七	八七,二一九	一四一,三二六	二一二,五八四
職業科	二〇,二二〇	一一,四九九	三一,七一九	—	—	—	三一,七一九
現代班	八四,六七七	八七,七二四	一七二,四〇一	九九,三七一（現代班、古典班合計）	八〇,六二六（現代班、古典班合計）	一七九,九九七（現代班、古典班合計）	四七六,〇七一（現代班、古典班合計）
古典班	六六,六二一	五七,〇五二	一二三,六七三				
新學班	八,四五七	九,一二〇	一七,五七七	—	—	—	一七,五七七
畢業班	一八,〇四四	一三,九四九	三〇,九九三	六,〇一六	五,二三六	一一,二五三	四二,二四五
預備班							

（高等專門學校）	九、八三六	二、一九四	一三、〇三〇	一、五八五	八八	一、六七三	一三、七〇三
中等教育機關總計	二四七、八八九	二二三、〇三一	四五九、九二一	一六一、〇七九	一七三、一六九	三三四、二四八	七九四、一六九
藝徒中心			一四〇、八五九				一四〇、八五九
專門學校			一三、四二五				一三、四二五
職業中學			八七、八二三				八七、八二三
職業班及職業科			二五、二五九				二五、二五九
專業學級			七五、六一七				七五、六一七
職業教育機關總計			三四二、九八二				三四二、九八二
註冊總數			五、一三三、四一五			一、二五七、〇一一	六、三九六、四二六

學前教育

第一所學前教育機關，建於西元一八三七年，以「實施幼兒保育及適於幼兒需要的早期教育」爲主旨。此等機構，均係慈善機關，最初稱爲嬰兒園（Salles D'asile）。一八八一年，改稱幼兒學校（Ecoles Maternalles）。一般較小的里區，則建立另一型式，稱爲「幼兒班」（Classes Enfantines）。此等班級，大都附屬於小學，而在小學校舍內，另闢一室，招收年滿三至六歲的幼兒。此類學校，均由小學校長督導。

各里區得自行設置學校，但非規定如此。當一所學校成立時，里區政府得要求國家給予補助，惟中央政府准於補助時，則此一學校至少須設置十年。中央教育部本不負辦理學前教育之責，但如簽訂此類契約時，即具有補助責任。一般私人組織或教會團體所辦理的幼兒學校，不得給予公款補助。無論公私立幼兒學校，教育部均有視導、監督、建議及指揮之權。

幼兒學校，大都爲一獨立機關，自設校長，其校舍建築與設備，悉依國家規定辦理。教員資格，亦有特殊規定，但聘用助理人員時，則不受此項規定之限制。班級大小，以二十五人爲限，全校人數，不得超過一百五十人。所有兒童，當其入學之時，必須接受健康檢查，政府方面，並設有一種醫務官員，隨時視察學校。關於兒童缺席，須詳予記載，以便考察兒童之健康狀況。

所授課程，包括體育、遊戲、唱歌；圖畫及工藝；觀察練習及講述熟悉事物；道德習慣訓練；最後一年，則加授讀、寫、算。最近有減輕讀、寫、算等科目的趨勢，惟法國一般家長，類皆重視學術傳統，故希望其子女儘早學習閱讀與書寫。

依據法國新教育制度的規定，學前教育機關，准於設置兩種。紅十字會爲三歲以下的幼兒，設置托兒所(Crèches)或保育學校(Maisons d'enfance)。此等學校之設置，一部份亦爲解除一般工作婦女之困難。三至六歲的幼兒，則進幼兒學校，目前尚設有一種幼兒班。此等學校或班級，均屬免費性質，法國三至六歲的幼兒，其中半數以上進此等學前教育機關。此等機關，深受德可樂利(Decroly)與蒙台梭利(Montessori)思想的影響，並兼採現代教育方法的自由實驗。此等學校，類皆注重培養兒童爲國服務的觀念，發展兒童的衛生習慣與社會行爲，並特重衛生與飲食檢查。一般言之，讀、寫、算的工作，仍於五歲時開始進行。

初等教育

普通教育的第一個階段，爲年在六至十一歲間的全體兒童，施以五年的教育。若干鄉村兒童，則於小學肄業達八年之久。由於初等教育期限不再考慮延長，故目前特重後一階段的預備工作。惟大多數的兒童，其於小學之修業年限，類皆超過初等教育階段期限，於是以往在此等年級所修之課程，均延至後一階段，而特重基本技能之培養。一般言之，初等教育的目的，注重人格的發展，以及語言，音樂，藝術的觀察與自我表現。社會生活的適應，公民責任的了解，亦爲其重要目標之一。小學之最末一年爲中學預備班，與第二階段的第一學年相同。

中學預備班，如不全部取銷，則與小學高級班的區別，將大爲減少。初等教育，在新的制度中成爲教育階梯上的第一個階梯，循此而進入其後之各類學校。不過，初等教育仍歸教育部初等教育司管轄，故一般批評家，深恐將因此而重蹈覆轍，致使初等教育，成爲一種獨立的學制。

初等教育的特色之一，即是補習班(Cours Complémentaires)所實施的補習教育，亦視爲初等教育制度之一部。此項班級，旨在爲不升中學的學生，設置爲期三年的現代課程。法國的補習班，與以往構成英國學制之一部的中央學校，及澳大利亞小學高級班相似。

法國小學的一般特徵，即是以民族信仰的普通文化原則爲基礎。法國人以爲小學應維護民族的團結，故須對全體兒童授與法國民族的共同文化遺產；加强使用視爲統一因素的共同語言；促使兒童信仰並尊重國家對世界的貢獻，並進而信仰法國所具有之文化領導的優越地位。法國的小學，不主張在一般基本科目內授予兒童以廣泛之知識，而認爲每個兒童應於小學科目中學得「吾人絕不可忽視之事物。」

法國的初等教育，因過於重視成人的理想，故對於現代進步教育的理論，頗爲忽視。質言之，法國的小學，與所謂「兒童中心學校」，或尋求與滿足「兒童之自我需要」的觀念，根本不合。兒童心理學之在法國，遠不及世界其他國家的發達，兒童心理學的原理原則，對於法國小學課程的內容與教學方法，亦絕少影響。法國的教育家，注重人格的發展，而所謂人格，須與一般道德崇高的人士所持之民族理想相吻合。換言之，須與一種曾受優良教育並具有高度文化修養的人士所抱之民族理想相合。法國的訓育思想，亦深受此種態度的影響，故其訓育設施，悉以成人之權威爲基礎。法國的各級學校，絕不容許學生自治。一般美國教育家所謂協助兒童發展其自律精神，使其擔負部份職責，法國的教師，對於此一觀點的正確性，頗表懷疑。

法國强迫就學法之實施，不甚嚴格。各里區的市長，在學務委員會協助下，每年調查學校戶口一次。凡年滿六至十四歲的兒童，該會即通知其家長，促其如期送子女就學。依據前項法令的規定，兒童進公私立學校，或在家庭自修，均得視爲義務教育之完成。如兒童未入正式的學校，則須參與初級視學員和一種委員會舉辦的考試。某一地域，如未設置幼兒學校，則兒童可於五歲時進小學。設某一學童缺席次數過多，學務委員會即將其姓名公佈；爲父母者如不督促其子女入學，則予以罰鍰或監禁處分。

設父母爲其子女證明，須幫助家庭從事農田工作，學務委員會於呈請初級視學員核准後，得准其每年缺席三個月。如經府議會認可，學童於每年每週得有二日時間爲其父母或僱主從事工作。凡年滿十一歲的學童於通過小學畢業考試後，亦可准其就業。法國中央政府，雖極力設法提高就學率，尤以鄉村爲然，惟其成效不大。此種情況，可於兩次世界大戰期間鄉村文盲的增加見之。

法國小學，每週授課五日，星期四停課，授課時數，每週三十小時。所授科目，規定爲法語、讀書、寫字、歷史及地理（注重本國史地）、算術及米突制（Metric System）、初等科學及實物教學、道德及公民訓練、美術、音樂、及體育。女生加授縫紉，男生加授農藝爲主的勞作。全國各地，除阿爾薩斯羅倫（Alsace-Lorraine）一地，依法使用兩種語言教學外，其餘一律採用法語教學。各科教學分鐘數，以部令訂之。爲適應地方需要及情況起見，准於酌設特殊科目，但以不影響全體學生所參加之統一考試爲依歸。

學生之升級，以每一學年內之平日成績爲基準，由教師向校長推薦之。十一歲時可修畢小學課程，所有學生，一律參與一種考試，此項考試，係由初級視學員領導的一種委員會所舉辦。考試分爲口試與筆試二部份。筆試方面，由大學區視學員主辦，考試科目，以部頒課程爲標準。考試委員會，向大學區視學員呈報，由大學區視學員頒發及格學生的證書，並呈請教育部備案，各校工作，亦因之而保持密切之聯繫。一般教育改革家，對於此種正式的考試，頗多批評，惟學生家長，則極力擁護此種考試制度，而不願有所改變。

體育爲全體兒童所必修，授課時數，每週至少二小時半。目前一般師範學校，大都設置一種特殊課程，使師範生能出而擔任小學體育科目。類如旅行等團體活動，亦包括於體育科目內。純大多數的小學，均無適當的運動場，故對於團體運動，不甚重視。

中等教育

法國中等教育的目的，在使學生接受一種普通教育，不特使其能爲高深之研究，且使彼等獲得日後從事專門或高等技術職業所需之特殊知能。在本質上，注重邏輯習慣，批判思考，以及優良講述與書寫能力之培養。法國的教育，迄仍重視形式訓練及訓練遷移說，此種學說，已早爲別國所廢棄。

一、中等教育的兩個階段

法國的中學，分爲二個階段。第一個階段，稱爲定向期（Cycle d'orientation），以十一至十四歲的男女學生爲施教對象。如同美國初級中學一樣，此一階段，在使學生有發現自身的興趣與能力的機會，所用教材，極爲廣泛。在此一時期內，學生可自行確定方向，有關自身未來的計劃，亦可作適當之抉擇。法國的學人，一如其他國家之學者，咸以爲學生不宜於十三歲前作如此之抉擇。此一階段的教育，大部份爲全體學生所共同修習者，惟學生可於文、理、美術或職業科目方面，作適當之選擇。

第二階段，以十五至十八歲的學生爲施教對象，稱爲決定期（Cycle de dètermination）。本期課程，依分化途徑及學生未來計劃，分爲若干組。原有的職業教育，現已合併爲實用職業組，設置工藝、商業、工業、農業及美術等科目。法國舊式的中等教育，目前則包括於理論組，設置古典、現代文學、科學、及人文科目等。

二、中等學校的類別

（一）國立中學及市立中學

就歷史言，國立中學(Lycées)與市立中學（Collèges），爲二種主要的中等學校。（吾人必須了解，法文的 Collège，係爲中等學校，並非高等教育機關。）這兩種學校，其主要區別，在於行政管理及經費來源之不同。國立中學，計有二三八所，所需經費，悉由中央教育部供給；市立中學，共有六五九所，爲地方當局所設立，所需經費，以地方基金爲主，中央另給補助。此等學校，均係七年畢業，其學級編制，採取由下而上的計算方式。中學最低一年，稱爲第六學級(Sixth Class)，第二學年稱爲第五學級；第一學級，則爲第六學年。第七學年，稱爲高級班或畢業班(Final or Terminal Class)。

法國國立中學，承襲中世紀大學的傳統，爲一選拔嚴格，注重古典學科，以準備學生參加大學入學試驗爲唯一目的的機關。設立主旨，在於培育英才，造就法國領導人物。惟因考試艱難，並徵收學費，整個學制組織以投考大學爲重心，凡非上層社會特權階級的子弟，鮮有入此等學校就讀者。嗣因平民階級的兒童，具有取得獎學金的機會，故此等學校，卽非爲上層或中上層階級的獨佔機關。不過，此等學校在性質與校風上，仍係貴族性的，教學方面，亦以實施英才教育爲主。

市立中學由市政機關設立，所需經費，取自市政基金、學費、及國庫的補助。目前中等教育方面，業已取消學費，國庫的補助，亦已大爲增加。國立中學自創辦以來，所授課程，卽注重古典與理論，於是希望一般市立中學，在地方行政機關的領導下，儘量設置現代課程，期能適應地方需要。可是，法國的一般學生家長，仍希望市立中學的學生，一如國立中學，接受同一之訓練，並爲學生準備參加同一之考試。在早，國立中學與市立中學間的區別，在於課程與教法之不同，目前，此種現象已不復存在，二者間之主要差異，祇是組織與管理各別。

國立中學所以依舊爲世人所尊重而享有極高之聲譽者，其部份原因，蓋以國立中學教員資格之標準較高。一般言之，國立中學的教員須爲國家會試(Agrégation)及格者，此係一最高之學位；市立中學的教員，其學位較低，多係取得碩士(Licence)資格者。市立中學的職員，其所具之資格，通例亦較國立中學同等之職員爲低。此外，法國一般爲父母者，仍以子女入國立中學，視爲無上的榮譽。最近的改革，已將此二種學校的教員，在訓練及資格上的差異，全然取消。

法國的中學，男女同校者爲數甚少。無論市鎭範圍的大小，均須分別設置國立男子中學及國立女子中學各一所，或一所市立男子中學及一所市立女子中學。一般較大的都市，類多分別設置國立男中、女中，及市立男中、女中兩種學校。在某種情況下，如所設學校不全，女生可於男校就學，惟不視爲正式學生。設某一地區，中學生的人數過少，則可設置男女兼收的中學班。此類過渡性的計劃，一俟男女中學分別成立時，隨卽取消。年幼的男生，於某種情況下，可入女校低年級就讀；所謂某種情況，係指女校距該等男生之家庭甚近，或彼等之姊姊已於該女校就讀者。

(二) 現代中學

第二次世界大戰以來，法國教育的重要改革之一，卽將以往之高等小學，升格爲中等學校，改稱現代中學(Collèges Modernes)。現代中學的「現代」二字，係表示該等學校的學生，能與國立中學學生同樣取得學士學位(baccalaureat)，祇不過特別注重現代科目而已。所謂現代科目，依據法國的解釋，係指取代古典語及哲學的科學及現代語而言。視察此等學校的視學員，目前與視察國立中學及市立中學者相同，惟以國家會試爲一難於獲得之學位，故具備此項資格之敎員，大都仍於國立中學任敎。當前雖極力使所有之中等敎育機關立於同等地位，然而一般貧苦子弟仍入現代中學就讀，國立中學的學生，類多屬於中上層社會階級者。

(三) 補習班

一般鄉村，由於中學生人數過少，致無設置中等學校的必要，於是在小學階段以上設置一種修業數年的補習班(仍由初級視學員督導)。凡年滿十一歲於小學最後一年肄業的學生，均可參加入學考試，及格後可入中等學校或補習班。就理論言，補習班祗設於鄉村，然而若干市鎮，亦有此類班級之設置。此等班級的敎育，與一般中等學校現代班相同。凡修畢補習班課程者，得參加一種畢業考試，及格後領受初級證書或中學初等證書(Elementary Certificate or a Lower Secondary Certificate)持有此項證書者，可轉入中等學校肄業。凡屬補習班畢業生，卽具備參與師範學校入學試驗之資格補習班在法國教育上的貢獻很大，蓋此等班級之課程，較之一般中等學校更具伸縮性，亦更能切合地方之需要。有的補習班，除講授一般現代中學之正規知識科目外，尚設置工業、家事、商業，及農業等職業科目。

（四）職業中學

職業中學（Collège Technique）為一種新型的中等學校，實施工業及科學教育。關於施教旨趣，容後討論。一般較小的地區，由於學生人數不足，得將現代中學與職業中學合併為一所學校，但其課程，仍分別設置。此種措施，與美國「綜合」中學或英國「多科」學校（Bilateral School）的觀念相似。在法國此雖係一新近之措施，惟其試行結果，至為圓滿。

表二十七　公私立學校學生年齡的分配（一九四八—四九年度）

年齡	人數	六歲兒童每一千人中的數目	十一歲兒童每一千人中的數目
六歲以下	九四八、〇〇〇		
六歲	四九一、〇〇〇	一、〇〇〇	
七歲	四四三、〇〇〇	九〇二	
八歲	四〇三、〇〇〇	八一八	
九歲	四二九、〇〇〇	八七一	
十歲	四八〇、〇〇〇	九八八	

十一歲	五三五、〇〇〇	一、〇八九	一、〇〇〇
十二歲	五四二、〇〇〇	一、一〇四	一、〇一三
十三歲	五四一、〇〇〇	一、一〇二	一、〇一一
十四歲	五三七、〇〇〇	一、〇九三	一、〇〇三
十五至十七歲	五三〇、〇〇〇	三五九(註)	三三〇(註)
十八至二十歲	三二、〇〇〇	一八	
廿一至廿四歲	四六、〇〇〇	二三	
廿四歲以上	三八、〇〇〇	七七	

附註：三五九及三三〇係每一年齡階段中的人數。

三、課程與方法

國立中學最早的課程，依一八〇九年的法律訂之，嗣於一八一二年推廣至市立中學，所授課程，係爲大學入學試驗規定之科目——拉丁文、希臘文、法文、歷史、神話學（mythology）、地理、形而上學、倫理學、光學（Optics）、及天文學。至一八一四年，第七學年側重哲學之研究。嗣後迭經改革，古典語的教學時數，日漸減少，現代語則逐漸增加其教學鐘點。法國一般權威人士，深以爲科目之文化與訓練價值，爲決定其在課程中所佔地位之重要因素，而與科目在未來生活中之應用價值無關。一般言之，法國的中學前四年實施普通教育，後三年始分爲「古典」及「現代」兩組。

依照法國的習慣，中等學校的班級，其計算方式，由第六學級（最低之學級）倒數至第一學級。所謂第一學級，即是七年學程的第六學年。在第一學級以上，另設高級班或畢業班，側重文哲、數學或科學之研究。中等教育的前期，其構成爲第六至第三學級，實施普通教育，通例稱爲定向期。在此前期之四年內，全體學生除可自由選修外國語外，其餘一律爲共同科目。法語及文學、歷史、地理、數學、及基本科學，即爲全體學生共同必修之科目。於第三學級之末，舉行一種考試，凡通過此項考試者，領受中學前期證書(Certificate of First-Cycle Secondary Studies)。一般規模較小的現代中學，祇設前期的四年。學生於取得中學前期證書後，可轉入其他學校的後期肄業。

中學的後期，其構成爲第二學級，第一學級，及畢業班（決定期），爲中等教育階段之分化期。育的學校提前於第四學級實施分化教育，令學生自由選修希臘文，第二現代語，或自然科學。中學後期，通例分四組授課，分別研習古典語，現代語，自然科學，及數學。法文、歷史、地理，則爲四組之共同科目。第二及第一學級，旨在爲學生準備參加學士考試第一試。畢業班爲法國中等教育最特殊之一部，在使學生參與學士考試第二試。通例分爲文哲、數學、或科學等組授課，使學生在中學階段所獲得之一切實際資料及知識，得有綜合了解機會。

學士學位，爲受滿中等教育所得之學位，此乃法國之特殊現象。此項學位，爲進入高等教育機關所必備者，與大學及門考試相若，但不可與英美兩國於修滿大學全部課程時所授之學士學位混爲一談。

若干中學，往往在畢業班以上更設特別預備班，以爲參加高等專門學校(Grandes Ecoles)或特殊的學校入學競試之預備。此等學校，具有大學同等之地位，畢業後，可任公職及專門職業之高級職位。此類預備班，通例稱爲上一學級(Upper First Class)，或特別數學班，特別文學班。學士學位，爲升入此類高等學校之必備資格。

女子中等教育，亦予擴充。女子不僅在單獨設立的學校受教，且其課程，亦大不相同。法國的女子中等教育，其歷史較男子爲短。以往的女子中學，大都五或六年畢業，女生如擬參與學士考試第二試，即須入男子學校的畢業班或最後二年攻讀。目前國立女子中學及市立女子中學，多係七年畢業。所開課程，則包括家庭管理，手工，音樂，及外國語翻譯。

四、新學班

法國教育上關於課程方面的一種最有價值的實驗，即爲新學班(Classes Nouvelles)之設置。此項班級，係由中央教育部所設置，旨在減輕一般國立中學及市立中學之知識課程，採用若干活動方法，相關教材，並予學生以有限度之自治。此項計劃，實係一九三七年開始試辦之定向班（Orientation Classes)演變而來者。目前祇選定少數的中學於第六學級開始試驗。一九四五年，法國教育部選調二百名教員，於塞弗里(Sèvres)舉辦美國所謂的在職訓練。此等被調訓的教員，即成爲全國各地的小組領袖。幾年以後，又調訓其他的教員，講習此一新方案的實施計劃與方法，期滿各返原校，推行此項方案。

此等新學班的師生，均係志願者。此項計劃，逐次擴展至第五、第四及第三學級，目前全國各地進行新學班實驗者，已有八百餘班。第三學級以上，依舊沿用一般正規中學的傳統教學方法，但實際上已有少數幾所國立中學由第一學年至第七學年一律改辦新學班。無疑的，新學班將日益增加，此等班級，切望在課程與方法方面，能繼續進行新的實驗，而成爲一般傳統學校的示範。吾人似有理由相信，一般正式的班級已受到此類實驗團體工作的某種程度的影響，然而，吾人必須指出，除少數之實驗學校外，新學班仍爲一般傳統之國立中學及市立中學內的一個實驗孤島。

中等學校年青教員的教學工作，所受實驗班的影響，較之已受傳統方法訓練的老教員爲大。新學班的教員，已分別舉行全國性或地方性的教師會議，並發行一種「中等學校教學叢刊」(Cahiers Pédagogiques pour L'Enseignement du Second Degré) 的雜誌，宣揚新學班的思想，報導新學班的實驗，對於一般非新學班的教員，已發生相當的影響。同時，還希望此種新興的計劃，對於法國傳統的學人及知識教育，能有更大的影響。

新學班的貢獻，不祇限於教材方面，而且對於兒童心理學，個別差異，以及試行決定兒童之天賦能力和興趣等等的重視，尤有極大效力。新學班的課程，上午多係法語及文學、歷史、地理、數學，及科學等基本科目。相關教材亦試行採用，科學課程則注重環環與觀察力發展的研究。下午為音樂，美術及油畫等選修科目。體育及衛生教育，則為全體學生所必修。此等班級的教員，均受過教育指導的特殊訓練，於是，乃經常使用心理及教育測驗，以度量學生的興趣與能力。法國傳統的中學，特重教材的灌輸，故不及格的學生，所佔比例極大，一般教師，亦很少注意學生不及格的原因，更少有調整其教學方法以適應學生之興趣或能力者。法國中等教育最大弱點之一，即是對於職業及教育指導的過份忽視。

五、學校生活

法國中學的特色，即是法國中學生每年所修之課程，在數目上與美國中學不同。美國的中學生，通例每年祇修四或五門科目，每一科目每週研習五日，法國的中學生，在七年內研習衆多的科目，各科教學時間，大都每週祇有二或三節。所以，法國的中學生，於其中等教育期限內，所修科目多達十二門或十二門以上者，亦非罕見之事。

法國中學教室的空氣，至為緊張與嚴肅，大部份的時間，都由教師從事正式的講演，學生隨堂筆記。每名學生均備有筆記簿（Cahiers），此項筆記簿，爲學生學習生活之一重要部份。採用教科書者，爲數甚少，參考用書及其他教材，亦不多見，學校圖書館，更屬罕見之事。在此種情況下，教師口述之教材筆記，成爲學生教室活動之中心。既無學習利用補充教材之機會，亦乏探究原始資料之時間。由於考試爲每一學生教育生涯中之最要者，故學生對於教師口述的教材，視爲參加考試的主要範本。爲教師者，亦無選擇教材之自由，所用教材，悉以供作本班學生通過考試者爲限。此種教程，實爲中央集權制度下的一種共同現象。

法國的中學生，耗於學校的時間，一般均較美國學生爲長。每一學年，通例爲四十二週，每週授課五日，每日六小時。和小學一樣，星期四休課，不過，有的班級於星期四上午及星期六下午休息。戶外活動，亦間有排在星期六下午者。

法國中學的團體運動，與英美學校的情況不同。溯自世界大戰以來，法國政府對於國民體格的鍛鍊，極爲重視，並開始擴充運動及競賽的計劃。以往法國的學校，幾無體育之設置；一般國立中學及市立中學，大都無運動場地，至多也不過有一個小型的球場。各市政機關，雖力勸各級學校希於學校附近闢建運動場地，但並未作硬性之規定。國立中學及市立中學，類皆有寄宿生與通學生，爲寄宿生之便利起見，學校旅行（Promenades）多排在星期四及星期六。近年來對於體育師資訓練，日益重視，各中學的體格適應，尤佔重要地位。

國立中學及市立中學，絕不容任何形式的學生自治活動。學校教師除擔任課務外，對於學生訓育活動，不負任何責任；而另設一種舍監或監學員(Surveillant)，以專責成。此種舍監，通例由學生擔任，由校供應住宿，並支領微薄之待遇，於宿舍內另闢一室，辦理宿舍內學生訓育及校外活動事宜。依規定一般中等學校，不得組織任何學生團體，或設有職員或訂有規章的學生集會。既無舉辦學校球類活動的官方體育團體，各中等學校間亦不得舉辦校際性的運動競賽。其間雖有少數學校摹倣英國中等學校的作風，舉辦各項運動遊戲，然其成效甚微。法國的一般學生家長，其興趣祗在學生知識之進步，對於足以促進人格發展或提高體育成績的活動，毫無興趣可言。關於建立若干學生自治團體，以爲公民資格之預備的問題，雖有討論，然未見具體結果。

中等學校的學生，約有半數爲寄宿生，住在學校宿舍，接受一種半軍事化的管理。各校宿舍，大都爲營房式的建築物，每間寢室，住五十名學生。在宿舍內，一律接受舍監的監導，除稀有之特殊情況外，不得離開學校範圍；即使二個學生散步，亦須由舍監監督。所有學生，罕有與外界接觸機會，離校參加音樂會、演講會，或看電影者，亦不多見。學生在校肄業之數年期間，一律接受此種嚴格之管理。法國的中學，不甚重視社會科學，故在課程上未如美國中學一樣，設置以研究社會問題、政府、及時事問題爲主的所謂普通社會研究。同時，由於未設置學生自治團體，故法國中學生的生活，宛如僧侶一般，毫無參與公民生活，以爲承擔公民責任之預備的機會。

六、中等學校的組織

法國中等學校校長，稱號不一。國立男子中學校長稱 Proviseur，市立男子中學校長稱 Principal；女子學校校長，無論國立或市立，一律稱 Directrice。擔任課務的教員，稱教授（Professeurs），其餘充任特殊科目或督導寄宿學生的助理人員，則有不同之等級與稱號。另設行政委員會爲國立中學校長之顧問機關，其構成人員爲大學區校長，大學區視學員，中學校長，府長，市長，以及家長、學生和校友的代表。市立中學亦設有同一之委員會，其構成份子除前述各類人員外，尚有地方公共衛生機關及商會（Chamber of Commerce）的代表。各行政委員會，每三月舉行會議一次。其職掌爲稽核學校經費，視察校舍建築及設備，委派訪問學校的人員。

一般中等學校，大都設有校友會（Alumni Associations）。該會除募集獎學金與購贈獎品外，尙輔助畢業學生就業。

校內設有兩種會議，其一，爲學級會議（Class Councils），係由某一學級的全體教員所組成，旨在謀學級工作之協調，與減輕學生家庭作業之負擔。其二，爲教學會議（Instructional Council），係由擔任某一學科的全體教員所組成，其設立旨趣，在於加强七年內各個班級的聯繫，避免教材重複，促進教學方法之調和。

法國的中學生，於十八歲時在一種規定之課程範圍內，其對於教材之熟練及知識之理解的成績，遠較美國學生爲高。所以造成此種結果者，蓋有多種因素在焉。法國的中學，考選嚴格，唯有知識優異的學生，始能完成其全部學程。法國的學日及學年，均較美國爲長，一般國立中學的學生，耗於教室作業的時間，亦較美國學生爲多。他如考試之嚴格，時間之集中，教材之重視，均足以減低課外活動之興趣，而增加學業之成績。

一位美國的教育家，或可批評法國中學的苦行生活，以致對於外界的生活，缺乏適當之適應。彼亦可批評法國的中學，缺乏公民訓練及完備的體育活動，更無發展領導才能的機會。然而，絕大多數的法國教育家及學生家長，對於其兒童所受之知識教育，頗爲滿意。

職業及工業教育

法國職業教育之成爲一種有組織的計劃，乃輓近之事。一八九二年前，始設置一種專門機構，並於高等小學增設職業科。爲增進國家工商業的利益起見，乃須大量招募熟練及半熟練的工人，於是對於此類工人之訓練，乃具極大之興趣。法國整個職業教育計劃，向不屬公共教育部（Ministry of Public Instruction）職權，而由工商業各部管理之。嗣後雖將職業教育改隸教育部，仍單獨設置中央職業教育司(General Division For Technical Education)辦理之。

中央職業教育司成立後，舉凡有關職業教育的預算，人事，行政機關，考試及證書，均由該司自行處理。職業教育之最高諮議機關，爲最高職業教育會議(Higher Council for Technical Education)，訓練職業師資的職業師範學校及職業教育視學員，亦完全與部內其他各司分離，而單獨設立之。由於最高職業教育會議置有僱主代表，乃於國家財政系統上增添藝徒稅，因此一般資本雄厚的大僱主對於職業教育計劃，具有極大的影響。工人協會，亦有代表出席最高職業教育會議。

在中央職業教育司的督導下，乃次第設置若干職業教育機關——工藝學校，實用工商學校，國立、府立、及區立職業學校，國立工藝學院，高等小學職業科，以及其他等等。實施普通文化陶冶的中等學校，亦與逐漸形成而具有高度之功利思想的專門學校並立。在此二種教育形式間，常有若干衝突之處，即使一般專門學校與職業學校間，在課程上亦有競相實施普通教育的現象。社會人士對於整個的制度，迭有批評，並曾多方設法使中等教育與職業教育切取聯繫。

第二次世界大戰後，職業教育制度，頗多改革。國民教育部設置管理全國職業教育的職業教育司，大學區校長及大學區視學員亦參與職業教育之監督事宜，另設職業教育顧問，爲其輔佐者。職業教育司以下，復設職業指導處（Vocational Guidance Services），並屬望各府增設職業指導中心。

目前關於職業教育之納入普通中等教育領域內的工作，進行至爲順利。在本章圖五所列之各類學校中，未將七年制的職業中學列入。一般優良的職業學校，均已改稱職業中學，招收年滿十或十一歲的小學畢業生，期滿授予一種特殊的職業學士學位。若干現代中學，乃至少數國立中學，亦增設職業科。同時，一般職業教育家並於職業中學教程中，試行使用「職業人文科目」(Technical Humanities)一詞，以提高職業教育的地位，使能與普通教育相抗衡。以往亦曾提出「科學人文科目」(Scientific Humanities)的名詞，與課程中傳統的「文學人文科目」(Literary Humanities)並列，以提高自然科學在課程中的地位。

一般言之，其他各部（農業、公共事務、國防、內政、衛生，及勞工等部。）雖自行設置各類職業學校，辦理有關之職業教育，然而國民教育部仍操有管理所有職業學校之權。

郎之萬計劃，主張確立一種全國性的提高勞工地位，改善人民對於勞工觀感的計劃。由於法國人注重知識教育，故對於一般勞工在國家經濟發展中的重要性，每多忽視。近年來法國有一種最有意義的發展，便是藝徒中心(Apprenticeship Centers)的激增，郎之萬報告書，關於此項設施，亦有所說明。此項藝徒中心與蘇俄早年所設之勞動學校相似，亦爲提高國家工人地位的有效措施。不過，法國的新教育計劃，對於職業學校的普通教育仍極重視，此乃蘇俄所未曾注意者。同時一般保守的法國教育家，認爲郎之萬委員會所提之建議與當前蘇俄的制度，諸多相似，故對此項建議，極表反對。

藝徒中心，招收年滿十四歲的男女青年，予以三年的訓練。此項中心，既非學校，亦非工廠，而係二者之混合物。其所實施之特殊領域的職業訓練，亦每以繼續之普通教育學程補助之。此等中心，均係免費，並另給生活補助費（Maintenance bursaries)。所設課程，大都附以工廠或工作場之實習。此種藝徒中心，與蘇俄之工廠學校相似，惟法國之職業教育機關，對於普通教育學程，極爲重視。職業學校或班級，例由市政機關設置；私人商號亦可設立所謂職業訓練班。此類職業教育設施所需之經費，大多取自一般僱主所繳之藝徒稅。

如本書第五章所述，法國地方政府對於藝徒中心的組織與設施所具之管理權力，較之對於法國教育制度中其他任何教育設施的管理權為大。雖其一般規章由教育部制定，其設施標準與教育方法，亦由視學員視察，然而地方議會，對於此項教育之設施，具有極大之發言權。一般地方議會，通例由僱主與同業公會的代表，以及教育部委派的人員所組成。

地方藝徒中心，旨在訓練學生使其充任鄰近地區特種工業之職位。目前並已設置若干國立藝徒中心，訓練一批擔任全國性事務的工人，惟全國各地每年需用之已接受訓練的工人，爲數不多。凡修滿規定學程並獲得特殊技藝者，由教育部授與職業證書（Certificate of Professional Aptitude）。此等藝徒中心，多以訓練工商職業之半熟練工人爲主旨。

爲訓練從事工商業務的中級專門人才（工頭及監工）起見，乃設立一種三年制的職業中學。此等中學，多係府立或區立者。其間亦有少數學生繼續攻讀直至具備獲得職業學士之資格爲止，此等學生，可入國立工程學校(National Schools of Engineering)深造。此類職業中學，一如藝徒中心，其授課時間，分爲教室與工作場、工廠或機關兩大部份。

各工業團體或較大之公司行號，亦自行設立技藝學校(Craft Schools)。其所授課程及標準，與公立職業中學相類。此等學校，大都受教育部的輔佐及視學員的視導。若干國立職業學校，尙設置專門課程，以爲取得一種專門證書(Brevet)之預備，並使其畢業生能進入國立工程學校繼續深造。

巴黎市所設之職業學校及職業中學，科門繁多，諸如冷藏、陶器、釀酒、染色玻璃、製革與皮鞋、傢具、訂書、煉鐵、機械檢驗等是。此外，尙有各類女子職業學校，如理髮、機械商標設計，女胸衣設計、打樣、及縫級等是。巴黎的各類職業學校，程度頗高，例須通過一種競爭試驗，始能入學。

關於高級熟練技術人才及行政幹部的訓練，尙設有若干名目繁多的學校。如高等商業學校(Higher Commercial Schools)，國立高等商業學校 (National School of Higher Commercial Studies)，高等女子商業師範學校（School of Advanced Commercial Teaching for Girls），此等學校，大都設置貿易及商業方面之專門課程。國立工程學校，則實施一種廣泛之普通與專業課程的教育。國立工藝學院，亦設置各類實用工藝及應用科學的學系。

農業教育部份，則為修畢中學前期學程年滿十四至十八歲的學生，設置各種實用及專門農業學校。此類學校，通例三年畢業。區立農業學校，其修業年限，四至六年不等，施以普通及職業教育，使其參與學士考試第一試。此外，尚有四所國立農業學校，期滿均授予農業工程師（Agricultural Engineer）學位。所設課程，大都為試驗性及實用性者。至於農產製造方面的技術人員，一律由國立農事工業學校（National School of Agricultural Industries）訓練，畜牧獸醫人才則於國立獸醫學校（National Veterinary Schools）培養之。國立農學院（National Agronomic Institute），招收取得學士學位並繼續研究二年者，經入學競試及格後，在校修業三年。第一年在校受課，第二、三兩年則於一種專門的國立森林，鄉村工程，育馬，或熱帶農業等實用學校實習。期滿授予農業技師文憑（Diploma of Agronomic Engineer）。

法國職業及工業教育的改革，雖有顯著的成效，惟其制度本身，仍極複雜，並缺乏適當的聯繫。目前，已由各部組成一種聯合委員會，各部間關於職業教育計劃的聯繫，已日益加強。同時，並將整個職業教育制度劃歸國民教育部管轄，因此，職業教育與普通教育間的聯繫，乃日趨密切，法國境內要想建立一種完全獨立的職業教育制度，亦難見諸事實。

大學及高等專門教育

法國的高等教育，包括大學及其附設高等專門學院，單獨設置之各類高等學校，及高等專門學校

(Grandes Écoles)。全國十七個大學區，各有大學一所。大學的各學院，稱爲「科」(Facultiés)。各大學例皆設文、理二科，設置法科的大學，亦極爲普遍。醫科及藥學科爲數甚多，士托司堡大學(University of Strasbourg)，則設有天主教及基督教兩種神學科。一九四八—四九年度，大學各科註冊人數及畢業生人數，如表二十八所示。

表二十八　一九四八—四九年度法國各大學學生人數及所授學位數目

科目	各科數目	學生人數						
		共計	男	女	法國人	殖民地學生	外國人	畢業生
法	一六	三七,五三一	二八,八一九	八,七三三	三六,二一四	三三七	一,一〇〇	四,一九六
文	一八	三三,七一〇	一五,五七一	一八,一三九	二〇,四七六	一七四	三,〇六〇	二,五五七
理	一八	二三,五一五	一七,四八九	六,〇二八	二一,六六二	四五八	一,三九五	四,五六九
醫	二四	二六,六七七	二〇,六六一	六,〇一六	二五,六八一	三三三	六七四	三,二八四
藥學	二四	七,二一九	三,三三一	三,八八八	六,九〇七	二三八	七四	一,〇三五
神學	二	三六九	三四八	一五	三二九	—	三四	—
合計	一〇二	一二九,〇三五	八六,二二七	四二,八一八	一二一,一六九	一,五三九	六,三三七	一五,八一一

巴黎大學，其學生人數超過五萬名，爲全國最大之學府。各大學註冊學生人數，如表二十九所示。

表二十九 一九五〇年度，法國各大學註冊學生人數

大學名稱	註冊學生	大學名稱	註冊學生
巴黎(Paris)	五六、八二九	里爾(Lille)	六、一六二
愛克司(Aix)	七、一八六	里昂(Lyons)	八、三四二
阿爾及爾(Algiers)	五、七一五	蒙派利爾(Montpellier)	五、三三〇
柏桑松(Besançon)	九六三	納希(Nancy)	四、四四一
波島(Bordeaux)	七、九五一	培太爾(Poitiers)	四、〇一七
卡恩(Caen)	三、三〇一	勒恩(Rennes)	五、九八二
克勒芒(Clermont)	二、〇四三	士托司堡(Strasbourg)	五、三二七
狄仗(Dijon)	一、七二九	土魯滋(Toulouse)	七、七二二
格里路伯(Grenoble)	四、二四四		
註冊學生總數			一三六、七四四

各大學除所設之各科外，尚有各種研究中心或專門學院，十七所大學，共有一百五十餘所附設專門學院。此等學院，有訓練礦冶、電機、化學工業及冶金等工程人員者，亦有從事生物化學、氣象學、心理學，及生理學等專門學科之研究者，各種專門學科，幾乎均有學院以從事高深之研究。此外，尚有若干私立大學，亦皆附設各種專門學院；此類私立大學，除一所基督教神學院外，餘均為天主教辦理者。

大學區校長，爲本區國立大學之行政首長，各科設學長（Dean）一人。大學審議會（University Council），由大學各科學長組織之，大學區校長爲主席，爲本區大學之決策機關。大學區校長雖由教育部任命，大學事務亦受教育部之督導，惟大學各科則具有相當之獨立自主權。大學學年，始於十一月，至次年六月，共約三十二週。

法國大學，同一學校內之各科及各專門學院，彼此毫無聯繫。例如，大學法科、理科、文科及其附設之經濟商業學院，均設有經濟科門。其他科門，亦有類似之分散情事發生。大學各科及其附設專門學院，均各自設立圖書館，試驗所，及其他專門單位。巴黎大學，即建有一百所專門圖書館。大學各科所用教學及研究方法，均已固定不變，並拘泥於文字之說明，較之一般國立中學，尤且過之。法國的大學教授，對於外國大學的發展及研究情況，亦向不關心。大學各科試驗所的規模甚小，設備亦極簡陋，因此顯得擁擠不堪。據勞吉利（Laugier）稱，設在蘇傍(Sorbonne)的一所生理試驗所（屬於巴黎大學），建於五十年前，至多祗能供二十名研究員及二十名學生之用，至一九四〇年，學生增至二百名，該所一切設備，毫無改變。

一、學　位

法國大學學位，名目繁多，尤難與別國大學學位相比。除大學所授之學位外，尚有大學稱號及文憑（University Titles and Diplomas），國家證書及文憑（State Certificates and Diplomas），情形至爲複雜。大學學位於修畢規定學程時，由大學各科授與之，同一大學內，各科授與之學位，彼此不同。各種學位，悉以修業時間之長短與所修學科之性質爲基礎。大學學位由學士學位起，此項學位，實則乃是大學入學試驗。其後爲碩士（Licence），於本國大學修滿四學期，即可獲得碩士學位。惟其中二學期可於外國大學攻讀。取得碩士學位後，繼續研究一年，即可領受高等教育文憑(Diplôme d'études Supérieures)，最後如再益以數年之研究，並提出論文兩篇，即可獲得博士學位(Doctorat)。外國學生於法國留學時，可取得大學學位，近年來復創設一種新的博士學位，外國學生，對之頗感興趣。蓋此項學位，勿須以較多之時間，涉獵廣泛之文化科目，祗須於某一狹窄之專門科目領域內從事個別研究。此一新設之博士學位，與美國之哲學博士(Ph. D.)，英國之文學博士(D. Phil.)相若。至於法科、醫科及藥學科的學位，與文、理科的學位，迥然不同。

凡通過國家競試者，亦可領受國家證書及學位：碩士，高等教育文憑，國家會試(Agrégation)，及國家博士(Doctorat d'état)。外國學生不得參與此項競試。國家會試，爲一種非常艱難之競試，通過此項競試者，稱爲「國家會試及第者」(Agrégés)，並取得受任中等學校最優越職位之資格。

以往凡取得學士學位者，即可免試升入大學。此項規定，今已不復存在。目前的規定，中學畢業生於取得學士學位後，尚須在預科攻讀一或二年，以爲參與大學入學競試之預備。預科階段，旨在施以更廣泛之普通教育，此項建議，殆爲阿爾及爾委員會及郎之萬計劃所提供者。

二、高等專門學校

國立高等專門學校(Grandes Écoles)，爲培養政府各行政部門、工業、教育及軍事機關的行政與視察人員的機構。此等機構，大都由中央各部會自行設置，各自訓練其所需之高級職員，並養成一批合格的專門人才。有些學校，如分設於聖克勞(Saint-Cloud)及芳丹沃露(Fontenay-aux-Roses)的兩所高級師範學校，即係國民教育部所設置者。其餘高等學校，如多藝專門學校(Polytechnic School)，公共事業專門學校(Special School for Public Works)，殖民學校(Colonial School)農學院

(Agronomic Institute)，以及各種軍事學校，如聖塞爾(Saint-Cyr)軍官學校等，均係各部自行辦理者。

凡擬入此類高等專門學校攻讀者，必先通過一種艱難之競試，其錄取標準，取決於考試成績及招收名額。通例於取得學士學位後，尚須在高等專門學校預備班研習一或二年，以爲參與入學競爭之預備。依規定考生年齡至少須滿二十歲，始得准於升入此類高等專門學校。修滿全部課程，由各校舉行考試，及格後領受一種專門證書；或參與國家普通考試，通過此項考試者，領受一種證書，並得受任國家公職中之專門職位。

一般高等專門學校的獨占性，可於一九五〇—五一年度的統計數字中見之。全國國立專門學校，共計一百二十所，註冊學生爲一八、九八七人，平均每所學校，爲一五八人。所有高等專門學校中，規模最大者，當推國立高等美術學校（École Nationale Supérieur des Beaux Artes），全校學生，共有三、〇四九人。在此類高等專門學校中，其註冊學生人數不足百人者，達五十二校，不足二十人者有六校。在一九五〇—五一年度內，投考此類高等專門學校的新生，總數達二三、二七八人，經錄取者祗有四、〇二四人，同一年度，各校畢業學生爲三、六六六人。

各高等專門學校，在法國政府及各項專門職業領導人才之養成上，佔有極重要的地位。此等學校，不僅與大學分離，彼此之間亦毫無聯繫，論者咸以爲此無異與法國國民生活的主要趨勢相違背。政府及一般公職中一切重要職位人員的訓練大權，幾全爲此等學校所獨攬。於是，乃提出一種改革意見，以爲各高等專門學校的工作，應與各大學切取聯繫；並擴大招生範圍，減少專門課程，增加普通科目。由於此等學校獨攬訓練充任政府及教育方面各項重要職位人員的大權，故造成一種特殊階級或社會階級意識的壁壘，因此，各高等專門學校，儼然成爲「國中之國」（State Within a State）。各界人士對之咸有强烈之批評，無論住在法國或阿爾及爾的法國人，均多方探求造成國家失敗與一般高級人員腐化的原因。但迄至目前爲止，尚無具體而有效之改革方法，一般高等專門學校，在法國人的生活中，仍維持其重要地位。

成人教育

法國中央政府對於初等、中等、職業、及高等教育採取集中管理的方式，但對於成人教育則不負任何責任。法國的成人教育工作，大都由私人團體辦理。郎之萬報告，雖竭力主張實施一種新式的教育，以適應會受正式教育者的需要，但迄無一項堪與英國一九四四新教育法案中「擴充教育」相比的設施。若干市鎮，已由政府設置一種「通俗教育」(Popular Education)中心，(法國人寧採通俗教育的名稱，而不用成人教育。)供一般私人團體使用。

各同業公會，設置一種勞工學校(Labor Colleges)，此種學校與不列顛的工人學校相似。通常舉辦通俗講演，電臺廣播，以及休閒和職業指導。法國通俗教育方面，一個最重要的團體，便是法國教育聯合會(French League for Education)，該會工作與國民教育部保持密切聯繫，但無經費補助。經常於各地通俗教育中心，舉辦各項成人教育活動。

法國的青年，已於公立學校受過一種優良的正式教育，於是當其受滿學校教育時，對於正式的或學術性的教育活動，均表示厭惡。一般地方學校，特別是鄉村的學校，爲適應社會青年的需要，乃舉辦各種非學術性的自由活動，如藝術、縫級、及農業等是。因此，地方學校遂成爲一般小市鎮及鄉村的文化中心，惟其各項設施，悉以各地校長的興趣及能力爲轉移。

法國通俗教育方面，有一部份工作與美國公地學院所辦之推廣活動相似。通常均由巡廻農業及家事專家舉辦各項非正式活動，講演會，及個別指導。農業季節學校(Seasonal Schools of Agriculture)，爲適應一般農民需要而設，其所辦理之各種服務事業，如美國縣農業指導員(County Agricultural Agents)所辦者相同。有些正式的教育活動，與正規職業學校所辦者無異。凡年滿十四歲之離校男女青年，從事農田工作者，均可接受農業及家事方面之部份時間的補習教育，直至十七歲爲止。鄉村女子，可入鄉村家事學校(Rural Home Economics Schools)，接受爲期四至九個月的家事教育。都市的青年男子，如擬從事農業工作，則可入附近鄉村所設之農業藝徒中心(Agricultural Apprenticeship Centers)，接受農業教育。

郎之萬報告，即建議從事成人教育的人員，應受專門的訓練，成人教育的方法與教材，亦須與一般正式學校所用者有別。其施教重心，在於發現並適應一般成人的直接興趣及需要，俾能吸引青年人參與此種活動，而不必顧及知識或學術方法以及哲學觀點。法國政府雖極力設法促使此等思想之實現，然以財力貧困，致未見諸實施。

師範教育與教師地位

就歷史言，法國小學、中學、及職業學校的教員，向爲分別訓練者。師範學校由各府設立，但須受府議會及教育部初等教育司之督導與管理。中學教員，由專設之高等師範學校或大學培養，但須接受教育部中等教育司及大學區視學員的指導。職業學校教員，由中央職業教育司所設之專科師範學校訓練。由於中學教員受訓期間較長，並須參與一種艱難之競試，故國立及市立中學教員的地位，無論在社會上與經濟上，均較一般小學及職業學校的教員爲高。即令稱號，亦彼此不同。國立中學教員稱教授(Professeurs)，小學教員，則分別以男教員(Instituteurs)或女教員(Institutrices)稱之。

一、師範學校

依規定各府應設立男女師範學校 (Normal Schools) 各一所。此等學校雖係各府所設置及管理者，但其所需之經費，目前多已由國庫負擔。所有師範學校，均爲寄宿學校，大多數學生亦由政府給予生活維持費，用以繳付學費及生活費。依規定所有師範生，皆須立具修業期滿服務十年的志願書；如不遵守志願書之規定，即須償還肄業期間政府所耗之全部費用。

自郞之萬報告發表後，教育改革成果之一，即所有未來之小學教員，一律須取得學士學位，故目前之師範生，在其肄業期間即領受上項學位。此項措施，在於增長小學教員的學識，提高小學教員的地位，以消除中小學教員間的界限。師範學校肄業期滿，授與高級證書 (Brevet Supérieure)，惟於取得國家公職中之正式教員資格前，必須通過一種國家考試並領受教育證書 (Certificate of Teaching Proficiency)。

師範學校，採取一種半僧侶式(Semimonastic Type)的組織及訓練。每一學日之活動，均有嚴格規定；由早晨五點四十五分鐘起床，至晚間九點三十分鐘就寢，幾乎每一小時，均作詳細之規定。教室授課鐘點甚多，每週約三十小時，修習十五或十六門不同之科目，在全部肄業期間，每年所修之科目相同。教室工作及自修，通例每日十小時，星期四下午及星期六無課。即使娛樂時間，亦預先排在日課表上，並須在指導下活動。男生可於星期日及假期離校外出；女生則須由家長出具書面證明始得離校。師範生於寄宿師範學校期間，其通信人姓名，須由家長開列名單通知學校。無疑的，此一規定，旨在限制師範生與校外人士接觸，由是可知，法國的制度對於師範生的創造力，領導力，及公民資格的訓練，過於忽視。自第二次世界大戰以來，已制定一種全國性的體育運動計劃，惟師範學校，不在此一計劃之列，主要的原因，由於缺乏時間及體育設備，缺少學生團體或學生自治組織，亦爲其原因之一。

師範學校課程，除小學科目外，爲訓練師範生擔任教學工作起見，乃設置普通課程，專業道德(Professional Ethics)，教育心理學，及教育學說。各師資訓練機關，均附設一種實習學校(Practice School)，供師範生實習之用。師範生在肄業期間，每年約有五十個半天從事觀察及輔導教學(Supervised Teaching)。同時，爲增加師範生的經驗起見，乃使師範生到實習學校一連擔任數週之指定工作。有時，尙指定師範生於正式學日之外，擔任地方學校的部份工作，或參與社區內之成人教育活動。

二、高級師範學校

小學師資訓練計劃中頗饒興趣的部份，卽是高級師範學校所實施的高級訓練。法國有兩所著名的高級師範學校，其一在聖克勞(Saint-Cloud)，係男校，其一在芳丹沃露(Fontenay-aux-Roses)爲女校。凡擬入此兩校者，必先通過競試，據統計獲准入校者，不足全體考生的百分之十。其規定之入學年齡，爲二十歲，並須持有學士文憑。亦可由中等學校或師範學校直接升入此兩校肄業。此等學校之修業年限爲三年，分文理兩科，教育學及心理學爲所有學生應習之共同科目。此等高級師範學校畢業生，可受任師範學校教員，或就任小學中之較高職位。此兩所高級師範學校(Écoles Normales Supérieures)，在法國教育制度中，聲望極高，其卒業學生亦有優先擔任公職之機會。

三、中學師資訓練

中學教員，例皆由大學培養，願否接受專門之教育訓練，悉聽學生自決。目前一般大學，大都設設置教育科目，凡取得碩士學位者，如擬從事教育，即可選習專門課程，以爲參與教育證書考試之預備。國家會試，視爲一種特殊榮譽之證書；持有此項證書者，即可受任國立中學及市立中學教授，或擔任國家公職。最近的改革，規定國家會試及第者（爲一國家證書之持有人，而非大學學位之獲得者。）須遵守新政府的規定，從事中學教育工作。

法國亦設有訓練中學師資的高等師範學校（Grandes écoles normales supérieures），其一在巴黎的魯沃(Rue d'ulm)，係男校，其一在塞弗里(Sèvres)，爲女校。此兩校之畢業生，類皆才華過人，其入學競試，至極嚴格。此項國家競試，其錄取標準，悉以此二校所餘之名額爲依歸，經錄取者，可領國家公費，用以償付在學期間之一切費用。此二校均係四年畢業，其入學年齡，定爲二十歲。修滿二年課程，可得碩士學位，於第三年之末，再得高等教育文憑。有些學生，於獲得此項文憑後，即離校就任教師職務；其未離校者，再於第四學年肄業一年，期滿應國家會試。此項會試及格人數之多寡，以所餘之職位爲限，故爲教員者，於取得此一夢寐求之的證書，在法國中等學校內，即可獲一終身職位。法國高等師範學校的教學水準極高，教室課業很少，多係個別研究，而由教授從旁指導。此兩校之課程，雖一如所有高等專門學校，帶有傳統之書卷氣，但仍重視實驗，新學班(Classes Novelles)即爲塞弗里女子高等師範學校所創辦者。

近年來，法國尙設置一種專科師資訓練機關。此等新設之高級師範學校，係爲職業學校教員之養成機關，其教程悉以聖克勞及芳丹沃露之二所舊有高級師範學校爲藍本。全國計有五所，亦皆有甚高之成績水準。此外，尙有數所新設之高級體育師範學校。

四、教師地位

法國公立學校所有的教員，一律由國家任用，同爲國家公務員。凡通過國家考試者，皆可就任教員職務，各級教員俸給，悉依全國統一之俸給表的規定，由國家支給。關於教員的權利及福利，法令上規定頗詳。舉凡任用、調職、離職、待遇、養老金，淸寒津貼(Disability Allowances)等項，全國各地均有統一規定。教員家屬人口過多，尙有特殊津貼，各府議會或市議會，亦可依據俸給表而給予適當之特別加給。一般言之，法國的教員均有職業保障，在社會上，並具有適當之社會地位。

法國教師組織，名目繁多，工作亦甚積極。各教師組織的政治信仰及關係，亦彼此互異，由最右派的保守份子，至左派的共產黨員，均包括在內。此等組織，大都有排外性，對於會員資格，限制極嚴，各組織間亦互相猜忌，意在維護各級教師所抱之宗教及政治立場。目前，已組成一種全國性的組織，稱爲法國教育總會(Fédération Génerale de L'Enseignement)，其用意在將各種教師組織成一個聯合的團體。絕大多數的小學、師範學校、及職業學校教員，均參與此項運動，中學教員亦有參加者。此一總會之成立，與同業公會運動，具有聯絡作用，旨在代表教員團體，與中央政府進行磋商，一如公務人員然。一九五三年十一月，全國教師爲抗議提高軍人及法官的待遇，致使教員待遇過於微薄，乃演成一次二十四小時的罷教。南尼(Laniel)政府旋與罷教代表舉行談判，渠等要求將各級教員待遇，立即提高百分之十，容將整個待遇作全盤研究後，再作適當之調整。政府方面表示願對實際情況作切實之研究。一九五四年，法國各級教員待遇，如表三十所示。

表三十　法國公立學校教員俸給表(以法郎計算)

教員類別		年俸(1)	職位及地區年度津貼(2)	每年總收入
小學教員	I(3)	二八一、〇〇〇	八七、三〇〇	三六八、三〇〇
	II(4)	四一九、二〇〇	一一一、八〇〇	五三一、〇〇〇

	III (5)	六〇一、六〇〇	一三六、二〇〇	七三七、八〇〇
中學教員(6)（持有資格證書者）	I	三九六、六七二	一〇七、八四二	五〇四、五〇四
	II	六四八、六〇〇	一四二、五〇〇	七九一、一〇〇
	III	八九五、八一二	一七三、一六〇	一、〇六八、九七二
中學教員(7)（會試及第者）	I	五一七、九三二	一二五、一二四	六四三、〇五六
	II	八六二、九二〇	一七〇、二四四	一、〇三三、一六四
	III	一、一五四、三一六	一九六、〇八〇	一、三五〇、三九六
大學教授(8)（巴黎大學各科教授）	I	一、一九七、五〇〇	一九九、九〇〇	一、三九七、四〇〇
	III	一、四一三、七〇〇	二一九、〇〇〇	一、六三二、七〇〇
特殊級(9)		一、五二〇、〇〇〇	二二八、六〇〇	一、七四九、五〇〇

附註：(1)應扣除退休養老金百分之六。

(2)退休養老金除外，各人所得津貼，依擔任職務及所在地區而異。表中所列數字，爲每一等級中之最高者。

(3)各類教員中初任職者之年俸。

(4)各類教員之中等年俸。

(5)各類教員之最高年俸。

(6)包括師範學校；國立中學；市立古典、現代、及職業中學；國立職業學校等校之教員；及體育教員。

(7)爲國立中學，國立職業學校，及師範學校教員中資格最高之教員。

(8)巴黎以外地區，大學各科教授所得俸給低於巴黎大學教授，如晉升至特殊級，即可獲得同等待遇。

(9)不得超過教員總數的百分之十。

法國學校設施上的問題

當前法國的教育，正處於一種劇烈變動與騷亂狀態中。此種現象，殆由於戰爭失利，德國佔領，國家蒙受恥辱所造成。法國傳統的教育方針，在使大多數之國民受一種基本教育，對於可爲領袖的英才，則施以廣博之知識及文化教育。此種政策，未能維持法國立於强國的地位，亦未能使法國變爲工業國家，遂致引起廣泛的批評。此可於單一學制(Ecole Unique)的倡議，阿爾及爾委員會所提報告的批評，以及郎之萬委員會所提建議中見之。法國並未因此種騷亂狀態，而提出一種完善的改革國家學制組織的新計劃，一如英國一九四四教育法案然，祇是各教育階段略有改革，與夫國內人士提出强烈的討論與爭辯而已。不過，所有關於「改革」方面的建議，均一致反對法國人所信賴之培養英才的文化教育。一般有關法國政府及教育工作人員的問題，大都因此而未獲致適當的解決。一如若干國家，此等問題之發生，實際由於國家預算關係，前述各章，業已提及。然而，關於基本的教育哲學及經費來源問題，則有再加列論的必要。

一、中等教育獨占性的問題

爲爭取現代課程與古典科目立於同等地位而作之長期奮鬬，業已獲得勝利，因此，「職業文化科目」乃乘勝利餘威，而取得與古典科目相同的地位。以往中等學校須繳學費的規定，亦已廢除，目前貧寒子弟，在中等教育階段已獲得同等受教之機會，至少在理論上如此。一般小學的地位，業已提高，由小學升中學，亦不及往昔之困難。惟單一學制的理想，距實際之實現，仍極遙遠。教育部初等及中等教育的主管人員，仍有堅守舊有立場的嚴重危險。

中等教育方面，新學班的試驗，雖已有良好成績表現，然其傳統的學究氣，在本質上並無絲毫改變。杜賓遜(Dobinson)對於傳統的教育方針，曾有極中肯的批評：「法國中等與高等教育的學究氣，幾成爲唯一顯著的特色。任何方式的體育活動，在課程上均毫無地位可言；中學教員或大學教授，對於學生品格的發展，不負任何輔導責任。甚至一般國立中學或市立中學任何方式的學生自治，亦不存在。所謂訓育，全係收入低微的舍監，所負之職責（國立中學，仍多半如此。），此等舍監，例皆由學生充任，宛如專司宿舍事務，支領微薄薪津的門房。在此種注重思想訓練的溫室氣氛中，一般法國未來的領導者，乃變成一位行動拘謹的賓客，但覺知識之負荷太重，而形同槁木，無論身心，均不能與充滿熱情的生活接觸，祇事事聽由別人的指使。」

法國的問題，在於調整中等教育階段的課程與方法，以適應現代需要及現代思想，而仍舊保持其普通教育中的傳統價值。眞正的文化，端賴古典科目之研究，此種思想，在法國人的心理上業已根深蒂固。歷年以來，最優秀的學生，無不施以古典科目的訓練，蓋法國一般社會人士，均懷有一種偏見，以爲其他的教育方式，將足以降低學術水準，影響學術聲譽。迄至目前爲止，絕大多數的法國人對於現代科學及技術訓練，仍堅持上述的態度。除新學班以外，一般教員大都接受傳統方法的訓練，且毫無改變的跡象。同時，在法國社會上，還存着一種觀念，即在任何考試中，不及格學生人數的多寡，可以判斷考試標準的高低，由於此種觀念的存在，乃使傳統考試制度的重要性，爲之增加。

關於貧苦階級的子弟，由小學升入中學，以及中學入學考試之過於艱難等問題，已有若干改進。中等學校學生人數，雖有增加，但中等學校的數目，並未作實際的增添，現行各校，均極擁擠。由於入學考試失敗，約有二分之一的學生，未能進入中學，即使通過考試，亦因學校額滿致無法收容者，亦大有人在，其中尤以女子中學爲然。實際上，投考中學的男女學生在人數上並無差別，但是國立女中及市立女中，不及國立男中及市立男中之多。

二、高等教育的問題

如上所述，各高等專門學校，旨在培養各專門職業、教育、外交，及政府職務等各方面之未來領導人才。一般教育改革家，咸以為此等學校應與大學合併，各項設施亦須與大學教育完全一致。若干激進的思想家，更主張停辦此等學校，其所負之任務，由大學承擔。然而，此等學校如喪失其法國社會上的優異地位，或不免發生危險，蓋此等學校之畢業生，類皆擔任法國公共機關各部門的重要職務。此等學校確已竭盡一切努力，以保持其高度之學術水準，惟與現代生活及教育趨勢的配合，則尚嫌不足。此等學校如能與一般大學作更進一步的聯繫，則二者均將蒙受其利。

大學方面，各科的工作亦須力謀協調，以便消除若干並行機構間相同科目的重複現象。有關此項措施的建議及改組，雖已進行，但其成效甚微。一如其他若干國家，大學及高等專門學校，乃是保守性及傳統性的教育思想的衞城。

法國的大學，在使其本身適應科學及工藝學的途程中，進展甚緩，此可於大學各科學生人數之多，及其分佈之廣見之。法國學生就學於各專門科系者，其比例最高（法科佔百分之二十九，醫科佔百分之二十一），藝術科及文科，佔百分之二十六，理科祇佔百分之十八。各大學學生註册人數百分比之高，殆由於一般公務員及專門職業者的子女，多半進大學攻讀。農工階級的子女，入大學者不到百分之七。

戴布士法案繼郎之萬報告後，對於高等教育提出若干改革計劃，惟少有付諸實施者。該委員會建議中等與高等教育間，應加强其聯繫，中等學校則須着重專門學科之研究。復建議大學理科及工科，應力謀擴充，大學各科尤應注重現代化的研究及試驗。研究時間應予增加，從事研究的各科，亦須大加擴充。最後，渠等提議大學各科教授及學生，應有出國考察及研究的機會。蓋此等建議事項，須增加經費以興建校舍，添置設備，及增加人員，故短期內難望付諸實施。在法國未覓取適當之方法以解決此等問題前，一般傳統的法國大學，仍將繼續沿用古老的教學方法。

三、教職員問題

法國公立學校教員，雖有適當之工作保障，但仍有若干足以影響工作情緒的因素存在。一般教員均深深感覺其他公務員的待遇及福利，遠較教員爲高，國家對於教育事業，未免有所忽視。且所有教員均係爲中央政府服務者，任何改善辦法，對於全體教員，自當一視同仁；間有少數地方當局，欲爲本地教員待遇作適當之調整，然以法令所限，每感力不從心，此種現象，實爲一般地方分權國家所罕見。一如其他國家，由於財政問題的影響，致感教員缺乏，而尤以小學爲最。

法國全國的教師，擬組成一種單一的職業團體，期與人民作進一步的聯繫。因爲在中央集權制度下，學校屬於中央政府，而不屬於人民，地方人士，對於本地學校設施，毫無影響力量。如果各種教師組織能集合成一個有力量的團體，而爲教育事業說話，假如此種團體，復與法國勞工總會(General Federation of Labor)聯絡，則勞工階級，對於一般教育政策，亦必引起若干爭辯。各種改革運動的精神，均在於增加一般人民參與教育的機會，至少亦可破除法國中等及高等教育的英才獨占性。

四、教育的擴充問題

一切改變，均在於破除小學、中學、及職業教育的傳統分離性，而增加個人在小學教育階段的受教機會。因此，乃需要增加校舍、教員及設備。一如其他國家，凡此種切，終將引起國家公共教育預算的比例問題。一般私立學校，亦將要求國家補助，此項要求，勢必增加政府財政問題的困難。

法國絕大多數的學校建築物，均爲陳舊而不適用者，無數法國兒童，所進的學校，都是積穀倉改建的校舍，教堂，及暫時建築。而且，由於人口生產率的激增，乃使現行的校舍，又發生新的問題。目前，已擬定一種大量興建校舍的計劃，若干地區已開始進行，然以經費所限，勢難如期完成。他如各級學校之加强聯繫，中小學教育之民主化，以及增建校舍擴大農工子女的就學機會等問題，均已密切注意。

第十三章　澳大利亞的學校設施

本書第六章，已將澳大利亞中央集權學制的行政、管理、及經費問題，敍述一過。本章則爲此一制度下的學校實際問題的說明。吾人務必牢記，在中央集權的行政制度中，學校及教師所具之自由與創造的機會，較之地方分權制度者爲少。集權主義(Authoritarianism)最顯著的特色，便是各級學校設施，均須依照一種規定的形式。澳大利亞的制度，即是一種澈底的中央集權制，對於貧苦及僻遠地區，則予以特別的愛護。吾人亦須牢記，澳大利亞的各州，均設有三種形式的學校，即公款設置的州立學校(State Schools)，天主教會學校(Roman Catholic Schools)，及其他非州立學校(Non-State Schools)。

澳大利亞的學校，一如美國，各州情況，頗不一致。教程雖大體相似，但學校與考試名稱，則各州不一。本章所述各節，均以適用全國性者爲主，但對某一州之特殊情況，則不時舉例說明之。澳大利亞的普通學校組織，如圖六所示，此係維多利亞州之學制圖。離學年齡，除新南威爾斯州定爲十五歲，塔斯馬尼亞提高爲十六歲外，其餘各州，一律定爲十四歲。由小學升中學，其年齡通例爲十二歲，惟昆士蘭州定爲十四歲。塔斯馬尼亞的中學制度，一般言之，較維多利亞州簡單。

6 維多利亞學制圖

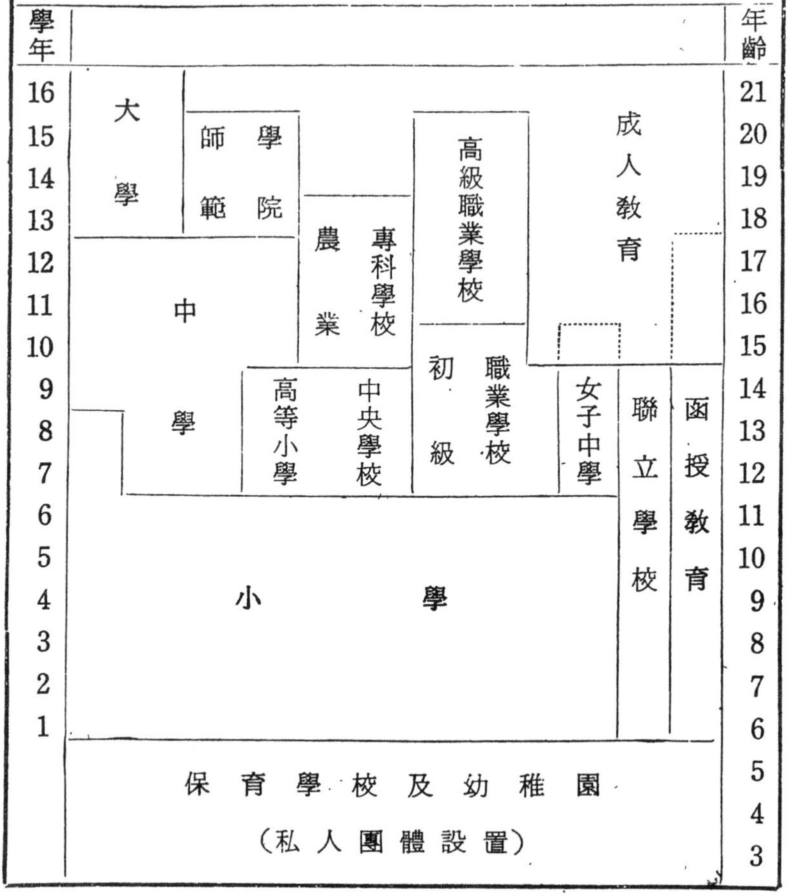

附註：除保育學校及幼稚園外，此圖代表二千一百所州立學校的普通形式。四百七十六所私立學校（包括三四九所天主教學校）及若干特殊州立機構，亦與圖示情況不同。

各州小學校數，教員及學生人數，如表三十一所示。此等學校，其間規模極小者，為數甚多，而尤以鄉村為最。各州中等教育，頗不一致，無論學校類別及名稱，均彼此不同。表三十二所示，即為各州中等學校校數及學生人數。

表三十一 一九五〇年，澳大利亞州立小學統計表

	新南威爾斯	維多利亞	昆士蘭	南澳大利亞	西澳大利亞	塔斯馬尼亞	共計
小學校數	二,四〇六	二,〇四九	一,五三七	六六七	五〇〇	二七九	七,四三八
小學學生人數	三〇五,〇〇〇	一九三,〇〇〇	一五八,〇〇〇	七五,〇〇〇	六一,〇〇〇	三三,〇〇〇	八二七,〇〇〇
小學教員人數	九,三四八	七,〇三六	四,一九〇	二,三三九	一,八一〇	七三三	二五,四三五

表三十二 一九五〇年，澳大利亞州立中等學校統計表

學生人數	新南威爾斯	維多利亞	昆士蘭	南澳大利亞	西澳大利亞	塔斯馬尼亞	共計
中學	四九,〇〇〇	二二,七〇〇	五,五〇〇	七,〇〇〇	八,六〇〇	三,〇〇〇	九四,八〇〇
初級職業學校	一〇,四〇〇	一三,三〇〇	—	一,六〇〇	七五〇	一,〇〇〇	二六,〇五〇
女子學校或家事學校	一三,六〇〇	五,四〇〇	—	一,六〇〇	—	—	一九,六〇〇
中央學校及高等小學	七,四〇〇	七,六〇〇	—	五〇〇	一三〇	—	一五,六三〇

區立學校	學生總數	校數：中學	初級職業學校	家事學校	中央學校及高等小學	區立學校	學校總數
—	七九,四〇〇	一一九	二四	二四	一一八	—	二八五
—	四七,〇〇〇	四八	三〇	一四	四〇	—	一三二
—	五,五〇〇	一九	—	—	—	—	一九
七六〇	一一,四六〇	三五	六	六	一三	一四	七四
—	九,四八〇	一七	二	—	一	—	二〇
一,八〇〇	五,八〇〇	七	三	—	—	二七	三七
二,五六〇	一五八,六四〇	二四五	六五	四四	一七三	四二	五六七

學前教育

自第二次世界大戰以來，學前教育，已有長足的進步。聯邦衛生部在各州首邑，設置一種模範中心，稱爲葛麗女士中心（Lady Gowrie Center），以提倡學前教育實驗工作。有二州已將學前教育列入公共教育計劃，而着手進行。新南威爾斯州，目前已設立十二所保育學校，塔斯馬尼亞州則以經費補助二十五所中心。其他各州，由於經費困難，尚未注意及此。

澳大利亞學前教育工作，大都由私人團體辦理，如自由幼稚園聯合會（Free Kindergarten Union），卽極力勸募基金，並接受州補助。維多利亞州，衛生部卽補助幼兒及校舍建築經費。墨爾本幼稚師範專科學校（Melbourne Kindergarten Training College），州政府亦給予同一項目之經費補助。

為推進全國學前教育工作起見，乃成立澳大利亞學前教育協會（Australian Pre-school Association）。該會設聯邦長官（Federal Officer）一人，每二年輪流在各州舉行會議一次。一九五四年，與該會取得聯繫的中心，有三四四個單位，兒童一三、七〇〇人。此外，尚有一〇六所中心，四、三〇〇名兒童，未與該會發生聯絡關係。

小學教育

澳大利亞的小學，大別為四類：都市及市鎮學校；小鄉村學校；聯立或區立學校；以及函授教育。茲分述如次：

一、市鎮學校

澳大利亞都市及市鎮小學，與一般英語國家的小學，頗不相同。最大的區別，便是各州小學的課程，由中央行政機關（州教育部）規定，州內各地學校，一律採行。以往小學課程，一經頒訂後，歷久不變。最近，教育部聘請有經驗的教員及督學，組成課程修訂小組。過去五年來，各州大都修正課程，校訂教學科目，然其修訂次數，一般均較地方分權國家為少。新南威爾斯，塔斯馬尼亞，及維多利亞等三州，近已設置社會科學，用以打破歷史，地理，及公民等學科的界限，加強學生的活動，增加教師自由選擇教材的機會。

一般都市小學，大都具有兩大缺陷，即校舍陳舊，與班級人數過多。舊式校舍，雖已逐漸換成新式建築，但各州首邑的小學教員，通常仍擔任五十至六十名學生的大班教學，致無法採用現代教學法。雖屬如此，但各校仍儘量採用活動教學法，舉辦郊外旅行，並實施游泳及戶外運動的訓練。

二、小鄉村學校

小鄉村學校的情況，與前述之學校，全然不同，溯自澳大利亞州立學制建立之初，即儘量設法使鄉村能與都市具有均等之教育機會。當時，在一般熱心而受過良好訓練的教員主持下，創設一種單班小學（One-teacher School），各個兒童於此一幸福之小民主社區中，均能得到個別的照料，師範學院卒業的大批青年教員，在未取得都市的職務之前，首先進入鄉村，並極力表現其成績。於是一般師範學院對於辦理小型單班小學的技術，亦予以特別的注意。此等學校，大都備有寬闊的場地，美麗的校花園，收音機，放映機，運動場設備，工作臺(Workbenches)，以及小型圖書館。其中不少學校，尚自設農場，並爲全國性的青年農會(Young Farmers' Club)的會員。還有少數人的學校，設置七年級與八年級，而具有舊式小學制度的遺跡。

三、聯立及區立學校

若干州，由於小鄉村學校的成績優良，致使聯立學校之設立，爲之延擱。然而，一般小鄉村學校教員的負擔日益加重，於是乃倡議將此等學校合併，藉以減輕教員的負擔。不特此也，尚可縮短往返的距離，因此，聯立學校，乃應運而生。各州之小型單班小學，亦逐漸取銷。

就美國言，所謂聯立，意卽將若干學校，合併爲一大規模之學校，使與一般都市之多級學校（Graded School）相似。就澳大利亞言，所謂聯立，乃是創設一種新式學校，其所具之特點，與其他學校不同。塔斯馬尼亞州，卽爲此種學校之創始者。一九三六年，首先設立「區立學校」（Area

Schools）。此項計劃，係將若干小型小學合併，而建立爲一種中央學校（Central School），期使鄉村生活，更富誘惑力。此等學校，由小學一年級，擴充至整個小學階段，目前尚包括中學二、三年級在內。此種新奇的思想，原由英格蘭東蘇富克(East Suffolk)府的區立學校所傳來者，惟塔斯馬尼亞州所設之學校，尚有若干新的特點。「區立學校」的名稱，僅爲塔斯馬尼亞及南澳大利亞兩州所採用，其餘各州，一律沿用「聯立學校」（Consolidated Schools）的稱號。此二類學校的概念，頗多相同者。

塔斯馬尼亞州的區立學校，大都備有若干完美的現代建築物，其中包括開設正式學科的家事學校一所在內，他如工藝室、木工場、鍊鐵廠、金工場、製革及家庭工藝推廣室等，亦樣樣齊備。不過，此等學校的主要特色，乃爲校地寬廣，通常達若干英畝之多。在此一寬廣的校地上，常進行各種活動，如設置養蜂場，開闢園藝場，培植熱帶植物（Hop-Growing），以及採用新法飼養羊、牛、豬及家禽。此等活動，類多範圍不廣，各地學校，大都祇從事與其利益有關及其鄰近地區的活動。地方農民顧問會議(Local Advisory Councils of Farmers)，果樹及畜牧專家，對於此等學校，都發生極大的興趣。彼等常義務爲學校舉辦家畜育種及農場管理經驗，如牧場設計及亞麻育種。此等學校，所設之科目，均與實際活動密切配合。如學生修築一條水泥路，即學習關於水泥的歷史及其現代用途。由於一般男女學生，對於所做之工作，富有强烈興趣，故學校方面亦樂於爲之籌劃。然而，一般學生並未「爲土地所束縛」，類皆具有豐富的學力及學科興趣，故學校常極力勸其繼續升中學。

學童往返區立學校，由公共汽車接送，此項設施，常成爲批評社會責任的一種理由。各學校均擬定一種學校風景建設計劃，故各校校園，一年比一年美化。

塔斯馬尼亞州的區立學校，除遵守中央集權制的一般規則外，尚有一項有趣的措施，便是各校校長有計劃課程之自由，大多數的學童，亦不必參加全州性的考試。十二歲以前，授以正式小學課程；十二歲以後，每週有二日或二日半的時間，從事校地上的實際活動。學生自治，甚爲重視，一般兒童，均可參與某一單元活動的設計及組織工作。此項區立學校計劃，於實施之初，一般區立學校祗設小學階段，惟多數學生，雖屆十四歲的法定離學年齡，仍願繼續留校攻讀。嗣因此項計劃之實施，頗具成效，塔斯馬尼亞州，乃將離學年齡提高至十六歲。

塔斯馬尼亞州的每個鄉村，目前均已自設區立學校，由於成績優良，教育部乃於都市工業區試辦同一類型的現代學校(Modern School)，使一般都市兒童，亦能獲得同樣的利益。

西澳大利亞、南澳大利亞、及維多利亞各州，若干地區，亦已設置鄉村聯立學校。各州鄉村，其重點不在課程之實施。就塔斯馬尼亞言，在十名男子中，有一名從事農業，維多利亞州，在二十七名男子中，從事農業者，祗有一人。內陸各州，聯立學校的課程，多係普通性質，而不似塔斯馬尼亞制度下各校之具有校產。一般人民，均要求學校課程，儘量適合地方需要。昆士蘭州，各地距離遙遠，致不能採取聯立學校的辦法，於是設立一種流動學校，即在火車上設置一種家庭作業試驗室，定期開往各鄉村，輪流施教，每至一地停留一或二日，爲此一地區若干英里以內的兒童，舉辦課業及示範教學。

四、函授教育

在澳大利亞廣闊的陸地上，一般「邊遠」地區的兒童，由於交通梗阻，致不能進正式的學校。於是，乃爲此等兒童，建立一種函授教育制度，目前已擴充至中學及職業學校課程。函授教育—通訊學校(School Through the Mailbox)——雖非令人興奮之措施，但已成爲澳大利亞教育的一種顯著特色。

一九一四年，住在維多利亞州奧特維(Otway)森林地帶的一名移民，曾投函墨爾本師範學院，謂其子女無法入學，行將成爲文盲，請求該院予以有效之協助。於是，乃由該院學生實施函授教育。消息一經傳出，申請受教之函件，日必數起，致使該院學生，窮於應付。因此，教育部乃指派正式教員擔任此項工作，並創設一種州立函授學校 (State Correspondence School)。新南威爾斯州繼而仿行，至一九二二年，各州均設有小學程度的函授學校。其後，由於制度的演進，各州首邑乃興建一種特殊的學校建築，以爲函授教育的中樞，並延攬經驗豐富有志從事函授教育的教員，充當專任職員。凡能力優良具有耳聾或其他缺陷不適於擔任學校教學工作的教員，有申請擔任此項職務的優先權。

科目以一週或兩週爲單元，每一單元於完成必要之閱讀及研習後，即從事指定作業之習作。每一指定作業，均包括新教材，說明，及實例，最後即送到學校詳閱。每一學生，均備有三份作業簿，一份在家習作，一份送校批改，一份往返郵遞。此種制度，日益發達，迄至目前爲止，各州均有數以千計的學生，接受函授教育，彼等既未進過一次教室，亦從未與教師見面。

此項計劃，頗具成效。一般言之，函授學校的學生，其成績與正式學校的學生無異。論者或以爲此項不接近的教育，有獲得較多獎品的機會所致。實則，其成功之原因，殆爲教學採取個別接觸之故。學校方面每鼓勵學生於呈繳作業時，附以私人函件，而由教師作答。每當學生生日時，校方即贈送致賀卡片，如遇特別節日，即贈以摺疊式的小印刷品，如告知學生在陸軍紀念日(Anzac Day)，或歐戰終止紀念日(Armistice Day)，舉行個別紀念儀式等是。並郵遞種子郵包，以爲培植小花園之用，有關學生作業的各種專門雜誌，亦經常由郵遞寄，如需用書籍，則可向一種專門圖書館借閱。

爲父母者，對於接受函授教育的年幼兒童，亦須予以適當之協助，故函授教育的教程，通常也送一份給父母，以爲協助之張本。在家庭中，凡具有閱讀能力者，即應協助兒童，年滿六歲的兒童，便開始受函授教育，學習閱讀。起初，函授學校祇設置基本科目，目前，所有科目，均列入函授教程，其中包括工藝及自然學科在內。同時，還利用廣播電臺，排定正式教育廣播節目，及函授學生特別節目，以爲函授教育之輔助。墨爾本工業專科學校（Melbourne Technical College），並實施一種短波制度，於特定時間內，由函授教員對學生廣播，藉以解答學生的疑難。

有的州，函授學校之升級辦法，頗富彈性，其升級時間，並非固定於學年結束時，祇須完成一特定年級之指定作業，即可升級。一般函授學校，均爲免費者。課業指定，類皆由火車，摩托車，飛機以及駝馬運送。

在函授學校歷史中，趣聞良多。一次，一個農夫致函新南威斯州教育部，謂於數年前，當其爲文盲時，曾研習其僱主的三個小孩的全部作業。目前，彼已能將函授學校寄給兒童的作業，全部作對，刻已完成基本教育。彼認爲應向函授學校深致謝忱，並願償付應繳之一切費用。

各州小學階段的函授制度，頗有成效，乃擴充至中學階段。同時，並儘量鼓勵中學程度的函授生進附近的小學，至少亦應與小學教師保持聯繫，以獲得教師之輔助。否則即將其作業，全部留待家中習作。其中若干學生，成績甚爲優良，並有少數學生升入大學者。有一名學生於完成中學課程時，希望參加州離學證書試驗，乃決定前往舉行考試之地。於是騎駱駝行二十英里，乘郵車行三十里，其餘則乘火車前往。此係一克服困難達成目的之實例。

由於戰時之軍事人員，要求選習職業科目，乃將函授教育的範圍擴大，包括職業部門。戰後爲輔導軍中男女人員轉業起見，此項工作，乃繼續實施。目前，各州均已建立一種職業科目函授制度，有的州並於火車上設置一種流動工場，定期開往邊遠地區的中央地帶，停留一或二週，以供學生實習之用。有些函授學校，尚要求學生到市區職業學校，選習實用科目的短期學程。

殘廢兒童或生病期間需留家休養者，即可接受函授教育，以免學業中輟。論者或以爲此項函授教育，未能全然消除社會隔絕之弊，但至少已使邊遠地區的兒童，所受不完全教育之弊，爲之改觀。澳大利亞人深信「通訊學校」的利益，對於邊遠地區的人民，已發生重大的影響。一九五二年，獲得此種教育制度益處的人數，如表三十三所示。

表三十三　一九五二年，澳大利亞函授教育學生人數表

州別	小學	中學	職業
新南威爾斯	四、八二八	一、二五四	一一、二一六
維多利亞	一、四五九	七五二	二、四八九
昆士蘭	五、一三九	五四六	四、五九五
南澳大利亞	二、一二一	二六六	三、六二八
西澳大利亞	七六四	一、〇五三	五、六九八
塔斯馬尼亞	二八〇	四四	二三〇
各州共計	一四、五九一	三、九一五	二七、八五六

五、缺陷兒童教育

近年來，關於缺陷兒童教育及福利的設施，已有顯著的增加。各州教育部對於此項工作，亦有強烈的興趣，並訓練特殊教員，辦理各種缺陷兒童的教育。一般殘廢兒童的特殊學校，大都招收寄宿生及通學生，對於後者並予以交通的便利。為一般殘廢者所設之兒童醫院，亦指派曾受專門訓練的教員，前往擔任特殊教育工作。在雪梨還建立一種痙攣中心，採用發展肌肉控制力的一種教學方法。如遇殘廢兒童必須留家休養者，則施以函授教育。

七所聾啞寄宿學校，係由大衆捐款所設置者，若干州教育部，並已正式設立聾啞學校。同時，並選派教員至國外留學，學習聽覺缺陷兒童的最新教學方法。此外，尚設置盲童寄宿學校，並為視覺具有部份缺陷的兒童，設置視力矯治學級。十五年前，並在哈巴特（Hobart）建立一種視力矯治教室，備有燈光自動調節器，及一種罕見的視力調節黑板。其餘各州，亦多籌建類似之學級。

各州大都設置語言診所，並訓練語言矯正人才，擔任此項工作。在可能範圍內，並派遣語言矯正及從事各種缺陷兒童教育的專家，巡廻全國各地，辦理各項矯治工作。關於身體虛弱及營養不良的兒童，則送往露天學校及露營團，其居於人口擁擠之工業區的學童，亦定期使其前往此等學校參觀。昆士蘭及西澳大利亞兩州，對於住在邊遠之內陸地區的兒童，亦不時使其參加濱海區的露營團或至首邑觀光。

各州對於遲鈍及心智缺陷的兒童，亦具有適當之教育措施。澳大利亞境內，為此等兒童，設有十所寄宿學校及若干特殊日間學校。其為遲鈍兒童所設之矯正或機會學級，側重體育、美術、音樂、及手工等科目之教學。一般師範學院，為培養此類學級之教員，大多實施一種特別訓練計劃。目前，並開始設置閱讀缺陷兒童的矯正學級。各州教育部心理司，對於此等學級，亦特別表示關切，並希望儘量增設此等學級。

六、林場及園藝

一九二三年，維多利亞州教育部創立一種小學林場計劃。其目的在培養學生美的鑑賞力及樹木價值的認識力，並增進其保護森林的知識，及開闢學校收益的財源。森林委員會（Forest Commission）、從旁協助學校，供應種子及小樹，並負擔建築林場籬笆所需費用的百分之八十。學校方面則負種植及看管之責，所有林木，多係松樹，旨在於二十年後砍伐原有樹木，再行種植小樹。至一九五二年，已有三六三個林場，其松樹木板的總產量，超過六百萬英尺，所得收益充作學校經費者達一八、〇〇〇澳鎊。此項經費，大都用於購置影片，收音機，圖書，及運動場設備。許多瘠土，亦開闢爲林場，種植樹木。一般學生深知此等樹木可爲將來建築之用，非十五或二十年後不足換取金錢，故均加意照料。

維多利亞州，復於小學科目中，設置園藝學，若干年來，一般教員均擬開闢花園，藉以美化小鄉村學校的環境，惟彼等自知非園藝專家，勢難獲得花草樹木的正常補充。彼等爲解決此一問題，乃於一九一三年建立一種合作式的州立學校苗圃（State Schools Nursery）。州教育部對於此項計劃亦有適當之補助，迄至目前爲止，參加此一組織者，超過二千校。每年均有數以千計的植物、幼苗、灌木、球莖、樹木及種子郵包，分配於各學校，特別是鄉村學校及函授學校的學生。

中等教育

如圖六所示，澳大利亞各州，設有若干種類不同的中等學校。一如英、美兩國，難爲簡明之分類。就歷史言，各類學校，均爲適應各特殊團體之不同需要而建立者。茲就中等學校之主要類型及其功能，撮述如次。

中學，設置六年大學預科學程，惟其卒業學生實際升大學者，所佔百分比極小。目前，有一種明顯的趨勢，卽擴大此等學校之課程範圍。澳大利亞所稱之中學，所設課程繁多，一如「綜合性」之美國中學，爲一「多科性」的學校。一般澳大利亞的中學，與英國文法學校不同，而具「多科性」（Multipurpose）。

初級職業學校，設置三或四年之實用課程，具有普通及職業預備性質，以爲男女學生進入熟練工藝及技術職業界之預備。此等學校，並非工藝學校，而爲實用及文化科目之混合，其專門之職業訓練，則延至後一階段。

高等小學，中央學校，及中間學校（Intermediate Schools），設置中等教育前二年或三年的課程，形同升入中學之交通要道。鄉村學校，一般學生多於十四或十五歲離校就業幾已形成一種趨勢。有的地方，則於小學內增授二或三年的中學課程，澳大利亞稱爲「中學班」。

家事學校，或女子中學，爲有志從事縫紉、家事、或商業的女生，設置二或三年的課程。此等學校，成績甚佳，且極爲流行，其中部份原因，厥爲女生勿須參加學業考試。此等學校，由於聲譽頗高，地方社區乃使其實施一種學術性的中等教育，故擬於實用科目以外，設置四或五年的大學預科學程。

商業中學，及鄉村中學，大多設立於新南威爾斯州。此等學校，爲數極少，旨在實施普通文化科目及專門商業或農業科目之混合教學。區立學校，及現代學校，多設於塔斯馬尼亞州，在此所以述及者，蓋以此等學校設有小學程度以上之中學班。

一般言之，澳大利亞的中等教育，爲準備投考大學的目的所支配。課程中之主要科目，爲英語、現代語（通例爲法語）、物理、化學、數學、歷史、地理、生物、美術、及拉丁文。就事實言，學校證書，以考試爲授與之基礎，此等科目，間由校內舉行考試，惟通例多由大學，舉行校外考試，故此等科目在社會上具有極大之威望。其結果乃使卒業後不升大學的學生，在興趣上成爲預備投考大學學生的附庸。

然而，自第二次世界大戰以來，中等教育已有長足的進步，其課程範圍，亦予擴充。多科中學(Multipurpose High Schools)，固已開始興建，新興的學科，及新型的科門，也正在試驗中。甚至考試科目表亦增列新的科目，如社會研究，普通科學，商業科目，鄉村學，音樂欣賞，及家事。

塔斯馬尼亞州，有一種頗饒興趣的發展，便是該州在實際上業已採取英國中等學校的三類制，而設置普通中學，職業中學，及區立或現代學校。離學年齡，定爲十六歲，其中區立學校及現代中學，對於此種分類性的中等學校計劃，尤有莫大的貢獻。彼等一面試用一種以提高學生社會適應能力的課程，一面又極力設法適應各個學生的興趣，能力及地方需要。

在這一方面最成功的一個實例，便是蘭塞頓(Launceston)郊外布魯克斯社會中心學校(G. V. Brooks Community School)之建立。此校原係一現代學校，爲紀念塔斯馬尼亞州的一位教育長，在州內首創區立學校，乃改稱今名。該校建於一九四八年，其設立旨趣在使鄉村區立學校的學生，享有城市學生的福利。該校位於蘭塞頓近郊塔麻河(Tamar River)岸之公園地區，佔地一百八十英畝，風景宜人。所收學生，多係十二至十六歲間不進中學或職業學校者。其學生年齡之分佈，與英國現代中學完全相同。

該校於一九四八年成立時，全校祗有一六一名學生，五位教員；五年以後，學生增至六百名，教員達三十一名，並另設二十名專任職員，負管理校務及校產之責。該校組織，爲一民主社會(因此得名)，由學生推選代表組成學生會，每一學生皆有普遍參與實際活動之機會。除正式學科外，尚有體育、家事、音樂、美術、社會研究，商業科目，甚至還有校地上之農田設計。一如區立學校，各種實際活動，與教室內所授科目，均有密切聯繫。

布魯克斯社會中心學校的校舍建築式樣，至爲新頴。全校無主要而龐大之建築物，各年級自成一獨立單位，其房屋包括教室，工作室，圖書館，及衣帽間，四週圍以花園。此諸單位，以走廊相連。其單獨建築之校舍，則爲工場，家事大樓，健身房，美術工藝館，科學試驗室，音樂館，以及宿舍。此外，尚有一廣闊之運動場。每日在一方形之草地上，舉行集會一次，四週古樹密佈，美麗異常。該校原以地位低微，頗有自卑感，但目前業已贏得蘭塞頓的學生及人民的尊重。由於該校成功所得之鼓勵，教育部乃根據同一計劃，設置現代學校若干所。

新南威爾斯州，已將離學年齡，提高至十五歲，並擴大中等學校的課程範圍及增設新科目。此等學校在使年滿十五歲的學生，儘量不受大學入學考試的限制。目前新南威爾斯的中等教育，正力謀擴充與改組。所有的中學，除雪梨及新金山（Newcastle）兩地外，一律爲多科性，初級職業學校則與英國之初級職業學校相似。過去六年間，新南威爾斯各級學校的教室，已由九、八三三間，增至一二、七五〇間，其中多數爲增建之新式中學或原有中學新添之教室。一九五四年，成立一個教育專家委員會，專司州內中等教育調查之責，並向教育部提供關於未來擴充及改組的有效方法的建議。

維多利亞州，亦有多科中學之設置，內分大學預備、職業、家事、及普通等科。該州教育部對於綜合中學的概念，雖有興趣，然仍廣設選修科目，而不强迫學生修習規定的學程。各州中等學校，已普遍實施職業指導，新南威爾斯，在此一運動方面，尤具顯著的進步。

澳大利亞州立中等學校的留生力，不能與美國之同等學校相比。離學年齡甚低，多數學生於屆滿離學年齡時，即離校就業。對於完備之中等教育爲人生成功所必需的觀念，缺乏堅定的信仰。中等學校學生繼續升學的比例，如表三十四所示。一般言之，非州立中等學校的學生，其繼續升學的比例，常較其他學校爲高，蓋經濟因素之在此等學校，並不重要。

各州中學及初級職業學校，對於多數學生，均施以良好之教育，其中尤以高年級學生爲然。各校教學認眞，對於課外及體育活動，亦日益重視。一般學生的課業成績，較之美國大多數中學的學生，約高於一年，不過，美國中學學生的興趣與活動，則比澳大利亞的中學生爲廣。

表三十四　澳大利亞州立中等學校的留生力（第六學年，每一千名學生中，繼續升學的人數）

學年別	維多利亞	昆士蘭	塔斯馬尼亞	南澳大利亞	西澳大利亞
VI	一、〇〇〇	一、〇〇〇	一、〇〇〇	一、〇〇〇	一、〇〇〇
VII	九三一	七四九	九五〇	八七五	八六五
VIII	七〇四	二二五	六四一	六九八	五二九
IX	四二一	一五四	三三七	四五六	二四七
X	二三二	二七	一一五	二五五	四二
XI	七一	二七	三〇	八六	三三
XII	三〇	—	—	一五	—

經認可之學校的考試及格制度，不及美國普遍，然目前澳大利亞六州之中，已有四州採用，且有擴大的趨勢。不過，美澳兩國的中學考試制度，顯然不同。澳大利亞的學校，其證書考試較美國爲多，在中學肄業期間，於每一固定階段，均舉行考試。其中二州及各州之若干學校，此等考試，多係校外機關所舉辦，惟此類證書之校內考試，維多利亞，新南威爾斯，塔斯馬尼亞，及西澳大利亞等各州所定之程度不同。

例如，遠在一九一七年，維多利亞州即創立一種認可學校制度，此種制度，並在平穩之發展中。

一般言之，在美國所採之同一制度中，對於學校之管理，不及澳大利亞嚴格。任何學校，如擬申請列入「認可」之名單，必須經墨爾本大學學務委員會(Schools Board of The University of Melbourne)審核而後可。經准核後，隨即指派督學小組，前往該校視察，舉凡學校設備、學校記錄、教職員資格及經歷，以及教學水準，均在調查之列。如符合規定，即准其於中學第四學年之末，舉行中間證書考試。質言之，學校方面即可自行舉辦校內考試，於學年結束時，學務委員會即依據校長之推薦，授與學生以中間證書。設該校工作成績及教職員資格優良，於准其試辦中間證書考試後，即可獲准於高級階段舉辦離學證書考試。每隔三年，即由督學前往視察一次，對於學校工作性質，每予以縝密之考查。一般州立中學及若干非州立中等學校，大都獲准舉辦此二種考試。

就維多利亞州而言，大學入學考試，於中等學校第六學年之末舉行之。此項考試，係由大學舉辦之校外考試。由於此項考試，關係獎學金及校譽，故不得由學校舉辦，一般人士，咸以為所有學生皆應於同一之立足點競爭之。

新南威爾斯州，其中間證書考試，幾全為校內考試，但離學證書，一律改為校外考試，蓋大學之入學，純以此項考試為標準也。塔斯馬尼亞州，則採用校內學務委員會證書或離學證書，及校外大學入學考試各一種，並依據校內證書計劃，對於所屬區立學校及現代學校的學生，發給一種特殊證書。西澳大利亞州，亦開始試辦認可制度，並首由美術及工藝等實用科目，着手試辦。其餘昆士蘭及南澳大利亞兩州，仍堅持校外考試，惟澳大利亞境內各州，有普遍實行認可學校校內考試制度的象徵。

澳大利亞各州教育部，正面臨一個加速擴充中等教育計劃的問題，換言之，即是如何使學校組織適應各類學生的興趣問題，塔斯馬尼亞州，深以為三類制（Tripartite System），是解決問題的有效方法，惟仍舊進行一種綜合式的中等學校的試驗。其餘各州，亦多分別試辦綜合中學。不過，澳大利亞境內內陸各州，迄至目前爲止，尚無一明確之發展計劃。

職業教育

早期之職業訓練，爲一般初級職業學校所實施的職業預備教育，此等學校，各州仍多有設立者。其招生對象，大都爲年滿十二至十五歲的男女青年。高級職業學校，及職業專科學校，則設置各種科門，實施各項職業訓練。

澳大利亞的職業教育，自第二次世界大戰以來，即有長足的進步，其間尤以美軍進駐太平洋將澳大利亞作爲前進總部，用以防止日本之可能侵略時，其進展極爲神途。美國陸軍因需大批受過訓練的技術人員及軍火管理人員，雖自辦訓練機構，亦感緩不濟急。於是澳大利亞聯邦政府乃制定一種全國性的職業訓練計劃，並利用現有職業學校及職業專科學校，實施此項訓練。因此，乃自外國添置設備，擴充校舍，不久以後，職業專科學校，即成爲工業中心，其中若干學校，尚負有指揮的責任。美國陸軍方面派遣一支隊的後勤人員，接受特別訓練，成千的澳州人民，亦分別接受飛機製造，運輸，軍火管理及輔助勤務等項訓練。遠在戰場的勤務人員，則施以函授教育，期能接受同樣之訓練。總之，當時在六十個訓練中心，接受技術訓練的男女，爲數達一一九、〇〇〇人。

戰爭結束，此項設備即用來訓練軍中退役男女，使其擔任各項文職工作。聯邦政府爲辦理此項工作起見，乃制定聯邦建設訓練計劃（Commonwealth Reconstruction Training Plan），辦理訓練事宜。此項訓練與美國陸軍人權法案（G. I. Bill of Right in the United States）項下，所實施的訓練工作相似。此項訓練工作，實則於戰爭結束前之一二年內，即已開始進行，數年來曾有大批青年男女，接受訓練。一切經費，由聯邦政府負擔，受訓人員尚可領取生活津貼。大多數的學程，均由職業學校主辦，其中不少學生並進入中等學校、大學、及農業專科學校肄業。至一九四八年止，在此項訓練計劃下，接受全時及部份時間訓練的人員，爲數達二〇四、〇〇〇人。嗣後受訓學生，雖大爲減少，然此項工作，將繼續辦理，至一九五〇年以後，始能完成。

各職業學校，在州政府管理下，目前已自行安排其自身之教程，惟一般職業教育對於地方活動及利益，則日益重視。

高級職業學校及職業專科學校，所設科門甚多。其最要者，乃爲就業學生所設之部份時間的工藝證書班（Trade and Certificate Course）。一般工徒，類多入此項班級攻讀，在僱主時間內，每週授課半日，在本身時間內，每週授課一晚。此等班級，多達五十餘種，如印刷技工班，錫匠班，鐵道工人班，理髮師班，牙科技師班等是。此等班級，其修業期限，三至五年不等。

至於文憑班（Diploma Courses），依規定須施以四年之全時教育。此項班級，屬於專科程度，學生如轉入大學肄業，所修若干科目，並給予學分。此等班級，除工程及建築二科外，尙設有商業、家事、美術及實用藝術、無線電工程、農業、食品工業、應用物理及化學、人事管理、室內裝飾、航空、及航海等科。有一、二所職業專科學校，原爲礦務學校改組而成者。故此等學校，仍繼續實施地質學及礦冶工程等科目之教育，惟其課程範圍擴大，而包括其他之科目。職業函授班，亦頗流行。

數年以來，卽籌劃建立一所高等工業專門學校，實施高深之工業教育。第一步乃於一九四九年，在雪梨興建新南威爾斯工業大學（New South Wales University of Technology）一所。此一大學，設置若干應用科學之科系，並在雪梨市內之一廣大的場地上，建築新的校舍。

一、農業教育

一般鄉村，多以原始工業爲主，故計劃建立一種農業教育推廣機構。此項機構之設施，雖有合理之保險，惟其保險制度不十分流行。澳大利亞各州，皆有青年農會之設置，此一農會，與美國之四健會及美國未來農民組織相似。其男女會員，多係中小學之學生。若干鄉村中學，尙設有農科，並使學生定期前往鄰近之農田，及植物試驗場參觀。塔斯馬尼亞州之區立學校，類多實施此項教育活動。

澳大利亞各州，除塔斯馬尼亞外，均已設立農業專科學校，實施高深之科學農業教育。此等學校，皆爲寄宿學校，並於其校地內設置試驗農場。此等學校，大都由農業部管理，而不歸教育部管轄。澳大利亞的農業專科學校，與美國的農學院不同，蓋後者爲大學程度。各農業專科學校，大都招收年滿十五歲並修畢三年中學課程的青年，施以三或四年之農業理論及實際的訓練，期滿領受一種文憑。

鄉村工業專科學校，大都設置農業速成科，或肄業二至三年之農科。所開科目，包括動物管理，農業機械，養羊及羊毛製造，木工，園藝，農業化學及簿記等。其中設於基朗（Geelong）之戈登工業專門學校（Gordon Institute of Technology），所開羊毛及紡織等科目，其成績聞名於世；大西洋及太平洋沿岸諸國學生，慕名前來就學者，頗不乏人。

澳大利亞的大學，其中有五所設置大學程度的農學科。該科畢業生，多爲各州及聯邦農業部，以農業專家身份聘用之。同時，在灌溉，麥作育種，乾地耕作，以及運用化學方法使半沙土地帶適於種植等工作方面，均有不少之科學改進，然而，無疑的，澳大利亞的農人，尙須施以健全的普通教育，基本科學的訓練，以及現代耕作技術的專門訓練。此項訓練，將日益普遍。

非公立學校

澳大利亞之非公立學校，爲教育機構中之一重要部門，在此等學校就讀者，約佔全國學生總數的百分之二十五。一般非公立學校，大別爲三類：基督新教各教派的學校，天主教學校，及私立學校。據一九五〇年調查，澳大利亞境內，計有公立學校七、八三二所，非公立學校，一、八一八所。在非公立學校中，基督新教的學校，爲二五八所，天主教學校，一、四二二所，私立或非教會設立之學校，一三八所。此等學校，均未獲得州政府之補助。

天主教學校，大都學費低廉，地方上各階層的子弟，皆有入校受教之機會。其他之非公立學校，所收學費，均極昂貴，其間有年納一千美元者。除少數學校，嚴格規定所有學生，須一律寄宿外，其餘多數學校，寄宿生較少，通學生較多。一般規模較大而經濟富庶的非公立學校，大都有華麗的校舍，及寬闊的運動場。此等學校，各項設備，均極舒適，其學校生活，亦快樂異常，所有學生，均富有多方面之興趣，並參與多種活動。因此，不少男女兒童，於州立學校受滿小學教育後，即轉入規模較大之教會學校，受中等教育。

一般非公立學校，大都爲獨立自主者，不受教育部之任何管理，但擬獲得政府之獎學金，必先經部督學核准。在州制度採取極端之中央集權制度下，此種獨立自主，頗有效益，蓋此等非公立學校，可自由進行試驗，及舉辦各項合於自身需要之設施。惟從事此類活動者，爲數極少，大多數的非公立學校，率皆遵守慣例，而以英國的公學，爲其設教之楷模。

非公立學校，實行男女同校者，爲數甚少。州立學校，小學階段均係男女同學，鄉村中學，亦多男女合校者；城市學校，雖有少數中學實行男女合校，但一般規模較大的中學，則爲男女分校。關於此點，澳大利亞似乎繼承英國的傳統，惟於州制度中之男女合校的中學，則有日益普遍之勢。

大學教育

澳大利亞的大學，分爲州立及國立兩種，私人及教會，不得設置大學。各州依州議會法令之規定，於其首邑設置大學一所。一九三八年，新南威爾斯州東北部亞美德爾（Armidale）地方建立大學學院（University College）一所。嗣於一九五三年，州議會授於該院一種特許狀，准其擴充爲獨立之新英格蘭大學（University of New England）。

新南威爾斯州，並於雪梨市成立新南威爾斯工業大學（New South Wales University of Technogy）一所，該校爲不顚列國協內首先採用此種稱號建立之大學。一九四六年，聯邦政府於國都所在地坎培拉（Canberra），建立一所以研究爲主旨的澳大利亞國立大學（Australian National University）。坎培拉並設有大學學院一所，與墨爾本大學（University of Melbourre）具有密切聯繫，該院學生學位，即墨爾本大學所授予。該院設置大學本科，供國都地區之學生攻讀，並爲聯邦外交部訓練外交人員。

一九五〇年，各大學學生人數，如表三十五所示。依據聯邦建設計劃的規定，保留部份名額給退役軍人學生，故一九五〇年的學生總數，略顯增加。此項數字，自一九五〇年起，已略爲減底，據估計學生人數，以後將再度增加。墨爾本大學預計一九六五年，學生人數將增至一萬五千名，屆時，即須於其他都市另設第二所大學或大學學院。

表三十五　一九五〇年，澳大利亞各大學學生註冊人數

大學別	建立日期	學生註冊人數				
		全時學生	部份時間學生	校外生	研究生	合計
雪梨	一八五〇	八、二九三	九一八	—	一七八	九、三八九

墨爾本	一八五三	四、九四二	二、九七八	七八四	二七五	八、九七九
阿得雷德	一八七四	二、〇〇三	二、〇六二	四四七	一七二	四、六八四
昆士蘭	一九〇九	一、八〇五	一、一五一	一、二三二	五七	四、二四五
西澳大利亞	一九一一	一、〇四八	四七六	二二五	八一	一、八三〇
塔斯馬尼亞	一八九〇	三五八	一五八	一〇七	四六	六六九
坎培拉大學學院①	一九三〇	二二	二九九	一四	一〇	三四五
新英格蘭大學學院②	一九三八	二一五	一八	—	三	二三六
新南威爾斯工業大學③	一九四九	二四〇	—	—	—	二四〇
澳大利亞國立大學、④	一九四六	—	—	—	—	—
總計		一八、九二六	八、〇六〇	二、八〇九	八二二	三〇、六一七

附註：

①該院學位由墨爾本大學授與。

②一九五三年以後，改稱新英格蘭大學。

③一九五一年，全時學生已增至三二二人，部份時間學生四十一人，研究生十五人。並爲新南威爾斯州職業教育部代辦文憑班二十班，學生三、五八九名。

④該校不收大學本科學生，純係教授，研究生，及研究助理共同研究之團體

澳大利亞，未設美國所稱之文理學院(Literal Arts Colleges)。各大學之專業教育，其實施時間甚早，凡醫科、法科及工科學生，開始卽受專業訓練。醫科學生，於其中學時代，關於物理、化學、

及數學，均已獲得良好基礎。故在大學一年級時，專習科學課程，至二年級於年滿十九或二十歲時，即專攻其餘五年之醫學課程。

澳大利亞不採取美國的單位制或學分制。凡參加大學入學考試，在規定之五門科目中，有四門及格者，即可升入大學。有的州，其大學入學考試之標準頗高，報名時固須經過嚴格之甄別，其考試落第者，亦多達考生總數的百分之三十五。文科學生，選讀一門或一門以上之主要科目，在連續數年內，每門科目均須研習第一，第二，及第三等三部份。如經校方許可，學生亦可專攻某科內之十門科目或一部份科目。理科學生，修業四年，研習十二或十三門科目或部門。每年年終考三或四門科目。如攻讀尋常學位(Pass Degree)者，可選習若干文化科目。攻讀優異學位（Honors Degree）者，即以某一門類爲其專攻科，如德語或歷史是。同時，並選讀一門或二門與其專攻科有關之選修科目。凡攻讀優異學位的學生，事先皆經過嚴格甄選者，其學業考試成績，均極優良。澳大利亞各大學學位，英國牛津，劍橋及倫敦等三大學，以及美國各大學，均予承認。

澳州各大學，均爲獨立自主者。州及聯邦政府雖給予經費補助，但對各校校務及其經費之支配，不加任何干涉。各大學均自設大學評議會（Council or Senate），爲其管理機關，其構成人員，有州議會代表，教授會代表，畢業校友，本科學生，及地方賢達。大學校長(Chancellor)爲名譽職，係由本州富有聲望之人士中所選出者。副校長（Vice-Chancellor）爲專任之行政首長，相當於美國之大學校長。在大學評議會輔佐下，負執行校務之責。學術事宜，由全體正教授組織之教授會議（Professorial Board)主持。該會每於獲得各有關學院或各科之協議後，向大學評議會提供各項實施辦法。

第二次世界大戰期間，聯邦政府組織一種大學委員會（Universities Commission），爲人力委員會(Manpower Commission)有關大學生事務之顧問機關。幾年後，大學委員會又負責推行聯邦建設訓練計劃，嗣後復將聯邦獎學金計劃(Commonwealth Scholarship Plan)，劃歸該會管理。依據聯邦獎學金計劃的規定，聯邦政府每年設置三千名獎學金，分配於各大學及職業專科學校。聯邦政府補助各大學所舉辦的特殊研究設計，亦由該會監督。

各大學的經費，大都依靠州政府的補助，學費，以及聯邦政府的津貼，此項津貼約爲學費總收入的三分之一。關於大學各科費用，茲就墨爾本大學各科所收各項費用總數言之於次：①三年制文學士學位，爲二百五十澳鎊（合美金五六〇元）；②六年制醫科學位，爲六百八十澳鎊（合美金一、五三〇元；③四年制理科學位，三百零五澳鎊（合美金六八六元）。

各大學學生，至少有五分之三獲得聯邦或州政府，私人贈與基金，以及教育部等機構所設之獎學金。西澳大利亞大學，爲唯一之免費大學；若干科祇收少許之考試費及筆記簿費。

澳大利亞各大學，與英國牛津大學，及若干備有寬大宿舍的美國大學不同，校內不設學生宿舍。惟各宗教團體，每於各大學附近建築學生宿舍，稱爲寄宿學院，供各校學生住宿。因此，所謂寄宿學院，並非美國所稱之備有宿舍的學院，而爲供學生住宿之處。各學生宿舍，通例均設導師若干名，與大學各院保持聯繫，以爲教育之輔佐。此等學生宿舍，除新英格蘭大學外，類皆祇能容納數百名學生。新英格蘭大學，將成爲澳大利亞寄宿大學之創始者。該校於學校範圍內，建有學生宿舍六棟，另外八棟，建築於亞美德爾鎮，全校學生，幾全部住宿於此等宿舍內。

昆士蘭及西澳大利亞兩大學，備有學生自營公寓，其設備至爲完善。墨爾本大學，由人民募款建築第一座國際學舍(International House)，以供東南亞各國留澳之大學生住宿之用。

各大學均建有一種學生聯合大樓(Student Union Building)，由學生團體管理，爲學生活動之中心。其間備有閱覽室，自助餐室，及餐廳，音樂室，戲院，更衣室及浴室，學生組織之會議室及辦公室，以及俱樂部的集會室。六所州立大學，每年均於其首邑慶祝戲劇節（Drama Festival），並公演戲劇。院際及校際之各種運動競賽，每年均定期舉行。所有大學生，均爲澳大利亞大學學生全國聯合會（National Union of Australian University Students）的會員。該會爲全國各州學生團體之聯合組織，經常舉辦暑期學生交換，全國學生會議，接待澳大利亞出國之留學生，並接受外國學生團體的補助。

成人教育

成人教育的涵義，難於爲確切之說明。蓋一般年青婦女爲增進其職業效能，每於職業專科學校，選讀縫紉課程；一般年輕男子基於個人興趣，每於工人教育協會主辦之家庭裝飾藝術班攻讀，在此二者之間，常無顯著的區分。因此，成人教育可稱爲社會中心教育（Community Education），質言之，即各種機關爲提高人民之文化興趣，所設置的不經考試，不授證書，亦無年齡限制的各種班級。

澳大利亞與美國的推廣中心不同，蓋推廣中心可容許成千的學生選讀各種課程，並由大學給予學分。澳大利亞的成人教育，其施教辦法仿自英國，各項推廣活動，由大學推廣部及工人教育協會分別辦理。若干州已在成人教育委員會（Adult Education Boards or Councils）的主持下，竭力謀取統一。成人教育的目標，在於引起地方人民的文化興趣，而以適當的課程及活動維持之。若干年來，此等成人團體，大多爲教員，銀行書記及家庭主婦所組成，近年來各種成人教育班級大爲增加，各地人民亦每要求設置各類課程。

新南威爾斯州政府，每年撥出二萬澳鎊，分配與大學講習部（University Department of Tutorial Studies），工人教育協會，公立圖書館成人教育組（Adult Education Section of the Public Library）

，以及藝術委員會新南威爾斯處。州內各地，亦相繼成立若干班級，討論團體，影劇團體，及講演會。雪梨大學講習部並發行當代時事通訊（Current Affairs Bulletin），該項刊物爲半月刊，係於數年前由聯邦教育署手中接辦者。此項刊物，極爲流行，每期發行逾二萬份，每隔兩週卽分送澳大利亞境內各州及海外各地的訂戶。

新聞影片委員會(The Documentary Films Council)，幾於每晚均在雪梨公立圖書館附設之小型劇院放映電影，並定期於每月前往二十餘鄉村放映電影。夜間學校(Evening Colleges)有二十五所之多，其註冊學生超過三千名，所開課程有戲劇、體育、口述及書寫方法、音樂、美術及工藝。此等班級，一律免費。

維多利亞州，於一九四六年成立一種成人教育委員會，期於該會之主持下使各種長期性的成人教育活動，得以統一。該會除每年由州政府撥予經常費二萬五千澳鎊外，並收取若干班級的學費。該會工作，爲放映新聞影片，延攬優秀藝術人才，舉行巴蕾舞會及音樂演奏會；設置巡廻劇團，前往各鄉鎭公演，並爲州內各研究團體供給圖書及參考資料箱。於都市及鄉村中心地區，亦舉辦若干正式的班級。該會並於每年暑假，辦理一種寄宿暑期學校，提供研究計劃，由與會人員討論。此等暑期學校，已日益盛行，由於要求受訓的人員日漸增多，致難全部容納。

昆士蘭州，於一九四四年成立成人教育委員會，以調配此一大州之各項成人教育活動。在布里斯本(Brisbane)及其他中心地區，設置講授各種科目的班級。一九四七年，昆士蘭交響樂團（Queensland String Quartet)，曾於各鄉村的中心地區，舉辦五十二次免費公開演奏會。該州並組成一種巡廻藝術陳列室，前往各偏遠地區，舉辦巡廻展覽，每至一地，則停留一週。在展覽期間，並舉行有關項目之講演。

西澳大利亞州，其面積較昆士蘭猶大，但其成人教育設施，至爲完善。成人教育委員會，每年均於伯斯(Perth)舉辦暑期學校一次，斯萬河(Swan River)畔的大學校舍建築，尤極華麗動人。參加此種暑期學校之講習者，除州內各地之學生外，其他各州人士，亦有前來參加者。該暑期學校，通例於上午舉行專題討論，如「澳大利亞北方的鄰居」等是，午後則講授各種學程與舉辦各項娛樂活動，晚間則假露天禮堂公演話劇或舉行音樂會。此外，並在城市及鄉村中心地區，舉辦正式班級，巡廻書庫則於州內各地巡廻，供民衆閱覽。優美音樂唱片，亦巡廻各地播放。

師範教育與教師地位

澳大利亞各州，公立學校的教員，均係公務員。一般教員因享有公務員之同等權利及地位，但亦須服從公務員服務規程的規定。其主要特權，殆爲工作保障。凡屬教員，一經教育部派用並載於教員職位分類名冊中，即可安心繼續工作，直到年滿六十五歲領取退休養老金爲止，決無解職之虞。依據公務員服務規程的規定，凡屬合格教員，非經教育部證明其有重大過失行爲或犯罪，或教學不力者，不得無故解職。

依據公務員服務規程的規定，教員不得批評政府；亦不得批評教育部。因此，一般教員乃至高級行政官吏，均保持緘默，而由教育部長或教育長對外發言。教師聯合會(Teachers' Union)，則可提出有關教育事項的批評或意見。然而，一般教員並未否認有在任何公開刊物發表其無關教育部的言論之權。

凡擬擔任教學工作者，可於教育部官員至各中學及私立學校作儲備教員之視察時，申請登記。凡屬能力優長之申請人員，例皆爲教育部所羅致，而於中學最後二年之肄業期間內，即給予經濟補助。

此等接受補助之男女學生，於中學畢業後，必須升師範學院或大學，受教育專業訓練。

各師範學院，皆爲教育部所設置者；小學師資受二年之專業訓練，幼稚園及缺陷兒竟的師資，其修業期限較長。中等學校教員，一律由大學培養，而由教育學院實施專業訓練。師範學院及大學師範生，所需一切費用，悉由各州教育部負擔。惟各師範生例須向教育部立具畢業後從事教育工作若干年之志願書。

論者咸以爲此項措施，並非任用機關管理師資訓練的良策，蓋一般師範生所立之志願書，將構成一種精神上的約束，而使有志教育事業者，皆裹足不前。各師範學院教員，例皆就部任人員擇優遴聘，由於採取此種制度，乃能羅致優良之教員。大學教育學院，多係獨立機構，故屢受一般社會人士的批評，其中尤以所辦之公私立學校教員訓練工作爲最。

依規定此等初畢業之年輕部任教員，須至州內各地服務。起初，例皆派至一所鄉村學校，服務一或二年，隨卽調至市鎮學校任教。嗣後於獲得升遷時，再重返鄉村學校任職。此項全州性的服務程序，旨在使鄉村學校一如城市學校獲得年輕、熱心而受過良好訓練的教員爲其服務。

所有教員，例皆分爲小學、中學、及職業三類，分別載於教員職位分類名冊中，惟各州辦法不一。在一州以內，其教員之等級，大多分爲第四、第三、第二、及第一等四級。教員之分級，主要以教員爲標準，絕不因學校而有區別，不過，同一學校，多係同一等級之教員，例如第二等學校，多爲第二級教員。學校之分等，以學生人數之多寡爲基礎，第一等學校，卽爲規模最大之學校。助理教員(Assistant Teachers)，雖亦分爲四級，但與學校之等級無關。教員晉級名冊，每年公佈一次，凡屬應予晉升一級的教員，其姓名均依照等級，分別刋登晉級名冊上。凡在晉級名冊中列有姓名的教員，卽可自由申請遞補經公告之較高一級的缺額。所有缺額均公告於政府發行的教育公報(Education

Gazette)內。申請晉級的教員，須爲教育部教員職位分類名冊內登記有案者，並具有遞補所公告之某一級學校教員空缺的資格。此項申請，例皆呈請首腦機關備核。

教員之晉級，以督學報告內所列之教學成績，教員的學識，以及服務的年資爲標準。凡年資較深的合格教員，其申請晉級，類皆照准。如未經核准升級，即可向受理此類案件的一種獨立的委員會申訴，經查明所列理由屬實，當可依據申訴人的要求而更調其職位。因此，教員的年資，爲其晉級之主要標準，故一般年老教員，大都獲得較高的職位。以往，一個能力優長的年輕教員，如欲晉升一級，勢必待以較長之時日，但目前由於教育事業的開展，教員的晉級，亦較往昔容易，而尤以女教員爲然。凡屬合格的男女教員，在各種專門的機構及職務中，均易於獲得適當的職位。一般高級職位，如校長、督學、及行政官員等，例皆公告於機關之內，外界人士，少有獲得此等職位的機會。女教員例皆不能取得高級職位，彼等祗可充當主任教員(Senior Teachers)或科主任(Heads of Departments)，擔任女校長者，爲數極少。

(二) 教員待遇

各州教員待遇，大都由一獨立之機構所決定，此一機構，不在教育部管轄權限之內。目前已有四州教員擬設置仲裁裁判所（Arbitration Court）。維多利亞州，則成立一種獨立性的教員公斷處(Teachers' Tribunal)，該處係由公務人員委員會委派委員三人組織之。其中委員一人代表教員，一人代表教育部，一人代表人民。凡由該處議定的待遇，政府不得表示異議，而必須依據該項決定，支付教員薪給。近年來各州教員待遇，已普遍提高，教員退休養老金制度，其實施成果，亦均令人滿意。

維多利亞州中小學教員俸給，於一九五二年八月公佈者，如表三十六所示。此項俸給，復於一九五四年年底，再加調整，依規定，一般工資及俸給，每隔二年例須調整一次。教員俸給在某一級內，均採自動加俸制，但其俸給達於本級之最高薪額時，必須待其晉級後，始行增加。一般教員，其初任時之俸給，例皆由第四級最低一階起支，嗣後歷經督學考核認爲成績優良，並受過必要之訓練者，年屆四十五至五十歲時，其俸給可望升至第一級，五十歲以後，間有升至特級（Special 爲一般大規模學校校長所支之俸給。）者。

除表三十六所列俸給外，尚依教員本俸高低，另給生活津貼（Cost-of-living Allowance）若干。依據一九五四年上期的規定，男教員年給生活津貼三六〇澳鎊，女教員年給二八八鎊。一位中等規模的中學校長，年支一、一五〇澳磅；另加生活津貼三六〇澳鎊；大規模中學的校長，則年支一、三〇〇澳鎊，另加生活津貼三六〇澳鎊。一般中小學督學的俸給，年支一、〇〇〇至一、二五〇澳鎊不等，另加生活津貼。主任督學，則年支一、六二五澳鎊，另加生活津貼三六〇澳鎊。各大學教授的俸給，由大學評議會決定，通常一位教授，年支二、五〇〇澳鎊。然而一個善於經商的商人，每年收入如不足三、〇〇〇澳鎊，亦大爲不滿。

表三十六　一九五二年，維多利亞州中小學教員的俸給（單位以澳鎊計算）

級別	階別 一	二	三	四	五	六	七	八	九	十
小學部份										
男教員										

第四級	三七五	四〇〇	四二五	四五〇	五〇〇	五五〇	六〇〇	六二五	六五〇	六七五
第三級	七二五	七五〇	七七五	—	—	—	—	—	—	—
第二級	八三五	八六〇	八八五	—	—	—	—	—	—	—
第一級	九五〇	九七五	一,〇〇〇	—	—	—	—	—	—	—
特級	一,一二五	—	—	—	—	—	—	—	—	—
女教員										
第四級	三〇〇	三二〇	三四〇	三六〇	四〇〇	四四〇	四八〇	五〇〇	五二〇	五四〇
第三級	五八〇	六〇〇	六二〇	—	—	—	—	—	—	—
第二級	六六八	六八八	七〇八	七二八	—	—	—	—	—	—
第一級	七八〇	八〇〇	八二〇	八四〇	—	—	—	—	—	—
特級	九二〇	—	—	—	—	—	—	—	—	—
中學部份										
男教員										
第四級	四〇〇	四二五	四五〇	五〇〇	五五〇	六〇〇	六五〇	六七五	七〇〇	—
第三級	七五〇	七七五	八〇〇	—	—	—	—	—	—	—
第二級	八六〇	八八五	九一〇	—	—	—	—	—	—	—
第一級	九七五	一,〇〇〇	一,〇二五	—	—	—	—	—	—	—
特級	一,一五〇	一,三〇〇	—	—	—	—	—	—	—	—

女教員

第四級	三二〇	三四〇	三六〇	四〇〇	四四〇	四八〇	五二〇	五四〇	五六〇	｜
第三級	六〇〇	六二〇	六四〇	｜	｜	｜	｜	｜	｜	｜
第二級	六六〇	七〇八	七二八	七四八	｜	｜	｜	｜	｜	｜
第一級	八〇〇	八二〇	八四〇	八六〇	｜	｜	｜	｜	｜	｜
特級	九四〇	一,〇六〇	｜	｜	｜	｜	｜	｜	｜	｜

教員職位分類，調遷及晉升等制度，其實施雖有顯著成效，但以機構龐大，且教員之升遷不以個人能力爲基礎，而以教員職級爲依歸，故其弊端叢生。例如，一位鄉村中學校長，由於辦事努力，校務蒸蒸日上，學生人數激增，乃使學校規模超過其校長在教員職位分類名冊中所列之等級；依規定，校長等級與學校規模不符時，即須予以更調。於是另派一名能力平庸惟其職級較高，年齡較長的校長，接掌該校，常不免引起家長的不滿。另一方面，此種制度，雖使全體教員獲得一種爲其職位而競爭的保障，然而一般平庸的教員，幾與能力優良的教員，具有同等的機會。一般政治力量雖不能影響教員任用制度，但地方政府亦無從表達其關於教員任用程序的意見。

因此，澳大利亞各州學校的教員，其調動較之其他國家爲大，以致任何學校，皆不能因校長的人格及一批教員長期留校任教，而造成一種特色。

教師聯合會，爲此一制度之竭力支持者，蓋彼等以爲全體教員不特能獲得工作保障及均等機會，且可使能力平凡而教學努力的教員，得有獲致大規模學校高級職位的希望。

教員的專業組織，其歷史雖可追溯於前一世紀，惟其發生作用乃爲輓近三十年內之事。各州均有教師聯合會(Teachers' Union)，至一九二一年，並成立澳大利亞教師聯合總會(Australian Teachers' Federation)。該會自成立以來，卽着手制定一種有關全國各州教員的政策。新南威爾斯州教師聯合會，在名稱上雖沿用教師聯合總會的名義，但確爲一種地方性的全州教師聯合會，因該會與工業公會運動取得密切聯絡，故成爲一種極有力量的組織。一般言之，各州教師聯合會，均竭盡一切力量，使各該州教員的待遇及工作條件，已得到適當的改善。此等聯合會，對於有關教育政策的事項，極爲注意，並隨時向本州教育部提供意見。各州教師聯合會，例皆每年舉行年會一次，因有坦率陳詞之機會，但依公務員服務規程的規定，不得攻擊私人。澳大利亞教師聯合會，雖不及美國教育協會，及英國教師聯合會的專業聲望及其勢力之大，然其對於澳大利亞教育專業的一般改進，確有相當的貢獻。

澳大利亞的教書工作，可稱爲一種「自由職業」(Near-Profession)。關於教員證書的規定既多，試用教員的人數，尤佔極大的比例，且因一般教員常以醫生及律師的職業地位而自作比擬，故其工作情況亦很少受到管理。不過，合乎規定資格的教員，已日漸增多，教員的工作條件及待遇，亦大有改進。近年來澳大利亞的教員地位，固已提高不少，一般人民對於教育的興趣，亦日益濃厚，在最近的將來，教育問題尤將受到人民更大的重視。

澳大利亞學校設施上的問題

澳大利亞的一般學校設施問題，大都受到以往的經費困難及缺乏遠見的影響。於第二次世界大戰前，若干州政府因其經濟呈不景氣現象，故削減其教育經費達若干年之久，遂使校舍破爛，教員離職，教室不够分配。自第二次大戰以來，一般教育經費，雖已普遍增加，惟其衰敗情況，於短期內勢難有何改進。

一、校舍問題

一九五〇年時，由於戰後人口生殖率的激增，大批的學生，進入學校，於是各州均大感校舍及教室不敷分配。雖由英國購進數百棟活動教室，以及在澳大利亞境內興建數百間教室，然祗爲權宜之計，而非根本解決辦法。在一九五三至一九五五年間，雖已建造不少完善的校舍，但其房荒現象，仍極嚴重。近年來塔斯馬尼亞州，制定一種良好的校舍建築計劃，各校學生擁擠的現象，不僅爲之消除，且將其離學年齡，提高至十六歲。最近的將來，其他各州均難於提高其離學年齡至十六歲，蓋並非不願如此，而係校舍缺乏，不足容納較多的學生。因此，目前最嚴重的問題，乃是校舍奇缺，其主要原因，乃因各州校舍之建築，操於州公共事業部，所有新校舍的興建，必須待其核准。

二、大班問題

若干年來，一般都市學校，類皆採取大班(Overlarge Classes)教學，而尤以小學爲然。即令幼兒班每班學生，亦多達五十人，六十人乃至七十人一班，亦爲常見之事。此固爲新校舍數量過少及舊校舍之修繕緩慢，然近年來學生人數增加，及中等教育之發達，亦爲其原因之一。

三、教員缺乏問題

近年來，澳大利亞一如其他國家，中小學教員，至感缺乏。其主要原因，因爲教員待遇微薄，工作條件欠缺，一般青年人之厭惡中央集權的管理制度，亦不無影響。最近，教員的待遇，雖已提高，工作條件，亦有改善，教員的社會地位，也日益增高，以往之中央集權的嚴格管理，亦有顯著的改變，但中小學教員，仍感供不應求。關於新教員的補充，及師範生的訓練，均已大加改進，然由於學校人口增加，所需之年輕教員甚多，故一般學校教員人數，仍不能配合迅速擴展中的教育制度的新近發展的要求。

四、課程與考試問題

各級學校的課程，既爲中央機關所制定，當不願各校課程之具有差異性，或進行課程之試驗，即使校方呈請舉辦此等試驗，亦難獲教育行政機關的批准。然而，實際上澳大利亞中小學的課程，多係教育專家及行政人員所編制，各科內容，大體尚稱完善。同時，各校課程，特別是中學及職業學校的課程，因與一種綜合考試制度有關，一般教師，對於課程雖有發表意見的自由，然而每多避而不談。尤其一般課程問題，與教員晉升制度有關，故教員多不願進行祗有一部份成功機會的試驗，而影響其升遷機會。近年來教育行政機關雖極力鼓勵各校進行課程的試驗及設置不同的課程，特別對於在許可制度監督下的中學，尤多方激勵，然而，一般教員大都採用官方規定的課程。

關於此種情況，已引起若干專家的嚴厲批評。康德爾說：「官定的課程，應予取消，而接受教員的意見；考試制度亦須加以改革；教員考核制度既失公平，亦無供給教員繼續研究的機會，以養成其關心課程的有效方法。」

澳大利亞教育研究委員會(Australian Council for Educational Research)理事長凱林漢(K. S Cunningham)，於一九三七年發表關於澳大利亞教育的主要需求稱：「重視自治權，多留地方伸縮餘地，加強研究及試驗，建立一種堅強而優良的正式教育輿論，繼續研究整個的教育問題，尤須注意教育與社會及工業變遷的關係，……務期各項新計劃得以迅速而澈底的實現，一般物質條件及設備得以改善，教員的專業水準及其地位得以提高，學校工作上的形式主義，得以消除，而以培養優良公民資格爲其主要任務。」

前泰晤士報教育副刊(Times Educational Supplement)編輯狄特(H. C. Dent)，爲不列顛國協方面之一著名評論家，於一九五二年前往澳大利亞訪問，對於澳大利亞的教育曾作廣泛的考察。事後，渠於致澳大利亞教育研究委員會理事長一函中，關於澳大利亞教育，曾作如下之評論：「考試制度對於各科教學方法，具有莫大的影響，而尤以實用及工藝科目爲然，且其影響，害多利少。……關於教員任用及升級辦法，余以爲亦有値得研究之處。除非校長有從事摹仿、創造、計劃、及努力工作的機會，否則將如何進行新科目及教學技術的『研究與試驗』？不特此也，卽使某人獲得一校長之職，如不能表達其關於教員選聘的意見，又將如何實現其目的及理想？」

「總之，依據個人考察所得，余以爲須從事三項重要改革，始能解救澳大利亞小學及中學教育的危機，尤以後者爲然。第一，以年資晉級的規定，須由教員能力晉級的辦法取而代之；其次，應使教員不特深信其有從事試驗之自由，且須積極鼓勵其從事試驗——部定課程，應予取消。復次，以考試控制學校的辦法，亦須迅予廢除。唯有此等改革見諸實施，因澳大利亞人口的激增及其社會變遷所造成的各種問題，始有圓滿解決的可能。」

吾人必須指出此類批評，並不能同樣適用於各州。最近，若干州教育部設立一種課程修訂科，依據一般教員的經驗，繼續從事課程之改革，此項措施，乃爲一種頗具希望的象徵。

五、教育目標須有明確的說明

任何教育制度，如擬行之有效，必須了解其眞正目標所在。澳大利亞人對於足以表現其本身生活方式的特性，文化觀念，以及國家目的之本國教育宗旨，須有確立的必要。特別是澳大利亞人認爲其自身之文化雖傳自歐州，但在地理上却爲東南亞之一部，尤宜如此。此項教育宗旨，其規定雖不必過於嚴格，但須對於社會人士，教員及學生，作一種富有伸縮性的說明，藉使一般學校，知所適從。惟目前澳大利亞並未作此項說明。澳大利亞爲推行各項富有興趣而有意義工作，似應成立一種與美國教育政策委員會相似的團體，澳大利亞各地方人士，當亦樂於協助此項工作，並將提出若干有價値的意見。

第十四章 加拿大的學校設施

加拿大的一種典型省級學校制度，乃是由幼稚園遞升至大學的一個教育階梯。一般兒童，大都於六歲時入公立學校(Tax-Supported Schools)，十一或十二歲卒業。加拿大絕大多數的省份，其離學年齡，在鄉村爲十四歲，都市爲十六歲。中等教育階段，最流行的中學，稱爲「綜合中學」(Composite High School)，此外，尚有各種中等學校——商業、農業、家事、或職業中學。小型中學，通例以傳授狹義之知識科目爲限，選修科目甚少。然而，就一般趨勢觀察，舊制中學，其知識科目已日漸減少，職業學校亦加授普通科目，綜合中學亦皆普遍增設選科。

加拿大英語區的一種典型學校系統，如圖七所示。各省學制，並不一致，此圖所示，爲最普通之情況。法語區的學校制度，則大不相同，詳情見圖八，此圖所示，爲魁北克之現行學制。上述二圖，將分別討論。

近數十年來，加拿大人民的平均教育程度，已由第八學年提高至第十學年。就成人言，年滿二十歲以上者，其平均就學年數，已由一九〇一年的七點五年增至一九四一年的九點一年。依據一次較精密之人口調查，顯示年滿二十五歲以上者，其受教年限，不足一年者佔百分之三點一；受教滿四年或不足四年者佔百分之十二點四；滿八年或不足八年者佔百分之六十點四；滿十二年或不足十二年者佔百分之八十二點九；滿十六年或不足十六年者佔百分之八十八點三。超過十六年者祇佔百分之一點二。加拿大的文盲，日益減少，於每十年舉行戶口調查一次時，已勿須考慮文盲調查問題。

圖　七

加拿大英語區富有代表性的學制圖

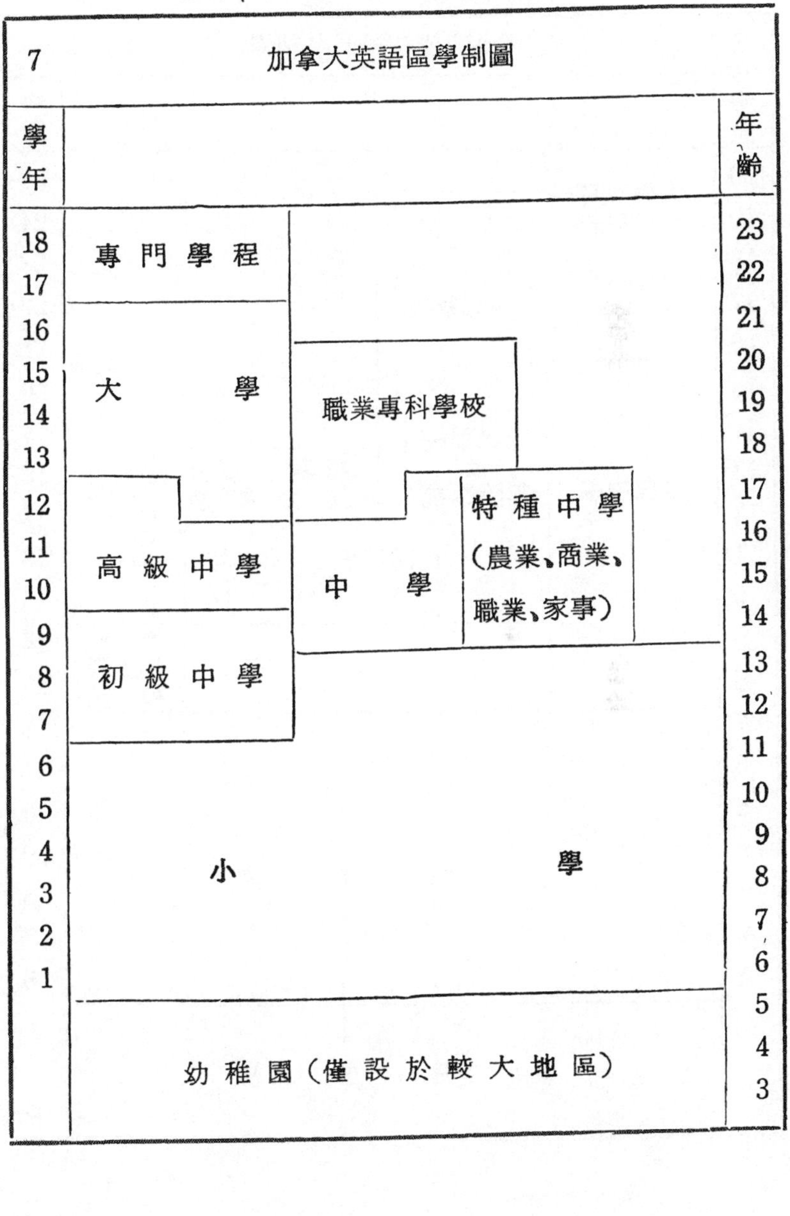

圖　　八

魁北克法語區學制圖

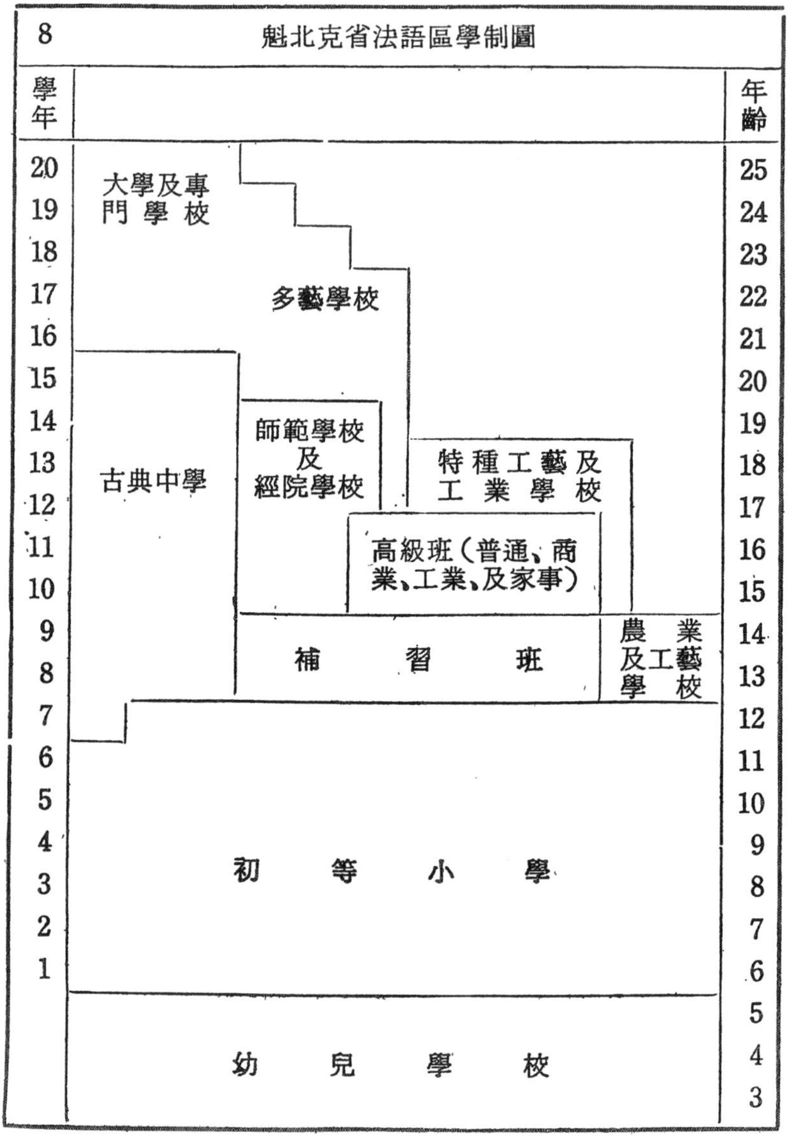
8
魁北克省法語區學制圖
學年
年齡
大學及專門學校
多藝學校
古典中學
師範學校及經院學校
特種工藝及工業學校
高級班（普通、商業、工業、及家事）
補習班
農業及工藝學校
初等小學
幼兒學校
20 19 18 17 16 15 14 13 12 11 10 9 8 7 6 5 4 3 2 1
25 24 23 22 21 20 19 18 17 16 15 14 13 12 11 10 9 8 7 6 5 4 3

根據戶口調查的資料，可發現幾種有趣的事實。即由於人類壽命延長的結果，乃使人口平均年齡增高。同時，五至十九歲間的學齡人口，在總人口的百分比上，則較減低。學齡人口，實際就學的比例，如表三十七所示，每十年舉行一次戶口調查，均有增加。實際就學的學生人數，由一九〇一年的一、四〇四、七二九人，增至一九四一年的三、二六六、七三二人。一九四九—五〇年度，加拿大各省的學校，學生註冊人數，如表三十八所示。

表三十七　加拿大學齡人口就學的比列

每十年舉行一次的戶口調查	五至十九歲間就學人口的百分比
一九〇一	五二·二
一九一一	五二·九
一九二一	六一·四
一九三一	六一·七
一九四一	六五·三

表三十八　一九四九—五〇年度加拿大各省學校各年級學生人數

年級別	阿伯塔	英屬哥倫比亞	曼尼托巴	新布倫瑞克	紐芬蘭	新蘇格蘭	安剔鼇阿（公立學校）	安剔鼇阿（天主教學校）	魁北克（天主教區）	魁北克（新教區）	愛德華太子島	撒喀齊萬
幼稚園		一、二二五				一四、三二八	四六、四六九	一、六二〇				

1	二一,九〇〇	二〇,九二三	二〇,六五九	一四,三九四	一七,二一三	一一,二四〇	七三,四〇〇	一九,〇四九	九二,二九八	八,七七一	二,五五二	二一,八五三
2	二〇,〇八五	二〇,二四六	一五,三八一	一三,九七四	一〇,四一七	一五,一八六	六四,九六九	一六,七九七	八三,八六四	七,八二三	二,一六三	一八,八〇四
3	一八,七三〇	一九,〇二一	一四,四一六	一三,九九八	九,五七三	一五,一三四	五七,九四九	一四,八四一	八一,三三三	七,三〇三	二,〇六七	一八,二〇九
4	一七,六六八	一七,五八五	一三,五八四	一三,二〇三	八,四七四	一四,〇七五	五四,四二七	一四,六三九	七七,五二四	六,五九八	一,八五八	一七,一四五
5	一六,八八四	一六,二九七	一三,〇九六	一一,五四八	七,七七四	一三,四一五	五四,二三五	一四,一一五	六七,六二一	六,五六六	二,〇〇三	一七,四五三
6	一五,七七〇	一五,〇八七	一一,五三三	一〇,一四八	六,八〇九	一三,五八〇	五一,六五四	一三,一八一	五八,八三三	六,二五七	一,九九八	一五,八二六
7	一五,二四五	一四,六五六	一〇,八六〇	八,八四七	五,九〇五	一一,三五九	四八,一八七	一一,六八六	四四,〇〇三	五,五七四	一,六八六	一四,八四三
8	一三,七八六	一三,三四一	九,一〇六	七,〇六一	四,一八五	九,二七四	四六,四七四	一〇,七九四	二〇,七五〇	五,二三一	一,五六三	一三,三六五
9	一一,七一三	一一,九二九	七,六三七	四,四二三	三,九三一	七,四四四	四四,九五四	三,一〇〇	一三,七〇六	四,四二三	一,一九〇	一〇,七六三
10	九,〇八四	九,五五四	六,二三四	二,五四三	二,七三四	五,四五〇	三三,七〇七	二,二七五	五,六五三	三,一六一	一,〇七六	八,〇六六
11	六,八六五	七,一九七	四,九二三	一,七一〇	一,八七九	三,七二九	二三,五五九		三,三三三	二,二七三	五六三	六,〇五四
12	六,二三九	五,四二六	一,四四九	九一七	四九	一,二七八	一三,一九八		一,五〇〇	三四四	九七	四,二五八
13		八八八		一七								
特別科					四一七		五,九二九	五九〇			一三五	
總計	一七三,九六九	一七三,三五四	一二八,八六八	九九,七八一	七九,三二五	一三四,四八二	六一七,〇九九	一二三,六八七	五五〇,八二七	六四,三二三	一八,九四二	一六六,六三八

加拿大人口生殖率，似與其他西方國家在生命統計學上所表現的情況相同。一九三七年，人口生殖率甚低，僅佔千分之二十二，第一次世界大戰期間，已開始增加，至一九四五年，增加最速。到一九四七年時，已增高至千分之二十九點六，自此以後即保持千分之二十七的平衡狀態。就美國的標準

言，加拿大的人口生殖率，經常都很高，其中尤以魁北克、紐芬蘭、新布倫瑞克等省的人口生殖率最高，幾至超過全國的平均數。

初等教育

一、魁北克

魁北克省的公立學校，特別是天主教學校，對於「進步教育」毫無興趣。依據天主教學校中央視學一九四九—五〇年度的報告稱：「四分之三的兒童，都接受學校佈道會的教育與訓練，此種方法，絕不容立卽予以根本之改革，某些地區，並以適應新需要爲藉口，而表示讚揚。蓋其主要目的，在以安全及嘗試方法，謀求一般福利，由於此種態度，自難求得進步，亦不易作必要之改革。學區之督學，其主要任務，在於督導各校對於早經證明其有價值的不變原則，設法使其普遍應用。」

男女學生，例皆於不同的教室或學校分別受教，卽使在七年級以前，亦不例外。所有高級小學、中學，古典中學，以及師範學校，均分別設置男校及女校。加拿大其他各省的學校，大都男女同校。

魁北克法語區的人民，由於宗教信仰相同，一切學校生活及其工作，均深受天主教的影響。宗教爲男女學校之共同必修科目，其在日課表上所佔之教學時間甚多。各校之宗教氣氛甚濃，無論學校校徽，或教室內懸掛的圖片、標語，均富有宗教意味，大部份的教員，亦穿着神父服裝。受聖職的教員與非宗教的教員，其在人數上的比例，就魁北克的天主教學校言，大體相等。但就整個的情況講，小學方面約爲一與五之比，中年級爲二與一之比，非古典中學的高年級，爲三與一之比，高級古典中學及師範學校，則高達九與一之比。魁北克法語區的學校制度，無論其作風、感化或訓練方法，以及教材選擇等，均與歐洲相同。此爲北美洲的一種特殊制度，加拿大英語區域或美國教育的任何發展與設施，對之均不發生絲毫影響。

魁北克英語區的小學，與加拿大其他各省相似，詳見本書圖七所示。

魁北克的小學，在課程上，基督新教與天主教的學校，是有區別的。例如，就加拿大史一科而言，法語區的學校課程，很少注意一七五九年以後的加拿大史實，英語區的學校，在課程上則特別注重此一階段的歷史。其餘各省，法語區與英語區的學校課程，亦多彼此互異。

二、紐芬蘭

紐芬蘭的小學，與西部各省英語區的學校極爲相似。省教育部規定的課程及教學綱要，各教派的學校，須一體遵照，而且各教派的學校，尙須時時參與同一之省考試。唯有宗教科目，各校教學情況，是彼此互異的。

省內人口，因散居海岸的各個小村落，故紐芬蘭境內的單班學校，爲數甚多。依據一九四九—五〇年的調查，學生人數，共計七九、三二八名，其中一七、五一六名，在七〇一所單班小學就讀。在此等單班小學中，有一〇〇所學校，設有六個年級，一四六所學校，設有七個年級，一七二所學校，設有八個年級，九十三所設有九個年級，五十五所，設有十個年級，十一所學校，全校十一個年級，祇有一位教員擔任教學。所有的單班小學，其中二三七所學校，全校學生祇有二十一至三十名，一五五所學校，學生祇有三十一至四十名，四十三所，祇有四十一至五十名，超過五十名學生者，祇有十一所學校。

依據紐芬蘭各地教育行政機關的調查，一年級的數目，每年均大有增加。各行政機關，爲避免兒童初次入學時，即擁擠在一間簡陋的教室中，乃設法增加教員名額，興建學校教室。依法雖未禁止六歲以下的兒童入學，但省教育部却不贊同各校招收過於年幼的兒童。依據一九五〇—五一年度的報告，在一七、二一二班一年級中，招收五歲以下兒童者，有一、九四九班，招收五至六歲者，有二、二〇三班。據省教育部估計，紐芬蘭境內各校的學生，在一九四九—五〇年度共有七九、三二八名，至一九五五—五六年度，將增至一〇一、一四一名。

三、其他各省

全國十省，加拿大人的兒童，平均都在六歲時進公立學校。除較大的都市，設有幼稚園及保育學校外，一般均未設置此類學校。一九五〇年，在保育學校，幼稚園，及公立學校一年級就學的兒童人數，共有六三、六二二人。一般言之，加拿大各省的小學，類多設有第一階段的八個年級，然而，也有少數省份的小學，祗設置第一階段的七個年級。阿伯塔省，初級中學與小學合併設置，而構成一種完整的學制，但是屬於小學部份的，祗有第一個階段的六個年級。

加拿大小學的課程，通例為基本語言及算術、社會常識、衛生、文學、美術及工藝、音樂、自然常識、及團體活動。由於省考試的特別重要，乃注重教材的熟練，及應付考試的實用教材的學習。然而，依據殖民統計局的報告：『「兒童中心學校」，「活動教學」，「計劃教育」之類的口號，響徹雲霄，極力主張廢除教材主義，考試制度，及年級標準。他如「光輝的校舍」，「公民論壇」，「國家農場廣播節目」，「安提娥尼運動」(Antigonish Movement)等刊物，均多方鼓吹社會中心教育，其他組織，亦有設法供給學童及成人較多之社會及體育活動機會者。』

近年來，缺陷兒童的教育，也頗受重視。各省教育部並為盲啞、耳聾及心智缺陷的兒童，設置寄宿學校。大多數的省份，均免費供應小學教科書。學校衛生服務，固已擴充，巡迴牙齒治療隊，亦多有設置者。對於家庭離校過遠的兒童，甚至免費供應其交通工具，各省教育部，並成立函授學校，設置小學一年級至大學爲止的各科課程。依據一九五〇年的統計，接受各教育部主辦的函授課程的學生，共有二三、七三二人。

中等教育

一、魁北克

魁北克的中學制度，與其他各省，截然不同。其管理大權操於教育部法語天主教司，而不歸英語基督新教司所管轄，且其決定制度之因素，爲宗教，而非語言，然而，兩種語言及其教派的差異，亦爲加拿大教育上的重要決定因素。魁北克省內，除聯邦法院使用法語外，法語並無正式之法律地位。但是，實際上其他各省，凡屬法人聚集的區域，即設有法語學校。安剔蠡阿省，對於設置兩種語言的學校一事，發生爭論，於是制定一種學校規程，規定省內各校不得以法語作爲基本之教學語言，此項規程，係由英語天主教所制定，而非基督新教所倡議者。嗣後，不列顛樞密院(British Privy Council)，於制定英屬北美洲法案(British North America Act)時，規定不得適用於語言權。魁北克省內，爲非天主教區域的人民所設之中學，係由英語基督新教司所管轄，其一切設施，與其他各省，以及其他英語地區的中學相同。天主教區的中學，所受歐洲大陸的影響甚深，但與盎格魯——撒克遜的學校，大不相同。天主教委員會，制定兩種不同的中學計劃，分別適用於法語天主教，及英語天主教。法語天主教中學，其教程分爲二個部份。第一部份，包括八、九兩個年級，其程度頗與英語區的初級中學相似，通常以「補習班」(Complementary Classes)稱之。蓋其目的，在於增加曾受七年教育的兒童的學科知識，故其課程範圍，遠較英語區的初級中學及中學爲狹。所授科目，有宗教（必修科目，每日三十至四十分鐘。）、法語、英語、科學、算術、及代數要略。由於魁北克的離學年齡定爲十四歲，故就學於補習班的學生，大多於畢業後離校；此雖爲大多數學生的終結教育，然而，在其課程表上，並未列入社會科學。此等補習班，大都設在學生所居之教區，並可附設於七年制小學。

第二部份，由十、十一兩個年級所構成，間亦包括十二年級，通例稱爲「高級班」(Superior Classes)，其程度大體與英語區的高級中學相等。此等班級，例皆由若干教區聯合而成一較大之單位，一如美國之聯合中學區然。「蓋此等班級不歸教育部管轄，故此等中學之設置，其目的在與以升大學爲主而實施傳統訓練的古典中學相競爭，其教學重點，在使不升大學的學生得以受到更高深的教育，除特別科外，一律不以投考大學各科爲其訓練之目的。」

學生於修滿補習班課程後，即可專攻高級班內之某一科。通常男生可攻讀十年級的商科，修滿該科課程，可從事工、商業的工作；或攻讀普通科，該科側重自然科學，旨在使學生投考大學之若干科（如農科、教育科、工科、或森林科）。女生可攻讀十年級之三科內的某一科：商科與男生所修者相同；普通科亦與男生同；「特別科」(Special Course)或家事科，不設自然學科，而增授拉丁語。普通科或特別科，在使一般女生投考大學文科或某種專門學校（家事、保育、教育、或物理治療）。修滿十年級課程後，可攻讀十一年級，修業期滿，領受一種商業證書，或普通中學畢業證書。有的學校，尚繼續設置一種精修科(Additional Year of Study)，修業1年期滿，並通過入學考試者，可升入某類大學的二年級肄業。

二、紐芬蘭

依據教育部的解釋，紐芬蘭的中等教育，爲初等教育之延續。質言之，九、十、十一、三個年級，以實施知識教育爲主，不設職業課程。少數的學校，在第十一年級設置一種商業專攻科。中等教育階段的各個年級，通例均附設於小學，而成爲一種「中學班」(Post-elementary top)，該班學生仍在同一學校受課，間有另設單班學校(One-teacher School)者。依據一九四九—五〇年度的調查，中等教育階段的學生，共有八、九三一名，較之以往增高百分之六點一。教育部方面，認爲省內之中學畢業生，爲數太少。

三、其他各省

除一般最大之都市外，加拿大最好的一種中學，即是「綜合中學」，此等學校，大都分設文科，普通科，及職業科。在較大的都市，則單獨設置商業或職業中學。除魁北克外，其他各省的中學，大都男女同校，魁北克的天主教委員會，則爲七年級以上的男女學生，分別設置學校。一般言之，魁北克省內的女生，可進男女兼收的工業或商業學校攻讀。

最普通的一種中學，卽是設有八至十一年級或九至十一年級的學校，另有若干學校，尚增設十二年級。除安剔藹阿及英屬哥倫比亞兩省，規定十二年級爲中學畢業班外，其餘各省均於十一年級末舉行大學入學初級試驗 (Junior Matriculation)，或中學畢業考試。加拿大各中學的學生，繼續留校在十二年級肄業者，祗佔中學生總數的百分之十八。(見表三十九)阿伯塔的初級中學，爲省學制之一部，其他各省之初級中學，僅有較大之市鎭設置之。有些省份，尚於少數之中學或高等學校(Collegiate Institutes)內，設置十三年級。英屬哥倫比亞的十三年級，相當於其他各省的十二年級，通例稱爲大學入學高級試驗(Senior Matriculation)，修業期滿，並通過一項試驗，得入大學二年級肄業。所謂高等學校，爲加拿大的一種具有專門教員的中等學校，而成爲舊制大學的預科。

愛德華太子島，祇有極少數的學校，設置十年級以上的班級，十一年級及十二年級的學生，大都入威爾斯太子學院(Prince of Wales College)。該院爲一種四年制的初級學院式的機關，包括十一至十四年級，並辦理省屬師資訓練工作，最近尙加以擴充而設置學士學位的課程。加拿大的中等教育，大都屬於免費者，祇有愛德華太子島中學階段十一至十二年級，須繳納學費。有些省份，並設置補習學校(Superior Schools)，亦有於小學內附設中學班者，此等學校或班級，大多至十年級爲止。

依據加拿大教師聯合總會(Canadian Teachers' Federation)的研究，表示家庭的經濟及社會地位，爲決定一般中學生之肄業期限的重要因素。又據一九四三年，加拿大某一大都市的調查，發現各職業團體的子女，就讀於中學各年級的人數，與此等團體中學適齡學生的總數不成比例。社會及經濟地位愈高者，其子女進中學的人數較之社會及經濟地位低者爲多。設以一〇〇爲極限，各團體子女的就學比例如次：專門職業家庭的子女爲一〇〇；銀行職員及工商業經理的子女爲八五；公務員及書記的子女爲六五；技術工人及公共勤務人員的子女爲五九；非技術工人的子女爲一五。

一般較大的都市，其職業教育雖已普遍發展，但是加拿大各學校七年級以上的青年學生，繼續升入者爲數甚少。各校各年級就學人數比例如表三十九所示。學校年級愈高其就學人數愈少的主要原因，乃是大部份的加拿大人，都住在偏僻地區，以致無法在此等地區設置中學。一般學生又不願遠離家庭而進寄宿學校。阿伯塔省爲一般家庭距離學校過遠而靠公共汽車往返的學生，建立二十五棟中學宿舍，此等宿舍與各鄉村中學，均保持密切聯絡。新蘇格蘭省，則建立設有綜合課程的鄉村中學，藉以鼓勵鄉村青年完成其中學教育。新布倫瑞克省，亦設置區立中學，故一般學生的家庭，距離中學均不足二十英里。加拿大各省進中學的學生，以魁北克天主教區爲最少，該區天主教委員會的行政機關，亦認爲七年級以上繼續升學的學生人數，其百分比太低。魁北克基督新教的學校，其就學人數，較之全國各地的平均數尙高。

表三十九　加拿大各省七年級的學生繼續升學的人數分配

省別	7	8	9	10	11	12
阿伯塔	一、〇〇〇	九〇四	七六八	五九五	四五〇	四〇九
英屬哥倫比亞	一、〇〇〇	九〇七	八一一	六四三	四八九	三六九
曼尼托巴	一、〇〇〇	八三八	七〇三	五七三	四五三	一三三
新布倫瑞克	一、〇〇〇	七九七	四九九	二八七	一九三	一〇三
紐芬蘭	一、〇〇〇	七〇九	六六六	四六三	三一三	八
新蘇格蘭	一、〇〇〇	八一八	六五五	四七九	三二八	一一二
安剔奮阿（公立學校）	一、〇〇〇	九八四	九五二	七一四	四七八	二七九
安剔奮阿（天主教學校）	一、〇〇〇	九二三	二六五	一九四	—	—
愛德華太子島	一、〇〇〇	九二四	七〇四	六三六	三三三	五七
魁北克（天主教區）	一、〇〇〇	四七一	三一一	一二八	七五	三四
魁北克（新教區）	一、〇〇〇	九三七	七九五	五六七	四〇八	六一
撒喀齊萬	一、〇〇〇	九〇〇	七二五	五四三	四〇八	二八〇
總計	一、〇〇〇	八〇七	六五二	四六四	三一八	一八一

職業教育

一、魁北克

魁北克的工業及職業學校，種類繁多，由政府各部會分別管理之。由於未設教育部長，故管理職業教育者，至少達九位部長之多。因此，如欲調查魁北克職業學校的學生人數及職業教育經費，以與其他各省作比較研究，雖非絕不可能，但極爲困難。省府秘書（Provincial Secretary），掌理教育部的事務，並負有監督美術學校及高級商業學校之責。社會福利青年部長，則握有管理大部份職業教育計劃的權力，目前約設有五十所各種專門性的工藝及職業學校，諸如傢俱製造、圖表藝術、造紙及紡織工業、以及各種工藝性的函授課程。在五大都市均設有四年制的職業學校，通常分爲日班及夜班兩種，其他三十二處中心地區，亦分別設二年制或三年制的工藝學校。農業部長管理各種中間、區立、及高級農業學校。勞工部長管理農業學校，農業孤兒院（Agricultural Orphanages），乳牛學校，及藝徒訓練班。土地森林部長，管理森林看守員(Forest Rangers)、森林保護、及鋸木等職業學校。礦務部長管理採礦人員養成學校(Schools for Prospectors)。漁獵部長管理漁業學校。工商部長管理旅店人員訓練班。衛生部長管理衛生訓練班。此等職業學校或班級，均係獨立設置者，而不附設於大學、附屬學院、修道院、商業學校，及其他各種學校。

二、紐芬蘭

紐芬蘭首邑聖約翰（St. John's），設有省立職業學校一所，由省教育部職業教育司管理。該校爲退役軍人之職業訓練機關。此外，尚有一所海事學校。拉布內多（Labrador）半島著名的傳教士格利孚博士（Dr. Wilfred Grenfell），創立一所以實施美術工藝、手工藝訓練，及家禽飼養爲主的學校，亦已擴展至紐芬蘭及拉布內多兩地。此等學校，目前已由政府給予補助。嗣爲培養全國各地手工藝機構的民間領導人才，乃於一九四六年設立一所國立手工業中心(National Handicrafts Center)，藉以鼓勵人民利用本地物質，旋於一九五〇年停辦。紀念大學（Memorial University），內設三年制的工科，二年制的家政科及農業預科。

三、其他各省

各省職業及工業教育，彼此互異。一般農業的省份，大都於中學附設職業科或職業部，亦有設置省立職業學校者。較大的都市，則單獨設立職業、商業、或家事中學。間有少數地區，單獨設置農業中學者。在工業省份，則設立各種專門性的職業學校，一如魁北克所設置然。聯邦政府對於各中學的職業教育，及各種職業學校，均給予經濟補助。

大學教育

一、魁北克

魁北克境內，計有五所私立大學，此等大學，悉由政府給予經費補助。該等大學的名稱，爲麥克基爾大學，喬治威廉學院（無宗教色彩），拉瓦及蒙特利爾大學（天主教），會督學院大學（英格蘭教）。此外，在魁北克及其他若干省份，尙有不少的小型學院，各學院大都與一所規模較大的大學保持聯繫，而求得其認可及授予學位。日常之教學活動，仍由該等學院自行辦理，惟須獲得大學之認可，學生畢業時，由大學舉行學位考試並授予學位。此等學院與各大學之關係，一如英國倫敦大學及其附屬機構間之關係然。

在魁北克教育制度中，爲北美洲最特殊者，厥爲古典學院制（System of Classical Colleges）。此等學院，均係規模甚小而學術水準極高的八年制學校，其間中學及學院課程各爲四年。該等學院與法國古典式的國立中學或市立中學相似，而與美國學校不同。此類學院，其目的在使一般男女青年得有接受大學高深及專門課程之預備。一般法語區的加拿大人士，始終認爲如擬增進男女青年之能力，必須施以基本之古典教育，大學等級的專門課程之傳授，須待學生完全成熟時而後可。此等學院，無論教會及私人辦理者，均構成魁北克天主教學制之一部，並接受公款補助，目前計有男子古典學院四十一所，女子古典學院十七所。凡於教區學校修滿七年級之學生，皆可就近升入古典學院，肄業八年，期滿領受學士學位。最近並爲學生準備投考神學、工程、法律、醫學、或理科等專門學校。麥克霍尼(J. T. Mcllhone)說：「吾人可由古典學院之設施，得知魁北克之教育目的：授以普通教育之完備教材（人文科學、自然科學、社會科學），期使類化與成熟，得以調和發展。因此，每一所古典學院，均設置一種完善之中學及大學課程，分配於八年之內。由於古典課程係一完整而未可分割者（不可一概而論），復以其修業年限爲八年而非四年，故所授科目，當與研習期間較短者有別，且其計劃本身，尚具有不容爭辯之心理學的健全基礎。」

古典學院，各年級不採習用名稱（大學一年級、二年級、三年級，及四年級），而依各年級之教學內容及教程命名。第一學年，即第八學級，稱爲「初級班」(Elements)。所授科目，除宗教外，尚有法語、英語、算術、歷史、地理、美術、初級拉丁文，及代數。第二學年稱爲「詞句班」(syntax)，除修上列科目外，尚增設初級希臘文，及幾何。第三學年稱爲「章法班」(Method)，除原有科目外，尚加授希臘文及拉丁文作者研究。第四學年，稱爲「詩歌班」(Versification)，除繼續研習第三學年之課程外，側重歐洲史之研究。因此，第一階段之四學年，除物理及化學外，加拿大一般古典中學的課程，均已設置齊全。英語區之天主教古典中學，通例不授希腊文，而增設物理及化學。由於此等學院之課程，乃一八年制之完整單元，故修滿其四年課程，並不等於其他各省之修畢十一年級及大學入學班者。

第五學年（相當於大學一年級）稱爲「文學班」(Belles-Lettres)。除繼續研習第四學年之課程外，另增高等代數及三角。第六學年稱爲「修辭班」(Rhetoric)，增授機械學。第七學年稱爲「初級哲學班」(Junior Philosophy)，復加化學及解析幾何二科目。第八學年稱爲「高級哲學班」(Senior Philosophy)，另增物理及微積分。就英語區加拿大中學而言，於其規定之修業期間內，須研讀上列各種科目，期滿參與畢業考試。

魁北克境內英語區之天主教，在教育上於十五年前即獨樹一幟，其中等教育制度與加拿大其他各地之英語中學完全相同；惟於蒙特利爾(Montreal)設置一所古典學院，招收修滿四年課程之中學畢業生，入院後在第五學年肄業。

秦伯林(Chamberlin)指出，古典學院爲加拿大法語區教育目的之具體表現：「加拿大英語區與法語區間教育之顯著區別，一如美國與阿根廷及巴西間之差異然。此即爲盎格魯——撒克遜與拉丁文化概念及生活方式間之差別也——前者注重實用，後者側重理論。無疑的，此二種制度間之差異，悉因其所具之價值及心理傾向不同，並無高下之分。」

秦氏復指陳加拿大法語區的教育，不利於現代戰爭，且在現代工商業生活中亦將繼續如此。由於古典——文科式的教育，不重視科學，故加拿大法語區，擬訓練一種合格之飛行員及礮兵，亦鮮有良好之成績，蓋彼等之科學及數學知識，過於淺薄也。法語學校雖亦設置科學及數學，但不及英語學校之重視此等科目。第二次世界大戰期間，法國方面亦有類似之批評，咸以爲法國的古典及文化教育，未能培養適合國家需要的領導人才及公民。

拉瓦大學(Laval University)校長羅克米勒(Monsignor Camille Roy)，亦承認加拿大的法語大學，素來祇訓練律師、醫生，及秘書人才，科學工作的職位，幾爲其他各省英語學校畢業生所獨佔。

二、紐芬蘭

紐芬蘭於一九二五年，在其首邑聖約翰建立一所省立初級學院，稱爲紀念大學學院。自一九四九年起，開始授予學位，並更名爲紀念大學。此外教會方面亦設有幾所學院，其間並有若干學院與大學保持聯繫，而由大學授予學位。紀念大學除訓練師資外，並辦理一種規模甚大而成績優異的暑期學校。

三、其他各省

各省至少設置大學或學院一所，其所需經費，多由省政府撥付。西部各省的大學，大都爲省立機構，與美國州立大學相似。各大學雖由省教育部編列預算，指撥經費，但不直接受其管轄。一般歷史悠久的省份，尚設有若干私立高等教育機關，並由省政府給予經費補助。

各大學的學生人數，在一九四〇—四一年度，共有三六、〇〇〇名，到一九四七—四八年度，增至八三、〇〇〇名，至一九五〇—五一年度，復減少爲六八、〇〇〇名。大學畢業生，佔加拿大人口總額的百分之三。

成人教育

加拿大各省，大都設法擴充其成人教育設施。省教育部，大學推廣部，以及私入團體，均積極展開成人教育工作。在鄉村社會，已產生一種學校即社會中心的概念，即所謂「光輝的校舍」（The Lighted Schoolhouse）。成人教育協會（Adult Education Association），對於全國成人教育工作之推行，亦竭盡協助之能事。就魁北克言，教育長的職責之一，即是設立成人學校，及辦理勞工階級的教育。此類教育，多由各種職業學校，設置補習班辦理之，詳情已於前述。魁北克及蒙特利爾的美術學校設有夜間班，喬治威廉學院對於夜間班亦極爲重視。據基督新教委員會報告，該會設有六所成人夜校，天主教委員會亦聲言設置一二五所成人夜校。紐芬蘭的紀念大學，未設推廣部，但爲成人開設海事及保育訓練學程。新蘇格蘭，有一件極有意義的工作，便是「安提娥尼運動」，詳情留待增訂時再行討論。此項運動對於紐芬蘭及其他沿海各省(Maritime Provinces)，均已發生莫大的影響。

師範教育與教師地位

加拿大各省對於師資訓練工作，極爲重視，通例小學教員在中學受普通教育，中學教員在大學受普通教育，其後再受一年之專業訓練，期滿須受一項證書。惟實際上，各省所制定之辦法，彼此不同。就魁北克天主教區言，凡修滿九年級課程的女生，即具有接受二年專業訓練，領取初級證書的資格，持有此項證書，即可擔任七年級以下的教學工作。

一、魁北克

魁北克的師範學校，規模甚小。依據天主教師範學校理事長(Director-General of Catholic Norma Schools）一九四九—五〇年度的報告，計有四十八所師範學校，學生總數爲四、八七七人，平均每所學校，學生人數恰巧超過一百人，各校人數由三十至二百一十人不等。此外，尚有訓練修女及修士的修道院（Scholasticates）。其中訓練修女的修道院，計有三十一所，修女二四〇人，各院修女人數由二至三十七人不等，平均約爲七人左右。訓練修士的修道院，其規模略大，目前計有十五所，各院人數由十一至八十四人不等，平均爲三十六人。麥克唐納學院附屬師範學校（The School for Teachers of MacDonald College），旨在培養基督新教學校的師資，據一九四九—五〇年度的報告，計有學生一四二名。

天主教男子師範學校及訓練修士的修道院，招收修滿十一年級課程者，在校肄業二年，可得補習文憑（Complementary Diploma），修滿三年，領受高級文憑（Superior Diploma）。女子師範學校，及訓練修女的修道院，招收修滿九年級課程的學生，肄業二年期滿，可得初級文憑（Elementary Diploma），三年期滿，領受補習文憑。四年期滿獲得高級文憑。依據魁北克官方的公告，關於男女師範學校學生入學年齡，曾有詳盡的說明。

魁北克的教員待遇極低，甚至較其他各省的標準尚差。一九四九—五〇年度教員平均待遇，如表四十所示。

表四十　一九四九—五〇年度，魁北克教員平均俸給表

	教員人數	一九四九—五〇年度平均俸給		
		鄉村教員	都市教員	合計
天主教教員				
凡俗男教員	二、〇九三	美元一、九〇六・〇七	美元三、三八二・三六	美元二、九四〇・三二

修士	三、一七二	一、一六三・四八	一、三四六・一六	一、二九二・五九
凡俗女教員	一二、三四二	八一二・九〇	一、七四五・二二	一、〇四九・〇〇
修女	八、一五九	七六四・四三	九七三・三五	八七二・一一
共計	二五、七六六			美元一、一七三・〇〇
新教教員				
男教員	五七四			美元二、五七五・〇〇
女教員	二、一〇七			一、五一七・〇〇
共計	二、六八一			美元一、七八九・〇〇

魁北克基督新教的學校，其教員待遇雖較天主教爲高，但鄉村的新教學校，就一九四九—五〇年度而言，男教員平均年俸祇有一、一八二元，女教員祇有一、二一二元。依據新教學校的督學報告，因有多數教員均爲不合格者，故其待遇較低。茲將幾位督學的報告，列舉如次：「教員的待遇，業已提高，持有許可證的教員，大都原支年俸一、〇〇〇元，目前則平均增至一、一六一元。」「就九十二名小學教員言，其中百分之三十爲不合格者，雖屬如此，但其待遇仍予提高，已平均增至一、一〇〇元。」「六名教員卽有五名爲不合格者。」「在九名男教員及四名女教員中，卽有三名爲不合格者。」「有些學校，其不合格之教員，在校服務已達十年之久，亦有不少的學務委員會，其規定之教員待遇，合格教員並不優於持有許可證者。」

秦伯林更指出，魁北克新教的經費並不多於天主教，但其教員待遇及學校設備，一般均較天主教為優。所以，渠認為雙軌制將造成教育機會之不均等。

魁北克天主教學校的督學，對於未受專業訓練的教員問題，亦有所列論。彼等主張應為此等教員舉辦一種臨時訓練，蓋彼等深感教育之不能進步，一般教員之未受專業訓練，乃為主要原因。依據督學拉格斯(Lagacé)的報告：「一般學校之不進步，乃為受專業訓練之人員過少，且多數人員，均未能克盡職責。」在此一制度下，多數兒童所受之教育，均較其所希望者為差。根據教育長一九四九—五○年度的報告，天主教學校的教員，未獲得教員文憑者，女教員一、○九一名，男教員四八名。在魁北克境內，凡取得天主教教員職位者，並未規定其必須具備官方之教員證書。各天主教學校的教員，其中雖有百分之八十持有教員文憑，惟大多數的教員，所持之教員文憑，不能與官方頒發之教員證書，等量齊觀。其他各省，則規定取得天主教教員職位者，尚須符合普通教員證書規程之規定。

因須維持兩種不同的學制，乃使地方納稅人的負擔加重，而且由於教職員人數增加，教職員俸給方面的開支，當較其他任何教育設施所需之經費為大。都市方面，以其人口衆，稅收多，故其教員待遇，較之其他各省為佳。反之，鄉村學校，由於地方財力貧困，教員待遇微薄，一般合格教員，每多望而却步，故鄉村學校教員，多係未受專業訓練者。

二、紐芬蘭

紐芬蘭的教員，原為英國訓練，一八五一年，始由監理會派（Wesleyans）創設一所日間師範學校(Normal Day School)。一八五五年，英格蘭教繼而倣行，嗣後，其他各教派亦相繼設立師範學校。至一九二一年，第一所非教派的師範學校亦宣告成立，嗣以經費困難，乃於一九三二年停辦。迨至一九三四年，師資訓練工作，由紀念大學負責，目前，該校設有四年制的師資訓練課程，期滿授予教育學士學位。暑期教員講習班，亦爲該校重要設施之一。此外，省教育部並爲一般初任教員，設置一種暑期學校。

各教派均設有一種考試委員會(Board of Examiners)，所有委員悉由國王任命，依據教育評議會(Council of Education)制定之規程，舉辦考試，授予證書及許可證(Licenses)。凡初任教員接受暑期教員講習班一次以上之講習者，即可領受教員許可狀。教育部並依據省教員退休法案的規定，支付所有教員的退休養老金。紐芬蘭由於經濟困難，且須負擔雙重學制的經費，故其教員待遇較其他各省爲低，詳情如表四十一所示。

表四十一　加拿大各省教員平均待遇

省別	教員人數	男教員	女教員	合計
阿伯塔	六、二八二			
公立學校				美元二、五三四·三〇
天主教學校				二、〇五四·二六
英屬哥倫比亞	六、五九八			三、一三九·〇〇
曼尼托巴	四、九六一			二、一〇八·〇〇
新布倫瑞克①	三、八三四	美元二、二二九·〇〇	美元一、八二三·〇〇	
紐芬蘭	二、三二五	一、二一九·〇〇	九〇九·〇〇	九一七·〇〇
天主教學校	八六二	一、二六四·〇〇	一、〇一四·〇〇	一、一〇一·〇〇
英格蘭教	七二一	一、三一一·〇〇	八七六·〇〇	九〇〇·〇〇

聯合教	五八三	九二三.〇〇	九〇二.〇〇	九〇六.〇〇
救世軍	一五三	八九六.〇〇	七五六.〇〇	七六六.〇〇
安息日會	六	一、三五〇.〇〇	一、二九〇.〇〇	一、三〇〇.〇〇
新蘇格蘭	五、一五七	二、二四四.〇〇	一、六二六.〇〇	一、七一七.〇〇
安剔鰲阿	二五、五六六			
公立學校		二、八〇三.〇〇	二、二六七.〇〇	
天主教學校		一、八二〇.〇〇	一、四三四.〇〇	
魁北克				
天主教學校	二五、七六六	一、九四八.〇〇	九八三.〇〇	一、一〇九.〇〇
新教學校	二、六八一			一、七八九.〇〇
愛德華太子島②	七二一			一、一四〇.四二
撒喀齊萬	六、九一一			一、九一四.〇〇

附註：①持有第一級證書的教員平均待遇。
②第二級（非中學）教員平均待遇。

三、其他各省

加拿大歷史較長的各省，歷年以來，即感學校不足及教員缺乏。各教堂及教會團體雖盡量設法延攬教員，然仍感供不應求。因此，一般未受專業訓練或曾受短期訓練的人士，每多充任教員職務。安剔鰲阿省，於創立師範學校時，曾以公開函件致反對此項計劃之人士稱：「諸君建議，在我國當前情況下，應竭盡一切力量，培植合格教師，而不可一味借重外來人士，吾人亦有同感。蓋以往教師，類多年老力衰，而以教書爲其謀生之計者。於是，一般學校乃年年延聘外來移民，爲其合格教員，此項措施，本屬權宜之計。況且此等外來教師，必須待其品格及能力爲吾人所賞識時，始能對彼等作適當之安排。」

拉茲特（Lazerte）於討論此種情況時，亦謂：「目前教書職業之未能享有應得之聲譽，或係加拿大最初之教師未受人尊重之故也。」

一般教師，雖未接受專業訓練，但彼等大都依照規定，取得各種教員證書或教員免許狀。不過，在最早的時候，多數教師均未受過正式教育，其教學能力亦多不能與所獲之證書相稱。一般言之，各種教員證書或教員免許狀，多爲健全品格，效忠政府，及贊成各該團體之學校設施理論之類的規定。此類證書，或由主教頒發，或由地方官吏授予。北美州第一所公立師範學校，即是一八三六年建立於蒙特利爾的，較之美國設於麻州的第一所州立師範學校，猶早三年。蒙特利爾的師範學校，旋於一八四二年停辦，由於歷史短暫，故對於加拿大教育的影響甚微。惟於一八四七至一九〇五年間，加拿大各省，均次第設置師範學校。

一九四七—四八年度，加拿大教育協會(Canadian Education Association)發表「加拿大教員地位」之研究一文，指出教員的來源：「父母的社會及經濟地位，每成爲一般中學生選擇教書爲其職業的決定因素。家庭經濟優裕的學生，鮮有從事教學工作者。農家子女，充當教員者，六倍於其他職業的子女；非技術工人及一般勤務人員的子女，選擇教書職業者，多於專門職業者的百分之五十。充任教員者，勞工階級的子女，多於銀行人員、經紀人、工商界經理、教員、醫生、牧師、律師、及會計人員的子弟。」

麥克英太尼(McIntyre)於敘述證書規程時亦謂：「其他職業，在資格上是否有如此之高，尙成疑問。教書職業之未受人重視，或爲一般人民低估此項職業資格之故也。依規定通過大學入學初級試驗並修滿六年課程者，始能取得教員證書，故其程度與從事其他職業者無異。同時，吾人亦不能謂教員所持之證書，均爲最低等者。無疑的，一般人民祇以爲教書職業之地位過低，而未注意其資格之高。」

加拿大教育協會，一九五二年十月的研究報告指出，除英屬哥倫比亞外，其餘各省均缺乏合格教員。於同一年度內，加拿大境內計有單班學校二〇、〇九九所，其中一四三所以經濟困難而停辦，一、五五八所，其教員均未受過專業訓練，二、七九四所祇有部份教員受過專業訓練。依據九次的報告，會受專業訓練的合格教員，尙差六、五五六名，約佔教員總人數的百分之七。一般教員的平均待遇，詳見本書表四十一。

加拿大學校設施上的問題

加拿大公共教育上的若干迫切問題，一如其他國家，由於教育經費困難，未能獲得適當的解決，其中不少問題，業於本書第七章中討論一過。但是，有許多關於學校設施上的問題，尙待從長研究。加拿大教育協會調查委員會，於一九四五年曾列舉加拿大教育上所遭遇的難題，達十五個之多。

一、教員補充及職位

如能提高教員待遇，使能與其他專門職業相等，則師資問題，不難解決。調查委員會所列舉的十五個迫切問題，其中即提到改善教員的任用、訓練、及待遇。該會並主張設置獎學金，以改進專業教育，師範教育，即爲此項改進計劃之一。如能提高師資訓練機關的入學資格（例如修滿九年級的女生，不得投考師範學校是），改進師資訓練機關的入學考試辦法，修訂教員證書規程，教書職業的聲譽及地位，必能有所改善。設如此，投考師資訓練機關的學生，即將日形踴躍，長期性的師資缺乏問題，亦可迎刃而解。

二、中學課程

加拿大各地的免費公共中等教育，雖有不少改進，但加拿大青年在中等教育階段內就學的比例，仍嫌過低。如表三十九所示，大多數的省份，修滿八或九年級的青年，大都離校就業，故八或九年級以後的青年繼續求學者，爲數甚少，其間尤以愛德華太子島，新布倫瑞克，及魁北克的天主教區爲然。司廸瓦(Stewart)於一九五二年曾說：「顯然的，尚待改進之處甚多。……一般學生，於小學畢業後，均未進中學。即使進入中學者，亦多在學業尚未告一段落時，即行離校。……加拿大年在六至十八歲間的學生，大都受過免費的公共教育，此種教育，於第一次世界大戰前，即已開始實施，但其內容空虛，教法不當，致不能吸引多數的青年人，……一般進步的思想家，咸以爲中等學校，不單是大學之預備機關，且應爲大學入學試驗之完成。蓋大學入學試驗，具有極高的聲譽，幾成爲一種大衆崇拜的偶像。此外，一般中學，祇授與學生之學科知識，而無其他訓練，亦當有所改進。」

加拿大的中學教育，因受歐州的傳統影響，故一般中學，大都祇設知識科目，而不設專門課程；而且加拿大的中學教員，大多祇受過狹義的知識教育，故擔任專門科目的教員，爲數甚少。目前加拿大正擬制定一種中學課程標準，以適應大多數十四至十八歲間不升大學的青年的需要。若干省份，並成立一種新制的區立或鄉村綜合中學，以實施此項新的課程標準。調查委員會，以爲應擬具一種「不分地區，包括全體學生的一種適當的中等教育計劃」，乃爲加拿大教育上的迫切問題之一。

三、魁北克的中學問題

如何吸引並保持中學年齡階段的男女學生之繼續求學的問題，魁北克天主敎的學校，較之其他地區，尤爲迫切。魁北克敎育長，於一九四九—五〇年度的報告中，曾提醒一般人士注意此一問題謂：「吾人之青年，大都於修滿七年級時，卽行離校。各高級學校的學生註冊人數，爲數太少。一般家長及敎師，如能澈底研討此一問題，並尋求實際方法，使學生繼續求學直至九年級，乃至十二年級，或不無效益。」

魁北克法語區的古典學院，爲一般學生進入大學的傳統門徑，各公立中學，非以學生升入大學爲目的，故不注重升學科目。可是，魁北克由農業省份變成一種工業中心後，由於此種突然的轉變，乃促使敎育部在各中學，古典學院，及大學間，設法謀取進一步的聯繫。天主敎學校，並成立一種委員會，專門研究古典學院的前四年，與各中學之間的聯繫問題，藉以減少轉學的困難。該會建議各公立天主敎中學，實施古典學院前四年的敎育，自第五學年起，卽可轉學。惟此項計劃，迄未實行。不過，由於此種計劃的影響，乃使一般天主敎中學，注重古典科目之傳授，此種情況，恰與加拿大英語區的中學，背道而馳。

四、紐芬蘭的敎育問題

除魁北克境內兩種語言的人口問題外，凡足以影響其他省份的一切問題，紐芬蘭省，均予以縝密的研究。由於缺乏受過專業訓練的敎師，以及敎師的待遇過低，乃使省內一切敎育問題，格外嚴重。一般敎員的知識程度，較之政府所希望者尤低。各敎派學校的多軌學制，其所需之公共敎育經費，悉由各敎會自行負擔；惟一般較小地區，因其全部居民，均屬於同一宗敎團體，故所需敎育經費，卽由某一宗教團體負責。紐芬蘭的經濟情況，至爲困難，省內各地的交通，亦欠發達。其主要問題，一如魁北克，即是如何維持人民所希望的教派學制，並進而使此一學制發揮其較大之效果。

五、加拿大學校的其他問題

調查委員會所列舉的各項問題，與其他國家學校行政人員所遭遇者相似。渠等以爲加拿大的健康檢查及醫療矯治計劃，應大加擴充。各教育階段的指導及輔導工作，亦須加强。各級學校的圖書設備，也應設法充實，尤以一般鄉村學校爲然。渠等更主張一般督學人員，應注重教員之輔導，儘量協助教員，而不必過於重視教員之考核及學校之視察。同時，並要求擬具一種發展實際教育的計劃，諸如綜合中學，以及十六至十八歲間青年的補習教育計劃等是。渠等復建議擴充各種專門的農業、商業、職業及工業學校。凡此種切，均爲加拿大教育界的領導人物所面臨而須設法解決之問題。

第十五章　蘇俄的學校設施

如本書第八章所述，由於蘇俄採用一種特殊的教育管理制度，乃使其教育設施，趨於整齊劃一。在形式上雖為各地方自治團體自行決定一切的一種地方分權制，但由於握有實際權力的共產黨，採取一種極端的中央集權制，所以全國各地的各項教育設施，並不因地區而有差異。

各級教育，均係公共教育，其設置權限雖操於地方，惟其所需經費大部取給於中央，故實際上乃由中央管理，在蘇俄境內，絕不許設置任何形式的私立學校。各級學校，一律凡俗化，任何宗教教育，皆禁止在學校實施。（蘇俄憲法雖明載保證宗教祈禱儀式之自由，但宗教教育却被禁止，即令校外，亦不例外。）全國各地，大都實施男女同校制，但自一九四三年起，各大都市的學校，間有實行男女分校者。

依據法律的規定，七至十五歲間的學童，一律强迫入學，惟事實上，祇有七（或八）至十二歲的兒童，才是强迫就學的。據聯合國教科文組織的報告，十二至十五歲間的兒童，約有三分之一失學，而尤以鄉村為然。近年來蘇俄教育當局，儘力興建校舍，增加教員，故其義務教育法之實施，或不無效果。

公共教育的第一個階段，為學前教育，以三至七歲為限。一般地區，雖設有托兒所及幼稚園，惟此等機關，大多見於都市，或附設於工業及農業團體。就莫斯科言，一九四三年約有六分之一的兒童進幼稚園，其他地區，尚不及此數。各兒童之就學此等機關，純屬自由性質；依據聯合國教科文組織主編的「各國教育組織及統計手冊」一書所提之報告，在一九五一年，三至六歲的兒童，就學者約為百分之六。

第二個階段，爲招收七至十一歲兒童的四年制小學，所有學齡兒童，一律強迫入學。在此一階段，各民族大都採用地方語教學；蘇俄政府宣稱，各小學使用的語言，達七十種之多。大多數的鄉村，其所設之四年制小學，乃爲唯一之學校。蘇俄教育各階段的組織及各學校的名稱，如圖九所示。

第三個階段，爲初中階段，包括五至七年級，以十二至十四歲者爲其施教對象。有些地區，每將前七年合併設置，而稱爲初級中學，不完全中學（Incomplete Secondary School）或七年制學校（Seven-Year School）。一般鄉村，大都祗設置小學，鄉村學生，類多至附近城市進初級中學。

初中以上，爲高中階段，包括八、九及十年級，招收十七歲以下的學生，予以三年的普通教育。所授科目，如初中相同，通例稱爲高級中學，完全中學（Complete Secondary School）或十年制學校（Ten-Year School）。各都市，各工業中心及較大的鄉村，每將三個階段，合併設置，爲七至十七歲的學生，施以十年的教育。

義務教育終結時（就理論言，義務教育至十五歲爲止，惟實際上，多以十四歲爲其終結期。），每依男女學生職業上的目的，分爲三類。第一類人數最多，列爲勞工儲備人員（Labor Reserve），分派至各工廠或集體農場工作，並在有關之學校，接受一或二年的訓練。此類人數的多寡，悉以國家的計劃及其所需之新工人的數量爲基準。一般言之，凡畢業考試學科成績較差的男女學生，大都被派至第一類，一經派定，即無選擇之自由。第二類進技術學校或半專業的學校，施以俄人所稱之「中級技術人員」的訓練。第三類，多係考試成績優異，被稱爲學術上的天才者，或留原校施以三年以上的教育，或轉入附近的高級中學，以爲升入大學或高等專門學校之預備。蘇俄各級學校學生註冊人數的統計，如表四十二所示。

表四十二　一九三九——四〇年度，蘇俄學校及學生人數的統計

學校類別	學校數目	學生人數
幼稚園	二三、一二三	一、〇三九、〇〇〇
小學階段（一—四）	一一〇、二二〇	二〇、四七一、〇〇〇
初中階段（五—七）	五五、〇五八	九、七一五、〇〇〇
高中階段（八—一〇）		一、八七〇、〇〇〇
技術學校	三、七三三	九四五、〇〇〇
高等專門學校	七五〇	六一九、〇〇〇
大學	三三	
共計	一九二、一九七	三四、六五九、〇〇〇

附註：依據蘇俄駐美大使館新聞處的報告，一九五二—五三學年度，蘇俄各級學校學生人數為五七、〇〇〇、〇〇〇名。

圖九

蘇俄學制略圖

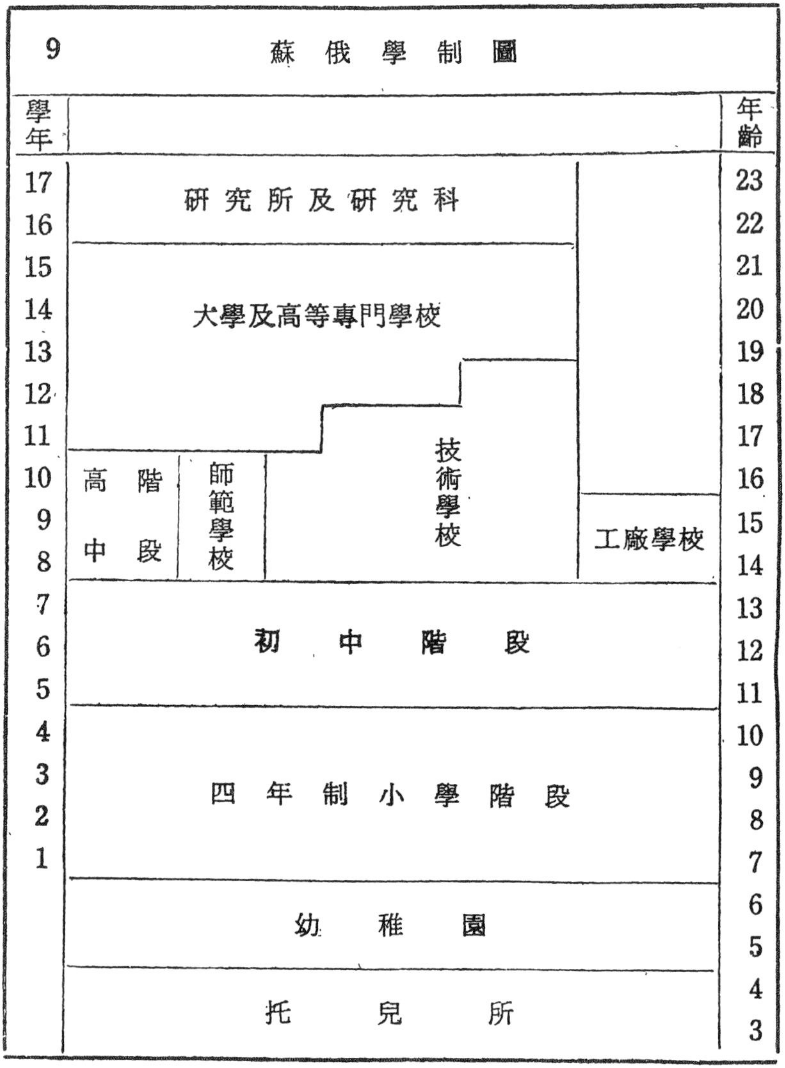
9
蘇俄學制圖
學年
年齡
17
16
15
14
13
12
11
10
9
8
7
6
5
4
3
2
1
23
22
21
20
19
18
17
16
15
14
13
12
11
10
9
8
7
6
5
4
3
研究所及研究科
大學及高等專門學校
高階中段
師範學校
技術學校
工廠學校
初中階段
四年制小學階段
幼稚園
托兒所

社會或普通教育，始於托兒所，凡能進入托兒所的幼兒，類皆視為幸運兒。此等機關，由衛生部管轄。兒童之入所，悉為自由性質，三至六歲的兒童，進托兒所者為數極少。此等機關，多係日間學校，間有設置宿舍者。托兒所之設置，其主要目的，在為工廠或農場工作之婦女，撫育其子女。然而，一般蘇俄教育家，認為設置托兒所，最重要的理由，乃為一般家庭環境——社會的，物質的，及心理的——不及托兒所或幼稚園完善。

俄國人認為除非國家工業發達，婦女勿須工作時，否則，國家即負有教養幼兒的責任。復以為除非每個家庭均具有必須之設備，為母親者，均受過兒童教養方法及科學的訓練，否則，即須設置托兒所。尤其都市房屋奇缺，一般家庭住宅，均極狹小簡陋，故此項政策之推行，乃成為必然之趨勢。部長會議(Council of Ministers)的歷次通告，亦特別强調各工廠、集體農場、及其他事業機關，負有為其員工子女設置托兒所及幼稚園的責任。此等學前教育機關，由各工廠及農場管理處設置及維持，但直接受各有關部會的監督及管理。

托兒所特別注重兒童的健康，故經常舉行健康檢查，及各種體育活動，藉以促進兒童的生長。此等機關尚負有一種教育母親的重要責任；此等機關，成為傳授關於兒童健康及發展知識的中心，母親的諮詢服務處，以及牛乳分配中心。蘇俄統計學家證明，幼兒死亡率的減低，此項計劃之實施，或不無功效。各行政機關則認為幼稚園為數過少，不足以適應需要，故彼等極力鼓勵各機關增設幼稚園。在鄉村為使一般婦女得有農田工作的時間，乃設置暑期幼稚園，此外，於尚未實施學前教育計劃的地區，亦儘量舉辦各種兒童服務事項。

任何有組織的團體，均可設置托兒所。一般較大的公寓住宅，即由住戶聯誼會(Housing Committee)，設置托兒所，以供本公寓各住戶子女就學之用。依規定今後新建之公寓，必須具備專供托兒所之用的房屋。各工廠亦應爲其員工子女，設置托兒所，所需經費，另行籌措，必要時得請求有關部會補助。較大之集體農場，亦當採用同一方式，另籌經費，爲其員工子女設置托兒所。此等托兒所，不論由何人設置或由何人負擔經費，其各項設施，一律受國家之監督與管理。

俄國人特別重視環境，以爲一切教育，均可採用「交替法」(Conditioning)，在特殊情況下，學習者常因制約而產生預期之行爲；康德爾指陳，蘇俄兒童之正當態度及習慣的訓練，早在十八個月即開始實施。年滿四個月的嬰兒，亦在學校醫務人員指導下，作身體訓練，蓋俄國人認爲年幼嬰兒身體的生長與發展，可因訓練而發生改變。一般言之，各托兒所及幼稚園，其設備均甚完善，凡於兒童生長及心理發展有益之事項，無一不加以注意。由於俄人重視「集團主義者」(Collectivist)的觀點，乃特別注重兒童之交友(Good-neighborliness)訓練，甚至玩具之設計，也以兒童共同遊戲爲主。若干大而輕便的積木，雖非某一兒童個人能力所操縱者，亦每備置齊全。

一般幼兒由托兒所轉入正式的幼稚園，其所用之方法，頗饒興味。當某一托兒所的幼兒，於尚未轉入幼稚園之前，幼稚園的教員即前往托兒所參觀；有時，在幼兒尚未進入幼稚園以前，幼稚園的教員，即進行家庭訪問，以便熟識兒童及其父母。其後，托兒所的教員，遂帶領幼兒前往幼稚園，並與彼等相處二天或三天，甚至一週。

幼稚園一如托兒所，其設置目的在於適應工作婦女的要求，故其學日的多寡，以婦女之工作時間爲基準。有時兒童可於一週之內均不在幼稚園，有時祇當其母親無事在家時，始返歸家庭。各幼稚園一如托兒所，亦成爲父母教育的中心。幼稚園的教員，對於兒童的家庭情況，以及兒童與父母之間的關係，均極熟悉。凡屬學前教育階段兒童的一切行為問題，皆儘量由父母及教師共謀解決。

各幼稚園的校舍建築及設備，例由工廠、集體農場、或有婦女工作之商業機關負擔，有時，工業部尚予以直接之補助。幼兒在園內所需之費用，多由父母負擔，但所繳費用數目，悉以其家庭經費收入及家庭兒童人數之多寡為轉移。凡私生子，戰時難童，父母坐牢無人撫養之兒童，以及家庭兒童人數在四人以上者，均一律免費。

蘇俄教育家，認為一所托兒所或幼稚園，應有情感及快樂的氣氛，因此，在一日之內的若干小時，教師須取代父母的地位，故其教學方法，側重兒童的個別接觸，期使兒童在校之時能獲得快樂的經驗。另一方面，各幼稚園又非常重視兒童共同合作的生活訓練。舉凡各種競技，活動以及特殊之玩具與設備，均以訓練兒童共同生活，共同遊戲及共同工作為主。

幼稚園的教學方法，並未遵循蒙台梭利的思想，就俄國人的觀點講，它是一種外國的思想，當無採取的必要。蘇俄的幼稚園，體育活動，音樂及舞蹈的教學時間很多，並儘量設法灌輸兒童以唯物思想，馬克斯主義的知識，以及蘇俄的人生觀。對於一般愚昧的信仰及民族的迷信，則極力排斥之。各幼稚園，類多使兒童記誦俄國詩及俄國故事，並多方鼓勵一般俄國詩人及兒童故事的作家，前往各幼稚園參觀，藉以了解兒童的能力及作品。同時，為擴充兒童的知識，與增進其對世界的了解起見，乃舉行各類參觀及郊外旅行，返校後並使兒童敘述其觀感。

幼稚園的教員，係由一種特殊的師範學校所培養者。雖然在母親的工作時間內，一連若干天，兒童都留在幼稚園，但各幼稚園的教員，每日祇有六小時的工作。在第二次世界大戰期間，若干幼稚園均遭受毀壞，惟已修復不少。依據聯合國教科文組織主編之「各國教育組織及統計手冊」一書所載，一九三九——四〇年度，蘇俄境內計有幼稚園二三、一二三所，就學幼兒一、〇三〇、〇〇〇名，至一九四七——四八年度，幼稚園已增至二七、〇〇〇所，幼兒人數爲一、五〇〇、〇〇〇名。托兒所及幼稚園的預算，並年有增加。

由於義務教育，自七歲開始，故兒童入小學後，始能學習讀、寫、算的知識。一般幼稚園，大都於最後一年使兒童學習簡易的算術，讀書及寫字。各家長都希望子女於未進小學一年級以前，學習一些讀、寫的知識，但是一般幼稚園，並未遵照家長的意見辦理。所以，一般兒童於進四年制小學時，仍未具備讀、寫、算的知識。

小學教育

普及義務教育的理想，雖成爲布爾什維克主義革命的主要目標之一，但直至一九三〇年共產黨中央委員會依據十六屆共產黨全國代表大會的決議案，制定並公佈各共和國教育人民委員部（Commissariats of Education）的法令時，才正式實施。在第一個五年計劃內，並明令規定全國性的小學教育目標。從此，各級學校的設置，及師資的訓練，亦日益加强，學生就學的人數，更有顯著的增加。當時，義務教育法的規定，年在八至十二歲間的全體兒童，一律强迫就學。嗣後，離學年齡延長至十五歲，入學年齡則提早至七歲。惟四年制的小學，仍爲大多數俄國年幼兒童所進之基本學校。據艾西貝(Ashby)在俄國戰時所作之報導，就俄羅斯共和國而言，二十名兒童於一九三五年進小學一年級，至一九四五年在十年級攻讀者祇有一人。其中部份原因，乃受戰爭影響：諸如中學校舍的損壞，教員轉入陸軍及工業部門服務，以及大批年滿十四和十五歲的青年之受僱於工廠等是。

蘇俄四年制的小學，多係單班學校，惟近年來極力淘汰一校祇有二名教員的學校。據金女士(King)的報導，渠所參觀的單班小學，大都整潔美觀，校舍寬敞，但其設備簡陋者，亦爲數不少。

若干地區的土著人民，依舊過著遊牧生活，其所設學校，純爲帳棚建築，故此類學校可隨其遊牧人羣，遷移至各地。目前，正竭力設法充實此等帳棚學校的衛生設備，並擬設置圖書室及供應教科用書。各學校例皆三十名學生，即有教員一名。教員的工作時間，每日六小時，每週六天，如擔任額外工作，另給超支津貼。凡一校有二位教員者，其中一人則被指派充任主任教員。在此等學校內，通例一位教員擔任一、三兩個年級的教學，另一位則擔任二、四兩個年級的教學。教員隨班而上，待至次年，此二位教員所任班級之次序，恰巧顚倒。換言之，乃是一種小循環制。

各校每依地方實際情況，於上午八時三十分或九時開始授課，年幼兒童於午後十二時半或一時散學，年長者則於午後二時或二時半散學。各年級之功課表，例皆依部令規定而排列者，但有伸縮餘地。教室的空氣，至爲嚴肅；上下課教師進出教室時，所有學生，均須起立致敬。兒童發言時，必先舉手並經教師許可後始得起立講話。各年級均有固定之家庭作業，兒童於作業畢時呈繳教師訂正。

教學方法，側重講演法，大都由教師講演，學生靜聽，對於學生活動及個別學習法不甚重視。蘇俄心理學家，乃建議每節授課時間，年幼兒童不得超過十五分鐘，年長兒童以四十五分鐘爲限，並須由教師分爲閱讀，講故事及班級討論依次進行。美術、塑造、及手工等科目，亦可採用演示教學。各校兒童活動時間之多寡，每因教師而異。

一、小學課程

學校課程，係依教育部頒佈之規程而制定者。各共和國的學校，例皆採用同一之課程，蓋此類課程，係由各共和國教育部長於例行會議時所決定者，故各共和國之間，差異不大。蘇俄的任何學校，均無選科之設置。各個學生所修之科目，彼此間毫無差別。前三年學習一種核心課程。據部頒課程則所載，不僅希望學生學習文字，尤在使其了解書本知識與實際生活的關係。讀書科每輔以示範課，郊外旅行及實驗。從低年級開始，卽表演做事性的戲劇；各校學生常由教師帶往戲院或業餘戲劇團體，觀看戲劇。

地理科目，由鄉土地理講起，漸次擴大至國有區域，共和國及全聯。地理教學，側重每一事實及各種情況的經濟意義的敘述，期使學生對於蘇俄之經濟生活，具有明確之了解。歷史科目，則由本民族的歷史故事講起，其後，依次敘述俄國史，古代史，及近代世界史。歷史教學，旨在就共產主義的觀點，對學生解釋各種歷史事件的關係，以及現代世界上各種事件的前因後果。並採用地圖，圖表，及影片等，用以表明地理及歷史事實。

一般小學，大都採用包班制，由一位教師担任各科教學，爲教師者，由一年級至四年級，隨班而上。所設科目，除地方語（包括讀書、寫字、及初級文法）外，尚有歷史、地理、算術、自然、美術、音樂、及體育。由一至四年級，以語言讀書科爲中心，其他各科教材，力求與此中心學科相配合。各學校每週授課六日，依據部頒規程的規定，一、二年級每週授課二十四節，三年級每週二十五節，四年級每週二十七節。每節四十五分鐘，每節之間休息十分鐘，在午前前半段與後半段之間，則休息十五分鐘。一至十年級，每週授課時數，詳見本書表四十三。

全國各地的小學，雖採用各種不同的語言編制教科書，但其基本教科書所用之教材，則全國一律。不過，各地教師得搜集地方資料，編爲補充教材。爲維持地方分權制的形式，可將俄文教科書譯成各種地方語，但不得影響全國各地的教學一致性（Uniformity of Teaching）。據金女士的報導，有時，教科書須於出版前，印製樣本若干，送由教員試用，經試用合格後，始得正式發行。有的學校，則採用試驗性的教科書，但須依照審查意見而重加修訂。

蘇俄的教育目的之一，在使兒童參與集團的生活、學習、及工作。爲達成此種目的起見，乃成立學生自治團體及各種學校組織。一般學校，大都具有各種形式的學校會社，如科學，音樂及舞蹈團體等是。各年級設置級會（Class Committee），再就各級級會幹事中推選若干人，組織一種全校學生委員會(All-school Committee)。該會具有三大任務：第一、與校務會議(School Council)共同推行校務，維護校規及秩序；第二、負有醫務職責，諸如與校醫共同辦理衞生及健康事宜，向社會宣傳各種適當之衞生習慣，及保護校產；第三、協助學校實施校內之政治教育計劃。於執行最後一項任務時，須受共產主義青年團的指導。渠等大都製編壁報，組織各種討論團體。至於共產主義青年團，所負之訓練集團生活的任務，留待本章結束時叙述。一般蘇俄教育工作人員，咸以爲由於學生自治團體之全力協助，乃使彼等所抱之教育目的，得以充分實現。

二、考　試

於第四年級終結時，舉行一種「轉換考試」(Transfer Examination)，以決定學生能否升入五年級，是卽中學教育的開始。此項考試，通例由教育部製發一種考試單（Examination Cards），開列若干範圍很廣的題目。每一科目，均有一份考試單，其中列舉三個普通性的題目。例如地理科，其開列之題目，爲麥子出產的地帶，水路運輸系統，以及畜牧的地區。各該科教員，卽根據考試單所列之題目，擬定較爲專門的題目若干。各學校於接到教育部分發之考試單後，立卽通知教員請其依據本年度考試單所列題目命題。各科考試單，均列有三個特殊的題目或問題，以爲考試之用。

考試大都爲口試，此項考試在蘇俄教育上佔有極重要的地位。考試團體，其構成人員爲校長，級任教員，其他教員二人，以及區教育行政機關代表一人，通例爲教育輔導員。此類考試，在高年級尤屬重要，不特考試時間甚久，其對四年級俄文之考試，較之其他國家本國文的考試爲難。每一學生，均須以其自身所操之語言，背誦在校所學之詩歌或故事一篇。語文考試單，大都包括讀書及文法，詞句分析及文法結構。算術科，每一學生必須解答三個問題，其中有一題爲心算。學生作答時，不僅須有正確的答案，尤須解釋其演算的方法。分數採用數字分等法，由五至一分爲五等。學校科學研究所（The Scientific Research Institute for Schools），關於口試之實施方法，曾有極詳盡之研究。據該所報告，考試時應注重學生與主試人員間友好態度之建立，至於聲調及發問的語法，對於考試之成敗，關係至鉅，尤不可不愼。

三、訓育

自一九四三年以來，蘇俄的教育論著，對於訓育問題，至極重視。早期的革命體制的教育，乃置基於極爲進步的方法之上，故對兒童很少採取壓制或管理的方法，而着重其自身之活動。其後，俄國人將外國的理論與實施，完全擯棄，而採用嚴格的訓練方法。蘇俄領導階層的人物，咸以爲學校學生缺乏適當的生活經驗或知識，對於任何事情，當不能自作決定，而必須由成人代爲決定一切。然而，渠等認爲一個兒童如果生長於一種秩序良好的社會、家庭、及學校中，其行爲舉止，必能依循國家的規範，而成爲一個良善的公民。艾西貝指陳，俄國人認爲權威與自由，訓練與獨立，服從與自尊，是互相矛盾，難於兩立的。渠等以爲唯有依賴訓練及自覺的服從，始能使人格獲致充分之發展。

此種訓育概念，對於學生校內外的生活，亦有重大的影響。凡年在十六歲以下的學生，晚間十時以後不准上街，受課期間非經特准或由成人陪伴者，不得進戲院或電影院。一九四三年，制定一種校內外學生行動管理規則，共計二十條，其中包括個人的整潔，師長的尊敬，教室內的言行，以及對長妨的態度等事項。有的學校並於上語文課或紀念會時，誦讀此項規則。艾西貝觀察，在戰爭期間，若干學校會就此等規則詳加研討，但未絕對遵守。

當一名小學生的行爲發生問題時，爲教師者首先請求校醫，檢查身體，視其是否因生理缺陷而導致行爲異常。蘇俄的學校，未設兒童指導室，及心理或精神治療室，但其教師，校長，及校醫，常與校務會議共同磋商有關兒童行爲指導問題。至於心理測驗，或其他各項測驗，尤不多見。目前，有少數的學校，正試圖從學生的家庭環境，以發現學生行爲失常的癥結。

四、學校午膳

自第二次世界大戰以來，學校午膳，普遍供應，迄今仍繼續辦理，並有日益擴展的趨勢。各校多於中午或午前供應全體學生的熱食。蘇俄的學生，大都於午後三至五時之間，返家進正餐。學校用膳，雖無繳費之規定，但其家長大多須繳納膳費。一般學生家長會，在特殊情況下，常協助學校辦理膳食供應問題。戰爭期間以及戰事結束以後，由於工作婦女的人數增多，故學校午膳，尤屬必要，若干學校並開始供應晚餐。有些學校，並設置出售食物的快餐館（Snack Bars），若干較大的都市，尚與建一種兒童餐廳。

中等教育

一、普通中等學校

蘇俄的中等教育，分爲兩個階段。第一個階段，爲年滿十二至十四歲的學生，施以三年的教育，通例與四年制小學合併設置。此種合設之學校，稱爲七年制學校。第二個階段，另增三年，以十五至十七或十八歲的學生爲對象，間亦有與七年制學校合併設置者。此等合設之學校，通稱十年制學校。蘇俄政府的目的，在使所有的都市學校，一律成爲十年制學校，七至十七歲的全體學生，均在同一校舍內受教。

蘇俄的小學，較之中等教育與其他國家之間，尤爲相似。一般西歐國家，其中等教育，大多沿用相同之形式，祇不過因其自身之目的不同，而作適度之改變而已。美國的中等教育，乃爲博藝教育與職業訓練兼施之教育；若干歐洲國家，如某一學生在中等教育階段繼續求學，卽表明其決定選擇「白領階級」的職務，而非從事工藝或農業者。世界上大部份的國家，除非學生預備升大學，否則，修畢中學課程者，爲數極少。俄國的中等學校，在國家發展過程中，素極重視勞工的地位。故其中等教育，一如大不列顚，基於學生的職業目標及國家的需要，設置各類學校。此等學校較之其他國家更爲重視職業訓練。

在小學內，乃是某一教員擔任某一年級的各科教學；由初級中學五年級（卽初中一年級）開始，卽實行科任制，各種科目，分別由各科教員擔任教學。全體學生，均修習同一之課程，在同一年級內，各生所修科目完全相同。通例依學生年齡而分級，惟十一、十四、及十七歲時舉行的循環性轉換考試，對於學生之分級是否延遲，具有相當的影響。一般教師大都主張應予學生以個別指導，而不能對全班學生等量齊觀。蘇俄學校的課程及各科每年教學時數，如表四十三所示。

表四十三　蘇俄學校的課程及其教學時間的分配

科目	1	2	3	4	5	6	7	8	9	10
	各校各年級每年教學時數									
俄語及讀法	四五六	四五六	四八九	二六二	三二六	二六二	二九六	三三	三三	三三
俄國文學	—	—	—	—	—	—	—	一三二	一六四	一三二
算術	二三九	二三九	一九六	二三九	二三九	—	—	—	—	—
代數、幾何、三角	—	—	—	—	—	一九六	一九六	一九六	一九六	一九六
自然科學	—	—	—	九七	六六	九七	六六	六六	六六	—
歷史	—	—	—	八一	六六	九七	六六	一三〇	一三〇	一三〇
俄國憲法	—	—	—	—	—	—	六五	—	—	—
地理	—	—	—	八二	九八	九八	八一	九八	八一	—
物理	—	—	—	—	—	六六	九七	九七	八二	一三〇
天文學	—	—	—	—	—	—	—	—	—	三三
化學	—	—	—	—	—	—	八一	六六	八二	一二四
外國語	—	—	—	—	一三〇	一三〇	九七	一三〇	一二五	一二五
體育	三三	三三	六六	六六	六六	六六	六六	—	—	—
軍訓	—	—	—	—	—	—	—	六六	六六	六六

美術	三三	三三	三三	三三	三三	—	—	—	—	—
製圖	—	—	—	—	—	三三	三三	三三	三三	三三
音樂	三三	三三	三三	三三	—	—	—	—	—	—
每年教學時數	七八四	七八四	八一七	八八二	一,〇一四	一,〇四五	一,一四四	一,〇四七	一,〇四八	九八二
每週教學時數	二四	二四	二五	二七	三二	三三	三三	三三	三三	三三

附註：①一至三年級，在俄語及讀法科目內，每週有二小時的書法教學時間。
②七、八、九三個年級，女子中學不授軍訓，每週授體育一小時。
③女子中學的八、九年級，每週加授一小時速記或縫紉；十年級加授一小時的教育學、或速記、或縫紉。
④本表係一九四八年公佈之課程標準。

初級中學的五、六、七三個年級，學生所修之主要科目，爲俄語或地方語。非俄語區的學校，俄語教學由三年級開始；俄語區的學校，自五年級開始講授一種歐洲語。其他科目，爲數學（算術、代數、幾何、三角）、普通科學、歷史、地理、美術或機械畫，以及俄國憲法（祇設於七年級）。六、七年級開始講授物理及化學。體育則爲全體學生所必修者。蘇俄學校，設置課程的目的，在使學生具有穩固之科學及數學基礎，對於社會科學及現代政治的俄式解釋，得有明確之認識。

普通中等學校的高級階段，包括八、九、十、三個年級，招收十五至十七或十七歲以上之青年，施以三年普通教育。凡於高級中學攻讀之學生，多係學科成績優異者，期滿將繼續升大學或高等專門學校。所授課程，與初級中學不同。俄語代以俄國文學，自六年級起講授機械畫，而不授美術，對於科學及數學，尤爲重視。據教育部宣佈，自一九四七年起，男女中學的高年級，將一律增授論理學、艾西貝認爲蘇俄學校的課程，其主要特色爲嚴格與廣泛。艾氏於第二次世界大戰期間，以科學家身份居留蘇俄境內；在留俄期間，渠曾研究數學，化學及物理等課程，據其報告，此等課程「完滿而不誇張」。蘇俄學校的課程或科目表，由教育部作詳盡之規定，各地學校須一體遵行。唯一可以伸縮之處，祇是訓育時間的分配，教師的額外教學時間，以及學生參加集會的時間。部頒科目表內，雖列有實驗或討論時間，惟事實上各校並無實驗或討論。艾西貝於參觀莫斯科的一所十年制學校時，發現該校並未設置物理，化學，或生物實驗室；祇有學生的課桌及一張教師示範枱。此一學校的學生，祇能觀看教師所做之示範實驗，而無個別之實驗經驗。

(一) 社會科學

各國之社會科學的教學，大都受本國政治、社會、及經濟思想的影響。一位教員即使具有絕對之教學自由，但其教學活動，每爲自身所受之教育及背景，與夫所在國家之「社會規範」所限制。艾西貝指陳，歷史及地理之類的科目，英國學校的教學，頗受英國傳統思想的影響，英國學生「當其研究有關印度之情況時，頗覺厭惡，但關於美國人或俄國人對於英國統治印度的意見，則甚爲熟悉。」凡此種切，對於一位教師祇是一種非正式的、間接的約束。但是，蘇俄的學校，其教學活動則受到直接及有意的控制。課程內，對於教師教學的途徑及其應行注意之點，具有明確的指示。艾西貝引證科目表上的說明，用以表示各科教材之教學依據及重點如次：「俄文的教學，須以俄國文學上富有深遠意義的愛國主義思想爲講述之依據，……蘇俄的歷史教學，應以培養學生對於俄國史上具有空前之偉大貢獻的歷史英雄的愛戴心理爲要旨，……俄國人阻止蒙古人的進犯，使歐洲得以免受蒙古人的蹂躪。俄國人將歐洲從法國人及拿破崙的奴役下解救出來。同時，俄國人又拯救了整個的世界，使其免於足以摧殘每個國家之最大的侵略勢力——希特勒德國的奴役。蘇俄的地理教學，必須揭示我等偉大之國家的無窮資源。」

（二）外國語及宗教

艾西貝由俄羅斯共和國教育部頒定之「中等學校計劃」一書中，引述外國語（英語、德語、法語）課程的教學情況如次：「高年級教科書內的讀物及討論問題，須有益於共產主義的教育，足以培育大我無私的兼愛精神，與夫信賴我等社會主義的祖國，共產黨，及全世界的工人領袖——斯達林……並喚醒學生，使其了解全世界的工人，均富有向資本主義的壓迫而鬪爭，團結一致求取自由的情感。從八年級起，即須利用課外時間，使學生閱讀外國語內古典及現代革命的作品。高年級的社會及政治課程，其地位應予提高。（外國語課程的專題討論，爲學生之日常生活。）我國學生生活的快樂，資本主義國家學生生活的困苦（六年級），……俄國革命前，集體農場及一般農田的生活及工作概況……資本主義國家的農民生活（七年級），……資本主義國家革命奮鬪事件中的各種揷曲（十年級）。一般教科書應普遍採用此等問題，爲其討論資料。例如八年級的英語讀本，其中有若干文章，便是敘述芝加哥的貧民窟（美國作家辛克萊 Upton Sinclair 的作品），倫敦之地獄（美國小說家賈克倫敦 Jack London 的作品），兒童工作（取自威爾斯之地獄 Underworld 一書），倫敦之總罷工（英國小說家高爾斯華綏 Galsworthy 的作品），阿肯色州一名黑人受火刑而死的故事（美人郝吳德 Haywood 的作品），施葵斯先生（英國小說家狄更斯 Dickens 的一篇散文作品），曼徹斯特出席憲章運動的代表約翰巴登（英國女小說家格斯克爾 Gaskell 的一篇散文作品），金斯黎（Kingsley）的詩歌「三漁夫」（英國漁業公司的一段揷話），以及若干作者不詳、事實難於置信的作品。」

「吾人似可斷言，科目表的特色之一，……即爲反宗教之宣傳。余有一種印象，即一般教師於討論宗教問題時，一反以往之嘲笑宗教的觀點，却以一種卑劣而又矛盾的辯證唯物論的見地解釋宗教。一九四四年，有一份報紙於叙述此種政策時，曾有一段有趣的談話：『爲使學生對於自然現象與人類社會的本質，具有一種正確而科學之認識，學校方面必須消除學生的偏見與迷信，蓋彼等迄仍感受此類勢力之影響也。近來有若干教師對宗教抱一種寬容態度，其人數雖少，但却爲無可諱言之事實。不特此也，且教師遵守宗教之禮儀者，亦日益增多。本黨的宗教政策，至極明顯，迄今仍未改變。本黨基於科學觀點，力反宗教之偏見，同時，宗教的偏見是違反科學的，故一切宗教，均與科學背道而馳。』」

（三）體　育

第二次世界大戰以來，全國各地普遍提倡體育，惟具有濃厚之軍事意義。自一九四四年起，全國中等學校，於晨間正式上課前，一律實施十五分鐘的體育訓練，但天氣寒冷或氣候惡劣時例外。艾西貝報導，體育（高年級代以軍事訓練）包括各類體育活動，尤以軍事體育爲主，與俄國士兵的體育訓練完全相同。女生體育，則授以軍事體育，看護，無線電及電報收發技術。體育活動時，級任教師一如體育教師，必須出席指導，高年級學生，擔任點名工作，全體學生，一律參加，在正式授課前，至少以二十分鐘時間，使全體學生參加各類體育活動。一般中等學校，最後三學年，全體男生一律接受正式的軍事訓練。

中等學校，一如小學，不設置選修科目，各班學生，不論其未來之職業目的如何，均修同一類型之科目。規模較大的學校，外國語（英、法或德語）有選修機會。學生於進入高等專門學校或大學時，始授以專門科目。

（四）男女同學

若干年來，蘇俄當局每以其各級學校一律實施男女同校的事實，誇耀於世。此種措施，爲共產黨提高婦女地位，擴充婦女就學名額的一貫計劃。一九四三年突然宣佈廢止男女同校辦法，世界各地爲之驚奇。同一年度內，七十一個大都市，紛紛設立男女分校的學校。其後，全國各地相繼設置男子學校及女子學校，甚至在初中階段及若干工業學校，亦實施男女分校制。目前所有的都市，工業區，較大的鄉村學校，均以男女學校分別設置爲其例規。大多數的小學，若干鄉村中學，以及一部份工業學校，則仍維持男女同校制。大學及技術學校，通例爲男女同校。

此種政策實施後，因無多大爭論，恐不致有何改變。一九四〇年莫斯科教育當局奉令實驗男女分校制，旋經官方決定，維持既定政策，不作任何更改。一九四二年，莫斯科又奉令設置若干實驗學校，一九四三年乃決定擴充此項計劃。

一般學生家長及教師，均不主張有所改變，不過教師方面，並未作公開之聲明。曾於男女同學之學校攻讀之女生，其不贊成改變現制之心情，較之男生尤有甚焉。爲確保男女學校之學生，能獲得同一之教育，乃使男女學校之教師，在男女同校之師資訓練機關接受專業訓練。所授課程，除男校高年級之男生受軍訓，女校女生研習家事外，其餘科目，完全相同。共產黨主張，在蘇俄社會各種職業中，男女雙方應具有同等之就業機會。

蘇俄男女同校政策之改變，原因甚多。據悉其原意本爲實行蘇俄憲法規定男女權利及地位平等之速成方法，彼等認爲至一九四三年，此一目的，業已達成；同時，蘇俄教育家尙以爲男女學校分設，足以提高知識水準，增進知慧訓練。艾西貝復指陳若干蘇俄教育家，還有一種特殊理由，即是：「十至十四歲間的女生，優於男生；十四至十七歲間的男生，優於女生。故男女教育，應有各別之規定。男子學校側重競賽性的團體活動，女子學校則增加校外活動時間。」不過，男女教育的各項差別措施，多以增加軍事訓練為主。

最近根據蘇俄方面傳來的消息，教育當局有再度恢復男女同校辦法的擬議。至少在雜誌與報章上，可經常看到此類意見的文章。蘇俄官方對於此等意見所持之態度如何，尚不得而知。

（五）中等學校的學費

蘇俄教育政策，使外國人士感覺驚奇的另一改變，即由一九四〇年起，一般中等學校，開始徵收學費。以往，一般蘇俄教育工作人員，每以勞工共和國「由生至死」的一切教育，均不收取任何費用，向世人誇耀。依據一九四〇年所頒法令之規定，各中等學校最後三學年，技術學校，專門學校及高等教育階段的各類學校，一律徵收學費。惟各校學生如有下列情形之一者，得免繳學費：病患或家庭貧寒學生，戰時孤兒，軍人子女，以及一切寄養子女。凡通過中學最後之畢業考試或大學入學試驗，其成績列為榮譽級者，亦可免徵學費。此外，尚設置若干獎學金，其所得數額，足以繳納規定之學費及支付部份之生活費用。蘇俄教育政策之改變，其表面理由，乃為增加教育經費及學校設備，以適應學生人數激增之需要。然而，實際上却另有理由，便是蘇俄人民的經濟收入，普遍增加，政府的政策，則永為竭盡一切方法榨取人民過多的收益。

據估計一九四一年徵收之學費，尚不足高等教育經費總額的百分之三。八、九、十、三個年級的學生，每年所繳學費，由一五〇至二〇〇盧布不等。一般勞工階級的人民，每月所得工資祇有二五〇至三〇〇盧布，無疑的，除非勞工子女能取得獎學金，否則，其子女即無力繼續求學。可是，庫爾斯基（Kulski）却謂：「一般貧寒人民，如望其子女在社會上獲得較高之地位，即須出錢，蓋中學證書爲升入大學之先決條件，大學文憑爲成功之關鍵。」庫氏繼稱：「現行三種學校——小學，初級中學，及高級中學——其待遇頗多差別。各種學校，均由一年級開始，按理相當之年級，應實施同等之教育：小學祇有四年，五、六、七年級，構成初級中學，此等學校的學生，應與十年制學校相當年級之學生交換。蓋進入十年制學校的學生，均係社會上之幸運者，此等十年制學校，大都爲城市學校，其首四年之教員，通例較一般鄉村小學的教員爲優。而且，凡進入十年制學校的學生，即可於同一學校完成其全部學業。初級中學畢業之青年，應轉入高級中學八年肄業；惟蘇俄法令規定，男子中學修滿七年課程者，及女子初級中學畢業生，祇有百分之十五，得入高級中學或十年制學校八年級就讀。其餘百分之八十五的名額，均保留於十年制學校的學生，其目的在强迫青年男女學生入職業學校（勞工儲備學校），以免中等學校高年級學生人數之過份增加。」

一名蘇俄兒童，於七歲時即可確定其未來能否在官僚政治或知識階級中，獲得一較高之職位。蘇俄文獻，關於十年制學校一年級學生的選拔辦法，未加說明。然而，無疑的，一般特權階級的子女進入此等學校，是不會受到拒絕的。

（六）考試

除於四年級之末舉行一種轉換考試外，修滿七年級與十年級課程時，尚須參加一種特殊考試。此等考試之一般組織，與四年級之轉換考試相似，但俄文及數學二科例外。此二科目，通例舉行口試，其口試委員，包括級任教員，學校其他教員一或二人，視導員或教育廳代表一人。每年於六月份學年終了時，舉行考試一次，應考學生，如其成績不及格，得於八月間參加第二次考試。如再度失敗，即須留級一年。凡參加考試成績優良之學生，即可升入較高之年級或學校肄業。對於天資聰敏，成績特優之學生，則採用個別教學，一般高等專門學校的教授，得接受邀請，擔任此等學生之導師。

據艾西貝的報導，蘇俄現行之考試，乃爲沙皇時代舊式考試制度之復活，考試時舉行之儀式，具有一種令人驚奇的風氣：「考試委員會舉行考試之房間，每以花卉及紅布佈置之。該會係由有關科目之教員二人及政府官吏一人所組成。畢業考試（七年級和十年級）則另增教育人民委員部代表一人。考試桌上置有卡片若干，每一卡片印有題目三則，反置於桌上。應考人員任選卡片一張，隨即作十五或二十分鐘之思考，以爲回答問題之準備。通常一般應考人員，每竭盡一切思慮，以便從一堆卡片中，選擇一張最容易作答的卡片。此等考試，大都當場宣佈考試結果，低年級尤其如此，試畢即以花卉一束贈送考試委員，藉表敬意；其快樂氣氛，即令英國學校考試委員會聞之，亦不勝羨慕之至。」

五分記分制（Five-Point Grade System），學業及操行，均包括在內。各生學業及操行成績，每年考查四次，學生之升級，即以全年四次考查之平均成績爲依據。艾西貝指出：五分記分制，可用於加强學校之訓練，蓋學生之學年成績，以全年之操行及學業成績爲計算之基礎。如學生成績優異，即可免試升入大學。如學生之各科平均成績滿五分者，授予金質獎章（Gold Medal）；大學入學試驗成績滿五分，在校之三年平均成績滿四分者，授予銀質獎章（Silver Medal）。凡操行成績不滿五分者，不得授予任何獎章。據一九四五年莫斯科的統計，高級中學畢業生，獲得獎章者，約爲百分之五。

一般大都市的高級中學，大都祇有九百名學生，由一至十年級，共約二十二班，每年級約二或三班。除十年級外，每班約四十人，十年級通例以三十五人爲限。鄉村中學，每班人數尙不足此數。自布爾什維克制度建立以來，即以每位教師授二十五名學生爲其理想，惟因共黨政府下的學校師資及教室均感不敷，故此種目的，迄未達成。各中學大都設置秘書、圖書管理員、事務員、及廚司各一人，校工若干人。

學生能否受高等教育，通例於初級中學畢業時，即可決定。凡參加七年級轉換試驗成績較差之男女學生，即派至勞工儲備學校或工廠和集體農場受技術訓練，一經分派，即無變更餘地。成績優良之男女學生，始得入高等教育機關。

初級中級畢業能繼續升高級中學肄業者，約爲五分之一。此等學生，多爲其轉換試驗成績特優者。凡進入高級中學或十年制學校的學生，類皆準備投考大學及高等專門學校，從事高深學術研究。一般黨務機關，行政機構及科學家的子女，大都有優先進入高級中學或十年制學校高年級的機會。中等學校學費雖低，但對於一般貧若勞工及農民的子女，仍有極大的妨害，因此，以準備投考大學爲主旨的中等學校，幾至以職位或黨權爲基礎所形成的一種新知識階級所獨佔。

修滿七年級課程的學生，其中約有十分之一入技術學校（Technicums），接受專門技術訓練。此等學生，其成績多被視爲「中等」學生，予以適當之職業訓練，使其擔任「中級技術人員」的職位。此等學生，大都於初級中學肄業或參與轉換試驗時，未能獲得「優良」之成績，惟其學行成績仍在中等以上，故未列入勞工儲備人員之類。

初級中學畢業生的出路，大部份雖爲蘇俄中等教育計劃所決定，然而一般不願接受勞工儲備人員的學生，仍有若干自由選擇的機會。有些政府高級官員的子女，其轉換試驗成績甚優，惟彼等仍願入技術學校，接受專門職業的訓練。較大的都市及工業區，大都設置各種職業學校，以爲有志就業之青年，接受各項職業訓練。據金氏（King）報告，每於學年結束時，暑假期間各報章雜誌，類多刊登廣告或啓事，以爲學生選擇學校之參考。諸如火車及公共汽車上的標語，壁報或牆壁上張貼之廣告畫，以及報紙上的廣告或啓事，對於各種職業的性質及其訓練程序，均有詳盡之介紹。「紡織技術學校將招收大批學生……」之類的廣告，幾觸目皆是。一般專門學校及職業學校，大都於規定期間，歡迎中等學校畢業生前往參觀。各工業機關，亦多利用大學及高等專門學校，舉辦各種展覽宣傳，藉以爭取高級中學畢業生。蘇俄社會雖採用各種方法，吸引學生接受各項訓練，然而年滿十四歲修畢七年級課程的學生，大多數仍離校就業。

蘇俄政府，每竭盡一切力量，確保年在十四歲以下的兒童，一體在校受敎。依據義務敎育法的規定，義務敎育年限至十五歲爲止，但一般兒童，多於十四歲時離校。在法令上，禁止各工廠或集體農場僱用義務敎育年限以內的兒童，卽使在家爲母親帶孩子，亦爲法令所不許。依規定各集體農場，應爲住於本農場的兒童，供應往返學校之交通工具。各集體農場及工廠的管理機構，並須負責推行一項確保各該機關員工子女就學的敎育運動。

凡公務員及普通人民於戰時喪亡者，其年在八至十七歲間的子弟，一律進特殊軍事寄宿學校，接受陸軍及海軍訓練。陸軍學校，稱爲「沙瓦洛夫」學校，沙瓦洛夫(Field Marshal Suvorov)係十八世紀俄國之名將，官至陸軍元帥；海軍學校稱爲「拉克海莫夫」學校，拉克海莫夫(Nakhimov)係克里米亞戰爭中的俄國海軍總司令(Crimean War Admiral)。

二、技術學校

技術學校，旨在招收修滿七年級課程的男女青年，予以三至五年「中級技術人員」的業務訓練。此等學校，多係農工業，美術工藝，工商業和政府機關的下級管理及行政人員，醫務助理（護士、助產士、社會事業人員），法律及師範，以及戲劇或音樂從業人員之類的養成所。

此等學校，多係有關各部或工業信託局，及其他機構，因其業務需要而設置者。如工礦部需要初級技術人員，即設置一種礦冶技術學校。國家銀行則設置彫工技術學校，此外，尚有若干音樂、美術、舞蹈、及戲劇技術學校。此等學校，其校舍建築與設備所需之經費，例皆由設置技術學校之各該部或信託局負擔；有時，亦徵收學費。惟其教育設施，則受教育部之監督與管理。

技術學校，除設置各種專門科目訓練學生職業技能外，尚講授一般高級中學所規定之普通科目。各種技術學校，祗訓練學生從事某項專門職業，故所授知識科目，亦以適應其特殊需要爲主。例如，護士技術學校所授之普通科學，與礦冶技術學校所設之科學課程，其內容大有區別。一般技術學校畢業生，其中約有百分之五，可投考大學或高等專門學校，一如高級中學畢業生然。凡技術學校畢業生，參加大學入學考試，其各科成績均極優異並獲得金質獎章者，得免受甄別試驗而進入大學。其他學生，必先通過一種特殊之大學入學試驗後，始得入學。蘇俄政府爲確保此等學校畢業生安心從事所習之職業起見，乃規定各種技術學校畢業生，至少服務四年，始得投考較高級之學校。一九四五——四六年度，各種技術學校的數目及學生人數，如表四十四所示。

表四十四　一九四五——四六年度，技術學校校數及學生人數

學校類別	學校數目	學生人數
工業	七四八	二九八、〇〇〇
運輸及交通	一八二	六二、〇〇〇
農業	五三一	一一八、〇〇〇
經濟	一八〇	五九、〇〇〇

法律	二五	五、六〇〇
師範	六九九	一六三、〇〇〇
醫學	六一三	一六〇、〇〇〇
藝術	一七四	二四、〇〇〇
共計	三、一五二	八九一、七〇〇

附註：醫學技術學校，係指護士，助產士，及社會事業人員之養成機構而言。

三、工廠學校

一九四〇年，蘇俄政府宣稱，俄國人民的失業現象，將從此絕跡，惟因熟練工人奇缺，對於若干工業建設，或不無影響。但自歐戰發生後，對於蘇俄的工業發展與復興，實大有助益。蘇俄當局爲救濟失業工人，使其參加生產建設事業，乃設置聯邦勞工儲備部(All-Union Ministry of Labor Reserves)，負推行强迫動員法之責，每年發動一百萬年滿十四歲的青年男子，派至各重要工業機關，接受特殊工業技術訓練。其後，青年女子亦列爲勞工儲備人員，並設置特殊之工廠學校，實施勞工後備人員訓練。近年來派至各勞工儲備機關受訓的男女青年，已由年達一百萬的數目，減爲三十萬。

勞工儲備學校，適於蘇俄參加第二次世界大戰時建立，由於德國的猛烈攻擊，成千上萬的俄國年滿十四歲以上的男女青年，均被迫離校。其後，復因戰事失利，乃使十二歲左右的青年離校，參與工廠工作。因此，若干應修滿高級中學的青年，在尚未讀畢七年級課程時，即已離校。於是，在一九四三年頒佈一項法令，規定各工廠及一般事業機關須爲所僱用之青年工人，施以補習教育。因辦理補習教育興建之教室，實驗室及聘用之教職員，其所需經費，由設置機關負擔，各項教育設施，則由有關各部會監督。

勞工儲備學校（Labor Reserve Schools），大別爲三類：①二年制職業學校（Two-year Trade Schools），訓練礦工、金工、運輸及交通工人；②二年制鐵道學校（Two-year Railroad Schoos），訓練鐵路工人；③半年制工廠或建築學校(Six-month Factory or Plant Schools)，訓練礦工、石油工人、及建築工人。上列各校學生，一律接受一種類如新兵的軍事訓練；生活起居，純爲嚴格之軍事管理，一如陸軍及海軍士兵學校然。各校學生，均着半軍事化的制服。肄業期間，不得與外界接觸，即使親生父母，亦不例外。各校均不收學費，肄業期間，一切費用，亦由政府供給。期滿由勞工儲備部分發各地，擔任各項工作，服務期限，定爲四年。凡擅自離校或違犯訓導規則者，罰以監禁，或處以一年之勞動改造。

依據蘇俄駐美大使館新聞處一九五四年的報告，上年度申請入各類工廠學校者，爲數達三十萬人，其中半數以上並受滿七年教育，經獲准入校者，祇有十三萬名。據該項報告說明，此等工廠學校，所設職業訓練項目，多達一六八種。

蘇俄政府成立之初，所設各種特殊工廠學校，旨在爲年滿十八歲以上之受滿小學或中學教育的失業青年，施以工業技術訓練，使其擔任適當工作。其後，由於小學之設置，日益普遍，就學規程之實施，亦大爲加强，故此等學校附設小學班，乃相繼停辦。惟各工廠及集體農場爲受滿中學教育的成年工人所設之成人班，仍繼續辦理。此項計劃，在使鄉村工人得至各城市參與工業建設事業，藉使各個五年計劃，得以加速完成。

英國的中等教育，自一九四四年起，已頗具伸縮性，學生對於各類中等學校之選擇機會，亦日益增多。法國的中等教育，也放寬尺度，學生受高等教育的機會，亦爲之增加。然而，吾人却有理由相信，蘇俄的中等教育，則日趨階級化。蘇俄各共和國教育部雖歷次宣稱，各大學及高等專門學校，均爲一般勞工及農民子女，保留名額，使其有優先入學之機會，然其考試辦法，却未能符合此項政策。每年被分派至勞工儲備學校的青年（絕大多數爲鄉村或勞工階級的子女），社會地位，絕少超出非熟練工人及半熟練工人者。同時，尚有一項有趣的事實，即是勞工儲備學校成立後，中等教育七年級以上，並開始徵收學費。

卡特(Carter)深信一般熟練工人及知識份子的子女，其獲得工商業的管理或領導職位以及政府官吏的機會，較其他兒童爲多。高級中學畢業或各技術學校成績優良之學生，固均有投考各高等教育機關之同等機會，各種獎學金，雖亦有設置者，然一般中等學校徵收學費，對於收入低微之非熟練工人的子女，却大有妨害。卡氏繼謂：「在此種情況下，蘇俄之教育機會均等，祗以性別或種族爲基礎。於計劃社會中，至少有一種新興的特權階級具有不同之職權，其技術亦分不同之等級，故教育與社會地位，亦因等級而有不同之酬勞。」因此，在蘇俄之「無階級」的社會中，却發現一種新的階級。

大學及高等教育

蘇俄的大學，乃是培養專門人才的高等學府。共產黨的教育政策，在小學教育階段以上，旨在養成「科學工作者」。凡受高等專業訓練者，其所習學科，無論爲化學或文學，原子物理學或政治學，通例以「科學家」稱之。金女士認爲如果譯成英文，最好稱爲「實用學者」（Active Scholars）。凡設置若干院系之高等教育機關，通常稱爲大學。如單獨設置某一院而以養成某項專才爲主者，則稱爲高等專門學校，此等學校，無論其學術水準與行政組織，均與大學無異。

蘇俄科學家，甚爲社會人士所尊重，並具有極高之社會及經濟地位。無論其爲科學研究工作者，高等教育機關的教職員，行政人員或政府官吏，均享有一種特權。此等人員大都擔任國家實際工作，並富有濃厚之社會及政治興趣。其中尚有不少的人員，參與鄉村或都市的議會，國有地方或各共和國的蘇維埃會議，甚至最高蘇維埃會議(Supreme Soviet)亦有其代表參加。

大學教育並不是一種普通的博雅教育，而是一種高度的專業訓練。學生於未進高等教育機關之前，即須確定其職業。入大學後間亦容許學生作職業之選擇，惟此種方法，並不常用。每個學生當其在中等學校肄業時，即着重其升學指導，俾便其決定未來研究之學科。每個學生於未進大學之前，對於未來所習之學科，不祇是一種概括性的決定，而是一種精密而確切之抉擇。如某一個學生確定研習化學，即須決定其研究油脂化學或生物化學；如決定研究文學，即須就古典、現代、歐洲、或俄國文學中選定一種。即使醫學院，學生於未研究醫學前，亦須對於所擬研究之專門學科，作一明確之決定。實際言之，學生之自由抉擇，每受國家政策或計劃的限制；學生固可表示其選擇意見，但政府認爲某員人才不敷應用時，即可指定學生研究某類學科。

各大學大都分爲工業、農業、社會經濟、教育、軍事、及美術等數類。此外，尚有一種特殊的大學，旨在招收高級黨務學校畢業或富有實際黨務經驗者，施以共產主義的理論訓練。一般大學，類多側重有關科目之實際訓練；各大學除實施有關科目之普通教育外，並設置社會及經濟科目，施以政治訓練。

俄國沙皇時代，大多數的國有地方，均未設置中等專門學校或高等專門學校。俄國革命前，祇有俄羅斯，佐治亞及烏克蘭等共和國設有大學，其他地區，均無大學之設置。目前蘇俄境內，計有三十三所大學，其中十二所設於俄羅斯共和國，七所設於烏克蘭共和國，其餘之共和國各設大學一所。除大學外，尚有若干高等專門學校或獨立學院。一九四〇及一九四九年度，各共和國所設之高等教育機關，如表四十五所示。

表四十五　一九四〇及一九四九年度，蘇俄的高等教育機關及其註冊人數

共和國的名稱	一九四〇		一九四九	
	學校數	學生數	學校數	學生數
俄羅斯	四七〇	四〇〇、〇〇〇	四八一	四七四、七〇〇
烏克蘭	一四八	一二六、七〇〇	一五九	一三七、二〇〇
白俄羅斯	二三	一五、一〇〇	二八	一七、九〇〇
亞塞拜然	一四	一二、五〇〇	一八	二〇、〇〇〇
佐治亞	二一	二三、七〇〇	二〇	二一、〇〇〇
亞美尼亞	九	七、四〇〇	一四	一四、八〇〇
土庫曼	六	二、六〇〇	六	三、〇〇〇
烏茲伯克	二九	二〇、〇〇〇	三五	二九、〇〇〇
達吉克	七	二、二〇〇	七	二、五〇〇
哈薩克	一九	八、四〇〇	二三	九、〇〇〇
基爾吉斯	五	二、〇〇〇	六	二、五〇〇
拉脫維亞			九	九、〇〇〇

立陶宛			一二	一二、〇〇〇
愛沙尼亞			六	五、八〇〇
卡累洛芬			二	二、〇〇〇
摩達維亞			七	六、〇〇〇
（一九四〇年屬於俄羅斯共和國）				
共計	七五〇	六一九、九〇〇	八三三	十七四、五〇〇

庫普立安洛夫(Kuprianov)指出，自一九一七年革命以後，若干中亞民族地區，無論中等專門學校，科學高等專門學校，或其他高等教育機關，在數量上顯有增加。在帝俄沙皇時代，基爾吉斯共和國沒有一所高等專門學校，但目前已有三十三所中等專門學校，六所高等教育機關，二十三所科學高等專門學校，蘇俄科學院(Academy of Sciences of U. S. S. R.)亦在此間設置分院，為一百五十萬人民服務。雅庫次克自治共和國（Yakutsk Autonomous Republic)，為俄羅斯共和國之一部，目前亦設有中等專門學校及師範學校十六所，科學研究機關二十四所。土庫曼共和國，設置高等教育機關七所，中等專門學校二十五所。

依據布隆斯基(Blonsky)的報告，俄共政府成立之初，在高等教育階段內，一般農工子弟，有優先就學之機會。一九二六年，計有大學及高等專門學校一二六所，其中工人或工人子女佔學生人數的百分之二十五點三，農人或農人子女亦佔學生人數的百分之二十五點三，其他團體的學生，佔百分之四十九點四。在一九二六——二七年度，各高等教育機關的學生註冊人數，共有一六〇、〇〇〇名。一般工業及社會經濟的大學，百分之三十二點四的學生，為工人的子弟；農業高等教育機關，其中農民子女佔百分之四十一點八。又據一九三八年的報告，學生之入學，悉以其父母或個人之功績為根據，故一般「公務人員及知識份子」的子女，其入學受教者，由一九二五年的百分之三十九點八，增至一九三八年的百分之四十二點三。自一九二六年起，各高等教育機關以及學生註冊人數的增加概況，如表四十六所示。

表四十六　一九二六—二七至一九五三—五四年度蘇俄高等教育機關及學生人數的增加概況

年度	機關數	學生數	年度	機關數	學生數
一九二六—二七	一二六	一六〇、〇〇〇	一九四八—四九	八三三	七七四、五〇〇
一九三九—四〇	七五〇	六一九、〇〇〇	一九五三—五四	八八七	一、四四二、〇〇〇

自第二次世界大戰起，蘇俄各高等教育機關的學生註冊人數激增。據報告一九三九年修滿高等教育機關課程者，為一、〇八〇、〇〇〇人，佔全國人口總數的百分之零點六。至一九五二年，則增至一、八九四、〇〇〇人，佔全人口的百分之零點九。又據一九五二年度的報告，在各高等教育機關肄業的學生，總數為一、三五六、〇〇〇名。

依據蘇俄駐美大使館新聞處的報告，在一九五三年，全國計有八八七所高等教育機關，分別設於各共和國的都市，註冊學生人數為一、四四二、〇〇〇名。一九五三年九月，此等機關又增加新生四〇〇、〇〇〇名，但包括函授班學生在內。同年並興建大學及高等專門學校若干所，在第五個五年計劃（一九五一——五五年）內，分配於高等教育機關的建築費，達四十餘億盧布。

高等教育，原係聯邦部長會議高等教育委員會所管理，至一九四六年，復由聯邦高等教育部取代此項管理之權，其後，該部合併於聯邦文化部，改稱高等教育司。目前完全受該司管理的大學及高等專門學校，約有三百所。其餘各高等教育機關，雖受文化部之監督，但直接受有關各部之管理，如交通部、工礦部、農業部、衞生部、以及各共和國教育部。如某一工業方面的部會，認爲有訓練某項專門人才的必要，卽可設置某種高等專門學校。聯邦文化部對於此等學校的課程，教科書，各院系，以及獎學金，則有管理之權。所謂「中級技術人員」，通例由信託局（註）或工業部設置技術學校培養之；高級技術人員或「科學家」以及行政人員，則由單科高等專門學校訓練之。例如，傢俱製造信託局，需要熟練工藝人員，卽可設置技術學校養成之，輕工業部亦可設置傢俱設計專門學校，訓練傢俱設計人才。

蘇俄政府認爲設置聯邦文化部，便於管理全國的高等教育，期使各種專門人才及科學家之訓練，得以配合國家發展及各個五年計劃的需要。同時，俄國人認爲此種中央集權的管理制度，不致發生建築工程人員不敷，而煉油工程人員過多，或工業設計人員過多，房屋建築人員太少的弊病。而且，由於國家的加速工業化，各項專門人才均感缺乏，聯邦文化部卽可統籌訓練計劃，以適合各項需要。

大學行政首長，稱爲校長(Rector)；校長以下另設助理二人，分別掌理教務及普通行政工作。各大學例皆設置四至九個學院，各院設院長一人，掌理人事、組織、及訓育事宜。大學教員，分爲教授，副教授，講師，助教(Dotsenty)及教員五等。教授除擔任教學外，尚從事研究工作，不負任何行政責任。大學或高等專門學校，通例設有一種大學評議會(Senate)或「學術評議會」(Learned Council)，其構成人員爲校長，二位助理，各院院長，及學生代表。該會除通過高級學位的論文及提供有關學術事務的建議外，並爲校長之顧問團體。各學院另設院務委員會(Faculty Committee)，掌理院內有關教學事宜。

學生如擬進入大學，必先通過大學入學考試，或具備中學畢業成績優良之資格。無論學生或教職員，不因男女性別而有差異。依據一九五〇年的統計，蘇俄各大學的女生，佔全國大學生總數的百分之四十三。醫學院的女生，尙多於男生。大學生的年齡，大多在十七至三十五歲之間。在校肄業期間，並參與所習學科有關之同業公會，以爲就業之準備。

大學課程

各大學或高等專門學校，所授課程大別爲二類：一爲共同必修科目，一爲分系專修科目。其共同必修科目爲：社會政治學（包括馬列主義基本論，二年；政治經濟學，一年；辯證歷史唯物論，一年。），外國語（英語、法語、或德語）四年，以及體育。男生加授軍訓。

前三年學生從事聽講，研究或實驗的時間，每日爲六小時；室內聽講佔全部學習時間的百分之四十至五十。前三年的課程，雖亦設置與各系科具有密切關係之歷史或科學科目，惟大部份爲普通科目。自第四學年開始，所授課程，較爲專門，並以大部份時間在有關之工廠或工業機關從事試驗或實習。第四及第五學年，學生個別從事於實驗，實習，或閱讀的時間甚多，第五學年第二學期，全部時間幾用於撰寫畢業論文和準備畢業考試。

大學考試以口試爲主，依規定每年每一學科均須舉行考試。畢業考試則以專門科目及論文爲限。五年修業期滿，祇發給文憑，而不授予學位，持有此項文憑者，卽具備擔任專門職務的資格。

學校對於學生之出席，考查甚嚴；無論上課或實驗，無故缺席者，卽予懲戒，如缺席次數過多，則予以除名處分。學校方面希望學生具有嚴肅之心情，儘量避免學生參加類如英美大學的各項課外活動。俄國學生入大學的年齡，雖祇有十七歲，但俄國人希望每個大學生，無論在團體活動上或個人風度上，都具有俄國人所謂的「文雅行爲」(Cultured Conduct)。據金女士的報告，俄國大學生，每多變態行爲，不是上課遲到，便是穿橡皮套鞋上課。

俄國的學生，在中學時代便有各種學校集會及共產黨青年活動的經驗，大學教育階段，此類活動，仍繼續進行。學校方面，大都希望學生富有積極參與政治事務的興趣，與夫解決國家面臨之各種難題的能力。然而，一般社會性或體育性的活動，也都組織齊全。音樂、戲劇、及舞蹈，固極普遍，每年一度的大學校際足球比賽，尤爲一年中最重要的活動。雖未設置正規的體育團體，但是滑雪會，爬山會，及徒步旅行團，則普遍成立。俄國的大學生，無論乘火車，看戲，或聽音樂會，均可享受優待。各大學大都設有學生會，由全體學生推選代表組織之，各學院另設學生委員會。此等學生團體，對於學校訓育事項及學生之出席，亦負有從旁協助之責。

蘇俄大學的學費，每學年三百至五百盧布不等，寄宿學生，尚須另加費用。大學所收學費，設與俄國人之收入相較，除上層社會人士情況特殊外，似嫌過高。一般中學畢業成績特優之學生，則可獲得獎學金。如前所述，具有下列情形之一者，得免繳學費：家境清寒之退役軍人，孤兒，軍人子女，蘇俄革命英雄，社會主義的勞動英雄，以及犯人子女。依據一九四三年法令的規定，各大學的學生，得依修業年限及學科性質，每月領取一四〇至三一五盧布的生活津貼。惟實際上各校的辦法不一，大都祇對於成績列爲「優等」或「超等」的學生，給予此項津貼。

蘇俄大學畢業生，雖祇領取畢業證書而不領受學位，但在大學等級以上，却設置兩種學位：選士與博士（Candidate and Doctor）。蘇俄大學的研究生，通例稱爲「學位候選人」（Aspirants），此等候選人的年齡，較之大學畢業生爲大，凡大學畢業，並具有二年以上之工作經驗者，均可參加各大學高等學位之入學考試。此項入學考試，包括專門科目及一種外國語。前二年或三年，在專門教授指導下，從事高深讀物的閱讀，實驗室的工作，個別研究，及撰寫論文。第三學年，全部時間均爲個別研究，並完成學位論文。蘇俄大學，設置此種高等學位的主要目的，在於培養大學師資及一般研究機關的研究人員。各高等教育機關，大都設置選士學位的課程，一所大學或高等專門學校，通例祇招收「學位候選人」二十至一百名。

蘇俄設置博士學位研究所(Doctorantura)，乃是輓近之事，此等研究所，可授予博士學位。凡持有大學授予之選士學位，並經聯邦文化部及蘇俄科學院聯合設立之「聯合委員會(Joint Commission)」通過者，卽可從事博士學位之研究。研究期間，一般研究人員大都從事高深之專題研究，進行個別學習，並撰寫一篇博士論文，期滿尙須參加論文答辯口試。凡取得博士學位者，卽可充任大學教授，或高級研究職務。一九五二——五三年度，蘇俄政府宣稱，全國計有二七、〇〇〇名研究生，其中七、三〇〇名爲新近入學之「學位候選人」。在一九三八至一九四八年間，獲得選士學位者，有三八、三八六人，獲得科學博士學位者，有六、二五七人。近幾年來，每年授予之選士學位多達四千餘名，但是一九五一——五二年度，獲得此項學位者，僅有二千二百名；由此可見，大多數的候選人，均遭淘汰。一般研究生，均不繳納任何費用；選士學位候選人，每月領取生活津貼六百至九百盧布，博士學位候選人，每月領取生活津貼一千三百盧布。

成人教育

俄共政府成立後的最初二十年，對於成年文盲教育，極爲重視。其後，由於全國各地的普通教育日益發達，成年文盲漸次減少，根據俄國資料的報導，目前祇有偏僻鄉村，才有不能閱讀或書寫的成年文盲。蘇俄教育當局，仍繼續採用各種方式，推行成人教育。各個階段的成人教育，均以減少文盲及傳授共產主義的理論爲其主要目的。

依據俄國共產黨及俄共政府宣佈的目的，在使全國成年公民都能受滿十年制的中學教育。雖採用各種方法以實現此種目的，然而與事實相去甚遠。各工廠及集體農場，均已爲年滿十七歲以上的青年工人與農民，設置工農學校，期使一般從事工業或農業的青年，能受滿中等教育。惟實際上入此等學校受教者，爲數極少。同時，並設置夜間班，每週授課二至四小時，修業年限，一至二年不等，兼授普通及專門科目，尤重政治理論的傳授。

蘇俄各文化機構亦運用各種方法，實施非正式的成人教育。帝俄沙皇時代，一般博物館，戲院，舞蹈團，音樂會，演講中心，以及歌劇院，祇是上層社會人士及知識份子的娛樂場所，目前則普遍開放，容許人民自由出入。博物館，藝術館，以及歷史博物館，各項物件的陳設，無非在使人民認識一九一七年的革命成果，與夫激發人民使其對於共產並義不分階級並以實現無階級的社會爲其最終理想的措施，產生由衷的嚮往。各種工業、農業、及反宗教的博物館，亦次第成立，以繼續實施民衆的政治教育。此等機構，均派有曾受特殊訓練的指導人員，擔任各項陳列物件的解釋及講述工作。一般戲院及電影院，亦儘量使其成爲政治理論宣傳運動的武器。各種俱樂部，大都設置圖書館，及「赤色室」(Red Centers)，陳列馬克斯、列寧、及史達林等赤色人物的著作，用以取代帝俄時代偉人的地位。一般廣播電台亦經常傳播俄共政府及共產黨領導人物的意見，以期建立人民對於共產主義的信仰。

各都市中心地區，大都設置夜間大學(Evening Universities)，所授課程，與一般日間大學及高等專門學校無異。此等夜間大學，多由地方教育行政機關，信托局，或工業部所設置，招收年長就業之學生，在校肄業五年。考試期間，學生可獲得公假而停止日間工作，此項考試，間亦達數週之久。學生爲準備畢業考試，可獲三個月的假期，專心應付考試，在此期間，工資照領。最近，又成立主日大學 (Sunday Universities)，每逢星期日授課一天，據說此等學校，日益普遍，其入學人數，亦大有增加。

蘇俄各大學，大都設置推廣班，以成人爲其施教對象。一般地方議會，亦在未設大學之地區，設置推廣班，此等推廣班，多係免費性質。莫斯科大學推廣部(Lecture Bureau of Moscow University)，開設課程甚多，選課人數，每年多達十六萬人。據金女士的報導，所授課程，通常有「原子核」，「希臘文豪——荷馬(Homer)、索夫克儷(Sophocles)、及伊士奇(Aeschylus)。」，「中世紀與文藝復興」，後者包括但丁(Dante)、薄伽邱(Boccaccio)、芬奇(Leonardo da Vinci)、及米開蘭基羅(Michelangelo)等人。

各大學及地方教育行政機關，爲便於人煙稀少地區的成人，得有受教的機會，乃設置函授班。此等函授班，須受地方教育行政機關的監督，所授課程，相當於中小學的程度。俄國人認爲此等函授班，成績甚佳，無論收生及經費，均極令人滿意。一般廣播電台，亦經常舉辦空中教學，藉以輔助函授教育。

巡廻圖書館(Travelimg Libraries)，亦爲蘇俄成人教育的重要設施之一。每將成套的書籍，借給各俱樂部及聯合會議廳(Union Meeting Hall)；各小型學校，並可借用若干成人圖書，供學生家長閱覽。莫斯科國立圖書館專門學校 (Moscow State Libraries Institute)，即有一個藏書五千冊的巡迴書庫。該書庫分爲三組：第一組掌理圖書編目；第二組管理置放兩千冊書籍的書架及書桌；第三組管理宛如一種閱覽室的摺疊桌椅。此等巡廻圖書館或書庫，經常巡廻各鄉村，以加强城市及鄉村人民的聯繫。

蘇俄出版物，在成人教育上所佔之地位，亦不可低估。各報紙及定期刊物，經常登載各種文章，用以教育讀者。一般報紙，除發佈正式新聞外，尚刊登關於蘇俄政策，國家工業發展，以及五年計劃的進展之類的文章，並轉載一部份的俄國文學，詩歌，及短篇故事。每逢政治家、科學家、作家、音樂家、以及哲學家等偉大人物的紀念日，則發行專刊或專號。舉凡政府政策或共產黨的方針發生改變時，亦採用措辭謹慎的新聞報導，向全體共產黨員及全國人民作婉轉的說明。因此，蘇俄各種出版物所登載的文章，均不得違背當前共產黨的政策，蘇俄人民所受政治壓力之大，由此可以想見矣。

師範教育與教師地位

蘇俄的經濟政策，雖爲一種計劃經濟，但其合格教師的補充問題，迄未獲致解決。根據金女士的報告，蘇俄中小學生的人數，由一九一四年的八百萬人增至一九四〇年的三千二百萬，由於學生人數的激增，不僅教育設施爲之擴充，且其中小學教師的需要量亦大增。蘇俄的教育工作人員，一再表示其任何人必須入學的決策，故彼等寧可採用大班教學，或實行三部制及二部制，延用一批未受專業訓練的教員，而不願待其師資優良，設備充實時，再令兒童入學。其他國家，亦有採取此項決策者。蘇俄教育當局，一如其他國家之教育行政機關，運用一切方法以適應緊急需要。因此，除任用資格不同的人員擔任教員職務外，並設置速成班，用以縮短教員之訓練時間。至一九三六年，教師的補充問題，似不及以往之嚴重，乃於同年頒佈一項法令，規定自一九三八年起，所有不合格的教員，如擬繼續擔任教學工作者，必須參加資格考試，否則即予解職。惟因戰爭關係，此項法令，未能切實執行，一般未參加資格考試的教員，亦未强迫其離職。

由於合格教員不敷分配，凡屬申請擔任教師職位者，除非思想不正確，均一體錄用。依據蘇俄政府一九四一年的報告，全國教師，計有一、〇二二、〇八五人。自一九四三——四四年度起，由於戰爭喪亡及德國的領佔，教員人數祗有七七四、七九五人。目前各地中小學教師，其不合格者，爲數甚多。

學前教育機關的教員及小學校教員，由地方教育行政機關任用；中等學校教員，由各共和國教育部任用；高等教育機關的教員，則由聯邦高等教育部遴用。

小學教員或中等學校低年級教員，由師範學校(Teachers' Institutes)訓練。凡持有初級中學（七年級）畢業證書者，均可投考。修業年限，通常爲三年，所授課程，除高級中學的普通科學及文學科目外，尚有專業訓練。一般師範學校，學生入學年齡，多在十四至二十五歲之間，各科教學一律使用地方語言。觀察及教學實習，爲各師範學校之共同必修科目。此等學校，通例由區、省、自治共和國、及市教育行政機關設置及維持。

各師範學校之教學科目，有如下列之規定：俄語及教學法（非俄語學校，加授地方語及教學法）、算術教學法、地理、歷史、音樂、美術、體育、文學、自然科學、物理學、心理學、教育學、以及工廠或農場實習。每個學生必須學會一種樂器演奏技能——鋼琴，提琴或地方樂器。日課表及其教學時數，均有嚴格之規定；教室內所用之主要教學方法爲講演法。

師資訓練機關的中級機構，稱爲師範專科學校(Institute of Teaching)，其設立主旨，在於培養中等學校中年級的教員。此項訓練計劃，一如養成小學師資的師範學校，乃是一種臨時辦法，蓋其終極目的，在使所有教師均由行將敘述的第三級師資訓練機關養成之。凡係高級中學畢業（修滿十年級者）並通過入學考試者，均可入師範專科學校。小學教員的訓練主旨，在使其担任某一年級的全部科目；師範專科學校，則注重分科訓練，庶使每一師範生，能熟練幾種相關科目。此等學校的專業訓練，分爲下列三科：文史科（擔任俄語及歷史科目），數理科（擔任物理及數學科目），普通科學地理科（擔任地理、生物、化學或普通科學）。各科學生須一律修馬列主義基本論、心理學、教育學、學校衛生、及體育。並須於附屬初級中學五至七年級，從事教學實習。

中等學校高年級（八至十年級）的教員，由教育學院(Educational Institutes)培養，依據蘇俄政府的計劃，此種教育學院，將成爲俄國中小學教員的唯一養成機關。凡高級中學畢業並通過大學入學試驗者，均可入學。在校肄業四年，注重擔任中等學校某一科目的科任教員訓練。所授課程，分爲三組；前二組包括社會哲學科目及專業教育科目，爲全體學生所必修。第三組包括師範生未來擔任教學之專門科目。社會哲學科目，爲馬列主義基本論，歷史辯證唯物論，政治經濟學，俄語及文學。專業科目爲心理學，教育學，教育史，及教學法。俄語爲全體學生所必修，即使採用地方語教學的教育學院，亦不得例外。此外，全體學生尚須修拉丁文一年；依規定最後二年須從事教學實習。蘇俄高級中學的教員，取得選士學位者，亦大有人在。

托兒所或幼稚園的教員，另設特殊師範學校養成之。此等學校之修業期限，在一九四五年時爲三年，以後並希望延長爲四年。所授課程，包括教育學，心理學，教育史，學校衛生，兒童文學，語言發展，讀書，故事講述，自然常識，美術，音樂，體育，及教學實習。教育科目，分爲十六個論題或單元，三年內的教學時數，計達一七二小時。其教學主旨，在使學生瞭解學前教育的理論與實際，並能將所習之原理，應用於實際情境中。教育史的第一個單元，稱爲「奴隸社會與中世紀的教養問題」。其後，繼續研究歷史上的偉大教育家，如康米紐斯，洛克，福祿貝爾，盧梭，斐斯塔洛齊，奧文(Robert Owen)，傅立葉(Fourier)，以及近代俄國教育家。教育史一科，全部教育時間，共爲九十九小時，其中四小時專門討論蒙台梭利。

蘇俄政府爲解除教師荒，乃設置一年制師範專修班，凡屬高級中學畢業生，不論年齡大小，均可投考。惟實際上由於投考人數過少，故祗受滿七年教育者，亦可應試。所授課程，以教育學，心理學，及教學實習爲主。此等專修班，與英國之離學年齡由十四歲延長至十五歲時，所定臨時師資訓練計劃相似。該班學生，於一年肄業期滿，可充任小學教員。惟彼等大都希望延長其專業訓練期限，以取得正式師範學校的畢業文憑。若干女子中學，亦設置第十一年級，予以一年之師資訓練，期滿擔任小學教員。

蘇俄在職教師進修訓練計劃之實施，有二大目的：第一、使未受專業訓練的教師，得有繼續受教的機會，期能達到最低限度的標準；第二、使曾受專業訓練的教師，能適應時代潮流，配合共產黨的計劃。一般都市，類多設置二年制師範夜校，以提高教師之普通教育水準，及改進其專業技能。此等夜校，通常均與一般教育學院保持密切聯繫，故其師資及教學設備，皆由教育學院供應。除師範夜校外，尚有短期會議，討論團體，講習班，以及輔助教師工作的特殊展覽。同時，教育學院還出版刊物，並派教員前往中小學參觀，以便提供意見。

各鄉村爲實施在職教師進修教育，乃成立一種特殊組織。一般較大的行政單位，大都分爲若干縣，由縣教育局設置一種教育輔導局(Education Bureau)，設專任局長一人，及助理人員若干名，辦理所轄境內教育輔導事宜。該局爲鄉村之文化中心，隨時舉辦新資料展覽，討論會，研究會，及學校觀摩會。此外，並組織各種特殊科目如美術、工藝等研究會。

由於大部份的教師，未受專業訓練，故自一九二〇年起，設置函授班，此等班級，並日益發展與擴充。其設立旨趣，在使未受專業訓練的鄉村教員，得有增進學識之機會。此等函授班，多由師資訓練機關所設置，中亞之落後地區，尤爲普遍。例如哈薩克共和國境內一片廣大而人煙稀疏的地區，各師資訓練機關，均設有函授班。在一九四四年，有六、四八〇名教師利用函授班，完成教育學院的全部學程，而成爲教育學院正式畢業生。另外，尚有七、一三〇人，以函授方式，修滿師範學校的課程。一九四四年，哈薩克共和國教育部，並增設函授師資訓練司，及師資訓練方法研究處。

在職教師進修訓練計劃之實施，並非強迫性質；一般黨務機構，每利用輿論力量，激發教師，使其努力進修，以提高其知識水準。然而，若干教師不僅未受良好之訓練，並缺乏進取心。於是，各地方教育行政機關，乃採用强制方式，促使教師進修。凡經教育視導人員規勸，而仍不自求上進，並由教育行政機關調查認爲教學不力者，則予以解職處分。

蘇俄境內，計有千餘所師資訓練機關；其中約三七五所爲師範專科學校或教育學院。據一九五一年的統計，此等師資訓練機關畢業充任教員者，有八萬人，一九五二年，有七萬人。又據蘇俄政府宣稱，一九五二年度，全國計有教員一、六〇〇、〇〇〇名。

蘇俄的師資訓練，具有二大目的：第一、使一般教師具有堅定之政治信仰，並篤信共產主義的思想；第二、使一般教師了解普通教育及經濟生活與夫國家勞動之間的關係。俄共政府並竭盡一切方法，提高教員的職業及社會地位。列寧曾謂：「吾人必須提高我國教師的地位，直至前所未有以及資產階級之社會未能達到之境地。」蘇俄的宣傳品，亦極力宣傳絕無未受良好教育之教師，更絕無不能提高生活水準與解除人民危難及貧困的教育。然而，在事實上提高教師社會地位的嘗試，並未能使教師待遇與一般知識份子平等。

依據布隆斯基的報告，一九二七年的蘇俄教員待遇極低，渠以爲乃因世界大戰，俄國革命，及俄國內戰，使俄國達於普遍貧窮的境地所致。當時鄉村小學教師，平均每月祇有三十九盧布，十柯派克(Kopecks)；城市小學教員的薪俸，平均每月爲四十六盧布，二十二柯派克。鄉村中學教員，平均每月爲五十盧布，城市中學教員，每月爲五十六盧布。

一九五二年，蘇俄教員待遇，各地不一，凡受十年以下之教育，而教學經驗不滿五年的教員，每月四四一盧布；受滿高等教育並且有二十五年教學經驗的教員，每月九三五盧布。一般教員，如擔任額外工作或增加教學鐘點，則另給報酬，據聞若干蘇俄教員，因在二部制學校服務，便自然擔任二份專任職務。蘇俄的學人，對於教師待遇過低，每多責難，蘇俄合格教員之長期缺乏，此或爲主要原因之一。

蘇俄的幣値，很難與別國相較，蓋盧布不能與別國之貨幣直接兌換，且其待遇比率與普通生活費用，具有密切的關係。一九五三年，蘇俄官方規定的匯率，爲四盧布折合美金一元，此種規定，近乎武斷。蘇俄教員俸給表，以每週六日，每日工作四小時爲基礎，如增加工作時間，則另給報酬。中小學教員，自一九三六年起，納入公務員系統，「功勳教員」(Teacher of Merit)，另給獎金。凡屬功勳教員，在正式俸給外，每月加領一百盧布。一般教員待遇，大致與「中級」技術人員及實業機關的工程師相若。馬基多夫（Magidoff）於討論作家、藝術家、音樂家、及其他人員的待遇時稱，蘇俄中小學教員的經濟情況，較之蘇俄其他教育人員爲差，設與一般知識階級的待遇相較，尤覺遜色。

蘇俄各級學校教員，均須參加一種同業公會。全國共有三種教師公會，卽學前教育機關教師公會，中小學教師公會，及高等教育機關教師公會。除各級學校教師須分別參加各有關公會外，其他學校教育工作人員，如校醫、護士、秘書、廚司及傳達等，亦爲有關公會之一份子。設某一地區的學校，其工作人員不足五十人時，得推選公會代表一人；在五十人以上，卽可成立公會委員會(Union Committee)。此等教師公會，並可推選代表，出席地方學務會議。此外，另設一種專門委員會，由教育行政機關及教師公會，各派半數代表組織之。某一教員如因思想問題，經該會委員一致通過者，得予以解職處分。各教師公會，並得組織各種討論會，俱樂部，及研究會，藉以考查各會員的政治及教育活動。

各種公會內，並附設若干專業協會（Professional Associations），如歷史教師協會，化學教師協會等是。會費通例按各會員基本年俸的百分之二徵收。如因會員死亡，其子女固須由該公會負責撫養，一般會員的家庭福利，該會亦負有改善之責。中小學教師公會，爲全國三種教師公會中最大之一種，該會並發行日報一份，其銷路甚廣。

共產黨黨務機關的任務

蘇俄的教育制度，完全爲一個有勢力的政黨所控制，猶如一黨專政國家，其經濟制度之受黨的管理一樣，不特此也，即使一般人民的生活，也須受黨的思想所支配。教育制度爲培養人民的政治、經濟及社會思想和態度的一種最有效的方法，然而，此種思想和態度，必須是黨的領導人物認爲重要的。教育必須完成此種任務，各項教育設施，亦應以此爲依歸。康德爾說：「無論就何種角度觀察，蘇俄的一種龐大的教育制度，每受教育以外的勢力所干涉，無疑的，便是受黨的動機所支配。按共產主義的理論講，所謂教育，除履行社會規範外，則毫無意義可言。教學活動雖須適應個體的心理特徵，然而各個階段的教育及一切教育方法，必須以傳授共產主義的理論，宣傳共產主義的教義爲主旨。共產主義社會的各個份子，均須受教育的「制約」，其所在之環境，亦應適於繁殖共產主義的理論。」

學校制度每因羣誼交通與國家文化勢力而增強其效能，故俄共政府乃利用學制訓練人民，使其成爲共產黨所希望的馴良公民。各種消息或新聞，悉由官方發佈；在蘇俄境內，對於任何問題，絕不可能聽到「另一方面」的解答。更無具有傳統勢力的政黨，參加競選活動或向人民發表不同的政見。蘇俄的人民，從嬰兒期起，所受的教育即是使其認識黨國領袖人物的意見及國家法令的正確性。無疑的，蘇俄人民對於俄共政府自然有不滿意之處，然而，絕不能批評政府的政策。不過，在各種黨務會議以及報章的讀者投書中，每有若干批評國家政策的意見，此等批評意見，似乎還受到政府的鼓勵，此或爲俄共政府解除民憤的一種技倆。

共產黨深信一般人民可因學校教育的制約及各種宣傳方法的影響，而產生預期的改變。於是乃設法培養忠於黨的理論的優異領導人物，並設置各種訓練班，訓練新黨員。如前所述，一般接受黨務訓練的人員，於完成一段漫長而艱苦宛如藝徒教育的訓練後，即可享有一個共產黨員的一種令人羨慕的特權，此項特權爲佔人數比例極少的共產黨員所特有者。俄國共產黨爲加强一般公立學校的效能，與夫發揮培養共黨領袖及訓練新黨員的雙軌功能起見，乃建立一種複雜的青年訓練組織，此等組織或與各級學校並列，或附屬於學校。由於各學校及一般共產黨青年組織的領導人員及教育政策，均受黨的最高當局的指導，且具有同一之目的，故無論政策或訓練方法，並無差異。

一九二二年，成立少年先鋒隊(Pioneers)，以代替俄國原有之童子軍運動，年滿十至十六歲的男女少年一律納入組織。據說此種先鋒隊對於蘇俄少年的影響，較之任何勢力爲大。一九二三年，又成立兒童團（Little Octobrists），爲八至十一歲的兒童組織。一般年齡較大而年在十四至二十三歲的青年，則加入列寧主義共產黨青年同盟（Komsomols）。此三種組織，在年齡階段上彼此重覆，故每個兒童或青年，均可同時加入兩種團體，以期逐漸將此等團體合併爲一較大之青年組織。各地方的各級黨務機關，對於此類團體，每有嚴格之監督，此等團體的領導人員，亦由黨部指派。

兒童團通常以三十至四十人爲一組，每組復以五人爲一小組或「鏈環」（Links）。各團員的胸前，一律佩帶一顆紅星。此等團員平日所受之訓練，無非使其成爲年齡較大之各種青年組織的人員及一般共產黨員的輔助者，並授與彼等以共產主義的基本知識。同時，尚對於彼等施以尊重工作及工作人員、服從法令、及養成整潔習慣的訓練。

據艾西貝的報導，少年先鋒隊爲一般學校的重要青年團體。年滿十二歲的隊員，在教室內一律佩帶鮮紅色的領巾，此種紅色領巾，卽是該隊的隊徽。每個隊員，均應宣誓「堅決擁護勞工階級爲解放全世界的農工大衆所作之努力。」並須遵守列寧及史達林「誠懇與有恆」的教訓，以及先鋒隊的規則與習慣。該隊發行一種報紙，稱爲少年先鋒報（Pioneerskaya Pravda），銷路甚廣，並受到「各級學校學生的熱烈歡迎。」各個學校，均爲少年先鋒隊設置辦公室，室內飾以紅布，並懸掛蘇俄英雄像片。八年級以前的學生，幾乎都圍以紅色領巾，八年級以後，學生年齡較大，乃成爲共產黨青年同盟的會員，故不帶紅色領巾。一般少年先鋒隊的成年領導人員，一律接受類如教師的訓練，所得待遇，亦與教員相同。各少年先鋒隊，通例擔任兒童團的小組領導工作。

各級學校的學生，雖一律加入兒童團及少年先鋒隊，但是共產黨青年同盟對於會員的選擇，却極爲愼重。凡屬思想正確的學生，卽可由原有的青少年團體，加以考核，使其加入青年同盟。一般男女青年之能加入共產黨青年同盟，通常被視爲値得慶幸的一件大事。該等同盟的會員，其年齡多係十四至二十三歲之間者，辦事人員則可至二十六歲。青年同盟於一九二五年起，出版一種報紙，稱爲共產黨青年同盟報（Komsomolskaya Pravda）。該等同盟並設置一種專門學校，挑選「積極份子」，予以一年馬列主義的訓練。此等同盟，其組織一如共產黨，全國各集體農場，工廠及其他機關，均設有分支機構。此種團體，不僅是共產黨新黨員的養成所，而且還是共產黨與各青年組織間的一個聯絡機關。共產黨青年同盟，一如共產黨，對於各會員的行動，監視甚嚴，凡不熱心會務或於訓練期間表現不够積極者，一律予以整肅。按蘇俄的意思講，該等同盟的會員，無論公德或私德，均足爲一般青年之楷模。艾西貝說，在前線的一名士兵，得悉其妻子有不貞潔的情事，乃函請當地共產黨青年同盟分會，以此一事例，作爲反「蔑視家庭與婚姻的態度」的一種宣傳手段。

各少年先鋒隊的領導人員，大都由共產黨青年同盟中挑選而來，此等人員，對於一般學生，影響甚大。各地之少年先鋒隊，類多舉辦各種地方活動，如爲本地學校砍柴、打掃、修繕及佈置教室，協助地方教育行政機關辦理七歲兒童入學的登記，以及督促正式學校學生之出席。該隊的活動，間有干涉一般學校生活及其教學設施者，蓋彼等常透過各地分隊，表示其任用教員及考核教員思想的意見。彼等亦舉行討論新政策的公開會議，如廢除各學校的男女同學制度等是。各教師公會，每亦受到此等活動的影響，所以一九四四年，共產黨青年同盟書記長米開諾夫（Mikailhov），乃提出警告，各青少年團體，不得干涉教師，亦不可在共產黨青年同盟會議中批評教師，更不可單獨在各學校進行教育活動調查。設如此，勢必「侵犯學校行政，干預訓導設施。」所以米開諾夫又說：「課外時間辦理羣衆政治及文化工作，與夫協助學校的體育及軍事訓練，始爲共產黨青年同盟的合理活動。」

上列各團體的會員人數，素無確切的統計。據估計小學階段的學生，大多加入兒童團。在一九三四至一九三九年間，少年先鋒隊的隊員，由七百萬增至一千一百萬，第二次世界大戰期間，其隊員人數，可能繼續增加。共產黨青年同盟的會員，據一九三六年的報告，爲四百萬人；一九三九年，增至九百萬人，至一九四五年，其總數達一千五百萬人。其後由於迭次整肅與淘汰的結果，青年同盟的會員，至一九五一年減爲一千萬人。

蘇俄教育的問題及其成就

一、師資缺乏

蘇俄教育制度，其困難問題甚多。雖然增設師資訓練機關，並實施短期訓練計劃，但其合格教師之缺乏，將永久成爲蘇俄教育上的一個迫切問題。依據艾西貝的報告，於第二次世界大戰期間，各級學校的教員，其不合格者，在七年制學校約爲二分之一，十年制學校約爲百分之四十，小學教員爲百分之十五。

二、校舍不敷

第二次世界大戰後的若干年，教室與師資，均感奇缺，於是，乃實施二部制及三部制。其後，由於俄國人民反對此種制度，遂極力設法廢除之。惟因人口生殖率增加，必然又引起此一問題，同時蘇俄教育當局，尚規定所有的兒童，必須受滿義務教育，所以，蘇俄學校校舍不敷的問題，將更形嚴重。其他國家，亦每發生師資缺乏與校舍不足的問題。

三、強迫入學

蘇俄强迫入學辦法之實施，各地不一，一般校舍與師資均感奇缺的地區，大多數的兒童，其受教年限，均極短暫。義務教育法，雖規定義務教育年限爲七年，惟大部份地區的兒童，皆祇受四年的小學教育。據艾西貝的報告，在第二次世界大戰期間，成千上萬的兒童，均告失學。

最近，一般黨部報紙及若干刋物，對於此種情況，頗多批評。各共和國教育部，乃極力增加設備及師資，期能實現義務教育法的規定。

四、男女同學

關於男女同學的問題，迄今仍在爭辯中。一般城市及較大的市鎮，大都分別設置男校與女校，但各鄉村學校，仍爲男女同校。依據聯合國教科文組織主編之「各國教育組織及統計手冊」一書的報告，關於此一問題，在蘇俄尚未獲致合理的解決。各報章雜誌以及教師團體發行的刋物，對於此一問題，頗多批評。國際政治情況，或爲此一問題之最後決定者；假使男生之軍訓時間減少，必將繼續實施男女同校制。然而政策的急劇改變，亦爲蘇俄屢見不鮮之事。

五、階級制度

一般行政人員，黨部首領，知識份子，及高級技術人員，已成爲蘇俄社會上的一種新興特權階段，此等階級的子女，享有優先入大學及各高等專門學校的機會，此一階級的形成，對於無階級的社會，將產生一種嚴重的影響。顯然的，今日共產黨的優秀份子，與帝俄沙皇時代上層階級的人士，享有同樣的特權。蘇俄的一種新階級正在成長中，此一階級對於教育理論及實際，將有很大的影響。

六、教學上的形式主義

艾西貝根據種種跡象，如學校課程之嚴格規定，合格教師之缺乏，與夫實驗儀器及其他設備之不足，乃發現教學方面有演成形式主義的趨勢。俄羅斯共和國教育部，對於此種形式主義，頗多批評，視爲蘇俄教育上之一嚴重弊病。前教育部長波特金（Potemkin）說：「教學上主要缺陷，乃是使學生作機械式的模倣；文字、成語或公式的學習，每無確切的意義；教學與生活缺乏聯繫。」艾西貝認爲此種現象之發生，蓋由於缺乏合格教師，及官方規定之課程不當所致。關於課程問題，艾西貝曾作下列之談話：「就生物學的教學綱要言，所授教材除包括一般人體生理學及遺傳學的知識外，其教材範圍，較之大學一年級的植物學與動物學猶廣。其餘約十種科目，其教學綱要，亦相類似，此等科目表，誠屬愚昧可笑。蘇俄各教育行政機關，似已發現各級學校的課程，過於注重知識的傳授，各校學生將因而產生食而不化的現象。

七、教育上的極權主義

蘇俄教育方面，與形式主義發生直接關係而值得批評的問題，便是教育上的極權主義。根據各方面的報導，蘇俄的科學家，其研究途徑，深受共產黨路線的限制。生物學的研究，常不能自由探討有關生物學的眞理，而須遵照正教的理論。莫斯科經濟研究所所長瓦加（Eugene Varga），由於發表一篇學術論文，其結論與共產黨的理論不符，乃受到懲戒。其實這篇論文所提出的問題，確有事實的根據，一般藝術家、音樂作曲家、文藝著作家、其作品均須以馬克斯——列寧——史達林的人生及文化理論爲依據。共產黨的政治勢力，使任何學術工作，均難有自由與獨立的思想。普通教育，固須服膺職業的理想，各種專門職業的技術人員的訓練，尤爲教育的首要任務。此等黨務機構對於學術工作的嚴格控制，能否產生學術研究成果或眞正之文化成就，尚待事實證明。

蘇俄教育的眞正成就，未可忽視，吾人如欲了解共產社會的教育目的，則其學校之任務，即爲執行共產黨領袖之意志。三十年來，在此一具數十種民族的共產帝國所推行的掃除文盲運動，確有相當成效。托兒所及幼稚園的教育制度，雖未十分擴充，以致大多數年滿三至六歲的幼兒，均未能受到學前教育，然而此等教育計劃及設施，日有改進，並已引起其他國家教育人士的注意。蘇俄共產黨，每利用教育制度，訓練人民使其忠於共產主義的體制，就其自身之觀點言，彼等之努力，經已獲得相當成效。不過，據由鐵幕逃出之難民及其地方面所得消息，咸以爲共產主義的體制及其教育制度，尚未得到人民的普遍支持。共產黨用於訓練人民的一種理論傳授式的教程，究有若何效果，實令人懷疑。

（註）蘇俄的「信託局」（Trust），爲各工業部會之附屬行政機關，辦理有關工業事務。

第四篇　現代教育的問題

緒　論

世界各國的教育，似在逐漸進步中。一般國家，大都制定改造及所謂現代化的計劃。各國對於義務教育的年限，亦多設法延長。一般教育工作者及公民，對於中等教育的新概念，遂不免產生疑慮。關於少數民族團體的教育問題，也引起廣泛的注意。以往若干限制婦女受教機會的國家，目前關於女子及婦女教育的問題，亦大加改善與擴充。素來實行男女分校的國家，關於男女同學問題，在學校系統中又引起普遍的爭論。

本書第一、二兩篇，曾經論述各國學制，大都面臨相似的問題。一般學校行政人員，類多關心經費問題。合格教員的缺乏及教室不敷分配，則成爲普遍現象。類此諸端，如能寬籌經費，卽可順利解決。至於教育宗旨及課程類型問題，尤爲各國所關切。此等問題之舊有解決方法，固不再受人重視，而新近之解答，尙在探索階段。學前教育機關——保育學校及幼稚園——日益受人重視。此等機關，以往例由私人團體興辦，目前則列入正規學制之一部。當前的問題，仍爲經費、教員及校舍。而且由於人口生殖率的激增，致使學齡兒童年有增加，經費問題更加困難。

本篇擬就世界若干地區的教育演進實況，分別列論。但以篇幅所限，致未能將一切重要問題，概予研究，僅就少數具有代表性的地區，略加討論而已。

第二次世界大戰前，德日兩國均具有一種穩固而完善的教育制度，用以支持其黷武的政治哲學，意欲實行其征服世界的目的。惟德日兩國，終於失敗，其所設各級學校，全部關閉。關於改造過程中，德日兩國，並未充分享有主動權，而由勝利國家之佔領當局，監督其學制改造工作。故其教育重建工作，在觀念上深受其以往敵對國家的影響。關於一九四五年起直至目前爲止的德日兩國教育之發展及其未來趨勢，本書提供的材料，堪爲研究比較教育的人士所重視。

一種新興的强烈民族主義精神，世界各地正在逐漸形成中。有的是新近獨立的國家，有的是想全國面目煥然一新的古老國家，姑不論國家之新舊，莫不視教育制度爲此等情況中之一重要因素。故此類國家，大都專設機構從事教育制度之研究。惟其改進方案及其研究成果，值得商榷。

成人教育已成爲當今教育事務中之一重要部門。每因主辦國家及施教對象之不同，其所具之意義及其實施方法亦各異。關於各國成人教育活動之進展，已有不少專著從事系統之報導。本書僅就四種具有代表性的成人教育方法，略加敘述而已。此等方法，乃爲若干國家推行成人教育工作之最佳實例。至於其他重要之成人教育設施，亦將擇優介紹。

當此世界各國用於國防之經費多於教育經費之際，世界各國的人民，大都抱有熱烈之和平希望。各級學校，於促進各國文化、興趣、理想、願望及人民彼此間之了解，實負有重要任務。各國學制，對於此一問題，已有深切之注意。在此强烈的民族主義與國家至上的氣氛下，吾人如欲增進國際了解及合作，實非易事。目前已有若干國家及國際組織努力於和平之促進及了解，惟其工作成效，尚待事實證明。

各國關於人民教育之目標，彼此互異。每一國家，大都利用學校系統，達成其預期的目的。教育之重要，不止於基本學科及技能之訓練，關於此點，已爲世人所了解。

第十六章　過渡期的教育：德國的學校

吾人談及德國，每易想到歌德(Goethe)及席勒爾(Schiller)，而認爲是無數音樂傑作的創作地，其中若干作品，直到現在爲止，仍爲世界上的藝術珍品，即就慶祝耶穌聖誕而言，德國設計之精美，亦爲其他各國所不及。無疑的，德國人是一種極端能幹而勤奮的人民，而尤以周密與精細著稱。德國人對於文學、哲學、醫學、藝術及科學研究之貢獻，尤爲世人所稱道。十九世紀末葉，德國的大學，外國學生人滿爲患，大都希望學習德國學術方面的長處。

就另一方面講，德國又是約克參謀團(The Junkers and the General Staff)，黑格爾(Hegel)，俾斯麥(Bismarck)，克虜伯(Krupp)，及希特勒(Hitler)的產生地。德國是一個訓練嚴格，組織堅強，而又信服權威的國家，其所採之立國政策，即是所謂「血與鐵」(Blood and iron)——夢想提高國家的威望，以致引起兩次慘烈的世界大戰。

德國每以武力壓服自由精神爲其競爭手段，以往的做法，頗有過激之嫌。由此看來，德國人民似乎具有一種傳統的、根深蒂固的信念，以爲武力是達成國家目的之有效方法。德國人如能擯棄這種信念，不特可以免除兩次世界大戰的悲劇，且可在商業及科學研究方面，居於世界領導的地位。

戰前的德國教育

綜觀德國教育的發展，德國教育以有效與周密爲其特徵。德國人深信效率的力量，故每以迅速而有效的手段，實現國家當時的目的。自十九世紀以來的德國教育史，可分爲四個階段：(a)一八七〇——一九一八年帝國時代的教育；(b)一九一八——一九三三年魏瑪共和國(Weimar Republic)的自由趨勢；(c)一九三三——一九四五年納粹的形成；(d)一九四五年以後戰後的重建。上述四個階段，似乎各自分離，但予以深切之觀察，即可發現在這四個階段中，均受同一信念及傳統力量的影響。

一、一八七〇——一九一八年帝國時代的德國教育

國家管理學制的觀念，實以德國爲創始。早在十六世紀時，德國即有若干邦建立國家教會學制(State-Church School Systems)，惟首先建立不受宗教勢力干涉的現代化國家的國家學制者，則以普魯士爲嚆矢。威廉第一(Frederick William I, 1713-40)設立若干新式學校，提高教師地位，並推行强迫入學辦法。弗特烈大帝(Frederick the Great)時期，制定「學校法」(School Code)，以爲普魯士學制之基礎。一七九四年頒佈「普通法」(General Code)，更確定普魯士的學校，爲國家設立的機關。

一八〇六年，普魯士爲拿破崙戰敗於耶納(Jena)，其領土及人民喪失過半，致使十九世紀之教育成果，付諸東流。當時的情況，危險萬分；但由於全國人民同心協力，極謀教育之振興，普魯士人民的驕傲與希望，遂得復甦。出而倡導此種運動者，則爲斯泰因(Stein)，斐希特(Fichte)，沙恩荷斯特(Scharnhorst)及漢波特(Humboldt)等人，其在教育上的成就，樂爲德國後人所稱道，譽之爲「永不忘懷的榜樣」。嗣後普士重整旗鼓，乃於萊比錫(Leipzig)及滑鐵爐(Waterloo)兩地，大敗拿破崙。

當時繼續推進社會及教育改革工作，並實施一種全民機會均等的民主教育制度，可惜好景不常。威廉第四(Frederick William IV, 1840-61)時期，爲建立軍國主義的國家起見，乃恢復宗教管理及專制的教育制度。嗣後並建一種雙軌學制(Two-Class System)，如十圖所示：

10　一八七〇——一九一八年帝國時代德國學制圖

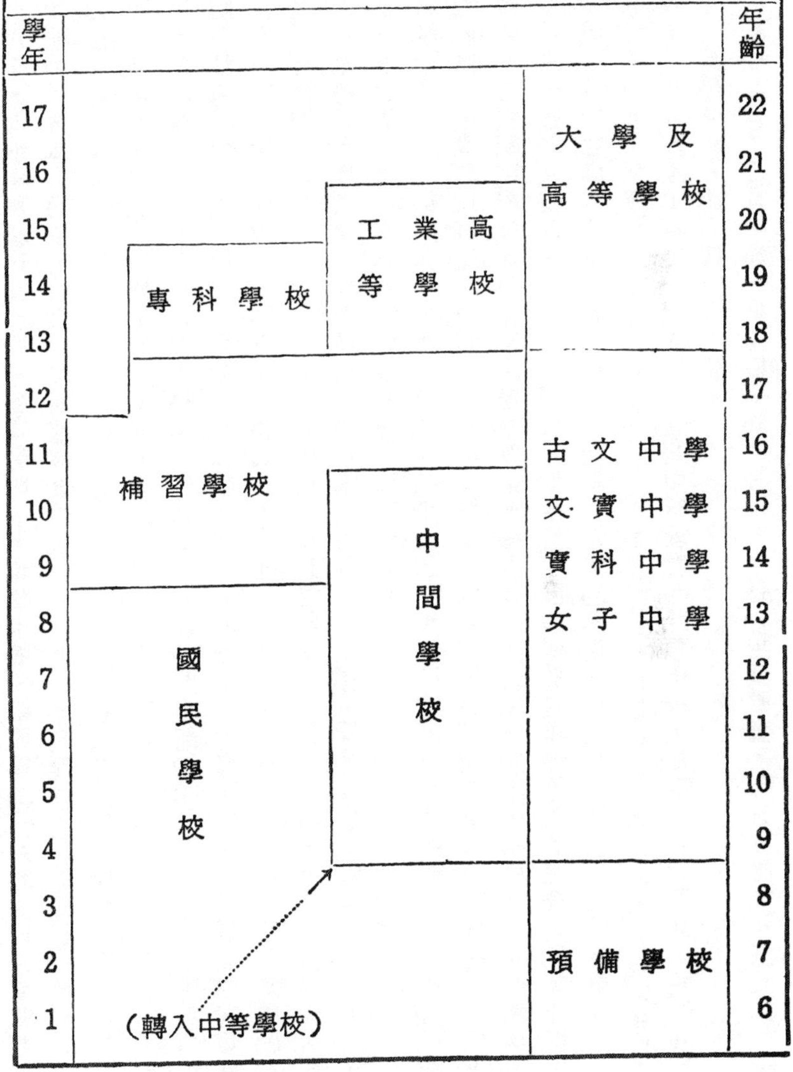

一八六六年，奧地利於沙杜瓦（Sadowa）失敗後，普魯士遂一躍而爲統一德國各邦的領導者。普魯士的領導能力，於戰敗丹麥及法國時卽可略窺其端倪。一八七一年凡爾賽（Versailles）宣言公佈後，普魯士乃贏得最後勝利，而建立一個由二十五邦組成的德意志帝國（German Empire）。

嗣後四十年來，由於經濟的繁榮，及國家實力的增强，德國乃建立一支强大的陸軍與海軍，不獨商船的數目，日漸擴充，更在海外各地取得不少的殖民地。在十九世紀初葉，普魯士人爲爭取自由而努力，其防禦性重於侵略性，惟自一八七〇年以後，德國人的態度，則轉變而爲一種强烈的窮兵黷武的民族主義。一般大中小學校，公開宣傳，德國已爲週遭的勁敵重重包圍，德意志人民必須突破重圍恢復國家之固有實力，並傳播德意志的文化。因此，鄰近諸國，目睹德國陸海軍力的日益增大，不免爲之震驚。一般德國軍事官員，每舉杯祝賀德國軍隊勝利之日（Der Tag）的早期降臨。凡此種切，乃直接導致第一次世界大戰，惟其戰爭結果，德國慘遭失敗。

吾人試觀十圖所示之德國學制，卽可知其爲「雙軌制」。其目的，一面在於造成一種智力聰慧、訓練優良的專家、領導者及官員的團體，一面則爲培養一批幹練、服從的軍事幹部和訓練有素的繼承人。於九歲時，可由國民學校，及特殊之預備學校，轉入其特權制度下的中等學校，惟此種機會不多。有的學生可由一種學校轉入較高一級的學校，但常被安置在低於其年齡等級的班級，故其課程之銜接，頗多困難。一般富庶人家的子女，則於一種私立性質的預備學校（Vorschule）受啓蒙教育。

中等教育階段，各類學校，各具特殊功能。中間學校（Mittelschule）爲一種中途棧（halfway house），傳授一門外國語，實施一種人文性質的中等教育。此類學校，是不以升大學爲目的的通俗學校，在性質上爲初級部，且不具任何特權。

古文中學（Gymnasium）爲一聲望極高的中等學校。每一男性學童，類皆立志於年滿九歲時投考古文中學。所授課程，爲古典性的，其主要科目，爲九年的拉丁文，七年的法文，以及六年的希臘文。據聞德國的學者，大都曾受古文中學的教育，此等學校，以傳授知識與文化爲其主要目標。古文中學的社會任務，則爲使特權階級的子弟，能順利通過各個階段，直至上二學級(Upper Second Class)爲止。嗣後卽須接受爲期一年之集中軍訓，是卽所謂「軍訓年」(Das Einjährige)，受訓期間得於規定範圍內，自由選擇其受訓兵團。一般爲父母者，大都視此項軍訓爲全家之無上榮譽，而力勸其子弟努力學習，期能獲得受訓之殊榮。而且，於修滿上一學級(Upper frist class)獲得成熟證書(Abitur)時，卽具有獲得一種中級公務員職位或升入大學之希望。一般高級公務員職位，大都爲大學畢業生所保留。

文實中學(Realgymnasium)，在德國教育思想中，代表一種注重現代語及科學而不以古典科目爲重心的趨勢。此類學校之課程，側重拉丁文、現代語、科學及數學。實科中學(Oberrealschule)的高年級，則選修三至六年的拉丁文，其主要科目，乃爲現代語，科學及數學。上述各類中學，除主要科目外，尚有德國文學、宗教、歷史、音樂及體育。依據一九一〇年的統計，當時德國境內，計有古文中學三〇四所，文實中學一二三所，實科中學七五所，由此可知此等學校之重要性。各大學之招收學生，雖非全係古文中學畢業生，但確爲大學招生之主要對象。

女生之受教機會，雖較男生爲少，但一般女生仍受到合理之安排，其成績優異之女生，亦可進入大學。惟一般保守人士的意見，以爲中間教育階段的女子中學(Lyzeum)，所授課程，應注重家事及兒童保育。德國的學校，除一般鄉村之小型國民學校外，大都實行男女分校。惟女子學校的男性教員，則佔教員人數的百分之六十。

德國雙軌制的另一面，卽是一般男女學童於受滿國民學校的一種健全教育後，可入補習學校

(Fortbildungsschule)攻讀，此等學校，在德國各地並非强迫設立者，惟其發展却極迅速。此類學校，由凱欣斯泰納（Kerschensteiner）首創於明興（Munich）。其基本原則，在於確認博雅教育（liberal education）可由學生之職業關係中實施。此種補習學校的理想，與英國一九一八及一九四四年教育法案相通，此等學校在未來之英國教育中，將日益重要。

德國學生於充任某一經認可之行業的學徒後，即可於僱用期間內，進入與本行業有關的補習學校，接受三或四年——通例由十四至十八歲——的補習教育，每週上課二個半日。此等學校之教育，博雅（包括德國文學及歷史、音樂、宗教）及職業並重。此等學校之職業班級的教員，大都由各行業之優異技術人員擔任，故其教育水準頗高。若干補習學校，尚招收女生，其中尤以設有縫紉、石印術(lithography)、家事管理、及其他關於婦女職業科目的學校爲然。

此外，尚有若干職業學校，分別從事農業、森林、工藝、商業，及其他改善國家經濟生活的訓練。高級職業教育，則由工業高等學校（Technische Hochschule）實施；此等學校，與其他國家之大學及工業專門學校立於同一等級。

當時的德國大學，由於學術地位崇高，及費用低廉，世界各國學生前往求學者，頗不乏人。德國大學制度，與英國寄宿學院不同，一般學生，大都寄居民房。大學各科，類多授予博士學位（此係德國大學唯一之學位），如擬從事專門職業，則必先通過國家考試(State Examinations)。一般古文中學的學生，於受滿一種嚴格的教育後，一旦升入大學，即可獲得自由的生活，狂飮與決鬬，爲一般大學所習見。

當時各大學的國家主義觀念，極爲濃厚，一般大學，大都討論德國在國際事務中的未來任務，對於德國的學術貢獻及科學研究，深信勿疑。就整個的教育制度而言，厥爲培養領導人員及國家公務的繼承人。大學的主要任務，在於從事純學術的研究及個己才能之發展。當時德國大學對於哲學、科學與夫德意志文化，均有不可小視的貢獻，惟因第一次世界大戰的影響，一切成果，悉付東流，特此不爲德國的厄運，亦爲世界的損失。

二、一九一九——三三年魏瑪共和國時代的德國教育

德國失敗以後，賡即覺悟，乃於一九一九年制定一種新的魏瑪憲法（Constitution of Weimar），揚棄軍國主義，使德國置身民主陣營。在此後之十四年中，魏瑪共和國雖極努力，惟因一般中產階級遭受通貨膨脹及其他經濟負累的打擊，復以德國社會未能配合政治改革而作必要之改造，故終歸失敗。加之舊社會的人士心懷怨恨，對於新政毫不同情，遂加速其崩潰的命運。

魏瑪當局非但熱心教育工作，且提出若干良好意見。彼等深信德國的教育，必須予以適當的改革，並着手進行改革工作。當時教育上的自由勢力，很有影響，故就改革初期觀察，頗有成功的希望。例如新頒各級學校教育目標，其中就有和睦精神之培養以及與以往之敵國重修舊好之條文的規定。爲推進民主的原則，乃廢除富有獨佔性的預備學校（Vorschule），而將國民學校(Volksschule)前期改稱以全體兒童爲施教對象的基礎學校（Grundschule）。兒童由基礎學校升入中等學校的年齡提高至十歲，其後在任何年齡階段，均給予學生轉學的便利。

學校與教會分離，各級學校一律不受教會牧師的管轄，各級學校教師，均享有充分之自由。國家教育部很少發佈命令，而容許學校從事科目及活動的實驗。討論良久的統一學校（Einheitsschule）概念，又深受朝野人士的重視，此種學校，以實施綜合教育爲主旨。關於中等教育問題，雖未作最後的決定，但却建立兩種新式的中等學校：其一，爲建立中學（Aufbauschule），使年滿十二至十九歲的

青年，於「青年後期」(late-bloomers) 的六年內修畢全部中學課程。其二，爲德文中學 (Deutsche Oberschule)，所授課程，以德意志的文學、藝術及科學之最高成就爲基礎，故有文化形的中等學校之稱；此種學校與側重古典科目的中等學校，成一强烈對照。補習學校及民衆高等學校，亦大加擴充。總之，當時德國的新政府，儘量減低雙軌制的嚴格性，使各階段的優異學生得有深造的機會。大學內實施學生的自治辦法，藉以制止決鬪及酗酒的現象。

政府當局竭力鼓勵一般學校採用各種進步的教學方法，如活動法，學校遠足，及個別指導。當時的德國學校，即已採用道爾頓制 (Dalton System) 方面的若干優良教學方法。一般學校並開始進行學生自治之試驗，其中尤以薩克遜 (Saxony) 邦爲然。親師協會 (Parent-Teacher Associations)，亦已建立。廢除體罰 (Corporal Punishment)，發行新教科書，並將若干進步的思想編入教科書中。

魏瑪共和國時代，青年運動達於極峯。此項運動，於第一次世界大戰以前，即已產生，成爲一般青年反對成人所施之嚴格的智識教育及管理的產物。此一運動，頗富浪漫性，每於週末及假日，即赴具有歷史及文化價值的地區旅行。青年人身穿輕便服裝，步行時演奏六弦琴及五弦琴。全國各地，與此項青年運動具有聯繫的旅館，多達三千單位，外國來的正式青年協會會員，亦居住此等旅館。魏瑪政府一面提倡此項運動，一面督促各校，於每月之內，確定某一日爲郊遊日 (Wandertag) 是日全校學生，一律依照既定計劃，外出郊遊。

此係一種富有創始性的民主學制。魏瑪共和國，如能於維護其國家及教育政策而獲致成功，則以後整個世界的歷史，將完全改觀。惟魏瑪共和國，於開始實施時，即注定其失敗的命運。因受凡爾賽條約 (Treaty of Versailles) 的約束，對於若干令人嫌惡的德國團體，過於民主所致。此確係一種大膽的嘗試，但由於一般反民主的勢力的惡意攻擊，乃歸失敗。一九二四至一九二九年間，魏瑪政府的施政，理應獲得成功，惟因一九三一年產生了經濟危機，乃招致重大的困難。一般反動集團固依舊存在，當時德國的社會組織亦毫少變遷跡象。德國的貴族黨（Junkers）、軍人、及實力雄厚的實業界人士，大都懷着仇視心理，而期待政府改組。魏瑪政府對於實際情況不僅缺乏充分的認識，其本身似亦喪失鼓舞勇氣的信心。由於經濟情況日趨惡劣，國家社會主義者（National Socialists），遂攫取機會，壯大實力，而變成新德意志的一種阻撓勢力。加之，全國人民，望變心切，一致希望重建德意志，使其成爲一個強大的國家。魏瑪共和國政府，遭此重大難關，無法挽回頹勢，乃終歸覆敗。

三、一九三三——四五年納粹時期

納粹黨（Nazis）爲實現其極權國家的目標，使德意志突破其週遭的一切阻撓勢力，並取得世界上極權的領導地位，最重要的，便是使一切教育機構，竭力傳播納粹的理論。一面淸除魏瑪時期的自由勢力，一面引導德國兒童使有擁護新政權的精神。

大衆福利高於個人。蔑視民主，一黨專政。出版與言論自由，均不復存在。一般協助建立國家社會主義的集團，對於希特勒（Hitler）所表現的「黨」高於一切的精神，事先均非預料所及。在「我的奮鬬」（Mein Kampf）一書中，希特勒明確表示此種精神，對於今後十年的德國教育，將有重大的影響。希氏認爲進化論所提示的自然律，表明強大的民族愈益強大，勢必同氣相求，弱小的民族自必衰敗沒落。強者必須統治弱者，而不可與弱者結合，以免數千年來人種改良的自然成果受到損喪。他斷言亞利安族（Aryan race）爲自然界的最大成果；亞利安族如爲人擊敗，則野蠻世紀的黑幕，將再度籠罩人間。猶太人則被稱爲唯一堪與亞利安族相較的民族，也是其他民族團體內的一種寄生蟲。德國人乃爲保持上帝的美德及全人類的繁榮而戰。

基於上述的觀念，其教育目的，即在於訓練個人，使其成爲一個自願的、溫順的、絕不批評國家政策的公僕。此等公僕，必須以宗教般的熱情，尊重納粹的理論。舉凡歷史、文學、藝術、音樂，甚至科學，均須激勵國人，使其具有愛國及爲國効力的熱情。各級學校的教員，須爲納粹黨人，除應信仰納粹理論外，尚須傳授種族純正與德意志領導力的理論。而且教育全國學生，使其頌揚軍隊，並確認軍隊爲德意志未來之權力及偉大的象徵。

納粹政權建立之初，納粹黨重在教育精神之改變，尚未注意教育結構之調整。迨至一九三八年，德國的教育，始有重大的變革，惟若干原有的制度，仍保留無遺。

納粹時期，確有不少的改變。聯邦政府管理教育，實開德國歷史的先例。納粹政府建立全國教育青年福利部(National Ministry of Education and Youth Welfare)，發佈關於課程、教科書，及一般教學程序的命令。教員爲國家(Reich)的公務員；起初，並未規定教員須爲納粹黨員，惟於無形中暗示一般教員，加入納粹黨。體育活動側重長途行軍，障礙賽跑，及初級地形研究。禁止男女同校，實施嚴格訓練，一個男生於受體罰時，每鼓勵其不可具有畏縮的姿態。

知識活動之訓練，極爲嚴格。地方教育行政，採地方分權制，故一般地方領袖(Leiter)，握有相當的權力。學校委員會及家長會，則在限制之列。魏瑪時期的教育觀念，並未完全摒棄，祇不過爲納粹所曲解而已。例如納粹政府獎勵設置學校圖書館，惟規定各校圖書館，必須購置地方領袖指定的一百二十套基本書籍。視聽教育及學校廣播之應用，極爲普遍，但須接受縝密之指導，務必具有正確之政治色彩。對於校外生活，尤爲重視，常藉希特勒青年團(Hitlerjugend)，實施各項活動，每逢納粹的遊行及節日，則指派學校擔任重要工作。各校教室中，大都懸掛希特勒的像片或半身照片。學校教科書，一律重新編定，以納粹理論爲其立論重點，特別注重所謂種族的純正，尤以全國人民如能衷心支持納粹的政策，則德國光明之前程指日可待爲其特色。

一九三八年的改革計劃實施後，乃使各級學校全然成爲納粹政權的工具。在觀念上澈底實施納粹的理論，惟對當時的學制却未過分干涉。爲協助一般工作婦女，乃大量設置學前中心。基礎學校(Grundschule)，一律保留，補習學校則予以加强及擴充。都市的兒童教育，限由基礎學校實施，補習學校，則以舉辦鄉訓年(Landjahr)爲主要任務，訓練期間，所有受訓青年一律居住於農舍或特殊的營地，以便了解鄉村生活及實際問題。

關於「幹部」的訓練，勿待贅述。惟對於「領導份子」的選拔與教育，納粹政府曾作若干重大的改變。爲適應此種需要起見，乃改組中等教育。中等教育階段實際註冊的學生人數，大爲減少，蓋一般納粹領袖，大都反對「全民的中等教育」(Secondary Education for All)。女子受中等教育者，尤屬罕見，蓋納粹黨認爲女子教育的主旨，即是「3k's」——教堂(Kirche)，廚房(Kitchen)及兒童(Kinder)。

關於中等教育制度的改組，略如下述。中間學校(Mittelschule)依舊保留，作爲一種初級中學，所授課程，包括商業科目，實用科目，及一種外國語。德文中學(Deutsche Oberschule)爲一種主要之中等學校，側重德國語文及歷史之傳授，此等學校的學生，約佔中等教育階段學生人數的四分之三。納粹黨强調建立中學(Aufbauschule)之重要，俾予年滿十歲以上的優異學童繼續受教之機會。此等學校，大都設於鄉鎮，與美國所稱之「聯立學校」(Consolidated School)或聯合中學(Union High Schools)相似。另一方面，納粹黨對於古文中學(Gymnasium)，頗多厭惡與懷疑，認爲此等學校未能代表德意志的文化，而在思想上獨樹一幟。故此等學校之註冊學生人數，大加限制，惟允許此類學校，訓練學生投考大學或從事其他專門職業之預備。

中等教育階段內，設置一種新型的寄宿學校，稱爲國立政治學校(National Political Education

Institute)，即通稱之納坡里學校（Napoli School)。該校以訓練學生從事公務員及黨務人員為主旨。所授課程，大都為國社黨的政治學科及嚴格的軍事訓練。此等學校一律征收學費。據一九四三年的統計，全國共有三十七所，其中三所為女子學校。

納粹政府為激勵德國兒童的志氣，乃於中等教育階段內，設置一種希特勒學校（Adolf Hitler Schule)，招收年滿十二至十八歲的男生，予以六年的訓練。此等學校之選拔標準，至極嚴格。每一候選學生，必須體格健全，其家屬尤須具備忠於納粹黨的紀錄。依據一九四三年的統計，全國計有十校。此等學校一律免費。就性質言，屬於斯巴達式，所有學生，一律穿着制服，並住於營房內。其目的在於培養能力優長的黨務高級幹部及高級軍事人員。

由於德國戰敗，希特勒學校實施納粹領袖訓練的偉大計劃，其第一個階段，尚未充分實現。依據此項計劃的規定，凡修滿希特勒學校全部課程的學生，一律派往各地區擔任適當職務，並須服勞役及兵役，以便體驗若干年的正常社會生活。在此期間，有人暗中監視學生，如發現某些學生品行端正，領導能力優長，即調至「納粹黨務學校」（Castles of the Nazi Order），接受九年的訓練，期滿時一般受訓者的年齡，大多屆滿三十歲或三十歲以上，此等人員，大都派充黨務方面的下級重要職位，其間尚有少數成績卓著的幹部，得繼續進入「黨務大學」（Party University），作為期三年以上的深造。該校位於巴威境內，風景幽美的契塞（Chiemsee）湖岸。此項計劃，乃利用上述的訓練方法，選拔德國男性青年，凡經若干精密的研究測驗後，如發現某些青年品行優良，忠實可靠，及智力優異，即培養成為國社黨的領袖人物以及德國未來的統治者。

嗣後，德國的教育制度，迭予改組，其中最有力量的組織，即是希特勒青年團(Hitler Youth)。此一團體較之前述的德國青年運動，更能吸引年輕的納粹黨員，且其應享之福利，亦較前者為多。此項新興之組織，乃合政治理論的傳授及强迫體格的鍛鍊為一體。希特勒青年團，依照年齡分為若干部分。年在十至十四歲間的男童，一律為少年團(Jungvolk)的團員；十四至十八歲間，則屬於希特勒少年團(Hitler jugend)。十至十四歲間的女童，則稱為少女團 (Jungmädel)，十四至十八歲的少女則另組德意志女青年團(Bund Deutscher Mädchen)。

依據一九四二年的統計，希特勒青年團的團員，全國共有五百萬人。該團及其附屬單位除實施行軍及體育訓練外，尚從事社會服務訓練。例如，於計劃大批疏散受轟炸城市的學童時，即由希特勒青年團負主要責任。該團並隨時舉辦各項展覽會。無疑的，德國一般青年男女，深受此種運動的誘惑，乃加入納粹的陣營。希特勒青年團，每要求各地學校給予較多時間，以從事團務活動，對於各校學生的學業，遂不免產生荒疏的影響。曼恩(Erika Mann)所著「野蠻人的學校」(School for Barbarians)，及狄思利 (Walt Disney)所攝之彩色短片「滅亡的教育」(Education for Death)，關於希特勒青年團各項難以忍受的甚至近乎殘酷的活動，均有詳盡而生動之報導。

在高等教育領域內，計有八所從事高深研究的大學，此等大學，均屬同一類型。其他各類高等專門學校，則分別從事農業、商業、藝術、音樂、師範及政治等專業訓練。

關於納粹政權以培養納粹黨之忠實黨員的教育制度，已略如上述，惟吾人須知此項教育制度為一九四五年德國崩潰後，重新實施新德國的教育，帶來不少的困擾。吾人尤須牢記，一九三三至一九四五年間出生的德國兒童，除熟悉納粹的宣傳教育制度外，其他毫無所知。

戰後德國教育的重建

一九四四年秋季，盟軍進駐德國，德國乃於一九四五年五月宣佈無條件投降。依一九四五年波次坦協定(The Potsdam Agreement of 1945)的規定，德國全境劃分爲若干區域，由佔領當局分別管理，另設管制會議（Control Council）代表佔領當局處理全德各項事務。一面審判戰犯，一面淸除各公務機關與半官性質機關的納粹積極份子。爲澈底改造德國教育起見，該協定第七項並載明剷除納粹份子和軍國思想，務使民主思想得以繼續發展。

當時，雖未設置德國中央政府，惟希望於最短期間成立一種全德統一性的聯邦組織。可惜，由於東西盟軍意見不合，致未能實現此一希望。

德國投降以後，阿爾薩斯——羅倫（Alsace-Lorraine）歸還法國，奧地利在盟軍管轄下恢復獨立國地位，德國東部直到奧德(Oder)河一帶的領土，劃歸波蘭，以尼斯河（Neisse Rivers）換得的波蘭東部領土，則割讓於蘇俄。因此，德國的土地面積由一九三九年的一八四、〇〇〇方哩，減少爲一三八、〇〇〇方哩（較美國加州尚小二萬方哩），惟德國的人口，並未急劇減少，蓋因投降以後，大批德國人逃離投降地區，紛紛向西邊遷移。普魯士原有的領土，一部份劃歸波蘭，一部份割讓於蘇俄，其餘的土地，則劃分四區，由盟軍管制，故實際上，普魯士形同滅亡。

德國投降時，教育情況極爲混亂。大部份的學校，或爲戰爭所破壞，或由轟炸的摧毀，科倫(Cologne)地區，百分之九十的學校，均毀於戰火。無數的學童，因撤退而遠離家鄉，以致流離失所，無家可歸。學校教師固極爲缺乏，各項設備及教科書，尤付闕如。十五歲以上的學生，大都參與各種戰爭工作。當時，最大的困難，不祇房屋破爛，由東德蜂擁而至的難童，更不計其數。

戰爭結束後的第一步工作，卽是恢復學校，類多借用其他場所或在破爛的房屋中授課，每班有六十、七十、甚至八十名學生，且通常採用二部制或三部制（Two or three Shifts）。各佔領區均竭盡所能，從事重建工作，故此種混亂情況，大爲改善。

聯邦教育部長(Reichminister of Education)的職位撤銷以後，另由盟軍管制會議設置一種教育委員會(Education Committee)，首先希望完成全德統一的學制，惟此種希望，並未順利達成。蓋各佔領當局的意見，極不一致，東西雙方的教育立場，尤彼此互異。茲將佔領初期的教育發展概況，略述如次：

美佔領區，佔領當局對於教育重建工作，大都授權德國人，依據波次坦協定的規定，自行辦理。各邦(Länder)政府類皆自行管理所轄區內的一切教育事宜。學校的設施，除巴威(Bavaria)邦因受天主教會的影響，傾向保守外，其餘各邦，類多遵循德國傳統的作風。

佔領當局竭力提倡補習學校與成人教育。各級學校所需教科用書，在美國人的安排下，一面重印魏瑪(Weimar)時代的教科書，一面更將美英兩國適用的教科書，譯成德文，以資示範。當時分配運用的教科書，爲數達五百萬冊。美國佔領當局，爲提高德國青年的娛樂興趣起見，乃多方設法鼓勵德國青年，組織各種運動團體，音樂會及青年活動團體。

法國佔領區的管制，較爲嚴格。由法國派來若干教師和學生，協助德國人辦理學校，故一切教育設施，無不受法國教育思想的影響。對於道德與宗教教育，尤爲重視。最大的困難，厥爲教科書問題。爲加强經濟建設，乃獎勵設置工業及農業學校。法國佔領當局，並竭力興辦學校，收容流落街頭，無家可歸的難童。自一七九七年即已停辦的麥茲(Mainz)大學，亦重新復校，蓋彼等認爲此係擺脫軍國主義或納粹勢力的良機。

英國佔領當局，與美國的觀點相同，使德國建立各邦負責的行政制度。英佔領區內的破壞極爲嚴重，食物尤感缺乏。一般學校，大都設於公共集會場所與地下室，採取二部制教學，每日尚爲師生供應一餐熱食。英國當局並利用廣播電臺，彌補課內教學之不足。漢堡電臺(Hamburg Radio)，即舉辦空中教學節目，按日播授學校課程。英佔領區對於女子教育，特別注重。至於教會學校，究由某一教會或由各教派聯合辦理的問題，雖迭經討論，均未獲得具體結果。

最大的困難，便是六所大學的復校問題，蓋此等大學的圖書館，大部毀於戰火，各項教學設備，尤感缺乏。一般學生，大都缺衣縮食，生活十分困難。惟各大學女生的就學率，却由納粹時代的百分之十，立卽增至百分之二十五。

俄國佔領區的行動，較爲直接與積極。俄國人在佔領區內建立强有力的中央管理制度，各邦政府一律遵照中央法令，辦理自身的事務。各級德國政府機構的設施，均須以俄國人的意見爲依歸。俄佔領區包括柏林市的一部份，柏林市周圍所有的地區，均屬俄區範圍；該區的破壞，最爲嚴重，生活條件尤感欠缺，所有破爛的房屋，均被撤除。柏林的學校，不僅校舍不敷分配，師資更爲缺乏，一般學校，大都採取三部制或四部制的教學。

依據蘇俄法令，教育應由國家辦理，不得受任何宗教之干涉。俄人宣稱，德國教育向不民主，目前亦無實行民主之必要。彼等釐訂改革計劃之主要特色，卽是單一學制（Einheitsschule），此項學制，德國曾作六十年之長期的辯論，均未能付諸實施，今俄人僅憑一紙命令，卽一體遵照辦理。學校教科用書，在蘇俄佔領區內，亦成爲困難問題；彼等爲克服此一困難，乃將俄國通用的教科書，譯成德文，以應急需。由於一般鄉區的設備不足，乃採取合併小型學校的政策，將若干鄉村學童，送往附近中心地區受課，並設置宿舍，專供孤兒及遠道兒童寄宿之用。

一、盟軍管制會議一九四七年的指令

一九四七年盟軍管制會議（Allied Control Council），發布第五十四號指令，認爲各佔領區的情況，已有長足的進步，乃試行統一教育設施，重申既定原則，並指示未來發展的途經。茲將重要款項，臚列於次：

一、應注意確保全體國民教育機會之均等。

二、初等與中等教育階段的學校，不得相互重疊或競爭，二者之間應上下銜接。

三、各級學校，應採取民主的集團管理與公民生活方式。

四、十五歲以下的兒童，應強迫就學，繼以部份時間的義務教育，直到年滿十八歲爲止。

五、學校師資應接受大學等級的訓練。

六、全體學童，均得享受免費教科書，並免納學費，必要時尚須供應生活維持費。

此項指令，雖係管制會議的四人委員協議下的罕有事例，惟對於該項指令之解釋，東西雙方頗不一致。

二、新共和國

一九四九年五月，包括西方三國佔領區的德意志聯邦共和國(German Federal Republic)正式成立。全國人口，共計四千五百萬人，以波昂（Bonn）爲首都。俄國人亦不甘落後，繼於一九四九年十月，在東部成立德意志民主共和國(German Democratic Republic)，全國人口，共約一千五百萬人，而以東柏林爲首都。此種情況，乃構成國家之分裂，東德與西德雙方的教育政策，遂分道揚鑣。民主教育之實施，必待社會變遷適合民主的理想而後可，其理至爲明顯。某一社會對民主思想如抱懷疑態度，即難使其順利傳播。一年以後，我們知道德國的教育，在實際上即已採取不同的道路。

自一九四八年西德斷然改革幣制，增加生產以來，近年來西德經濟的復興，極爲顯著。惟德國的分裂，業已成爲事實，嗣後能否再度統一，尙難逆料。西方盟國認爲如由共產主義者統一德國，則將危害歐州的自由民主；反之，俄國人認爲資本主義者統一德國，則將嚴重威脅俄國本身的安全。同時東德與西德的教育發展，則採取兩個極端相反的方向。

德意志聯邦共和國的教育行政制度

德意志帝國與魏瑪共和國時代的德國，除各邦設有宗教儀式教育部長（Minister of Public Worship and Education）外，素無聯邦教育行政機關。各邦對於教育及宗教事務之處理，類皆採取集體管理制，一般較大的都市，則操有相當之自由權。教育經費，則由邦政府與地方社區分擔。學校教師，爲國家之公務員。學校的設置與維持，由地方社區負責，惟須受邦政府的監督。

納粹時代，教育採用聯邦管理制。在德國歷史上，曾有一段時間，設有全國教育青年福利部（National Ministry of Education and Youth Welfare），對於全國教育人員，學校課程，教科書以及一般設施，均由該部嚴加管理。

新興的德意志聯邦共和國（西德），則恢復各邦管理制。聯邦政府除制定若干普通原則外，決不參與教育行政事務。聯邦共和國的基本法，卽作如下的規定：

一、各級學校，應由各邦政府監督。

二、人民設置私立學校的權利，應予尊重，惟此等學校不得有社會地位或貧富之區分。在社會上，私立學校與公立學校並無差異，故私學校必須符合公立學校的學術水準。

三、宗教教育，構成學校正規活動之一部份，惟不得强迫教員信仰宗教，一般兒童是否接受宗教教育，父母有決定之權。

各邦均已制定基本教育法或學校規程(School Code)。如布勒門(Bremen)於一九四九年制定，漢堡(Hamburg)亦爲一九四九年，西柏林(West Berlin)則於一九四八年制定(一九五一年修訂)。西柏林雖不屬於聯邦共和國之一部，但其教育設施所持之原則，與其他各邦無異，蓋西柏林教育當局與聯邦共和國各邦教育當局之間，經常舉行會議，研討共同有關的問題。教育經費，由邦及各級地方政府共同負擔。關於各級政府負擔教育經費之比例，雖彼此互異，一般言之，邦政府通例負擔年度教育經費預算總額的百分之十六。因此，各級地方政府，所承擔之教育經費，爲數頗大。

目前，西德具有九種不同的教育制度，相互間頗多差異。各邦均保持獨立自主性，舉凡課程、教育方法，教科書以及宗教背景，皆彼此互異。一九四八年，成立各邦教育部長會議（Conference of Education Ministers），每年舉行定期會議數次，並在波昂設有常任秘書處。此項會議，通例研討共同的教育問題，如相互承認學校證書是。一九五三年，成立一種聯邦教育審議會（Federal Educational Council），爲各邦教育部長會議之顧問，惟迄未採取任何中央集權的管理辦法。

有些邦業已成立統一學校(Einheitsschulen)，惟巴威(Bavaria)邦寧可設置文科中學（Gymnasium），實施古典教育。赫森（Hesse）邦實施各級學校的免費教育，大學亦不例外。有些邦則徵收高級中等教育與第三期教育的費用。有的邦祗准某一教派設立教會學校；有的邦則設置非教會的私立學校，而在教會的安排下，由教師實施宗教教育，如什萊斯維格——荷爾斯坦(Schleswig-Holstein)邦是。

德意志聯邦共和國及西柏林的學校設施

西德學制採取地方分權制，故聯邦共和國九邦之間，其學校設施，彼此互異。在技術上，西柏林的學校，不屬於聯邦共和國之一部，且其學校設施，與西德其他各邦之間，亦不盡相同。惟西德各邦的學校，在若干設施上，行將趨於一致，乃為極可能的事。現行各邦學校設施，其相同者必將提出研究，以便採取同一之措施；其不相同者之特殊設施，更為各邦所重視，其中尤以西柏林的學校為然。本書第十一圖，即為西柏林的學制，希讀者特別注意。關於德意志聯邦共和國及西柏林的學校統計，如第四十七表所示。

表四十七　一九五一——五二年德意志聯邦共和國及西柏林的學校統計

學校類型	學校數	專任教員數	學生數
公立學校			
基礎學校	二八、七一四	一二六、三八〇	五、八五〇、〇〇〇
缺陷兒童的特殊學校	八一一	三、七〇〇	九七、〇〇〇
中間學校	六四四	七、二〇〇	二三六、〇〇〇
中等學校	一、四七一	二七、〇〇〇	六四三、〇〇〇
小計	三一、六四〇	一六四、二八〇	六、八二六、〇〇〇
私立學校			
基礎學校	一四〇	六八二	二〇、〇〇〇

特殊學校	一九〇	五八五	一六、六〇〇
中間學校	一三三	九〇五	二三、七二五
中等學校	三一一	四、二〇〇	八四、七〇〇
小計	七七四	六、三七一	一四五、〇二五
總計（布勒門、漢堡、西柏林除外）	三二、四一四	一七〇、六五一	六、九七一、〇二五
布勒門	一二二	二、一二六	七七、一〇〇
漢堡	三一八	六、一二一	二一〇、五〇〇
西柏林	三九六	八、一二五	二七三、四〇〇
合計（西德）	三三、二五〇	一八七、〇二三	七、五三二、〇二五

11 西柏林的教育（一九五二年）

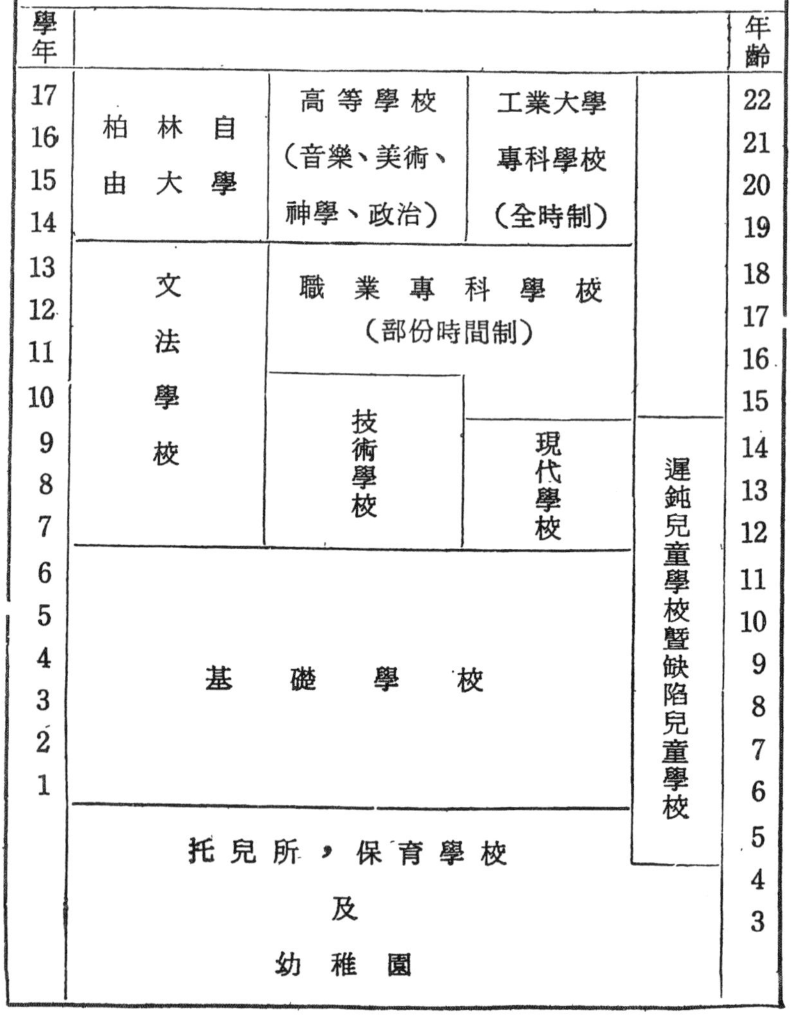
學年
年齡
17
16
15
14
13
12
11
10
9
8
7
6
5
4
3
2
1
22
21
20
19
18
17
16
15
14
13
12
11
10
9
8
7
6
5
4
3
柏林自由大學
高等學校（音樂、美術、神學、政治）
工業大學專科學校（全時制）
文法學校
職業專科學校（部份時間制）
技術學校
現代學校
遲鈍兒童學校暨缺陷兒童學校
基礎學校
托兒所，保育學校及幼稚園

柏林計有三百五十萬人，其中二百萬人住在西柏林。據最近調查，生於一九三二至一九三八年間的兒童，其父親不知去向者佔百分之四十二。由於東德的難民，如潮水一般的湧向西柏林，更使西柏林的教育行政組織，增加不少的困難。戰爭末期所破壞的校舍，經已迅速修復。一般停業的工廠及兵營，均用來興辦學校，大多數的學校，都採用二部制教學。困難雖多，然而關於學校改革的計劃、討論及活動，則層出不窮，且大都如期完成。

一九四八年，西柏林通過一項學校法(School law)，該法建議為全體兒童設置一種久已聞名的統一學校。茲將一九四八年法案的重要規定，臚列如次：

一、六歲至十八歲階段的一切教育，均係免費。

二、義務教育年齡，由十四歲延長至十五歲。

三、書籍及其他學用品，均由柏林市供給。

四、凡年在十五至十八歲間的青年，而未在學校接受全時教育者，一律入職業學校，每週授課二日。(自一九〇五年起即已規定每週授課一日。)

五、一般父母如欲使其子女接受宗教教育，得於學校授課時間內所列宗教教育實施之，教員所需費用，由教會支付。年滿十四歲的兒童，其願否接受宗教教育，得由自身決定。

六、私立學校准予設立，惟其數目得受法律之限制。

七、實行男女同學。

八、統一學校的原則，應再予確認。

嗣後並就政治立場，迭經討論，咸以為統一學校與馬克斯主義的思想，極為相似。一九五一年，普選以後，遂通過一項新的學校法。此項新學校法，將一九四八年法案的前六條予以維持，惟其中第

四、第五、第六等三條，曾經引起熱烈的辯論；其餘第七、第八兩條，則予緩議，容後進行試驗。一九五二年，發現西柏林的學制，與英格蘭及威爾斯相似——統一學校的學生，均可經由普通基礎學校，升入各類中等學校肄業。此等組織，可參閱本書第十一圖。

一、學前教育

西柏林約有一萬一千名幼兒入保育學校，此等學校，或係市立，或由教會所設置。西德境內，若干結婚的婦女，常於日間外出工作，更有若干喪失父母的子女，及爲數甚多的難民，於是一般學前教育機關，爲適應此種緊急的社會需要，乃普遍設立。除此等招收年滿三至六歲幼兒的保育學校外，尚設有托兒所（Krippen）及日間兒童中心（Day Centers for Children），前者招收幼小的嬰兒及蹣跚學步的幼兒，活動時間，定爲上午六時至下午六時；後者使六至十五歲的兒童，於學校正課以外，得有學習及遊樂的機會，其施教方法，採用二部制。上述三種學前教育機關，有時設於同一建築物內，而機構各別；有時則構成一所學校或一所孤兒院的三個部門。此等機關，每日所收費用爲十分尼（Pfennig）至十五分尼，貧寒兒童則免繳。目前西德政府，尚無將保育學校及幼稚園列入義務教育範圍內的計劃。此等機關，大都由宗教或慈善團體所設置，間亦有市議會辦理者。

二、初等教育

西柏林境內的基礎學校（Grundschule），招收年滿六至十二歲的兒童。各校新生入學時，一律接受體格檢查。一年級每週授課十八小時，其後因年級而增加授課時數，至十一歲時，每週授課三十二小時。此等學校，教學極爲嚴格。所訂學生成績標準亦高。依規定學生不得「跳級」（Skip），對於學生閱讀能力，特別重視，凡屬閱讀成績過低者，則强制其留級一年，以資補習。

各地學校，均普遍傳授德國傳統的音樂，且其教學成績至爲良好；一般國民學校教師，亦以擅長音樂及能演奏一種以上之樂器者爲佳。體育活動，側重器械及體操的訓練。藝術方面，則鼓勵學生自由創作。至於戲劇表演，在一般科目中，尤佔重要地位。德育訓練，以培養學生的勤勞及負責爲中心目標，每視此等德性，爲復興民族及健全個人的基本要素。

近年來西德各國民學校，從事課程及教學方法的試驗，盛極一時。咸認崇拜上帝，敦睦人羣，及愛慕祖國爲一般課程的基礎；其中尤以國民學校低年級及中年級的社會學科，更須以實現上述目標爲重心。西德自加入聯合國教育科學文化組織後，更將此一學科之範圍，大加擴充，此項措施，並已獲得廣泛之支持。至於各科教學，究宜採取活動教學法，抑或加强傳統教學方法之實施，乃引起普遍的爭論。一般言之，各基礎學校，大都採用現代教學方法。中等學校及大學，則較爲保守。

各學校之心理指導工作，業已普遍推行，並擬於每一市鎭，設置一個心理指導單位。自殺，犯罪，擾亂社會秩序，以及家人的離散，都是戰後的餘殃，凡此種種，乃使心理學家遭遇到空前未有的難題。一九五一年，西柏林曾有一萬七千名兒童，接受心理治療，是卽表示此一問題亟待注意。

遲純兒童學校(Hilfsschulen)及缺陷兒童學校(Sonderschulen)，各地多有設立者。此等學校之設置，已有多年的歷史，遠在一九三二年，德國境內之特殊兒童學校，已達九百餘所。惟納粹時期，對於此項促進人類弱者生存的措施，每多忽視。目前西柏林的每一市鎭，均設有遲純兒童學校一所，及缺陷兒童學校多所，其中尙有若干學校，招收寄宿生。此外，並有九所特殊兒童之家（Kinderheim）及若干所特殊兒童的接運中心。一般國民學校，大都設有低劣兒童的特殊班級，爲其補習各種學科，期能跟隨原班生上課。

義務教育由六歲開始，至十四歲止，西柏林則延長至十五歲。其他各邦，如布勒門（Bremen），漢堡(Hamburg)，及什萊斯維格——荷爾斯坦(Schleswig-Holstein)，則依各地實況，自行規定。

三、中等教育

西德教育思想之進步，其表現於初等教育領域者較之中等教育，尤爲顯著。考其原因，厥爲數端。第一、復員初期，必須興建新校舍及修訂課程，對於大批應受初等教育的兒童，自當優先考慮。第二、德國教育研究，側重學前教育至十四歲間兒童的需要；中等教育階段，向未注意，其傳統的組織，仍具有崇高的聲望和莫大的勢力。第三、中小學教員之間，有一條顯著的鴻溝，小學教員傾向急進，中學教員則較爲保守。復次，一般新近的男女小學教員，大都爲青年；據一九五二年的調查，西德中等學校教員，年在三十歲以下者，祗佔百分之七，年在四十五歲以上者，多達百分之五十。最後，由於東德已建立統一學校，致使此等學校無形與共產主義的理論相聯，故引起西德各邦的反對。

惟西德境內，布勒門，漢堡，及西柏林三邦，則採用統一學校的觀念，其餘各邦，仍多沿用舊有的組織形式。此等組織形式，包括四年的基礎學校，於年滿十歲時，轉入中等學校。凡不擬轉入中等學校者，可於國民學校繼續修業四年或五年，再升入職業專科學校(Berufsfachschule)或職業學校。中等學校的學生，係指就讀於中間學校(Mittelschule)及中等學校(Höhere Schule)者而言。中間學校修業五年或六年，設置二種外國語，側重社會學科及實用科目；期滿擔任工商業機關及公務機構的某些職位。中等學校修業八年或九年，旨在使學生準備參加中學畢業試驗(Abitur)或成熟考試，通過此項考試，即可進入大學或高等學校(Hochschulen)。（註）實際上，能通過此項考試者，祗佔應試學生總額的百分之二十至二十五。

此種制度，深受若干德國教育家的批評，咸以爲一般中等學校，過於偏重純學術性的課程，除努力讀書外，別無其他活動時間。一九四七年盟軍的指令所載，各級學校應切實注意人格的發展與民主公民資格的培養，並未爲德國人所遵照。

同時，我們決不可認爲西德各邦於舊有學制範圍內，未曾從事新式中等學校的實驗。西德各邦大都設有商業及農業中學，女子家事學校，以及中學藝術科。波昂卽在進行一種男女同校的試驗。下薩克遜(Lower Saxony)有一種特殊的政治經濟學校，全國各地學生，均得投考。赫遜（Hesse）邦有一種學校村（School Village），村內設有各類學校，由保育學校至中等學校，職業學校，以及技術學校等，並備有宿舍，以供學生寄宿之用。下薩克遜並設置一種定向班(Orientation Classes)，爲學生升入中等學校之預備。

西柏林的統一學校，成績卓著，値得一提。該市學童，通例於年滿十二歲時，轉入三類中等學校之一種：文法學校(Wissenschaftlicher Zweig，與英國文法中學相似)，技術學校(Technischer Zweig，與英國職業中學相似），及現代學校（Praktischer Zweig，與英國現代中學相似）。學童及其父母，均可表示選擇學校的意見，惟各學童原畢業之基礎學校，則操有決定權。如發現志趣不合，可於三個月後轉換學校。上述三類中等學校，第一學年均設置一種共同核心課程，便於學生轉學。市教育當局，希望百分之七十的學生，均進入現代學校，但與英國一樣，一般學生大都志願進文法學校。惟依據最近調查，顯示現代學校，正日漸普遍化。

文法學校，其修業期限，至年滿十九歲爲止，側重升入大學之預備。修滿全部課程之學生，約佔此等學校學生總數的百分之二十五至三十，通例於最後一學年之末，舉行中學畢業試驗，及格者卽取得進大學之權利。此項試驗，爲一種校內考試，惟須受中央學務局(Central School Office)之監督。

一般中學生能否進入大學，通例取決於學生在校成績，筆試成績，中學最後一學年的成績，以及口試成績等項。全體學生，每年須修習十二種科目，旨在避免過於專門化。此等科目，大率爲外國語、數學、科學、世界史、音樂、及體育等。

技術學校，其修業期限爲十二至十六歲，側重技藝科目及普通科學。其目的不在直接從事職業訓練，而爲以後從事高級技術職務，奠定良好之技術及普通文化的基礎。

現代學校，其修業年限，爲十二至十五歲，設與英國現代中學相較，則爲一種頗饒興味的學校。此等學校與英國現代中學，具有相同之學術水準，其課程之實施，類多透過實際活動。最後一學年，即第九學年，尤有極週密之計劃。通例第九學年，每週授課三十二小時，其中二十四小時爲必修科目。在三十二小時中，以十二小時從事職業調查與分析，通常由職業指導員率領至各工商業機關參觀，以爲職業知識之研究。二小時社會學科，另外二小時則爲體育。第一學期，有四小時的男女生家事，第二學期，則有四小時的美術、音樂及文學。其餘每週所剩八小時，則修習選修科目，如外國語，科學，數學，工廠實習，園藝，商業科目，或美術及工藝。

一般學校，大都將上午授課時間提早，下午的時間供作自由活動，學生得自由從事各種有興趣的遊戲，競賽，音樂及戲劇活動。各校授課時間及教學活動，彼此不一，惟西德學校的校長，所享有的自由，不及英美學校之大。一般學校，大都設置英語，爲全體學生所必修，一方面由於英語日漸普遍化，一方面則受派往西德的英美軍隊及官員的刺激所致。

一般中等學校，大都注重外國語，其教學尤爲認眞。通例由第五學年開始，學生得自由選修。如前所述，英語幾爲各校所共同設置。拉丁文及希臘文，仍佔有優越的地位。法語及意大利語，則爲某些學校所設置，巴威邦尚設置西班牙語及俄語，令學生選修。

近年來一般中等學校高年級的教學活動，頗多改進，若干無關重要的科目，已經減少，而另設專門科目，使學生選修。漢堡卽首先領導從事此項改革運動。最近，尚有一種新趨勢，卽特別注重學生歷年的學業成績，而不過於强調畢業考試的重要性。心理測驗的工作，亦在各校愼重辦理中；至於職業指導，一般中等學校，大都積極進行。

一般學校教科書，亦有極大的改進。國際教科書改進學社(International Institute for the Improvement of Textbooks) 布藍茲維 (Brunswick) 分社，卽與聯合國教科文組織德國國內委員會(Germen National Commission for UNESO) 共同研究，建議各著作者及出版商編製優良教科書，尤以歷史教科書爲然。

西柏林未設寄宿學校；現有宿舍，多爲缺陷兒童學校所設。一般中等學校，類皆不設英國學校所設的學校董事會或監理事 (School Boards or Boards of Governors)，但設有家長會 (Parents' Committees)，以增進學生的福利。各級學校雖已廢除體罰，但教室的氣氛，遠較英美學校嚴肅。目前，一般中等學校，多已成立學生自治會，由各班推選代表，參與全校自治會，負設計及舉辦社會活動之責。該會並直接辦理社會福利活動，如爲一般年老及貧病的民衆拾柴等是。柏林美國廣播電臺，組織一種學生會 (Pupils' Parliamant)，各級學校均可推派代表參加。有時尙爲大批男女學生，舉辦空中週會。必要時該會的議決案，可直接送交市政當局，市政府當卽推派代表一人，於下次會議時，與學生共同商討爭端事宜。

戰爭期間，一般學校圖書館，大都毀於戰火，有些學校圖書館，其庋藏之書籍，又多被納粹政府於撤退時所遺失。此等圖書館，多已逐漸恢復，惟因空間所限，書籍極爲昂貴。一般專供教師參考的圖書館，亦已興建完成。各級學校所用圖書，均須經教育當局審查，以便肅淸納粹哲學的餘毒，並預防共產黨的宣傳。

四、職業教育

西德各邦，類皆設置一種强迫性質的部份時間職業學校，收受年在十五至十八歲間離校就業的青年。此類教育，多由職業學校實施，於僱主同意時間內，每週授課四至十小時，所授課程，職業科目與普通文化學科兼備。至於全時職業訓練，則由專科學校（Fachschulen）實施，通例限收年滿十八歲的學生。

西柏林於一九〇二年起，即已採取此種制度。凡年在十五至十八歲間未入全時學校受教的一切青年男女，均須進職業專科學校(Berufsfachschule)。此種制度，乃爲凱興斯泰萊(Kerschensteiner)創立於明興（Munich）地區的補習學校演變而來者。此等補習學校，極富盛名；其所持之理想，乃從英國一九一八及一九四四法案摹仿而來。一半時間，用於實施文化教育，一半時間，則用於學習一般工藝或行業方面的最新實用技術，此等技術，多係與男女青年現職工作具有關係者。凡屬學徒期間的青年男女，一律須進入與其職業有關的學校，接受實地訓練。三年期滿，即具備職工資格，如繼續攻讀，尚可取得技師（Meister）資格。柏林職業專科學校，所設各類行業方面的課程，爲數甚多，全部課程，可編成一本很厚的目錄。通例多爲下列各項行業，開設各種課程。如洗衣婦，藥材商，鋼琴製造商，室內裝飾師，裁縫，釘書工人，無線電收音機修理商，傢具師，玻璃工人，石印工人，鐘錶匠，譯員，店員，麵包師，侍應生，廚師領班，理髮師等。

如擬獲得高級技術職位的資格，可於十八歲以後，入專科學校攻讀，此等學校，乃爲一種全時職業學校，或工業高等學校（Technische Hochschule）。此外，尚有多藝專科學校，獸醫專科學校，以及農業、工業、礦冶和其他專門學校等。

五、大學教育

往昔之德國大學，對於科學及文化，已有卓越之貢獻。二十世紀初期，世界各國學生，慕名前往德國哈萊（Halle）、海岱堡（Heidelberg）、波昂（Bonn）、柏林（Berlin）、耶納（Jena）、及哥丁根（Göttingen）等大學就讀者，頗不乏人。帝國時代，德國各大學民族主義的思想，特別濃厚，經常舉辦若干宣傳教學，說明德國在未來之國際事務中所負之任務；惟此等宣傳活動，尚未影響各大學的學術及科學研究。

納粹時代，德國各大學受盡折磨。在十九世紀及魏瑪共和國(Weimar Republic)時期盛極一時的德國傳統的學術自由作風，卽消失殆盡。若干大學教授，或被解職，或避居鄉村。聯邦教育部（The Reich Ministry of Education)宣稱，德國已產生一種新的學術革命，卽是基於納粹哲學的軍國主義教育，將取代若干年來業已衰微的學術研究。各大學招收的學生，爲數甚少，大學女生的人數，則以大學生總額的百分之十爲限。依規定大學各科學生，須一律接受政治教育。大學各科由於痛恨自由之喪失，和學術氣氛之低落，乃普遍產生一種反抗心理，惟因管制嚴格，一般政治團體之任何公開性的挑釁活動，均在禁止之列。

一九四五年以後，德國各大學又面臨恢復其原有之學術自由及高度學術水準的問題。惟第一步工作，在於重建一般中小學，大學之復校，祗得從緩。但是，自俄國佔領區恢復柏林大學，法國佔領區重建吐賓根(Tübingen)及麥兹(Mainz)兩大學以後，美英兩國佔領區亦相繼進行各大學之復校工作。德國二十三所大學，其中雖有十四所毀於戰火，然大都於一九四六年重新復校。惟西方各佔領當局，則遭遇一種如何消滅納粹主義的難題。一般教授及講師，雖不完全同情納粹的體制，但對民主制度每存疑慮之心。另一方面，俄國佔領區立即採取行動，將所轄區內的各大學教授及講師，全體解聘，重新聘用態度明朗之人士，擔任教職。俄佔領當局並規定，各大學至少須招收百分之三十的勞工階級出身的學生。

一九五二——五三年度，德意志聯邦共和國及西柏林境內，計有一一一、九八四人就讀於各大學及工業高等學校（Technical Hochschulen）。嗣後一般標準頗高的工業學程，則吸引不少心懷大志的優異青年男女。在一九五三年的前四年期間，各工業高等學校的學生人數，增加百分之三十六；同一時期各大學的學生人數，在大學生總額中所佔比例雖大，然其在學人數，在數字上則較爲固定。一九五二——五三年度，各大學及工業高等學校，註冊學生人數，如表四十八所示。

表四十八　一九五二——五三年度西德各大學學生註冊人數

大學			工業高等學校		
名稱	學生總數	總額中的女生人數	名稱	學生總數	總額中的女生人數
波昂（Bonn）	六、六三二	一、四七六	亞興（Aachen）	五、五六七	一七二
杜塞道爾夫（Düsseldorf，醫學院）	三〇八	一〇四	布朗希維格（Braunschweig）	二、六五三	二〇六
歐南根（Erlangen）	二、九三九	五三七	達木斯特（Darmstadt）	三、一六一	五九
佛朗克伐（Frankfurt）	五、五三七	一、〇一五	漢諾弗（Hannover）	二、九三一	一四九
			卡爾斯路（Karlsruhe）	四、〇〇七	一九三

弗萊堡（Freiburg）	四,六一九	一,一〇七	明興（München）	四,四四六	一三四
基森（Giessen）	九一五	七四	斯吐特葛特（Stuttgart）	四,三五二	二〇四
哥丁根（Göttingen）	四,一五三	七三四			
漢堡（Hamburg）	五,四三二	一,三四二			
海岱堡（Heidelberg）	四,六三九	一,三三三			
基爾（Kiel）	二,三〇七	四〇二			
庫恩（Köln）	七,七四三	一,二九六			
麥茲（Mainz）	三,七八五	一,〇二八			
馬堡（Marburg）	三,五七三	七九九			
明興（Munchen）	一〇,九〇二	二,二七三			
蒙斯特（Münster）	五,九四九	一,三九七			
吐賓根（Tübingen）	三,九五四	六五九			
衛茲堡（Würzburg）	二,四四七	四六〇			
德意志聯邦共和國總計	七五,八〇三	一六,一〇五		二七,二一六	一,一一五
西柏林自由大學	六,〇八四		柏林工業大學	二,九八一	
西德總計	八一,八八七			三〇,〇九七	

一九四九年，英佔領區軍事當局，設置一種大學委員會（University Commission），調查德國大

學改革的必要及可能。該會有德籍委員十二人，由一位實業家擔任主任委員。會內唯一的英籍委員，即是伯克（Birker）的林德遜爵士（Lord Lindsay），嗣後充任牛津大學巴利歐（Balliol）學院的導師（Master）。該會會提供若干頗有興趣的建議：減少過度的專門化；增設闡明文化統一的普通課程；提高大學低級教職員的待遇及地位；充任大學教職人員，男女人士應有同等之機會；准許學生組織各種團體和學社，並爲學生中心供應學生活動的必要設備；設置社會學科講座；獎勵與外國各大學辦理交換事宜。

惟此等建議，並未獲得一般大學的普遍支持，蓋德國各大學的保守勢力，十分強大，其中尤以年長的教職員爲然。彼等深恐將因而影響專門學術研究的高度水準。漢堡大學(University of Hamburg)及柏林自由大學（Free University of Berlin），曾採納該會的若干建議，其餘各大學，大都堅持舊有的辦法。目前關於大學改革的問題，雖迭經討論，惟究竟如何改革，尚屬言之過早。

柏林自由大學，值得特別介紹。由於原有譽滿國際的柏林大學（University of Berlin），目前劃歸俄佔領區，柏林市西區的人士，深感必須建立一所自身的大學，遂於一九四八年創設柏林自由大學。創辦者以爲德國原有的大學，過於偏狹與保守，過份重視專門化，未能授予學生廣泛的文化知識。自由大學的目的，在使高度的學術水準與普通文化陶冶合流，期能造就一種知識豐富、勇於負責的民主公民。該校建立之初，曾獲得美、英、法三國之不少的援助。一九五三年該校學生六千餘名，其中百分之四十，爲俄佔領區逃來的難民。凡由東區來的學生，一律暫予隔離，視其是否具有共產主義的思想；待其獲准正式入學校，即希望藉此「自由思想的大學」（University of Free Ideas），使其由威脅及政治理論傳授的經驗中甦醒過來，進而培養其批評及建設的思考。

自由大學的主要問題，在於缺乏適當的校舍建築、圖書館和書籍。福特基金會(Ford Foundation)

會捐贈美金五百萬元，以供該校建築圖書館，教室，及閱覽室之用。英、美各大學，則贈送大量的圖書。該校並安排一項與美國各大學交換教員和學生的計劃。此一新興大學的前途，將以柏林本身之政治遠景爲轉移，目前該校正奮勇努力使其成爲一個以自由民主的思想爲基礎的高度學術中心。

六、成人教育

西德的成人教育，始終保持強固的傳統作風，此可由納粹時代的工會（Kraft durch Freude）運動（譯者按：此係德國工會組織，「力量生於快樂」Kraft durch Freude 爲其基本信念，經常舉辦各種康樂活動，供工會會員遊樂。）推行的結果，獲得證明。目前若干社區中心，仍舊與此種運動保持聯繫，祇不過在較爲自由的組織下進行而已。一般成人教育的設施，亦在平穩的增加。若干大學，設有推廣課程。夜間中學則爲就業青年準備參與中學畢業試驗或大學入學考試。一般專科學校，大都設有夜間班；職業學校則爲一般年青的成人而擬獲得各種技術行業的技師證書者，設置各類課程。此外，尚有若干成人寄宿中心（Adult Boarding Centers），設置各種集中科目（Intensive Courses），惟大都以人文科目爲主。

一般公共圖書館，大都於戰爭期間爲砲火所毀，目前正在逐漸修復中。德國人特別愛好音樂，各市立戲院及歌劇院之普遍增加，即是具體的寫照。更爲以後成人的娛樂興趣，奠定良好的基礎起見，乃開辦不少的音樂廳和戲院，以供各校學生公演話劇，表演歌劇及巴蕾舞之用。

七、師範教育與教師地位

一九五二年，德意志聯邦共和國計有七十八所師範學院，註冊學生人數，共計一〇、八四〇人。

西柏林所設之師範學院，於一九五二年共有學生八六三名。漢堡的各級學校師資，一律由大學培養，此為德國境內採取此項措施之唯一的一邦。其餘各邦，亦均採取類似辦法，或延長師資訓練學程的年限，或承認師範學院具有大學等級的程度。一般言之，各級學校教員資格有下列之規定：國民學校教員，於通過中學畢業試驗後，至少再受二年的專業訓練（布勒門、赫森、及下薩克遜等三邦，則為三年。），期滿復任試用教員（Probationary teachers）二年。中間學校教員，通例以國民學校教員於受滿高級訓練者為合格。中學教員，須修滿大學四年課程，並以試用教員身份服務二年。職業學校教員，須具備某一行業之技術經驗，再於職業教育講習所（Vocational Training Institute），接受二年的專業訓練。

各類師資訓練機關，一律免納學費，並設置若干獎學金。依規定師範生須簽訂服務五年之契約。試任期間，尚須接受專業學程的訓練，一般年青教員，大都於年滿二十六或二十七歲時，取得常任(Permanent appointment)教員資格。服務期間，尚可接受進修訓練，惟此項訓練，多以外來移民教員及年長教員而不熟悉現代教學方法者為其主要對象。

西德各邦的教員，均係公務員，由國家任用。凡屬教員，不得參與罷教，惟可參加政黨，或為政黨投票，或參加競選，均無不可。一般言之，就所受訓練時限言，教員的待遇，似覺過低。教育研究同業公會(The Trade Union for Education and Research)即堅決主張增加教師待遇。一九五一年，曾增加百分之二十，一九五三年，亦予普遍之調整，惟因物價高漲及所得稅增加，故一般教師，仍感生活困難。

鄉村的教員，其地位甚受社會人士所尊重，通常被視為重要人物，但此種情況，在城市則不多見。一般言之，各地學校的實際工作條件，均欠完善。目前正在積極興建新的學校，以謀改進。各校的教室，均嫌過大，每班的學生人數，亦覺過多，二部制教學，尤其增加不少的困難；加之若干由兵營改建而成的校舍，及其他古老的建築物，更爲教學工作，增加莫大的困難，以致一般有志青年，大都不願從事教育工作，故師資來源，頗成問題。除巴威、赫遜、及維登堡——巴登（Würtemburg-Baden）等三邦外，其餘各邦的男教員，大都多於女教員的百分之十。依據實際情況的調查，得知一般教員的社會背景，大都爲公務員、農民、及技術工人的子女，惟近年來由於鄉村各種職業的收入增高，故一般鄉村子弟投考師資訓練機關者，大有日漸減少的趨勢。

一九五三年的教員平均年俸，略述如次：國民學校教員，其年俸由三千馬克（DM）至五千五百馬克不等（按一九五三年美金與馬克的折合率，爲四個馬克合美金一元。），另加生活津貼若干，此項津貼，依學校所在地區及教員子女人數之多寡而定。中間學校的教員年俸，由三千五百馬克至五千五百馬克不等，另給生活津貼。中等學校的教員年俸，由五千馬克至九千馬克不等，另加生活津貼。規模較大的學校校長，其年俸由六千五百馬克至一萬三千馬克不等，所領生活津貼，可多達二千五百馬克。年滿六十五歲的教員，即具備領取養老金的資格，其所得養老金的數額，依各邦規定及服務年資之長短而定。大多數的邦，其普通情況爲服務滿三十年者，可領取最後一年之俸額的百分之七十五的養老金。

綜觀上述，吾人可知德意志聯邦共和國及西柏林，雖有思想極端保守的團體存在，但一般人民的思想相當自由，並不時研究各種改革的計劃。惟其教育設施，甚少受外國思想的影響。吾人更發現關於民主概念及其程序的解釋，東邊的德意志民主和國（German Democratic Republic），顯與西德不同。

（註）德國高等學校，並非英美國家所稱之「中學」，而係一種大學等級的專門學校。

第十七章　過渡期的教育：日本的學校

日本本部包括四個主要的島嶼，其土地面積，與美國加利福尼亞州約略相等。此等島嶼之居民，共約八千五百餘萬人，每年大約增加一百萬人口。全國祇有五分之一爲可耕地。目前由於日本喪失了國外的殖民地及其統治勢力，故其國內生產的糧食，實不足以維持此衆多人口之所需。日本島嶼，十分美麗，有高山，有內陸海（Landlocked Seas），更有無數景色如畫的小島，和若干優良的港口。日本火山衆多，但其土壤肥沃，任何山坡地帶，都適於種植。日本擁有不少品質優良的木材，和爲數可觀的煤與銅，但却缺乏石油和鐵礦，故其重工業的原料，悉賴進口維持。日本島嶼恰居地球上地質薄弱地帶，故全國各地屢受强烈地震的影響；日本境內約有五十個活火山。日本的氣候，十分惡劣，春秋兩季，尙稱爽朗，夏季酷熱而潮濕，冬季又極爲寒冷。

日本境內，馬牛羊之類的動物，並不多見；但是，除北部島嶼北海道（Hokkaido）不適於飼養此等動物外，其餘各地，尙有飼養的可能。稻米、蔬菜和魚類，爲日本人的主要食物。魚類產量甚豐，此等海上的收穫與陸地上的收穫，對於日本是同等重要的百通。

由於日本風景秀麗，使日本人富有一種濃厚的鄉土觀念，然而，日本最大的問題，便是如何從國內外獲得糧食的供應，與夫尋求適當的地方，以容納過剩的人口。

日本人的優點，除製造紡織品，漆器，及美麗的陶器等日用品外，彼等尙致力於工業的發展，在第二次世界大戰前，日本已成爲世界重要工業國家之一，小如電燈泡，大如軍艦之類的重工業產品，日本均能自行製造。

日本戰敗以後，在各方面的表現，均與德國大不相同。盟軍佔領當局，對於日本也採取特別的管理方式。日本國內，沒有政治思想衝突的地區，仍舊保持全國統一的局面，在表面上日本天皇依然維持其國家領袖的地位。佔領當局的作風，表現甚佳，對於日本政府的任何指示，均採取敏捷而誠摯的態度。由於戰事失利，日本的威望與自尊，遭受嚴重的打擊，可是，日本人慣於忍受痛苦，而抱着近乎哲學家的鎮靜精神，應付當時的環境。

盟軍最高統帥(S. C. A. P. 譯者按：此係 Supreme Commander of the Allied Powers 之簡稱，負責執行駐日佔領軍的一切行政事務。)，以協助日本恢復其原有之國際地位爲目的，期使日本變成一個友善的民主國家。加之日本並未處於一種長期混亂與分裂的狀況下，故一般日本人大都憧憬於未來美麗的遠景。於是彼等乃着手進行工商業的重建工作。當時德國的情況，尙未可逆料，故同盟國家遂於一九五一年九月與日本簽訂和平條約，參與簽約的國家，達四十八國之多。

盟軍佔領當局，所採各項措施，大都儘量謀取日本人的合作。爲防止軍國主義的復活，雖然發佈若干必要的指令，督促日本執行，惟此項指令，諸多採用提示及建議方式，而儘可能避免運用直接的命令。在教育事務方面，尤其如此。任何教育改革事項，多係日本文部省所倡議和認可者。

就教育史的立場言，以往任何教育改革工作團體，均未遇到此一重大而繁難的問題。此項改革工作，在以學校爲媒介，試圖改變全體日本人民的思想習慣，並使其由極權國家轉變爲民主國家。加之，日本民族聰明能幹，且具有若干世紀的文化及歷史背景。嗣經美國教育家六年艱苦的奮鬬，乃完成簽訂和平條約的工作；從此，日本教育的發展，交由日本人民自行處理。就某種程度言，一般日本學校的民主教育措施，已獲得相當的成效。

日本史上的重大事件

依據日本神話的傳說，紀元前六百年日本帝國建立之初，第一任天皇爲「太陽神」(Sun Goddess)的嫡傳後裔。日本人認爲現今的日本天皇，其家系實與當時的天皇一脈相承，而構成一個「萬世不滅」(Unbroken for ages eternal)的朝代。

七個世紀以後，日本人深受中國文學與藝術的影響。中國的文字、佛教、書畫及手工藝的技巧，相繼傳入日本。就日本言，中國古經在日本的地位，猶如拉丁及希臘文學之在西方國家一樣。

西元十六世紀時，歐洲的商人與傳教士進入日本，日本人與彼等一經接觸，大爲不悅，於是日本執政當局遂於一六三五年下令將所有的外國人，驅逐出境，從此，日本人與西方國家完全斷絕往來。此項孤立政策，延續達二百二十年之久，當日本陶醉於櫻花時，歐洲已建立了殖民地，發生過大戰，並經歷工業革命的變遷。

十九世紀初期，西方國家擬與日本建立貿易關係，但日本堅決反對。並强迫所有外國船隻，一律遠離日本海岸。可是，日本內部却發生社會與政治的變遷。各藩臣(Feudal lords)的勢力，雖已日趨沒落，但一種新興的商業階級，又從此產生，日本天皇在建立統轄其若干主要的幕府將軍(Shogun)的權力上，也立卽得到勝利。

一八五三與一八五四年，美國海軍艦隊司令伯利(Commodore Perry)，運用「說服」(Persuaded)方式，强迫日本開放若干通商口岸，容許外國人經商。此項事實一經確定後，日本立卽決定將一個中古式的國家，加速使其變成一個現代化的工業國家。明治天皇(Emperor Meiji, 1867–1912)卽是極力支持此項政策之一人，其朝代稱爲「維新政府時期」(The period of enlightened government)。明治天皇派遣使節團前往世界各國考察現代制度，將首都遷往東京，在德國教練指導下，建立國家的陸軍，並由英國造船技工及海軍將領的協助，與建日本的海軍及商船。

從此，日本的進步神速，由於日本人的生性敏慧，故在最短期間，即勝過西方國家。日本的銀行及倉庫，從印度經太平洋沿岸直到南美洲，所在皆是；而且，由於日本擁有廉價而熟練的勞工，乃使日本的工業，不論生產與銷售，均超過西方國家。

日本人在軍事活動與領土擴張方面，甚爲成功。中國與俄國曾爲日本所戰敗，其後逐漸侵佔臺灣，韓國，庫頁島（Sakhalin），馬紹爾羣島（Marshall），及加羅林羣島（Caroline）等地，而將此等地區，併入日本帝國的版圖。此外，日本並在中國東三省（Manchuria）和中國關內各地獲得若干管理鐵道及工業企業的特權。無疑的，從此日本乃自命爲全東亞的未來領袖。

自一九二八年起，帝國主義的軍事集團掌握日本政權，並正式與日本財閥（Zaibatsu）結合，而將全國所有的力量，用於武力的擴充。一九三一年日本陸軍不顧西方列强與國際聯盟（League of Nations）的抗議，侵佔中國出產富庶的東三省。一九三七年，日本在中國製造一連串的偶發事件，並藉詞以陸海軍力侵略中國。其後五年，日本卽在中國進行一場不宣而戰的戰爭。中國雖然喪失不少的領土，但仍奮勇抵抗，決不令日本得逞其侵略野心。迨至第二次世界大戰爆發，日本有一批待機而起的軍閥，在東條首相（Prime Minister Tojo）的慫慂下，而獲得更大的權力。日本意圖統治亞洲的美夢，任何勢力均無法加以阻擾。當一九四一年十二月七日，日本偸襲珍珠港（Pearl Harbor）時，遂使戰爭又進入另一高潮。

最初四個月，日本節節勝利。遂將其侵略勢力南移到太平洋，並以迅雷之勢，席捲菲律賓，中南半島，香港，泰國，緬甸，馬來亞，婆羅洲，印尼，若干太平洋島嶼，以及新幾內亞的一部份領土。日本人深信美國與歐洲國家，重在歐洲之經營，對於太平洋的情勢，絕少注意。可是，日本的勝利，祇是曇花一現，未能持久。當盟軍增强其在太平洋的軍事實力，並經過一場猛烈的戰爭以後，日本的前進之勢，乃遭受首次的打擊，以後的情勢，則急轉直下，日本的陸軍於戰事一再失利後，乃被迫撤退，直到一九四五年八月，日本的美夢，從此告終，並自認失敗。

歷史傳統與社會制度的影響

第二次世界大戰爆發時，日本雖已達到强國的地位，但就某種意義言，日本尚未全盤現代化，她的現代工業的效率，與一種時代錯誤的半封建式的哲學相結合。中國孔子的思想，對日本人的思考方法，雖仍舊具有莫大的影響力，但在日本人冷酷的假面具上，却隱藏着一種統治世界的妄想。爲實現此種妄想，第一步卽從白色帝國主義的覇權下謀東亞之解放。日本人的此種妄想，與其天皇的獨特地位有關，日本的天皇，已達於神化的境地；天皇卽是國家，每個日本人應以尊敬天皇爲其天職，一如維護自身之榮譽然。由此相傳，遂形成一種絕對服從的制度，此種制度，與崇拜天皇，崇拜祖先，及尊敬長上，具有莫大的關係。例如，每個日本婦女，應有三從：幼小時在家從父，成年後出嫁從夫，年老時夫死從子。戰爭期間，日本文部省出版一種有關學校的書籍，其中有一段談話：「爲天皇犧牲個人的生命，不得稱爲自我犧牲；此係犧牲小我，以保全帝國的美德。」

從武士（Samurai）時代起，一種所謂武士道（The Way of Warrior）的軍人守則，由於時代的演變，乃成爲一種全國人民的忠義、英勇、堅忍、及捨身的信條。此種信條與日本人崇拜神道（The Way of Gods）的宗教觀念，不特具有聯繫，且深受其影響。所謂神道，具有眞心崇拜天皇與祖先的意思，並須舉行正式的祭祀儀式。其目的，在於培養日本全體人民的服從、忠義、孝道、尊敬祖先、愛國、信仰天皇的神性，並願爲天皇犧牲等美德。日本境內，到處都有不少壯麗的神社（Shrines），此等神社富有一種强烈的宗教意識，日本人認爲這是一種忠君愛國的表現，不祗是一種宗教活動而已。佛教是日本的一種主要宗教，全國的佛教信徒，在戰前已有四千六百萬人，此或與神道觀念具有密切的關係。

因此，在太平洋地區作戰時，我們發現日本人具有一種熱烈的神道觀念，和崇拜天皇的意識，不計一切犧牲，以求取日本未來的光榮。他們都懷着宿命論的態度，英勇自殺而毫不畏懼。日本的教育制度，雖富有拘泥禮節和黷武主義的特性，但却周密有效，且其文盲的比率甚低。舉凡報紙、戲劇、文學、播音和影片，均有極優異的成績表現，惟大都富有當時的軍國主義和極端的國粹主義（Ultranationalist）的色彩。

由於日本人民具有此種絕對服從的觀念，故在盟軍佔領之初，天皇昭告日本全國人民，必須尊敬與服從麥克阿瑟將軍（General MacArthur）及其幕僚。全國人民於聆聽此種訓示後，其服從盟軍當局之精神，宛如一隊訓練有素的軍隊然。

改革後教育制度的實施

日本投降以後，在美國教育專家指導下，從事教育制度之改革。關於一九四九年以來，日本新教育制度之實施，與夫一九五二年和平條約簽訂後，日本教育改進狀況，似有予以敘述之必要。一般悲觀主義的人士，咸以爲一九五二年以後，日本業已廢除若干新興的民主措施，大有恢復其原有之中央集權制度的趨勢。惟迄至目前爲止，尚未發現具體的事實。至於若干方面的改革，自爲必然之事，然此等改革祇是局部的小事，尚未涉及基本的民主原則。關於今後日本教育如何抉擇的問題，一九五二—五三年度日本文部省出版的一份報告，已有明確的說明。此項報告，開宗明義的講：「一九五二年爲日本新教育史上富有重大意義的一年，自一九四五年九月起，在盟軍佔領當局指導下，日本即以完全獨立的精神，實施新的教育制度。

盟軍最高統帥總部民間新聞教育組(The Civil Information and Education Section of S.C.A.P.'s General Headquarters)，由於和平條約行將付諸實施，乃於一九五二年四月二十八日全部撤銷，此項機構，在戰後日本教育上曾享有實際的領導地位。因此，日本的教育遂採取一種新興發展的步驟，質言之，乃基於樹立一種更能切合國家環境的教育政策的觀點上，重新檢討以往六年在佔領當局影響下付諸實施的教育計劃的得失。」

一九五三年日本文部省發行一種附有圖表的小冊子，稱爲「日本的教育——圖表說明」(Education in Japan-A Graphic Presentation)。其目的在使一般日本教育行政人員及社會人士，對於改革以後的教育制度，得有一種基本的認識。此項小冊子，全係圖表說明，爲迎合各國人士的需要，乃發行英文版。一九五四年版本，對於日本教育制度爲概略之敘述，除說明一九五二年以來爲適應日本的情況，稍有改變外，各項教育設施，大體尚稱民主。茲將日本新教育制度，作一較爲詳盡之敘述。

一、行政與經費

戰後經過改組的日本文部省，不復爲中央集權之統制機關，而變成一種指導及協助機構。其主要職責，爲對於教育委員會，大學及中小學，予以專門技術之協助及建議；發行各項教育法令及報告書刊；監督全國教育標準之實施；辦理教育調查及研究事宜。該省設有大臣官房(Ministerial Secretariat)暨初等中等教育、大學學術、社會教育、調查、和管理等五局。另設十八個審議會，如保健體育審議會，及國語(日語)審議會等是，以協助文部省，處理各項專門事宜。其中以中央教育審議會(Central Council for Education)的地位最爲重要，在一般政策上，該會爲文部省之專門顧問機構。

文部省協助各教育委員會的經費，並令其提供有關教育活動的報告。無論公私立大學之設置，一律須經該省之核准，並依法監督其行政，或向大學提供建議。

地方教育行政部份，設有四十六個都道府縣教育委員會(Prefectural Boards of Education)，及一一、〇七〇個市町村教育委員會（Local Boards of Education）。都道府縣與市町村兩種教育委員會間，並無衝突，各有其本身管理之地區。都道府縣教育委員會，有監督市町村教育委員會及舉行定期會議之權；各中小學教員的薪俸固係該會支付，教員證書亦受該會管理。該會對於各私立中小學及高等學校，亦有直接指揮監督之權。

關於經費之負擔，分為三級制——中央、都道府縣、及市町村。各級學校設置費，亦採分級負擔制。短期大學及大學，由中央負擔；高等學校由都道府縣負擔；中小學及幼稚園，則由市町村負擔。文部省每以國庫經費，補助各都道府縣及市町村之教育經費。市町村除接受中央補助外，尚可獲得都道府縣之補助。日本不徵收特殊之教育稅，其所需經費，悉由各地方總收入項下開支。

一九五三—五四年度，中央及地方教育經費總額為二七五、一五九、〇〇〇、〇〇〇日圓（三百六十日圓折合美金一元）。在上述教育經費總額中，中央政府佔百分之三十八點二，都道府縣佔三十三點四，市町村佔百分之二十八點四。在此項經費總額中，其由私人捐贈，與夫由學生及其家長繳納之學費，所佔比率甚微。

二、學生註冊人數的增加

日本的義務教育，包括六年的小學及三年的中學，現已得到全國普遍的支持。但因校舍及設備缺乏，尚不能使十五歲以前的每個日本青年，均能享受適當的教育設施。

如表四十九所示，日本的學校，教員，及學生人數，已有顯著的變動。本表係戰前一九三七年與一九五二年和平條約簽訂後之比較。惟類此之比較研究，頗多困難，蓋日本所採六、三、三、四制度下的學校名稱，已有若干改變。故本表乃將新舊制學校的名稱，一併敘述。

表四十九　日本學校的比較統計

學校類別		學校		教員		註冊學生數	
		一九三七	一九五二	一九三七	一九五二	一九三七	一九五二
幼稚園	公立	六〇二	一、一一五	二、〇四七	五、〇三三	七一、四四五	一五七、八五一
	私立	一、三九九	一、七二〇	四、一八四	九、一二五	九〇、五八二	二二二、四〇三
小學校	公立	二〇、八三三	二一、四一五	二六七、七六二	三二一、四一〇	一一、七六四、〇〇〇	一一、一一八、〇〇〇
	私立	九七	一一三	九二三	一、四九〇	二八、〇〇〇	三〇、二〇〇
中等學校舊制	公立	二、二一〇	—	三五、九一八	—	九四一、五〇〇	—
	私立	六九五	—	一一、一〇三	—	三四七、三〇〇	—
中學校	公立	—	一一、六七三	—	一八〇、七〇〇	—	四、八八五、〇〇〇

私立	—	七九	—	一四、七〇〇	—	一九一、三〇〇
高等學校						
公立	—	二、一六〇	—	一〇八、三〇〇	—	一、九二九、〇〇〇
私立	—	八七五	—	二五、七〇〇	—	四一三、七〇〇
特殊學校（盲、聾、缺陷）	一四〇	一五三	一、三八六	四、七九〇	一一、〇三〇	三、〇九一
高等教育						
高等學校（舊制）	三二	二	一、四三八	一七	一七、〇一七	七三
職業學校	一七九	三三〇	八、四六七	一一、〇六〇	九九、七〇〇	六二、五〇〇
師範學校	一五八	一三七	二、七四六	四、二九〇	三五、三〇〇	三二、〇〇〇
短期大學	—	二〇五	—	四五、三〇六	五三、五〇〇	四五二、七四三
大學（舊制）	四五	二〇	五、一三〇			
大學（新制）	—	二〇一	—			
總計	二六、三八八	四〇、八一七	三四一、一〇四	七三一、九二二	一三、四五八、三七四	一九、五〇五、八五九

一九三七年，日本全國人口計有七千一百萬人；至一九五二年增至八千五百萬人。由於人口固定的增加，乃使學生人數隨之加多，惟此種情況，如上表所示，並未影響中等學校。小學階段的學生人數，較戰前略爲減少，蓋因年滿十三和十四歲的學生，目前業已進中學。同樣的，以往進職業學校的學生，一九五二年則列入短期大學學生人數內，因此等短期大學，諸多設置以普通文化陶冶爲基礎的職業學程。

三、改革後的學制

依據基本教育法(Fundamental Education Law)所載，六至十五歲的兒童，一律接受九年的免費義務教育。此項規定，視學校設備及教員人數之增加情況，已在逐步施行。在一九四七年，其義務教育年限，祇到第七學年（十三歲）；一九四八年，延長至第八學年（十四歲）；一九四九年即已到達第九學年（十五歲）。據一九五〇年的報告，六至十五歲的兒童，實際入學者，已有百分之九十五。

日本教育刷新委員會(Japanese Education Reform Council)，幾經研討，提出一項建議，主張全國教育制度，應改爲六、三、三、四制。所謂六、三、三、四制，即是六年的小學，繼以三年的中學校及三年的高等學校，最後則爲四年的單科大學或綜合大學。舊制中學校(Middle Schools)，高等小學校(Higher Elementary Schools)，高等女子學校(Girls' High Schools)，及實業補習學校(Youth Schools)，則合併爲新制中學校(Junior Secondary School)；舊制高等學校(Higher Schools)，大學預科（Preparatory Schools)，實業專門學校（Special Technical Schools)，則改爲一種綜合型的高等學校(Senior Secondary Schools)。此種學制，較之戰前的學制，單純多矣。戰後日本新學制，如圖十五所示。茲將戰後日本各級學校的改革實況，略述於後。

(一) 幼稚園

學制改革後，公立幼稚園的數目，頗有增加。目前入幼稚園的兒童，雖較以往增加二倍有餘，然其總數仍覺過少。在盟軍最高統帥總部民間新聞教育組（C. I. and E.)的專家主持下，對於日本幼稚園教師給予專門學程的訓練及示範教學，因此一般日本幼稚園，均能採用新式的行政組織及新教學方法。改革以後，一般公立幼稚園，顯有進步，此等幼稚園所需之設備，則由市町村教育委員會供給。

15 戰後日本學校的組織

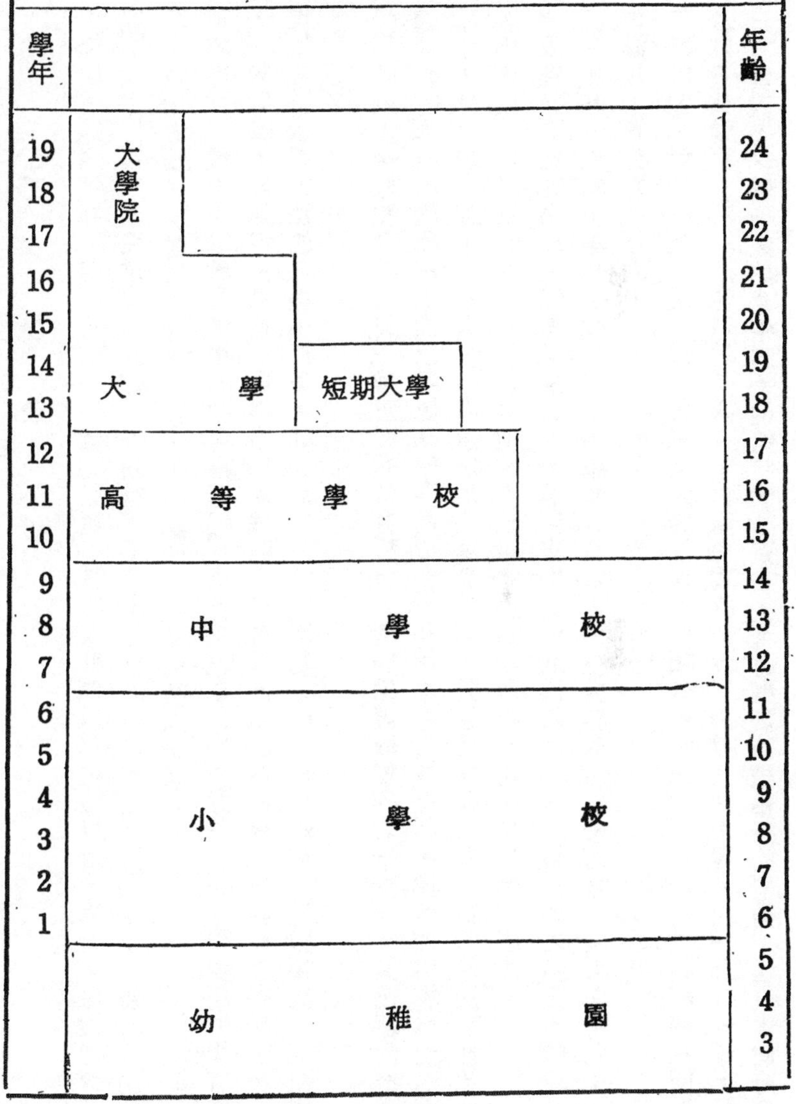

(二)小學校

新制小學校，採六年制，招收六至十一歲的兒童。日語與社會爲其主要科目，算術，保健體育，理科，及圖畫工作，亦極受重視。此外，尚有若干日本特有的科目，如禮節，揷花，茶道（Tea Ceremony），及慶典儀式。圖畫工作之教學，十分認眞，故其成績水準頗高。

戰前曾經發行一種中小學教員適用的教員指導（Teachers' Guides），對於各科教學程序，均有詳密之規定，一般教員，絕無自由創造，或從事任何試驗之機會。此項教員指導，業經文部省廢止，而代以說明現代各科教學方法的各種小册子，類如重音討論，活動方法，自由研究，及圖書館有效使用法等是。

由於採用新制，保健體育乃成爲一種重要的教育科目。關於保健教學的若干資料，業已編訂成册，各地普遍發行。大多數的學校，均已設置保健委員會（Health Committees），並增加學校護士名額。一九五二年，計有學校護士八千名，但尚須增加一萬二千名。醫生及牙科人員，雖已增加，惟此等人員奇缺，仍構成一種嚴重的問題。全國各地，多已組織巡廻醫療隊，前往鄉村輪流應診。

日本一般營養不良的兒童，每易感染肺病，惟自防癆工作推行以來，對於結核病之防止，頗著成效。一九四三年戰爭期間，年在十歲至二十四歲間的日本人，死於肺病者佔十萬分之三百二十九；一九四九年則減爲十萬分之一百六十三。

學校午膳計劃，對於改進保健工作，負有重大的任務。此項計劃，係由盟軍最高統帥總部民間新聞教育組及駐日佔領軍，在一般慷慨的美國人士捐贈食物的情況下，首先採用者。至一九五一年，已有八百萬日本學童，享受一餐熱食午膳。佔領狀態結束後，大有難於繼續維持的情勢，惟日本政府已竭盡全力維持此項計劃之進行。彼等決定由政府負擔作爲午膳主要食料的小麥費用的二分之一，其餘款項，則要求地方行政當局及學生家長供給。一九五三年，小學校的學生，享用學校午膳者，共有六、七〇七、〇〇〇人，每餐所需費用，約合美金二分。嗣後，一般中等學校，大都實行學校供膳制度；咸認此種制度爲各高等學校定時制（Part-time）學生的最大恩惠，蓋此等學生類多由其工作場所直接到校受課，故大都利用課間餘暇用膳。

體育方面的新近活動計劃，其推行成果，頗爲滿意。原有設備不足的困難，亦已逐漸克服。各類體育活動手冊及指導綱要，固已次第發行，體育成績年齡標準表（Tables of age standards for athletic achievement），亦普遍採用。一九五二年，體育教練計有二萬七千名，惟尚感供不應求。除柔軟體操與擬態舞蹈（Mimetic dancing）外，一般西方遊戲，如壘球，軟式棒球，足球，網球，及籃球等，亦極爲流行。普通小學校，通例傳授游泳。各類遊戲與運動，重在學生普遍之參與，而不注重某些特殊團隊之訓練。各市町村教育委員會，並有意供應此等活動所需之設備。

由於學生人數衆多，教科書之供應，實爲一種嚴重的負擔。自一九四五年以來，已發行九億五千六百萬冊。最初，所有的教科書均由文部省編印，戰後則改由私人或出版商發行，惟須將原稿送請新設之教科書審定委員會（Textbook Council）審定之。一九五一—五二年度，經審定合格之教科書計有六六四種，其中祗有百分之十是由文部省編印的。一般教科書，無論插圖及裝訂，均年有改進。有些教科書，並備有教學活動及單元作業之提示。一九五二年以來，新入學的學生，其所需之日語及算術教科書，一律由國家免費供應；並擬對於六至十五歲間的學生，擴大供應免費教科書的範圍，惟就當前情況而言，此種重擔實非國家財力所能承擔。以往，一般小學校均無圖書館之設置。且由於採取命令式的班級教學制度，並使用規定的教科書，故對於學校圖書館之發展或運用，頗多妨礙，惟此種情況，目前已大有改進。

日本小學教育設施，可能發生極大的變化。以往一般小學校，大都在簡陋的設備下，採用陳舊而形式的教學方法。各主任教諭在校內具有無上的權威，甚至專橫武斷；全國計有四百五十名督學官（平均每一都道府縣爲十人），採取幾乎完全統一的方式，視察一般學校設施。

此種獨裁式的態度，目前業已消失。自一九四六年起，開始設置督學官區域會議(Regional Conferences for Inspectors)，研討現代教學方法的示範問題。一九四七年，並出版一種主任教諭適用的指導綱要(Handbook of Suggestions)。第二步便是舉行一連串的教師會議和教師講習會，從事活動教學法的示範。

最近發佈一種頗饒興味的文件，專對日本教師說明新舊教學方法的差異。其中有下列一段談話：

「舊制時代的教諭，是一位嚴厲的主人，或主要人物；新制的教諭，則爲一位傳授優良功課的指導或顧問，對於活動計劃之訂定，並須予以協助。……除非兒童發問，仍須使兒童保持安靜。兒童的主要工作，卽是靜心聽講。學校教室應成爲兒童自由活動的場合，並須適合兒童於從事有價値之工作時，彼此磋商。……舊式的教室，乃用固定的排列方式，安排正式的課桌；新式的教室，則依團體活動的便利，不拘形式的安排桌椅。」

惟吾人並不認爲所有的日本學校，都能很快的採用新的方法。尙須假以時日，始能達到全國一新的地步。一般教師大都接受再教育的訓練，學習正確的新思想。惟目前一般教師多已着手放棄舊式的形式教學方法，卽使稍嫌陳舊的方式，亦在摒除之列。彼等首先遭遇的困難，卽是新設之社會一科，蓋此一科目，乃爲歷史、道德、及公民之混合編制。最初，一般小學教師，大都困惑不解，目前多已逐漸明瞭。嗣後並爲此一科目發行一種指導手冊，提示教學要點及實例。此項教學活動，具有一種顯著的特色，便是日本的小學生，大都精力充沛，活潑愉快，對於活動教學方法，多能迅速適應，並富有濃厚的興趣。

（三）中等學校

戰前日本的中等學校，其類型極爲複雜。新學制下的中等學校，祇有兩種形式。中學校招收十二至十四歲的青年，在新學制中佔有極重要的地位。一九四七至一九五〇年間，日本全國各地，普遍興建此等中學校，已爲衆所周知的事實。日本境內，現有中學校一萬二千所，其註冊學生人數，超過五百萬人。

中學校每週授課三十四小時，其中必修科目佔三十小時。必修科目有日語（譯者按：日本稱爲國語。）、社會、體育、數學、理科、音樂、圖畫工作、職業、或家庭。其餘四小時，則爲職業選修科目或自由研究。禮節、插花、茶道，及節日慶典，通例列入特別教育活動範圍內。

義務教育年限，止於十五歲，惟就一九五二年的數字觀察，其中約有百分之五十的中學畢業生繼續升高等學校的通常制或定時制肄業。在此百分之五十的升學學生中，男女學生，各佔半數，惟一般女生，大都入通常制。

一九四八年，若干學校於改組後，成爲高等學校，招收十五至十七歲的青年。最初，此等學校尚須年繳約合美金八元的學費，此一數目，仍成爲若干日本家庭的經濟負擔；目前此等學校，一如其他公立學校，全部免費。高等學校的課程，採單位制(Unit Plan)，與美國中學的卡內基單位(Carnegie Units)相似。不過，日本的學校，每一學年每週授課六十分鐘爲一單位。因此，日本學校的五個單位，等於一個卡內基單位。修滿八十五單位，始得畢業，大多數的學校，通例設一百六十單位，任學生自由選習。必修單位，合計三十八個，其中包括日語九單位；社會十單位；數學五單位；理科五單位；體育九單位。一般高等學校，通例設置大學預科及各種職業科。

實業補習學校，已經廢止，實業學校（Technical Schools）的學生，亦日益減少，蓋現今高等學校爲一種綜合中學，職業教育併由此等學校實施。惟因設備不足，此項計劃，尚未充分實行，故職業教育，未能普遍發展。於是，乃設置各類職業科目的通訊課程（Correspondence Courses），以資彌補。

日本教育當局，已多方設法使一般家境清寒無力升入高等學校的中學畢業生，得以達成其繼續求學之目的。目前已有三、一五三所高等學校設置定時制課程，一九五二年工作青年於工作餘暇進入高等學校受教者，共有五三二、〇〇〇人。

日本人對於體育，仍極重視，各種運動比賽，較戰前更爲普遍。目前，並已組成兩個全國性的青年及年輕成人的體育團體，即是日本體育協會（Japan Physical Education Association），和日本娛樂協會（Japan Recreation Association）。此等組織，對於各種體育團體及運動團隊之組成，頗多協助，每年並舉行全國體育會議一次。日本大學的球隊，曾訪問美國洛杉磯及檀香山作友誼比賽，目前，日本且再度參加世界運動會（Olympic Games）。

（四）職業學校

日本人民從事農業和漁業者，佔百分之五十四，經營工商業者佔百分之三十，故任何制度的改革，必須注重職業訓練，此爲顯而易見之事實。全國各地的中學校，均已設置農業、漁業、家事、及工場實習等試探科目（Exploratory Courses），每週授課八小時。至於職業指導，亦已採用，並在全國各地普遍進行各類職業容納量之調查研究。一般高等學校，大都設置紡織學、電學、冶金學、及園藝之類的職業課程。工藝學校（Trade School，或稱行業學校）及職業學校，亦多與藝徒訓練機構保持聯繫。短期大學（Junior Colleges）則設置工程、建築學、會計員、製陶術、及護理之類的終結學程（Terminal Courses）。目前並已擬定計劃，儘速成立專門學校（Institutes of Technology）。一般中小學教員，大都接受各種職業科目的專門訓練。日本職業教育經費，極感缺乏，雖有美國軍援餘款用以彌補，仍不敷甚鉅。此項援助，使四萬所中等學校及短期大學，獲得不少的利益。

（五）大學

戰後日本大學制度，已有極大的改變，就人口比例言，日本短期大學及大學的數目，僅次於美國。新制於一九四九年開始實施，一九五二年全部改組完成，目前的大學，成爲六、三、三、四金字塔的極峯。大學教育的目的，在使所有青年男女，得有接受高深文化陶冶及專業技能訓練的機會。

日本短期大學及大學的數目，由於若干專門學校(Semmo gakko)及高等學校(Koto gakko)改組爲四年制的單科大學，乃呈急劇增加之勢。一九五二年計有二百二十所大學及單科大學，其中設於東京地區者，達七十四所之多。此等學校，其類別如次：①設有大學院，從事高深學術之研究；②設置大學各學部，實施專業及職業教育；③主要目的，在於養成學校師資。此外，尚有短期大學二百零五所，其中四十九所設於東京地區。此等短期大學，通例爲二年制，間有設置三年制者，其設立主旨，在於實施以普通文化爲基礎的專業及職業訓練。

帝國大學(Imperial Universities)一律改稱國立大學(National Universities)，東京與京都(Tokyo and Kyoto)兩大學的特權，亦已取消。每一都道府縣均指定一所大學爲國立大學。以往各大學的入學試驗，極爲嚴格，且大部份以機械的記憶爲基礎。甚至在一九四七年，各大學錄取的學生，也祗佔考生總額的百分之六十二。目前已採取一種新的入學考試制度，即由文部省主辦進學適應性檢查(Scholastic aptitude test)，其餘二種，則由大學自身辦理，稱爲成績檢查(Achievement test)和學力檢查(Examination of the school record)。

日本各大學，目前尚有三個難以解決的問題，即經費、設備、及合格師資。一般教授大都希望每週祗擔任六至八小時的課程，以便有研究時間，惟因待遇過於微薄，遂必須擔任超支鐘點的教學，以資彌補。學生的功課負擔，亦十分繁重，由於缺乏設備完善的圖書館，故每週耗於教室聽講的時間，多達二十至三十五小時。學生指導及衞生服務工作，尚在萌芽階段。

日本學生的生活，十分困苦，亟待予以較多之經濟補助。於是各地方公共團體，宗教團體，學校，及私人，紛紛設置各類獎學金。一九五二年，即有三百十二個不同的團體，設置二萬四千名獎學金。此外，尚有日本文部省監管的日本育英會(Japan Scholarship Society)，以低利貸款與學生。在一九五二年，獲得此項貸金的學生，共有一一五、〇〇〇名，每月獲貸款一千八百至二千二百日圓（約合美金五至六元）。高等學校獲得此項貸金的學生，共有六萬名，每月獲貸款五百日圓（合美金一元四角）。

最近，尚有一種頗饒興味的計劃，便是在東京近郊建立一所佔地三百五十英畝的國際基督教大學(International Christian University)。建校經費，日本負擔一億五千萬日圓（折合美金四一六、六六七元），美國負擔一千萬美元。該校設校長一人，由日本人擔任，副校長二人，由美國人充當。其收生名額，日本學生佔二分之一，其餘二分之一，則招收其他各國學生。

戰前日本各大學共有學生五二、五〇〇人，其中女生人數極少，一九五二年，全國各大學計有學生四五二、〇〇〇名，其中女生人數爲一八、七〇〇名，此項事實，值得注意。又一九三七年，日本各大學的女教員，祇有一人；一九五二年，全國大學女教員總數，已達一千七百人。

（六）私立學校

日本的私立學校，具有悠久的歷史。二十世紀的一九一〇至一九二五年間，由於一般私立學校對於解除日本學校迅速發展的壓力，頗有助益，故深受日本政府之重視。惟自一九三〇年起，日本的公立學校，大都傳授一種强烈的愛國主義，一般私立學校遂遭受冷漠的待遇。若干與佛教及基督教等宗教團體具有聯繫的私立中等學校，咸認爲在配合政府的政策上，私立學校很少享有獨立自主權。因此，私立學校的權利受到限制，私立學校的文憑，也不能得到與公立學校同樣的信任。

目前一般私立學校，又獲得原有的地位及聲譽。此等學校對於日本的教育，具有重大的貢獻，現今幼稚園階段，有一半以上爲私立學校，私立高等教育機關，亦佔此等機關總數的二分之一。公立學校雖禁止實施宗教教育，但於某種條件下，私立學校，得設置宗教科目。一般私立學校，仍以佛教及基督教的學校佔多數，其中不少教會學校，具有悠久的歷史傳統及優異的成績。

日本境內，有一所優良的私立學校，稱爲「自由學園」(Jiyu Gakuen)，位於東京市外數里之地，由哈利 (Hani) 夫婦所管理。該校校舍華麗，爲一所男女同學的寄宿學校，並享有國際聲譽。若干年來，該校均採取活動單元和討論研究的現代教學方法；其在音樂及美術方面的成就，尤爲世界各地前往參觀的人士所讚美。

私立學校的行政組織，與公立學校無異。一九四九年私立學校法(Private School Law)頒佈後，乃規定一般私立學校的設置標準，並將此等學校劃歸所在地的都道府縣管理。各都道府縣的行政首長，有核准所轄境內私立學校設置之權，惟某一所私立學校，其衛生設備、教職員、及成績等，如不合規定標準或其行政效率低劣，經事實證明時，各該政府首長得下令停辦。

戰爭期間，若干私立學校，因遭受轟炸，損失慘重，其後經多方努力，乃恢復舊觀；一九四六年，日本政府並予私立學校以貸款，使其充實設備。一九五二年在文部省大臣的監督下，成立私立學校協進會(Association for Promotion of Private Schools)，更予此項計劃以有力之支持。該會共有基金二、一〇〇、〇〇〇、〇〇〇日圓，凡申請貸款之私立學校，得經詳細調查後，給予低利貸款，供興建校舍及購置設備之用。

（七）成人教育

日本成人教育制度，雖已具有相當長久的歷史，但在戰前若干年間，成人教育視爲軍國主義的宣傳工具，任何自由性的討論，均在禁止之列。盟軍最高統帥總部民間新聞教育組會計劃利用此項組織實施民主公民的教育，鼓勵若干成人團體的繼續活動，並提倡組織各種成人團體。目前，日本業已擬定一項龐大的計劃，期使五千萬成人，均能獲得成人教育的利益。

一九四七年，每一都道府縣指定二所學校，爲一般成人領袖舉辦四日學級(Four-day schools)，參與此項活動者，有四萬人。此項運動自推行以來，已日有進展。日本成人教育機關，其重要單位有公民館(Citizens' Public Halls)，親師協會(Parent-Teacher Association)，聯合國教科文組織的團體，婦女組織（一九五二年，共有婦女組織一萬個單位，會員人數超過六百萬人。），以及若干大學和高等學校所設之推廣班及通訊教育班。

公民館特別値得注意。該館爲市町村所設置，成爲文化及社會中心，其活動項目，有戲劇、討論會、講習會、電影、音樂會、及美術展覽會等。一九五二年，全國共有公民館五、二七二單位，百分之二十的市町村，均設有此等公民館。

廣播亦爲日本成人教育方面具有重大影響的因素。全國各地，普遍設置廣播電臺，日本放送公司(Japan Broadcasting Corporation)，並爲一般成人舉辦各種教育節目。例如稱爲「新路」的節目，卽用戲劇方式講述民主的程序；「人民播音會」的節目，則對一般人民講解日本新憲法及各項法令。現今日本已有一種新的電視網，此等播音會的影響力，將日益擴大。

日本文部省對於各項成人教育事業，均極爲重視。現今文部省不復着眼於全國一致的目標，而加以管理，祇是提供意見，發行小型書刋及傳單，舉行會議，並奬勵新的成人教育機構之設置。

至於青年團體，因停辦實業補習學校所造成的空隙，高等學校的定時制及通訊教育班，並未能完全彌補。日本青年協會(Japanese Youth Association)，近年來積極展開活動，鼓勵全國各地普遍組織青年團體。一般青年團體，均有一種新的特色，便是此等團體的領導者，以往多係鄉村領袖，學校校長，或社會賢達，現今則由青年人領導。在初級青年團體部份，一般學校大都設有初級紅十字會(Junior Red Cross)，原有的男女童子軍 (Boy Scouts and Girl Guides)，全國各地，均已恢復，並積極進行改組。高級青年團體部份，男女青年會 (YMCA and YWCA)，佛教青年同盟 (Young Buddhists' League)，及天主教學生協會(Catholic Students' League)，均有極優異的成績表現。以往各類青年團體，均以同性爲限，現今則可徵收男女兩性的會員。一般日本人，大都愛好戲劇和舞蹈，若干市町村並已成立戲劇協會(Drama Leagues)，其會員多係青年人，此種組織，其目的在於削弱日漸流行的交際舞及所謂「職業舞蹈」(Taxi-dances) 的勢力，蓋一般父母大都不願自己的女兒夜間外出跳舞。

由於日本的新興教育事業，不斷的產生，故一般青年運動乃遭遇經費支絀及場地缺乏的困難，近年來日本文部已儘力予以協助。

（八）師範教育與教師地位

戰後日本師資訓練標準，業已提高。舊制師範學校，均已停辦，代以設置四年教育課程的大學。現今各都道府縣所設之國立大學，均設有教育學部(Departments of Education)。原有成績優良的舊制師範學校，則升格爲四年制的單科大學。小學教員接受二年或二年以上的訓練，中學教員一律受四年訓練。對於原有的教員，則予以在職進修的機會，使能獲得較高的證書。

一九四九年起，採取一種新制的國家教員合格證。此項合格證書（日本稱爲免許狀），分爲四類：一級(First Class)和二級(Second Class)合格證(全國各地，均視爲有效。)；假合格證(Temporary Certificates)，有效期限爲五年；臨時合格證（Emergency Certificates），有效期限爲1年。目前日本的各級學校教員，無論由文部省任用，或係都道府縣及市町村任用者，均爲公務員。此項措施，在於提高教員地位，各級學校教員待遇雖已提高，惟不及一般公務員之優厚。一位優良的教師，其所得之收入，遠較一名能幹的銀行辦事員、礦工、產業職工、或商業職工爲低。一九五二年，日本中小學教員的平均俸額如次：小學教員月俸合美金三一．五〇元；中學教員月俸合美金三十四元；高等學校教員，月俸合美金四十元。各級學校教員於服務滿十七年後，可領取養老金。惟一位教員於正式退休年齡五十五歲退休時，其所領養老金，十分微薄，仍須從事農業或其他職業，以維持家庭生活。

一般學校教員，感染肺病者，似較從事其他職業者爲多。據估計中小學教員患肺病者，佔中小學教員總額的百分之十二，全國各都道府縣均設有療養院，以爲患病教員療養之所。在文部省資助下成立的教職人員互助會(Mutual Aid Association for Education Personnel)，目前已有會員六十五萬人，該會宗旨在於供給教員房屋，協助生產期中的女教員；十一個都道府縣對於懷孕和生產後的女教員，給假十六週，並發給少量補助金。

日本教員之升遷，通例以獲得校長或專門顧問的職位爲其正途，惟女教員獲任此等職位者，爲數不多。設與西德相較，日本的中小學教員較爲年輕。日本高等學校教員平均年齡爲二十五歲，小學及中學教員平均爲二十一歲。年在四十歲以上的教員，爲數甚多，但二十五至四十歲之間的教員，却不多見。其中一部份原因，乃此一年齡階段的教員，或因戰時傷亡，或因家庭負累過重，而於戰後辭職另就其他職業。小學部份，女教員人數略較男教員爲多，中等學校部份，女教員人數祇佔其總額的百分之二十二。

日本有二個重要的教育專業組織。一爲日本教育團體聯合會(Japanese Educational Corporation)，重視教育及文化的利益；另一爲日本教職員組合(Japan Teachers' Union)，側重教員的社會福利及工作條件。

近年來日本教育工作人員，已獲得出國進修的機會，此爲日本教育之光明面。一九四九—五〇年度，美國會邀請五十位大學教育學教授及講師，前往美國各大學進修一年。一九五〇—五一年度，復邀請二百八十三名中小學教員，其中女教員有五十六名，前往美國九十七所學院，作爲期十二個月之進修。一九五一—五二年度，又有五百名教員，包括八十名女教員，前往美國各學院進修。此等人員於留美進修期間，均有優異成績表現；依據各校當局報告，此等人員於留美期間，從未發生不愉快的事件。一九五一年，英國議會亦贈與日本學生九名獎學金，前往英國各大學研究。

日本中小學教員雖已獲得較以往爲優之訓練機會，其社會地位亦已提高，惟尚待改進之處甚多。

從事教育的新任人員，仍不敷有效實施新教育計劃之所需，故日本文部省及各都道府縣，均儘量設法吸引優秀青年，從事教育工作。

日本教育上的難題

戰後日本，由於經濟情況不穩定及財源不足，乃使日本教育遭遇若干難以解決的問題。其中最大的困難，便是學校設備的缺乏，和教員待遇的微薄。

一、學校設備的供應

現今日本，其足以影響新校舍建築計劃的因素，十分複雜。戰爭期間，毀於砲火的教室，多達八萬間。至一九五〇年，其中百分之三十六，業經次第修復，但有三個地區復遭洪水所害，遂又引起新的問題。戰時受到損害的，不獨學校而已，一般鐵路、水電廠，及工廠，均有澈底重建的必要。目前日本建築材料及資金的缺乏，幾超過十年前的五十倍。各級學校校舍，多已善加利用，有些學校因條件所限，遂不得不採取二部制教學。由於日本冬季嚴寒，尚須普遍添置新的暖氣設備。

文部省曾發行一本名爲「徒勞」(Bricks Without Straw)的小冊子，說明各地方行政當局，曾提出若干權宜之計，一九五三年，並議決由中央政府給予各地方政府七、四〇〇、〇〇〇、〇〇〇日圓的特別補助金，以供給各地方政府辦理就業輔導訓練及改進學校設備之用。如財政情況許可，此項補助金，當酌予增加。文部省爲協助各地方行政機關興建現代化的校舍起見，乃於每一都道府縣選定一所或二所新式學校，作爲學校建築的模範。據一九五三年統計，此等模範學校，共有一四〇所。

日本的學校，大都具有華麗而特殊的外貌。大多數的學校，均係木造房屋，而以水泥爲支柱，覆以彎曲的灰瓦屋頂。一般學校場地，大都保養得宜，間有豎立象徵勤勉和禮貌的塑像以爲裝飾者。專供日本禮儀之用的房屋，則鋪以稻草製成的榻榻米（Tatami），任何學生於進入此等房屋前，均須脫鞋。無疑的，日本人如能獲得必需的資金，在學校建築方面，必能完成一種富有趣味的貢獻，而尤以設計一種切合進步的教育組織的學校爲然。

二、語　言　改　革

日本人討論此一課題，爲時甚久。盟軍最高統帥，對於此項問題，曾勉強發佈一項通告，認爲此一問題，應由日本人民自行決定。日本語言的書寫方式(System of Writing)，有下列四種：

1.漢字(Kanji)　此係中國文字所構成，西元第七世紀時由中國輸入。它是一種宛如繪畫的文字。日本的一名小學生，大約認識一千二百個漢字，一名大學畢業生，認識四千漢字，一本日文字典，則包含一萬五千個漢字。

2.假名(Kana)　係利用漢字偏旁所造成的一種拼音字，祇是一種音符，共有四十八個字母，分平假名(Cursive form)、片假名(Print form)兩種。

3.假名交(Kanamajiri)　此係漢字與假名之混合使用，大都用於書寫；一般報紙，尤多採用此種文字。

4.羅馬字(Romaji)　係由羅馬字所組成，用以表示西洋化的日本語言。此一文字，具有兩個相反的方式，均係西元一八七〇年所創造者。一爲赫普旁(Hepburn)式，由一位美國醫科傳教士所創造（譯者按：James Curtis Hepburn, 1815–1911, 爲一名美國醫生、傳教士、及語言學家，亦爲 Hepburn 式日本羅馬字拼法的創始人。）；另一爲日本學者所發明的訓令式(Kunreisiki)。

一九四六年，美國教育考察團（United States Education Mission）經過一番考慮後，曾建議日本各級學校採用羅馬字。該團的建議，其中有一段談話如次：「無疑的，語言改革問題，乃為基本而迫切的，……日本語的書寫方式，成為學習上的一種重大障礙。漢字的記誦又是一般學生的嚴重負擔。彼等常以其大部份的求學時間，用於學習認字與寫字。日本語言之需要改革，久為日本人士所公認，若干著名的學者，對於此種問題，尤為關切。」

依據該團的意見，漢字應全部取消。該團團員認為採用羅馬字，對於促進「各國知識與思想之交流，具有莫大的貢獻。」尤當佔領當局認為整個的問題，應由日本人自行解決之際，該團的聲明與建議，更成為語言簡化問題中的一種興奮劑。日本文部省及一般語言學家，均已獲得不少的研究成果。一九四六年，漢字拼音的簡化，業已全部完成，無數的漢字，已減為一、八五〇個標準字。

日本文部省提倡一種羅馬字的試驗，由各級學校自由進行。最近並以問卷法向全國各地的小學校，徵詢願否進行此項試驗的意見。其中百分之九十的學校，已有肯定的答覆，現今小學校約有百分之八十五，中等學校有百分之五十，均已設置一種羅馬字的科目，每年授課四十小時。

此項問題，目前仍具有若干極端相反的意見，惟迄無任何一種新的見解，獲得普遍的支持。一方面有絕對擁護舊式語文者，一方面又有提倡全盤使用羅馬字者。目前一般中小學，正在進行試驗，對於此項錯綜複雜的問題，或將求得一種確切的解答。同時，日本語言研究所（Japanese Institute for Language Research），亦以同情的態度，密切注意此項試驗之進行。

三、心理問題

日本人是難以捉摸的，此為最大的困難。學校對於學生的影響，一日祇有幾個小時，兒童的思想與情感，主要的是在家庭生活中形成的。日本的家庭，大都充滿具有悠久歷史的信仰與習慣，與盟軍最高統帥總部民間新聞教育組於制定社會研究計劃所倡導的西方態度，根本不同。甚至住在矮小木屋內的日本人，當其房屋改建成舒適的住所時，仍不忘懷原有的信仰與習慣。一般家庭依然保持重男輕女的觀念，子女的婚姻，亦憑父母之命媒妁之言的方式舉行，家庭的婦女，仍須遵守「三從」，民主觀念的進步，極為緩慢。此等風俗習慣，已在逐漸改變中，不過一個民族的思想習慣，決未可在十二個月甚至十二年內，使其全部改變。

日本教育的前瞻：前進或後退

本章各節，已將一九五二年和平條約簽訂以來，日本教育設施的進步與民主，與夫此項設施獲得人民普遍支持的情況，予以概略的叙述。盟軍最高統帥總部民間新聞教育組以外的觀察家曾謂，日本舊有的基本勢力將再度復活，大有恢復舊制度的趨勢。惟迄至目前為止，尚未發現具體的跡象。吾人是否認為新興的日本又將發生急劇的改變？祇有等待時間的答覆。

一般日本人對於新教育制度的態度，可由和平條約簽訂後出版的日本文部省一九五二—五三年度報告中，獲得一種概略的了解。此項報告，對於新制度倍加讚揚，惟說明戰後制度的若干部份，已成為大衆批評的目標，為使日本教育更能適應民族性及經濟環境，似有再加改革的必要。

至於改革的要點，不外下列數端：

1. 由於師資與校舍的奇缺，六、三、三、四制，將暫緩實施。
2. 六、三、三、四制度下的職業教育，有悄然復活之勢，為矯正此項缺陷，將有必要的改變。
3. 深恐缺乏遵循舊式風範的正式道德科目，將使一般日本人，特別是日本女子的自然禮儀與文雅態度，日漸消失。日本婦女的風度，常爲一般外國人士所稱讚，日本人對於未設道德科目的焦慮，是不難領會的。

4.新設社會一科，並不十分滿意。一般教師，對於此項科目，大都認識不深，而以爲純粹的歷史及地理知識，將隨之降低。

5.各地方教育委員會，多未能認眞行使其職權，故有人主張加强各都道府縣及市町村等議會的直接管理權限。就某種情形而論，教師膺選參加各地方教育委員會者，已有相當數目，一般社會人士乃深恐教師將因而管理學校。

凡此諸端，均屬小事，尚不足以影響日本教育的根本改革。最大的因素，厥爲日本的經濟前途——由於地小人多，糧食匱乏，經濟之不安定，以及國民之不滿現狀，實難維持一種進步的教育制度。倘若此等問題，能順利解決，則日本的新教育，似可獲得一種永保成功的良機。

無疑的，將民主自由的教育思想，傳播於以往曾經仇視此類思想的國家，此項嘗試，實爲當代最有趣味和最有意義的試驗之一。或須經過一代以後，才能突然產生眞正的效果，惟目前尚無任何跡象，顯示日本人將違背一九四七年教育基本法(Fundamental Law of Education)引言中所揭示的原則：「吾人前已確定日本國憲法，決心建設民主文化的國家，期能對於世界和平與人類福祉，有所貢獻。此一理想的實現，根本上有賴於教育的力量。」

中華社會科學叢書
比較教育

1912

作　　者／J. F. Cramer(克芮莫) & G. S. Browne(白朗) 著
雷國鼎　譯
主　　編／劉郁君
美術編輯／鍾　玟

出 版 者／中華書局
發 行 人／張敏君
副總經理／陳又齊
行銷經理／王新君
地　　址／11494 臺北市內湖區舊宗路二段181巷8號5樓
客服專線／02-8797-8396　　　傳　　真／02-8797-8909
網　　址／www.chunghwabook.com.tw
匯款帳號／兆豐國際商業銀行　東內湖分行
067-09-036932　中華書局股份有限公司

法律顧問／安侯法律事務所
製版印刷／百通科技股份有限公司　海瑞印刷品有限公司
出版日期／2017年7月八版
版本備註／據1985年7月七版復刻重製
定　　價／NTD 550

國家圖書館出版品預行編目（CIP）資料

比較教育/克芮莫(J.F.Cramer),白朗(G.S.Browne)
著 ; 雷國鼎譯. -- 八版. --臺北市:中華書局,
2017.07
面 ; 公分. -- (中華社會科學叢書)
譯自 : Contemporary education
ISBN 978-986-94907-0-2(平裝)
1.比較教育
508　　106008286

NO.F1009
ISBN 978-986-94907-0-2（平裝）